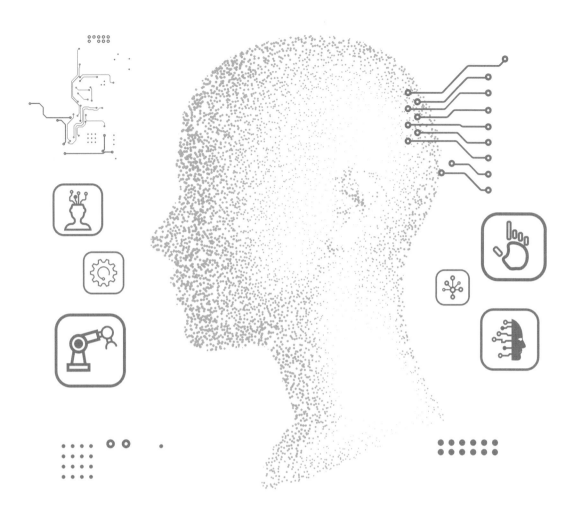

노영 · 이경근 지음

AI-Biz
A to Z

박영사

삶의 이정표를 향해 달려가게 해주신 아버님과,
자식들에게 헌신적으로 애쓰신 어머님께, 그리고
내 인생의 든든한 동반자에게, 이 책을 바칩니다.
                                    - 노   영 -

반갑고 고맙고 기쁘다! 앉은 자리가 꽃자리니라!
  네가 시방 가시방석처럼 여기는 너의 앉은
그 자리가 바로 꽃자리니라! (꽃자리 中에서-구상)
                                    - 이경근 -

고사성어   有志景成(유지경성)

뜻이 있으면 마침내 이루어진다.

유래: 중국 후한의 광무제(유수)와 수하 장수 경엄의 고사

머리말

4차 산업혁명의 물결을 타고 인공지능(AI) 비즈니스 시대가 열리고 있다!

디지털 기술을 활용한 인터넷은 전 세계를 거미줄처럼 연결하고 생산과 소비를 포함한 사회 전반의 틀을 변화시킴으로써 기업으로 하여금 경영의 기본 모델, 즉 사업 모델을 새로이 정립하도록 요구하였다. 디지털 시대의 사업 모델인 e-business 모델은 기업이 사업을 영위해 가는 방식을 의미하며 정보기술을 포함한 모든 산업 환경의 변화에 따른 새로운 가치와 접근을 시도하였다. 성공적인 e-business 사례에서 비즈니스 모델이 성공적으로 수익을 창출하기 위해서는 매력적이고 고객지향적인 콘텐츠, 이를 바탕으로 한 양질의 회원 확보, 신속성 등이 뒷받침되어야 함을 알 수 있다.

한편, 산업사회는 점차로 4차 산업혁명에 진입하여 발전되고 있다. 4차 산업 혁명은 기술이 사회와 심지어 인간의 신체에도 내장되는 새로운 방식을 대표하는 디지털 혁명 위에 구축되고 있다. 4차 산업혁명에 관련된 정보기술들은 인공지능, 빅데이터, 나노기술, 생명공학, IoT, 3D 프린터, 공유경제 그리고 자율주행 차량을 비롯한 여러 분야에서 새로운 기술 혁신이 나타나고 있다. 즉 4차 산업혁명은 인공지능, 빅데이터 등 신기술로 촉발되는 초연결 기반의 지능화 혁명으로 산업뿐만 아니라 국가시스템, 사회, 삶 전반의 혁신적 변화를 일으키며 네트워크(IoT, 5G), 빅데이터(Cloud), 인공지능(딥러닝, 알고리즘) 등 디지털 기술이 각 분야의 기반기술과 융합하여 급속한 경제, 사회 변화를 일으키고 있다.

많은 석학들은 4차 산업혁명은 이전의 경우보다 더 차별적이고, 더 위협적일 것이라고 예측하고 있다. 기술발전 속도와 범위, 시스템 파급력 관점에서 4차 산업혁명의 영향력은 강력하다고 할 수 있다.

복잡한 산업구조와 경쟁세계에서 생존과 성공을 위한 기업의 몸부림은 바로 e-Business에 대한 이해와 4차 산업혁명으로의 전환에서 출발한다고 볼 수 있다. 수많은 기업들은 e-Business 사업 중심에서 어떻게 4차 산업혁명 중심의 사업으로 전환할 것인가에 대한 혼란을 겪고 있다.

따라서 본 서에서는 AI 비즈니스 시대에서 '어떻게 e-Business를 수행할 수 있을 것인가?' 및 '4차 산업혁명 기술'에 대한 기본적인 내용들을 담고 있다. 특히 정보기술의 활용이라는 기술적 접근이 아닌 비즈니스 관점에서 e-Business 및 AI-Business의 다양한 모델을 이용하여 '어떻게 e-Business 사업전략을 전개할 것인가?', 그리고 'e-Business 운영에 있어서 4차 산업혁명 기술을 어떻게 적용할 것인가?'에 대한 전반적인 흐름을 제시하고 있다.

본서는 우선 학생들의 e-Business 및 AI 활용에 대한 기본교재로서 활용되었으면 하는 마음에서 쓰여졌다. 특히 미래에 e-Business 및 AI에 관심이 있는 모든 학생뿐만 아니라 일반인, 직장인까지도 기본적인 e-Business 및 AI를 이해하는데 도움이 되었으면 하는 바람이다.

본서는 다음과 같이 4개의 부, 10개의 장으로 구성되어 있다.

제1부는 e-Business 및 AI의 기본 개념으로서 제1장에서는 e-Business와 AI의 개념을 조망해 보았다. 제2장에서는 다양한 e-Business 및 AI Business 모델을 제시하고, 관련 사이트들을 설명하였다.

제2부는 e-Business 및 AI의 경쟁우위를 위한 경쟁전략들을 다루고 있다. 제3장에서는 e-Business 및 AI 환경 하에서의 경쟁요소들 간의 관계와 e-Business 및 AI 성공을 위한 기본 전략들을 언급하였으며, 제4장에서는 다양한 인터넷 및 모바일 마케팅 관련 이론들을 설명하였다. 제5장과 제6장에서는 e-Business의 외부 프로세스인 e-SCM(공급사슬관리)과 e-CRM(고객관계관리)에 대한 내용 및 최신경향을 다루었으며, 제7장에서는 내부프로세스라고 할 수 있는 e-ERP(전사적 자원관리)의 개념을 설명하였다.

제3부는 e－Business 및 AI의 구성요소로서 제8장에서는 사이버 범죄, 소비자보호, 비즈니스 모델 특허 그리고 AI 윤리와 같은 제도적 요소를 다루었으며 제9장에서는 e－Business 기초 기술, 보안, 전자지불시스템 그리고 4차 산업혁명 관련 기술적 요소로 구성하였다.

제4부는 e－Business 구축으로 제10장 e－Business 창업을 다루고 있다.

본서를 읽고 나면 독자들은 다음과 같은 핵심사항들을 이해할 수 있을 것으로 기대한다.

- e－Business 및 AI 관련 개념과 모델
- e－Business 및 AI 경쟁전략
- 기업의 가치사슬을 통합하는 e－SCM과 고객 만족을 위한 e－CRM
- e－Business 창업

본서가 출판되기까지 애써주신 여러분들께 감사드린다. 특히 저술과 출판에 도움을 주신 도서출판 박영사 이하 임직원 분들께 깊은 감사의 마음을 전한다.

저자 노 영·이경근

AI-Biz A to Z Road Map

Part 1_ e-Business 및 AI 개념		Part 2_ e-Business 및 AI 경쟁전략		Part 3_ e-Business 및 AI 구성요소	
제1장 e-Business 및 AI의 이해	시스코의 Webex	제3장 e-Business 및 AI의 전략	Auction	제8장 e-Business 및 AI 제도적 요소	로봇
제2장 e-Business 및 AI-Business 모델	넷플릭스	제4장 인터넷 및 모바일 마케팅	FedEx	제9장 e-Business 및 AI 기술적 요소	스마트 시티
		제5장 e-SCM	쿠팡		
		제6장 e-CRM	Sales- force	Part 4_ e-Business 구축	
		제7장 e-ERP	이지팜	제10장 e-Business 창업	Airbnb

Part 3 _ e-Business 및 AI 구성요소

제8장
e-Business 및 AI 제도적 요소
·
로봇
·
제9장
e-Business 및 AI 기술적 요소
·
스마트시티

Part 4 _ e-Business 구축

제10장
e-Business 창업
·
Airbnb

차 례

02 e-Business 및 AI Business 모델

Part 2　e-Business 및 AI 경쟁전략

03　e-Business 및 AI의 전략

04　인터넷 및 모바일 마케팅

05 e-SCM

06 e-CRM

07 e-ERP

Part 3 e-Business 및 AI 구성요소

08 e-Business 및 AI 제도적 요소

09 e-Business 및 AI 기술적 요소

Part 4   e-Business 구축

10   e-Business 창업

제1장

e-Business 및 AI의 이해

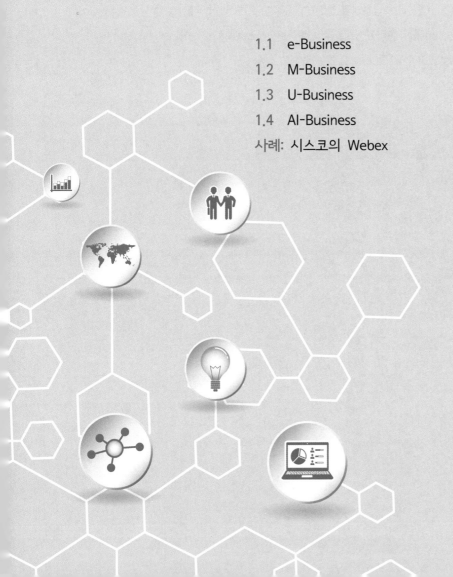

인터넷과 같은 정보기술의 등장으로 e-Business라는 새로운 비즈니스 패러다임이 대두되고, 비즈니스 가치사슬의 근본적이고 혁신적인 변화가 이루어져 왔다. 이러한 e-Business는 유비쿼터스 혁명에 의해 언제, 어디서나 원하는 정보를 실시간으로 주고받을 수 있는 U-Business 세계로 발전되어 왔다. 최근에는 딥러닝과 같은 인공지능 기술의 급격한 발전으로 AI-Business 시대가 열리고 있다. 이 장에서는 e-Business, M-Business, U-Business 그리고 AI-Business 의 개념을 살펴보고자 한다.

AI-Biz A to Z

e-Business 및 AI의 이해

e-Business 이야기
초자동화 시대, AI스타트업 성공의 조건 3가지

컴퓨팅 분야 세계 최대 리서치 회사인 미국 가트너는 최근 2022년 기술트렌드 중 하나로 초자동화(Hyperautomation)를 선정했다. 전통산업에 인공지능(AI), 데이터 등과 같은 디지털 기술을 융합해 산업 내 자동화를 가속화, 기업 생산성이 크게 높아질 거라는 전망이다. 또 미국 IDC는 세계 인공지능 시장 규모가 2021년 3275억 달러에서 2024년 5543억 달러로 성장할 것으로 예측했다.

지난 2016년 알파고 대 이세돌 9단 간 세기의 바둑 대결 이후 인공지능은 열풍처럼 우리에게 다가왔다. 하지만 현재 인공지능이 초자동화 되어 현장에서 서비스화 되기까지는 여전히 기술과 현실의 벽이 높은 것도 사실이다. 인공지능이 현실의 벽을 뚫고 서비스화에 성공하기 위해서는 3가지 조건이 필요하다.

첫째, 인공지능 기업은 고객사의 입장에서 충분히 업무 프로세스를 파악하고 핵심 애로사항을 빠르게 식별해야 한다. 둘째, 스타트업은 인공지능 서비스 품질 기준을 정립해야 한다. 세상에 없는 인공지능 서비스를 처음 개발하는 과정이므로 인공지능 스타트업은 제공하는 서비스 품질에 대해 고객과 충분히 논의하며 합의된 품질 기준을 도출해야 한다. 구체적으로, 서비스 품질 측정을 위한 정량적 지표가 수립돼야 하며, 상호 간 수용할 수 있는 서비스 성능 평가 방안도 마련할 필요가 있다. 셋째, 인공지능 스타트업은 가공 데이터를 표준화해야 한다. 인공지능 스타트업은 서비스 개발 중에 생성되는 데이터에 대한 표준화 작업을 선행해야 한다. 데이터 네이밍 규칙, 데이터 타입 정의, 획득방법 구분, 가공조건 분류, 증폭 데이터 분류 등 가공 데이터의 사전 정의와 구분이 필요하다. 인공지능 신(新) 서비스의 세 가지 성공 조건은 스타트업의 요구사항 파악, 서비스 품질기준 정립, 데이터 표준화 등이다.

〈ZD Net Korea 2020.12.21〉

1.1 e-Business

e-Business 발전단계

e-Business란 용어는 1997년에 IBM이 마케팅을 위해 처음 사용하였으며, 그 이전까지 기업들의 관심은 전자상거래였다. e-Business개념은 2000년대에 접어들면서 체계적으로 정립되기 시작하였다.

e-Business 발전단계는 [그림 1-1]과 같이 1980년대 EDI와 CALS를 거쳐 1990년대 전자상거래, 2000년대에는 e-Business와 M-Business, 2010년대 U-Business, 2020년대 AI-Business 시대가 확산될 것으로 전망된다.

e-Business 이전의 EDI, CALS, e-Commerce에 대해 간략히 설명하고, e-Business, m-Business, u-Business 그리고 최근 새로운 이슈라 할 수 있

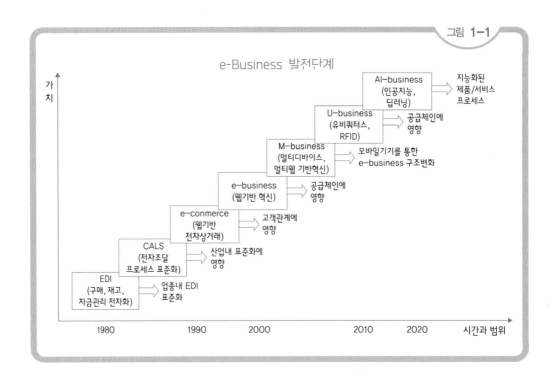

그림 1-1

e-Business 발전단계

는 AI-Business에 대해 살펴보기로 한다.

👥 EDI(Electronic Data Interchange)

경영활동을 수행하는 과정에서 다른 기업, 공급자 및 대리점과의 거래를 위해 필요한 서류양식의 작성과 전달에 상당한 시간과 노력이 소비된다. 일반적 서류거래 절차는 동일한 양식에 따라 내용만 바꿔가며 반복적으로 서류를 작성, 발송, 접수하는 형태이다. 또 접수한 서류의 정리 및 합산에 추가 작업이 필요하고 각 과정상의 착오로 인해 경제적 손실, 시간 지연 및 불필요한 추가업무가 발생한다. 따라서 일상적이고 반복적인 업무와 재작업을 하는 자료처리 업무에 대한 개선이 필요하다. 이러한 변화의 요구와 필요성에서 등장한 것이 EDI(Electronic Data Interchange)기술이다.

EDI는 일정한 형태로 정형화된 거래의 내용이나 정보를 관련 당사자가 전체가 합의한 구문규칙(syntax rules)에 맞추어 서로 전송하고 처리하는 기술을 말한다. 즉, 거래가 발생하는 양측의 컴퓨터와 네트워크를 통해 컴퓨터가 이해할 수 있는 자료의 형태로 정보교환을 하는 것이다.

EDI 프로세스는 경영활동에서 조직이 일정 업무를 수행하기 위하여 외부 조직과 자료를 교환할 경우 상호 합의된 또는 표준화된 자료 형식과 교환절차에 따라 컴퓨터 대 컴퓨터끼리 통신하는 것으로, 주문서나 송장과 같은 거래서류를 컴퓨터가 처리하여 네트워크를 통하여 거래 파트너의 컴퓨터에 직접 전달하게 된다. EDI는 서류 없는 거래(paperless trading)에서 서류 없는 지불(paperless payment)시스템인 EFT(Electronic Funds Transfer)와 EFTPOS(EFT at Point Of Sales)로 발전하여 왔다.

👥 CALS(Commerce At Light Speed)

전자상거래 이전에는 CALS(Commerce At Light Speed)라는 전자조달 프로세스의 표준화가 1980년대 미국 국방성을 중심으로 추진되어 왔다. CALS의 정확한 의미를 한마디로 요약하기는 거의 불가능하다.

기업 활동의 대부분이 기본적인 문서 작성에서부터 결제, 급여 지급, 제품 설계, 생산 관리, 영업 및 A/S에 이르기까지 거의 모든 분야에서 컴퓨터가 도입되어 활용되고 있으며, 최근에는 인터넷의 등장으로 더욱 많은 정보의 교환이 이루어지고 있다. 따라서 다양한 정보 시스템이 혼재되어 서로 간의 호환성 문제로 정보의 교환이 불가능한 상황이 발생하고, 정보량의 폭주로 원하는 정보를 찾기 위해 무수한 시간과 노력이 투입되어야만 하는 경우가 일어나게 되었다. 이러한 문제들을 해결하기 위해 태어난 것이 CALS이다.

CALS란 제품의 설계, 개발, 생산, 판매, 유지보수, 폐기 등 제품의 전주기에 걸친 기업활동 전반을 전자화하는 것이며, 궁극적으로는 국내외 전체 산업 활동을 전자화하는 것이다. CALS의 목적은 업무의 효율적 수행과 정확하고 신속한 정보공유 및 유통체계, 제품 획득 및 운영비용 절감 등 종합적인 품질경영 능력을 향상시키고자 하는 전략이라 말할 수 있다.

e-Commerce

전자상거래는 인터넷이나 웹을 데이터 거래 매체로 사용하는 것으로 정의할 수 있다. IBM은 "전자상거래는 인터넷 기술의 사용을 통한 주요 비즈니스 프로세스의 전환"이라고 정의하며, 미 국방부는 "전자상거래란 종이에 의한 문서를 사용하지 않고 전자자료교환, 전자우편, 전자게시판, 팩스, 전자자금이체 등과 같은 IT(Information Technology)를 이용한 상거래"라고 정의하고 있다.

전자상거래의 범위에는 기업 간의 거래를 비롯하여 개인과 기업 간의 소규모 거래도 포함된다. 여기에는 인터넷의 도입이전에 활용한 기업 간의 상거래방식인 EDI(Electronic Data Interchange)와 CALS(Commerce At Light Speed) 등의 기술이 포함된다.

전자상거래는 [그림 1-2]와 같이 특정기술이나 도구를 의미하는 것이 아니라 기술과 응용, 업무처리절차, 경영전략 등이 결합된 것으로 정보기술을 응용한 업무처리 절차의 변화를 통해 기업의 재고비용감소, 유통기간 단축, 인건비 감소 등의 효율성을 제고할 수 있는 경영환경을 제공해주었다.

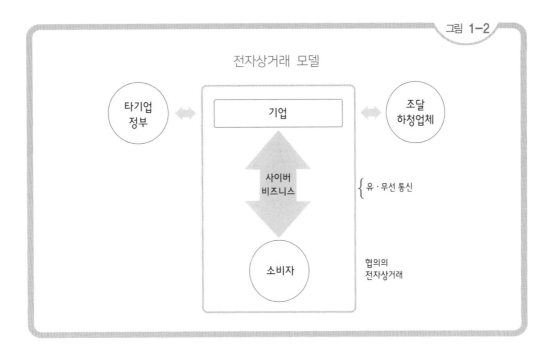

그림 1-2

전자상거래 모델

e-Business의 특징

e-Business 특징은 인터넷의 근본적인 특성에 의해 기업에 영향을 미친다. 따라서 인터넷의 특성과 함께 e-Business의 핵심적인 특징을 살펴보면, 사용 가능성, 보편성, 글로벌 시장, 지역화, 디지털화, 멀티미디어, 상호 작용, 일대일 마케팅 등을 들 수 있다.

사용 가능성

사용자는 24시간 내내 자유롭게 인터넷을 이용할 수 있으며 서비스 제공자 역시 직원의 근무 시간과 상관없이 24시간 서비스를 제공할 수 있다. 실시간으로 세계 사용자들에게 서비스를 제공할 수 있으며 일상적이고 반복적인 업무뿐만 아니라 복잡한 업무를 처리하기 위하여 인공지능 에이전트와 같은 기술을 활용하고 있다.

👥 보편성

인터넷은 개방 네트워크로서 기존의 정보 시스템과 통합이 용이하며, 개인용 컴퓨터에 설치된 통신용 프로그램을 통해 접속하거나 전용 회선을 통해 조직 내의 네트워크와 동일하게 활용할 수 있다. 전화선과 같은 간단한 장치와 통신 소프트웨어만 구비되면 저렴한 비용으로 사용이 가능한 대중적 네트워크이기 때문에 지역, 기종에 관계없이 상호 간 자료의 송수신이 가능하며 대량의 다양한 정보에 접근할 수 있다.

👥 글로벌 시장

인터넷의 활용으로 기업은 전 세계를 대상으로 사업을 할 수 있게 되었다. 그리고 적은 비용으로 새로운 시장을 개척할 수 있게 되었으며 특히 기업 규모의 이점이 점차 희미해지기 때문에 중소기업은 인터넷의 가능성을 최대한 활용하게 되었다. 고객들 역시 전 세계의 공급 업체에 접근할 수 있게 되었다.

👥 디지털화

인터넷과 커뮤니케이션, 컴퓨터 시스템은 모두 디지털 정보와 디지털화된 정보를 처리하기 때문에 정보의 저장, 전송, 처리, 혼합, 전환이 쉬우며 다양한 방식으로 조작할 수 있다. 따라서 커뮤니케이션, 정보 프로세싱, 미디어의 통합을 통해 스마트폰이나 웹 TV, 넷 캐스팅과 같은 새로운 제품과 서비스가 가능하다.

👥 멀티미디어

인터넷은 정보 기술의 발전으로 문자와 숫자 정보 외에도 음성 정보, 동화상 정보의 전달이 가능한 쌍방향의 멀티미디어 네트워크이므로 동영상과 음향을 효과적으로 지원하고 있다. 실제 제품을 보여주는 멀티미디어 제품 카탈로그, 단순한 그래픽부터 애니메이션, 완벽한 온라인 비디오에 이르기까지 다양한 애플리케이션, 제품 사용법을 설명하고 고객 문제를 해결하기 위한 대화식 훈련이나 시뮬레이션 등 다양한 영역에서 활용할 수 있다.

🏢 상호 작용

인터넷은 개인 간, 개인과 애플리케이션 간에 상호 작용을 지원한다. 상호 작용을 지원함으로써 고객의 관심을 증대시키고, 고객의 피드백을 이용하여 제품의 질을 향상시키며, 판매비를 절약할 수 있다.

🏢 일대일 마케팅

인터넷을 통해 기업은 고객의 정보를 쉽게 파악하고 분석할 수 있다. 기업의 컴퓨터에 고객에 대한 정보를 저장했다가 고객이 웹사이트를 방문하면 그 정보를 불러온다. 여기에 고객으로부터 얻은 정보와 판매 업체가 수집해 온 구매 패턴과 같은 자세한 정보를 추가할 수 있다. 기업은 고객의 정보를 바탕으로 고객 개개인을 대상으로 일대일 마케팅을 통해 고객 충성도를 높일 수 있다.

e-Business의 정의

대부분의 경영자들은 여전히 e-Business나 전자상거래를 인터넷상에서 상품을 팔고 사는 정도로만 생각하고 있다. 칼라코타(Kalakota)는 전자상거래와 e-Business의 관계를 다음과 같이 설명하고 있다. "e-Business는 뛰어난 비즈니스 모델을 창조하기 위해 필요한 비즈니스 프로세스, 엔터프라이즈 애플리케이션 그리고 조직 구조의 복잡한 결합이다. e-Business 토대로의 이동이 없이는 전자상거래가 효과적으로 실행될 수 없다. 따라서 e-Business 토대로 전환해야 하는 불가피성을 인정하고 있는 최고 경영자들은 그것을 위한 전술적 조치들을 활발하게 취하고 있다. 반면, e-Business 토대로의 이동에 실패한 회사들은 많은 대가를 지불해야 할 것이다."

전자상거래는 디지털 매체를 통해서 사고팔고 하는 행위를 의미하는 반면 전자상거래를 포괄하는 개념인 e-Business는 단순히 전자적으로 이루어지는 상거래만을 의미하지 않는다. 진정한 의미의 e-Business는 기존의 전통적인 기업 전략인 '자산의 효율적 활용'을 뛰어넘어 '지식의 활용'을 통한 기업 가치의 향상 및 고객 가치의 극대화를 의미한다. 따라서 e-Business는 전체적인 전략이고, 전자상거래는 e-Business의 가장 중요한 측면으로 볼 수 있다.

e-Business 정의에 대해서 많은 의견이 있지만 종합해 보면 다음과 같다.

① e-Business는 네트워크 기술을 활용하여 상품, 서비스, 정보, 지식을 교환하는 활동이다.

② e-Business란 인터넷을 활용하여 전개되는 다양한 가치 창출 활동을 의미한다.

오늘날 대부분의 사람들이 전자상거래란 용어를 사용하지만 광범위한 범위에서 볼 때 e-Business와 상호 교환 가능한 의미이다. 따라서 이 책에서는 e-Business를 인터넷 기술을 활용하는 경영 활동의 폭넓은 측면을 보여주는 의미로 사용하였다.

e-Business의 이점

판매자와 구매자는 e-Business를 활용함으로써 상당히 많은 이점을 얻을 수 있다. 판매자는 일부 지역에서 전 세계로 판매망을 확대하였고, 내부적으로는 효율성, 생산성의 증대, 고객 서비스 강화, 공급자와 고객과의 의사소통 원활 등의 효과를 얻었으며 구매자는 다양한 시장에서 구매의 즐거움을 누릴 수 있었다. 그러나 구매자와 판매자에게 e-Business는 이익만을 제공하지 않았다. 〈표 1-1〉과 〈표 1-2〉는 구매자와 판매자에게 영향을 미치는 e-Business의 이익과 불이익을 보여준다.

제1장 e-Business 및 AI의 이해 11

표 1-1 e-Business의 이익

판매자	구매자
판매 기회의 증가	광범위한 제품 이용성
거래 비용의 감소	고객 맞춤 정보과 구매 기회
하루 24시간 영업 가능(virtual marketspace)	하루 24시간 내내 쇼핑 가능
지역적으로 널리 분산된 시장 영역까지 접근 가능	비교 구매 및 원스톱(one-stop) 쇼핑
세계 시장에 접근	세계 시장에 접근
정보 교환의 신속성 및 정확성	디지털 제품의 빠른 배송
하나의 virtual market space에 다수의 판매·구매자 존재	경매, 역경매, 지식 교환에 참여

표 1-2 e-Business의 불이익

판매자	구매자
기술의 빠른 변화	거래의 보안 및 개인 프라이버시 문제
불충분한 통신 장비	낯선 판매자와 거래 시 신뢰 부족 문제
기존 시스템과 e-Business 소프트웨어와의 통합 문제	구매 전 제품에 대한 정확한 느낌에 대한 바람
시스템의 보안과 신뢰성 유지	익숙치 않은 구매 과정, 전자거래, 전자화폐에 대한 불편함
세계 시장 이슈: 언어, 정치적 환경, 외국 화폐 간의 환산	
법적 분쟁	
숙련된 기술 종업원 부족	

1.2 M-Business

M-Business 정의

기존의 e−Business에 무선통신 시장의 급성장으로 모바일 기기를 통한 비즈니스 가치창출의 기회가 확대되었다. 이와 같이 모바일 기기를 통해 이루어지는 상거래 및 기업의 부가가치 창출 활동을 M-Business라고 볼 수 있다.

M-Business란 무선단말기와 무선인터넷을 이용한 비즈니스 관계, 즉 정보/서비스 상품에 대한 금전적 거래를 의미한다. 즉, 휴대폰과 PDA와 같은 모바일 기기를 이용한 모든 비즈니스를 총칭한다.

M-Business 모델

M-Business 모델은 크게 B2C와 B2B, M2M으로 구분할 수 있다.

B2C는 모바일 뱅킹, 쇼핑, 정보, 엔터테인먼트 등으로 대별할 수 있고, B2B는 모바일 고객관계관리, 모바일 공급사슬관리, 모바일 사업관리(화물, 차량위치 관리) 등으로 나눌 수 있다. M2M으로는 블루투스를 장착하여 현금 없이 이동전화 단말기를 통하여 서비스/물품 거래에 대한 금액을 지불하는 도로톨게이트, 주차관리기, 교통요금지불 등이 있다.

블루투스(Bluetooth)란 "가정이나 사무실 내에 있는 다양한 정보통신기기(컴퓨

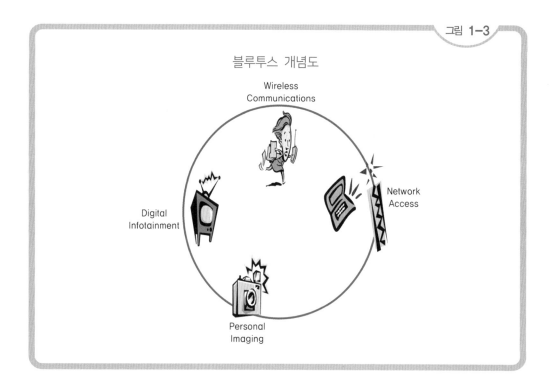

그림 1-3

블루투스 개념도

Wireless
Communications

Network
Access

Digital
Infotainment

Personal
Imaging

터, 프린터, 휴대폰, PDA)뿐만 아니라 디지털 가전제품 모두를 물리적인 케이블의 연결 없이 무선으로 연결해 주는 근거리 무선네트워킹 기술, 표준 제품"을 총칭한다. 즉, 무선주파수를 이용하여 각종 디지털 장비 간의 통신에 물리적인 케이블 없이 음성과 데이터를 주고받게 해주는 기술이다.

예를 들어, 블루투스 기술이 휴대폰과 노트북 속에 구현되면 현재 휴대폰과 노트북을 연결하기 위해 사용하는 성가신 케이블을 더 이상 사용하지 않아도 된다.

M-Business의 특성

일반적으로 M-Business의 특징은 다음과 같다.

- 편재성(Ubiquity): 실시간 정보를 어디서나 받아볼 수 있는 속성
- 도달성(Reach ability): 언제 어디서나 접속할 수 있다는 속성
- 보안성(Security): 보안과 안전이 보장된다는 속성
- 편리성(Convenience): 가볍고 얇게 소형화된 통신 도구 속성
- 위치성(Localization): 특정시점에 사용자의 현 위치가 어디인지 보여주는 속성
- 즉시 연결성(Instant Connectivity): 빠른 시간 내 필요한 정보를 탐색할 수 있는 속성
- 개인화(Personalization): 이동통신 사용자의 개인화와 차별화 된 고객 서비스

M-Business를 성공시키기 위해서는 기존의 e-Business 모델에 M-Business의 특성인 개인화, 위치성, 즉시 연결성이 결합된 전략이 반영되어야 한다. 즉, e-Business 전략에 M-Business의 특성이 잘 통합되어야 한다.

1.3 U-Business

U–Business란 용어는 미국 제록스사의 마크와이저(Mark Weiser)가 1988년 처음으로 제안한 '유비쿼터스 컴퓨팅'이란 개념에서 출발한다. 유비쿼터스 컴퓨팅은 유비쿼터스 IT, 유비쿼터스 사회, 유비쿼터스 비즈니스로 확장되어왔다. 유비쿼터스 컴퓨팅을 기반으로 하는 U–Businesss는 2010년대에 더욱 체계적으로 정립되고 확산되었다.

유비쿼터스 컴퓨팅의 정의

유비쿼터스 컴퓨팅은 '사람을 포함한 현실 공간에 존재하는 모든 대상물들을 기능적 공간적으로 연결해 사용자에게 필요한 정보나 서비스를 즉시 제공할

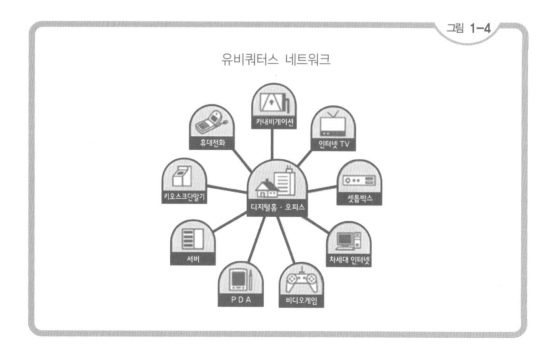

그림 1-4

유비쿼터스 네트워크

수 있는 기반 기술로서 마크와이저(Mark Weiser)에 의해 처음으로 제안된 개념이다. 유비쿼터스 컴퓨팅이 기존의 패러다임과 다른 점은 유비쿼터스 통신 및 네트워크 기능이 객체, 지역뿐만 아니라 사람에게까지도 내재되어(embedded) 기존의 정보혁명을 뛰어넘는 서비스를 제공할 수 있다는 것이다. 유비쿼터스 컴퓨팅은 미래 컴퓨터들이 모든 현실 공간에 걸쳐 편재되어, 유무선 통신망을 통해 사용자가 필요로 하는 정보나 서비스를 언제, 어디서나 제공하는 환경을 가능하게 한다. 다시 말해 [그림 1-4]에서와 같이 유비쿼터스 네트워크, 즉 언제 어디서나 컴퓨터에 연결되어 있는 네트워크 환경을 통하여 실현될 수 있다.

유비쿼터스 컴퓨팅의 특징

유비쿼터스 컴퓨팅의 특징은 5C(Computing, Communication, Connectivity, Contents, Calm)의 특성을 이용하여 언제 어디서나 어떠한 형태의 네트워크에서도 모든 이기종 기기간의 연동을 통하여 다양한 서비스를 제공하는 5ANY(Anytime, Anywhere, Any Network, Any Device, Any Service)의 특징을 갖고 있다.

유비쿼터스 컴퓨팅에 대한 마크와이저의 기본사상을 토대로 유비쿼터스 컴퓨팅 특징을 네 가지로 설명 할 수 있다.

첫째, 인간화된 인터페이스로서 눈에 보이지 않아야한다. 주변 환경, 사물, 기기 등에 센서 및 태그를 내재시킴으로써 사용자가 컴퓨터를 의식하지 않고 보이지 않는 자연스러운 상태에서 컴퓨터와 연결하여 사용하는 것을 말한다.

둘째, 네트워크에 연결되지 않는 컴퓨터는 유비쿼터스 컴퓨팅이 아니다. 유선 및 무선 네트워크를 통하여 사물, 기기 등이 언제 어디서나 컴퓨팅 환경에 연결되는 것을 말한다.

셋째, 평소 의식할 수 없지만 사용자 상황에 따라 사물에 부착된 센서, 태그 등을 통하여 상황에 맞는 지능적인 서비스를 제공해야 한다.

넷째, 가상공간이 아닌 현실 세계의 어디서나 시간과 공간의 제약 없이 컴퓨터의 사용이 가능해야한다.

U-Business 정의

유비쿼터스(Ubiquitous)란 라틴어로 '편재하다(보편적으로 존재하다)'라는 의미로 지금처럼 책상 위 PC의 네트워트화뿐만 아니라 휴대전화, TV, 게임기, 휴대용 단말기, 카 내비게이션, 센서 등 PC가 아닌 비PC 기기가 네트워크화 되어 언제, 어디서나, 누구나 대용량의 통신망을 사용할 수 있고, 저렴한 비용으로 커뮤니케이션 할 수 있는 것을 가리킨다.

유비쿼터스는 농업혁명, 산업혁명, 정보혁명이라는 3대 혁명에 이은 4대 혁명으로 일컫는다. 유비쿼터스 혁명에는 웹의 발전을 기반으로 한 e-Business, 멀티 디바이스(Multi-device), 멀티 웹(Multi-web)을 기반으로 한 M-Business, 그리고 멀티 네트워크(Multi-network), 멀티 디바이스와 멀티 웹을 기반으로 한 U-Business라고 하는 분야가 포함된다.

U-Business를 가능하게 하는 유비쿼터스는 '각종 사물에 컴퓨팅 및 네트워크 기능이 탑재되고 자율신경망을 형성해서 언제, 어디서나 다양한 서비스가 고객의 요구(Needs)에 맞게 제공되는 환경'을 의미한다.

그림 1-5

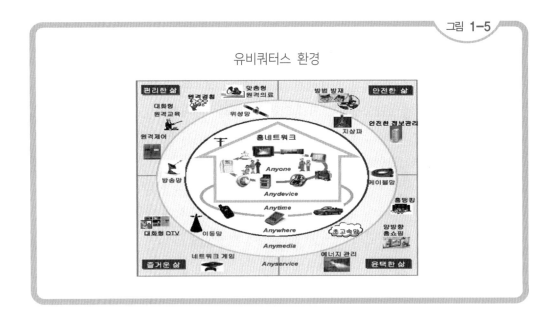

유비쿼터스 환경

유비쿼터스 환경은 고객이 원하는 서비스 즉 은행 업무, 쇼핑, 메디컬 케어, 안방극장, 사무실 업무 등 다양한 서비스를 어디서나 원하는 시간에 제공할 수 있어야 한다. 이러한 기능을 가능케 하는 기술은 우리가 매일 사용하는 기기들(핸드폰, PDA, 노트북 등)의 컴퓨팅 기능과 네트워크 기능이 함께 제공되어야 가능하다.

U-Business는 '유비쿼터스 정보기술을 활용하여 전자공간과 물리공간이 연계된 공간에서 물리적 요소와 전자적 요소의 통합을 통해 언제나 접속되어 있고(always connected), 언제나 상황인식할 수 있으며(always aware), 사람을 대신하여 언제나 지능적/자율적으로(always smart) 행동/서비스할 수 있는(always active) 제반 시스템을 중심으로 산업활동과 연계되어 경영관리, 물류, 교통, 의료복지 등의 다양한 분야에 응용된 비즈니스'라고 정의할 수 있다.

유비쿼터스 U-Business 적용 사례

현재까지 나타나고 있는 U-Business는 기업의 업무영역에서 본격적으로 적용되기보다는 여러 가지 시범사업이나 실증실험을 통해 그 적용방안을 검토하고 있고, 기술적인 정합성을 고려하면서 파일럿 테스트를 통한 단계별 적용을 추진하고 있다. 미국에서는 물류/운송/소매사업·건강관리/식품·금융업/군사부분 등에, 유럽에서는 물류/운송/소매사업·신원조회/보안·금융업 등에, 일본에서는 물류/운송/소매업, 신원조회/보안, 건강관리/식품, 총무성을 중심으로 한 개인정보 보호정책 등에 적용하고 있다. 이러한 내용을 중심으로 대표적인 사례를 설명하면 다음과 같다.

농산물 및 축산물의 정보추적(Trace Ability)

정보추적(Trace Ability)이란 제품의 정보를 추적하는 것을 의미하며, 여기서 제품의 정보라는 것은 어떤 원재료나 부품을 사용하였는지, 언제 어디에서 누가 만든 것인지, 어떠한 유통과정을 경유한 것인지, 지금은 어디에, 어떠한 상태로 존재하는 것인지에 관한 제품의 이력정보이다.

이력정보를 수집, 축적하여 언제든지 꺼낼 수 있도록 하는 것이 정보추적시스템이다. 장점은 리스크 관리의 강화와 소비자나 거래처의 정보요구에 대응할 수 있다는 것이다.

따라서 원재료나 부품의 제조 유통으로부터 제품 그 자체의 제조, 유통, 리사이클, 폐기에 이를 때까지 제품의 라이프 사이클 전체가 정보추적의 대상범위가 된다. 농산물의 경우, 생산농가나 생산단체가 상품명, 품종, 생산자명, 비료, 농약 등의 정보를 입력하고, 산지 유통센터(집하장, 물류센터)에서는 바코드와 이력번호를 발행하여 소매유통매장에서 상품의 이력을 조회할 수 있다. 그렇게 함으로써 소비자는 상품신뢰(진품확인), 안전안심 이력정보를 인터넷 또는 핸드폰을 통해 조회할 수 있다. 축산물의 경우에도 한우의 사육과정 등에 대한 이력을 관리하고 있다.

🏢 Future Store

U-Business 환경을 소매업에 접목시킬 수 있는 최하단 오프라인 점포에 UHF(Ultra High Frequency)대역의 RFID 태그와 장비(리더기, 안테나)를 현장에 적용하여 경험과 데이터를 축적하는 것을 목적으로 한다. 소비자가 미리 인터넷을 통해 쇼핑을 할 내용을 입력한 후, 매장에 도착하면 터치패널에 의해 그 정보가 뜨게 된다. 터치패널에 입력함으로써 매장지도나 상품정보, 특매정보 등이 표시되며, RFID 리더에서 상품의 상세 정보 표시나 구입품목의 셀프체크가 가능하다. 또한 유사한 상품(예: 포도주＋치즈 등)이나 매대의 위치검색이 가능하며, 고객의 판매동선에 대한 분석도 가능하게 된다.

🏢 나리타 공항의 항공수화물

미국의 9.11 테러이후 비행기 승객의 화물에 대한 보안을 강화하기 위하여 일본 나리타공항 제2공항여객터미널 빌딩 내에 RFID 안테나(3개소), 핸디터미널 인식기(3개소)를 설치하여 안테나에 의한 'e-tag baggage'를 자동인식 시키는 형태로 승객과 승객의 화물을 일치시키는 실증실험을 실시하였는데 UHF의 주파수를 이용하였다. 또한 여행자가 자신의 집에서 택배업자에게 수화물을 맡기고 공항에는 빈손으로 갈 수 있도록 하기 위해 택배화물에 RFID를 사용하였다. 이는 수화물에 e−tag를 부착해 여행자의 집에서 항공기에 적재될 때까지의 올바르게 트래킹할 수 있는 지를 검증하기 위한 것으로 승객의 간편한 여행의 필요성을 도모할 수 있었다.

U−Business의 적용을 위해서 우선적으로 고려해야 할 사항은 '현장에서 발생하는 정보를 얼마만큼 신속·정확하게 인식할 수 있느냐?'라는 것이고, 이러한 변화는 최종 현장에서 이루어지도록 현장 혁신(field innovation) 측면에서 접근되어져야 한다. 또한 물건의 움직임, 재고, 산지의 정보, 교통정체상황, 기업, 소비자 행동, 고객의 움직임 등에 대한 가시화의 범위를 확대해 가기 위한 노력들이 지속적으로 이루어져야 한다. 그 이외에도 하드웨어, 미들웨어, 장비나 기술의 표준화, 기술동향 및 트렌드, 실증실험과 시범적용을 통한 문제점 분석, 적용을 위한 업무모델의 최적화, 사생활 침해 등을 포함한 역기능 등에 대한 고려가 병행되어야 한다.

이상에서 고찰한 바와 같이 현재까지의 적용사례에 보듯이 U−Business 적용을 위한 RFID 기술의 여러 가지 문제점이 존재한다. 비즈니스 측면에서는 초기 투자비용이 많이 소요되기 때문에 ROI(Return On Investment) 측면에서의 효과를 도출하기 위한 방안이 모색되어야 한다. 기술적인 문제나 가격의 범용성 등은 시간이 흘러가면서 어느 정도는 해결해 갈 수 있는데, 그 이유는 기술의 진보와 현실에의 적용을 우리가 일상생활에서 체험해 오고 있기 때문이다. 그러나 기업에 있어서 비즈니스 모델에의 적용은 도입 목적과 필요성을 정확히 점검하여야 하고, 다양한 형태의 실증실험이나 시범사업을 통해 그 운영·적용의 효과를 검증하지 않는다면 예산낭비를 초래할 소지가 많다.

1.4 AI-Business

인공지능(AI)의 정의

인공지능이란 개념은 1956년 존 매카시(John MaCarthy)가 다트머스 대학에서 개최된 다트머스 학회에서 처음으로 사용하였다. "자동화된 계산방식" 즉 지능을 갖은 컴퓨터 프로그램을 만드는 분야를 인공지능이라고 제안하면서 사용되고 있다. 인공지능이란 기계가 학습을 하거나 지능의 특정 속성을 모방할 수 있다는 추정에서 출발하였다. 벨만(Bellman)은 '의사결정, 문제해결, 학습과 같은 인간 사고와 관련된 활동의 자동화'로 인공지능을 정의했다.

인공지능(AI: Artificial Intelligence)은 인간의 지능으로 할 수 있는 사고 및 학습, 자기개발 등 컴퓨터가 할 수 있도록 하는 방법을 연구하는 컴퓨터 공학 및

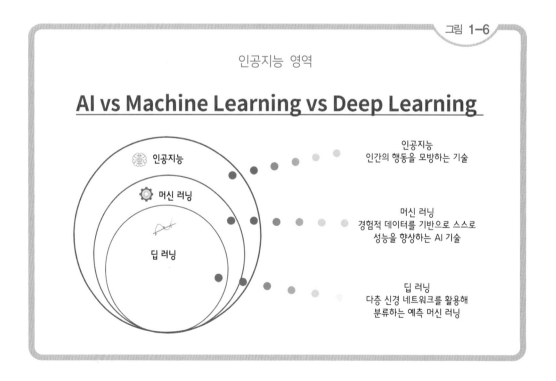

그림 1-6

인공지능 영역

AI vs Machine Learning vs Deep Learning

인공지능

머신 러닝

딥 러닝

인공지능
인간의 행동을 모방하는 기술

머신 러닝
경험적 데이터를 기반으로 스스로
성능을 향상하는 AI 기술

딥 러닝
다층 신경 네트워크를 활용해
분류하는 예측 머신 러닝

정보기술의 한 분야로서, 컴퓨터가 지능적인 행동을 모방할 수 있도록 하는 것으로 정의할 수 있다. 한마디로 인공지능은 [그림 1-7]에서 보듯이 컴퓨터에서 인간과 같이 추론 및 학습, 판단하는 논리적인 방식을 사용하는 인간지능을 뛰어넘는 기술이라고 할 수 있다.

인공지능은 인간의 행동을 모방하는 기술로써 기계의 지각, 논리, 학습을 연구하는 컴퓨터 과학과 공학 전체를 의미한다. 머신러닝은 인공지능의 하위영역에 해당된다. 머신러닝은 경험적 데이터를 학습하여 예측하고 의사결정을 돕는 알고리즘으로써 보다 많은 데이터를 입력하면 시간에 따라 성능을 개선된다. 딥러닝은 머신러닝의 하위영역으로 신경망을 바탕으로 한 알고리즘으로 많은 데이터를 활용해 뇌의 동작을 모델링하여 기계 스스로 문제 해결 방법을 찾는 방법이다. 인공지능이 가장 넓은 개념이고 인공지능 하위에 머신러닝이 놓이며 머신러닝 하위에 딥러닝이 위치한다.

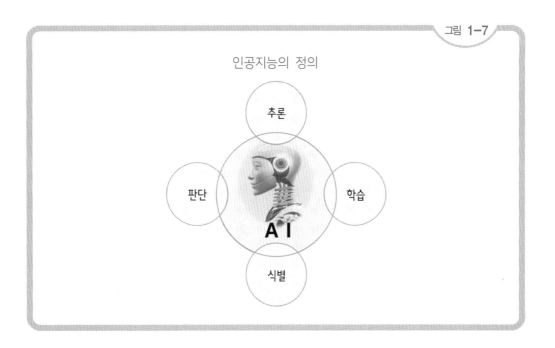

그림 1-7

인공지능의 정의

추론

판단

학습

AI

식별

강한 인공지능과 약한 인공지능

인공지능을 강한 인공지능과 약한 인공지능으로 구분하기도 한다.

강한 인공지능을 갖춘 기계는 사람과 같은 모든 행동을 보여준다. 즉, 사람처럼 감정을 느끼고 지능적으로 행동하는 기계의 지능을 의미한다. 강한 인공지능은 사람의 모든 지능적 요소(감정, 판단, 자아의식, 유머 등)를 포함한다고 볼 수 있다. 따라서 강한 인공지능은 하나의 좁은 일에만 적용되지 않는 광범위한 지능을 말한다.

약한 인공지능을 갖춘 기계는 사용자 입력에 대한 응답으로 홈쇼핑 사이트(쿠팡, 구글 등)의 제품 추천과 같은 매우 좁은 작업에 국한된다. 즉, 특정문제를 해결할 수 있는 수준의 지능을 의미한다. 약한 인공지능은 프로그램에 관여하거나 학습을 하는 것이 아니라 사용자의 의도한 일을 단지 수행할 뿐이다.

인공지능 발전단계

인공지능과 지능형 로봇은 고대 그리스 신화에서 처음 등장하였다. 아리스토텔레스의 삼단논법의 발명과 연역적 논리의 사용은 인류가 자신의 지성을 고려하도록 추구하는 결정적 단서이다. 오늘날 우리가 추구하는 인공지능의 역사는 1세기 미만이다.

인공지능은 [그림 1-8]과 같이 3차례의 붐과 2차례의 겨울을 통해 발전해 왔다.

(1) 1950년대~1960년대: 제1차 AI 붐(GOFAI: Good Old Fashioned AI)

1950년 영국의 계산이론 학자인 앨런 튜링(Alan Turing)은 지능의 유무를 판단할 수 있는 튜링 테스트를 제안하였다. [그림 1-9]에서처럼 한쪽 방에는 사람을 다른 방에는 컴퓨터 프로그램을 두고 검사자가 질문을 통해 대화를 나눈다. 이때, 사람인지 컴퓨터인지 구분할 수 없다면 '컴퓨터 프로그램은 지능적이다'라고 판정한 것이다.

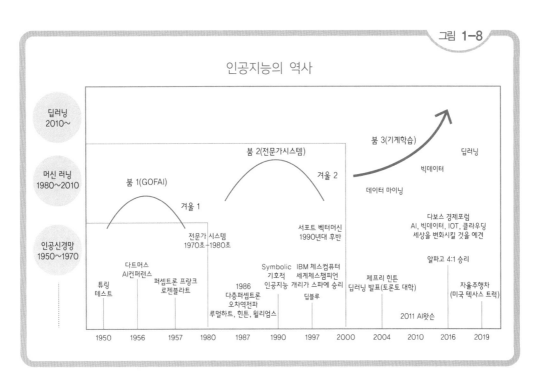

그림 1-8

인공지능의 역사

그림 1-9

튜링 테스트

1956년 존 매카시(John MaCarthy) 교수가 다트머스 대학에서 개최된 다트머스 기념학회에서 처음으로 인공지능이란 용어를 사용하였다. "자동화된 계산방식" 즉 컴퓨터 지능 관련 분야를 인공지능이라고 부르자고 제안하면서 사용되고 있다. 인공지능이란 기계가 학습을 하거나 지능의 특정 속성을 모방할 수 있다는 추정에서 출발한다.

1950년대의 인공지능은 인간처럼 생각하는 의미를 가지고 추론과 탐색을 할 수 있지만 인간의 현실처럼 복잡한 개념은 답할 수 없었다.

1960년대까지 컴퓨터의 발달로 더 많은 정보를 저장하고, 더 빨리 처리하면서 인공지능 개발의 접근성이 향상된다.

(2) 1970년대: 제1차 AI 겨울

1970년대는 제1차 AI 암흑기에 해당된다. 컴퓨터의 정보 저장 용량의 한계로 인해 AI 연구가 기대했던 결과를 보여주지 못하게 된다. 결국, AI 연구의 제약으로 인해 연구자금을 지원받기가 어렵게 되어 암흑기를 맞이한다.

(3) 1980년대: 제2차 AI 붐(전문가 시스템)

1980년대에는 '전문가 시스템'이 활발하게 연구되었지만, 1987년 애플과 IBM 데스크탑 컴퓨터가 급격히 성장하면서 짧은 전성기를 맞이하게 된다.

전문가 시스템은 전문가들의 지식과 경험을 데이터베이스화하여 의사결정 과정을 프로그래밍화한 것으로 각종 기기에 상용화를 성공하지만, 비효율성과 유지보수의 어려움으로 한계에 부딪치게 된다.

1986년 루멀하트(David Rumelhart), 힌튼, 윌리엄스가 오차 역전파(error backprogation) 알고리즘으로 다층 퍼셉트론을 효과적으로 학습시킬 수 있는 인공신경망을 발견하게 되면서 신경망 연구가 부흥기를 맞는다.

(4) 1990년대

1990년대 후반부터 인터넷이 대중화되면서 인공지능을 개선하고자 하는 시도가 이루어지게 된다. 특히, 컴퓨터가 데이터를 분석하여 패턴을 인식하는 '머신러닝' 분야가 서서히 주목을 받기 시작한다.

1997년 IBM의 체스 슈퍼컴퓨터 '딥블루(Deep Blue)'가 세계 체스 챔피언 개리 카스파로프와의 대국에서 승리한다.

(5) 2000년대: 제2차 AI 겨울

2004년 힌튼(Geoffrey E. Hinton) 교수가 인공신경망 이론을 심화한 '딥러닝' 알고리즘 개발에 성공하게 되고, 인공지능 최초로 비지도 학습방법으로 고양이와 강아지를 구별하게 된다.

딥러닝은 머신러닝 분야의 한 줄기로써 AI가 스스로 학습이 가능하다는 점에서 AI 연구의 획기적인 전환점을 맞이하게 된다.

(6) 2010년대 이후: 제3차 AI 봄(기계학습)

2011년 IBM 왓슨 연구소가 개발한 'AI 왓슨'이 퀴즈쇼 '제퍼디(Jeopardy)'에서 우승한다.

2016년 Google 딥마인드 '알파고(Alphago)'가 바둑 챔피언 이세돌을 상대로 4:1 승리한다. 컴퓨터 바둑규칙과 기존 바둑 기사들의 대국기보를 바탕으로 스스로 학습하고, 매수마다의 승률을 계산하여 바둑을 두는 방식이다. 알파고는 Google의 딥마인드(DeepMind)에서 개발한 기계학습 기법인 심층신경망(deep neural network)을 활용한 인공지능 프로그램이다. 2016년 다보스 세계경제포럼에서 'AI, 빅데이터, IOT, 클라우드 컴퓨팅'이 산업 전반에 걸쳐 적용되어 세상이 크게 변화될 것이라고 선언한다.

최근 인공지능 분야에서 인공 신경망을 활용하는 딥러닝(deep learning)이 인기를 얻고 있다. 딥러닝은 빅데이터를 통한 학습과 고성능 클라우드 컴퓨팅 활용으로 더욱 급격하게 발전하고 있다.

AI-Business 정의

오늘날 점점 더 방대한 양의 데이터를 사용할 수 있고 고객의 선호도와 복잡성이 끊임없이 진화함에 따라 기업은 더 이상 성장을 주도하기 위해 기존의 비즈니스 방법에만 의존할 수 없게 되었다. 이러한 급격한 경영환경의 변화로 인해 기업은 AI를 통해 고객 데이터를 기반으로 고객만족도를 향상시킬 수 있는 제품 및 서비스의 지능화, 비즈니스 프로세스 혁신이라는 새로운 비즈니스 기회를 갖게 되었다.

AI-Business는 인간과 유사한 기능을 갖춘 지능형 컴퓨터 소프트웨어와 같은 AI를 활용하여 수익을 높이고, 고객 경험을 개선하고, 생산성과 효율성을 높이고, 비즈니스 성장과 혁신을 주도하는 모든 것을 의미한다.

오늘날의 비즈니스 세계에서 매우 중요한 것은 고객의 요구와 선호도를 본질적으로 이해하는 것이다. 따라서 기업은 AI를 사용하여 이제 더욱 고객을 근본적으로 이해하고 제품과 서비스를 지능화하고, 비즈니스 프로세스를 자동화하여 생산성과 수익을 개선할 수 있다.

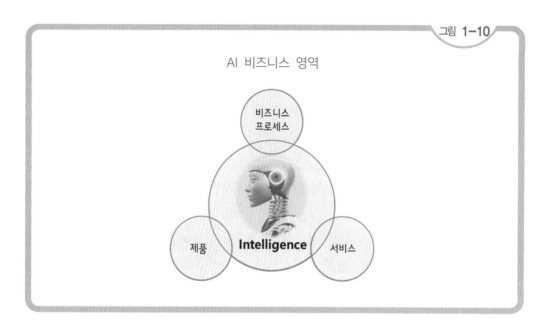

그림 1-10

AI 비즈니스 영역은 [그림 1-10]과 같이 스마트 제품, 스마트 서비스, 스마트 비즈니스 프로세스로 크게 세 가지로 구분할 수 있다.

👪 스마트 제품

AI 기능이 결합된 제품으로 스마트 청소기, 스마트 스피커, 자율주행차를 예로 들 수 있다. Amazon, Apple은 알렉사(Alexa), 시리(Siri)란 인공지능 가상비서를 스피커에 탑재하여 기계와의 음성대화 서비스를 제공하고 있다. 인공지능 가상비서와 인공지능 스피커는 Amazon의 음성 주문 기능과 같이 전자 상거래로 활용 영역이 확장되고 있으며, 가정에서 IoT(Internet of Things) 기기와의 연계를 통한 스마트 홈 서비스로 자리 잡아 가고 있다.

👪 스마트 서비스

AI 기능이 결합된 서비스로 챗봇, 이미지 인식, 맞춤형 추천을 예로 들 수 있다. 챗봇의 출현으로 고객은 이제 실시간으로 회사와 상호 작용하여 불만을 해결하고, 주문하고, 정보를 얻고, 고객 관리 담당자와 대화하는 데 필요한 대부분의 모든 서비스를 받는다. Netflix, Amazon 등과 같은 회사는 이제 AI를 사용하여 고객의 습관/행동을 분석하여 맞춤형 추천을 한다. Netflix는 AI 추천 시스템을 사용하여 고객경험을 기반으로 고객에게 선호할 만한 영화를 추천함으로써 고객충성도를 높여간다.

👪 스마트 비즈니스 프로세스

비즈니스 프로세스에 AI 기능을 결합한 것으로 ERP, SCM, CRM 등에 AI 기술이 탑재됨으로써 기존의 비즈니스 프로세스 혁신을 가능하게 한다. 기업은 AI를 활용하여 제조 자동화를 통한 제조공정의 효율성 증대와 고객 서비스 평가 및 개선, 공급망에서의 운송 및 물류 효율성 향상이란 비즈니스 이점을 갖는다.

AI는 창고에서 자재 및 제품의 적절한 준비 및 이동에 완벽하게 적합한 프로세스를 제공한다. AI 알고리즘은 주문, 제조 및 창고 시스템에서 데이터를 수집하고 최적의 창고 활용도를 결정하고 수요에 맞게 구성을 수정할 수도 있다.

제조 생산 계획 프로세스에 있어서 AI가 고객의 요구와 구매 행동에 영향을 줄 수 있는 다양한 요인을 고려하여 적합한 제품 생산 계획을 지원한다. 또한 AI는 개별 제조 작업에 대한 계획뿐만 아니라 동적 주문 변경에 효율적으로 대응할 수 있는 작업을 가능하게 한다.

e-Business 이야기
WEF '완벽한 AI시스템, 비즈니스를 혁신'

　세계경제포럼(WEF)은 "기업에서 인공지능의 사용은 이제 다양한 작업을 위해 더 나은 컴퓨터 프로그램을 만들기 위해 데이터를 수집하는 것 이상의 것을 포함한다"며 "AI가 기업의 성장과 혁신을 돕는 핵심 요소로 자리 잡으면서 경쟁의 장을 바꾸고 있다"고 했다.

　비즈니스의 연속성을 보장하고 더 나은 결과를 제공하며, 고품질의 비접촉 경험을 관리하기 위해 다양한 애플리케이션에서 AI 및 자동화 사용을 포함한 디지털 전략을 채택하는 기업들이 증가했다.

　기업들의 다음 단계는 자연어 처리(NLP), 로봇공정자동화(RPA), 기계학습(ML), 고급분석 등 첨단 기술과 업계 지식을 통합하는 다층 AI 구조물(아키텍쳐)을 구축하는 것이다. 감정을 이해하고 비디오 데이터를 해석하는 것이 더 스마트한 AI를 향한 다음 단계가 될 수 있다. 인공지능의 진정한 미래는 인간 대화의 전체 맥락을 이해하기 위해 말과 표정을 통합하는 것이 될 것이다. 이렇게 되면 기업은 전반적인 운영비 절감, 수익 증대, 사업 전반에 걸친 AI 활용에 따른 효율성 향상 등의 효과를 보게 된다.

　국제데이터코퍼레이션(IDC) 퓨처스케이프는 내년까지 포브스 글로벌 2000 기업 중 65%이상이 NLP, ML, 딥러닝을 사용할 것으로 전망했다. 기업은 미팅 중, 그리고 고객이 비디오 기술을 사용해 브랜드와 상호작용할 때 사람들의 얼굴 표정, 감정, 참여 수준을 분석하고 더 잘 이해할 수 있게 될 것이다. 데이터에서 추출한 통찰력은 기업이 비즈니스 운영을 개선하기 위해 더 나은 정보에 입각한 결정을 내리는 데 도움이 될 것이다.

　가장 중요한 것은 이 모든 것이 인공지능 덕분에 디지털 채널을 통해 더 나은, 더 많은 소통이 가능해지도록 돕게 된다는 것이다.

〈위키리스크 2021.12.26〉

1.5 머신러닝과 딥러닝 개요

머신러닝(Machine Learning)

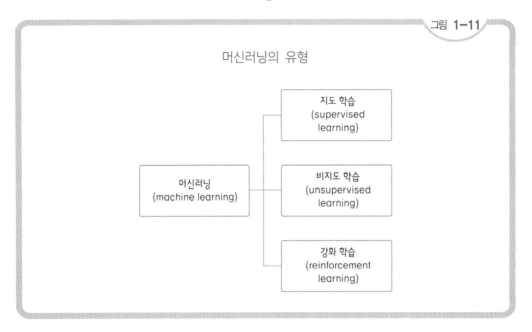

그림 1-11

머신러닝의 유형

머신러닝
(machine learning)

- 지도 학습
  (supervised
  learning)
- 비지도 학습
  (unsupervised
  learning)
- 강화 학습
  (reinforcement
  learning)

머신 러닝은 인공 지능의 한 분야로써 컴퓨터가 학습할 수 있도록 하는 알고리즘과 기술을 개발하는 영역에 해당된다.

머신러닝은 학습용 데이터(Training Data)를 사용하여 머신러닝 알고리즘을 학습시켜서 예측 모델을 생성하게 된다. 머신러닝 모델은 새로운 데이터를 입력으로 예측 결과 값을 출력한다.

예측 정확도가 허용되는 기준을 충족하게 되면, 성공적인 모델로써 머신러닝 알고리즘이 배포되어 활용된다. 만약 예측 정확도가 허용되는 기준을 충족하지 못하게 되면, 머신러닝 알고리즘은 예측 정확도가 허용되는 기준을 충족하게 될 때까지 새로운 학습용 데이터를 입력으로 학습하게 된다.

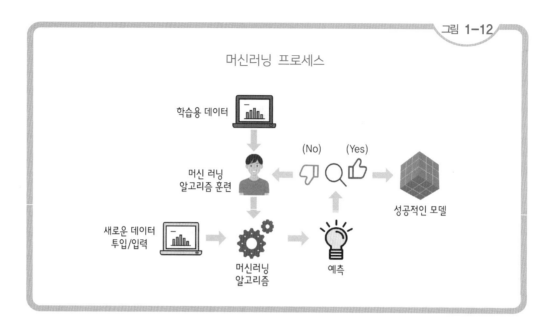

머신러닝 프로세스

그림 1-12

👥 지도학습(Supervised Learning)

지도 학습은 분류된(Labeled) 입력데이터(Input Data) 셋을 이용하여 모델을 학습시켜서(Training) 새로운 입력데이터의 출력 값을 예측하는 학습된 모델을 완성시키는 것으로 정의 할 수 있다.

1. 입력 데이터(Input Raw Data)
- 입력 데이터로는 분류된 학습용 데이터 셋(Labeled training data set)을 사용
- 분류된(Labeled) 학습용 데이터 셋은 [Input Data, Label]의 형태로 구성됨
- 예: [Input Data, Label] → [사과 이미지, 사과]

2. 모델 학습(Model Training)
- 알고리즘은 입력 데이터를 이용하여 원하는 결과가 나올 때까지 모델을 학습시킴

3. 학습된 모델(Model Trained)
- 원하는 결과가 나올 때까지 모델을 학습시키면 학습된 모델 완성됨

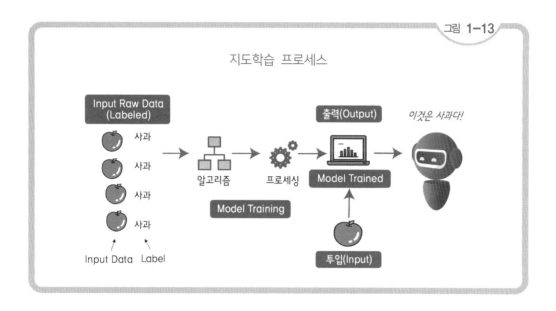

그림 **1-13**

4. 모델 테스트

- 학습된 모델에 새로운 테스트 데이터를 입력하여 출력 값을 평가함
- 출력 값이 원하는 분류(Labeled) 값이면 성공적인 모델로 판정함

  (예: 학습모델에 '사과 이미지'를 입력했을 때 '이것은 사과'라고 출력하면 성공적인 모델)

- 출력 값이 원하는 분류(Labeled) 값이 나오지 않으면, 추가적으로 학습용 데이터를 이용하여 모델의 정확도가 충족될 때까지 학습시킴

5. 모델 배포

- 성공적인 모델이 완성되면 모델을 배포하여 해당 분야에 활용

👪 비지도학습(Unsupervised Learning)

비지도 학습은 분류되지 않은(No Labeled) 입력데이터(Input Data) 셋을 이용하여 모델을 학습시켜서(Training) 새로운 입력데이터의 출력 값을 예측하는 학습된 모델을 완성시키는 것으로 정의 할 수 있다.

지도학습과 다른 점은 분류되지 않은 학습용 데이터(No Labeled training data set)를 입력 데이터로 사용한다는 것이다. 분류되지 않은 학습용 데이터 셋은

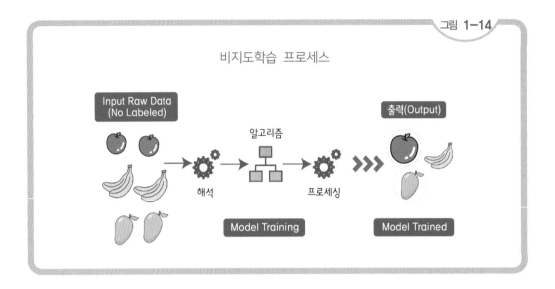

그림 **1-14**

비지도학습 프로세스

[Input Data, No Label]의 형태로 구성된다.

비지도 학습 알고리즘은 입력 데이터의 고유 한 특성만을 기반으로 패턴을 감지하여 모델을 학습시키며, 데이터 분류(클러스터)를 식별하기 위해 유사한 데이터끼리 묶는다.

예를 들어, 입력 데이터로 여러 가지의 과일 세트가 머신러닝 모델에 제공되면, 모델은 학습 알고리즘을 사용하여 학습하고, 학습된 모델은 입력된 데이터를 분류하여 식별한다.

👥 강화학습(Reinforcement Learning)

강화 학습은 에이전트와 기계가 특정 상황 내에서 최상의 행동을 자동으로 결정하여 성능을 최대화 할 수 있도록 하는 일종의 머신러닝 알고리즘을 의미한다.

강화 학습 알고리즘은 시행착오를 거쳐 보상을 극대화할 수 있는 행동을 찾아낸다. 이러한 유형의 학습은 기본적으로 에이전트(학습자), 환경(에이전트가 상호작용하는 모든 대상), 동작(에이전트 활동)이라는 세 가지 요소로 구성된다. 이 알고리즘의 목적은 에이전트가 일정한 시간 내에 예상되는 보상을 극대화할 수 있는 동

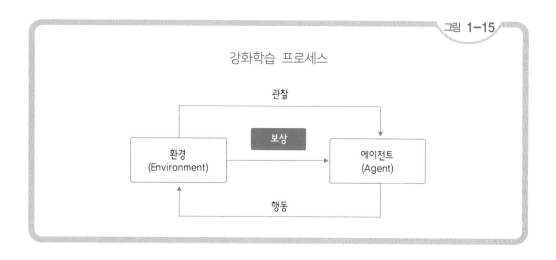

그림 1-15

작을 선택하도록 하는 데 있다. 따라서 강화 학습의 목표는 최선의 의사결정을 학습하는 것이라고 할 수 있다.

머신러닝의 대표적인 적용 사례

- 이미지 분류: 제품 생산 시 제품의 이미지를 분석해 자동으로 분류하는 시스템
- 텍스트 분류(자연어 처리): 자동으로 뉴스, 블로그 등의 게시글 분류
- 자연어 이해: 챗봇(chatbot) 또는 인공지능 비서 만들기
- 회귀 분석: 회사의 내년도 수익 예측
- 음성 인식: 음성 명령에 반응하는 프로그램
- 이상치 탐지: 신용 카드 부정 거래 감지
- 군집 작업: 구매 자료를 기반으로 고객을 분류 후 고객그룹별 서로 다른 마케팅 전략 수립
- 데이터 시각화: 고차원의 복잡한 데이터셋을 그래프와 같이 효율적으로 시각 표현
- 추천 시스템: 과거 구매이력, 관심 상품, 찜 목록 등을 분석하여 상품 추천
- 강화 학습: 지능형 게임 봇 만들기

딥러닝

딥러닝이란 대규모 데이터에서 자동으로 특징을 추출해 중요한 패턴 및 규칙을 학습하고, 이를 토대로 의사 결정이나 예측 등을 수행하는 기술을 의미한다. 심층 신경망(Deep Neural Network, DNN)은 입력층(input layer)과 출력층(output layer) 사이에 여러 개의 은닉층(hidden layer)들로 이뤄진 인공신경망(Artificial Neural Network, ANN)이다

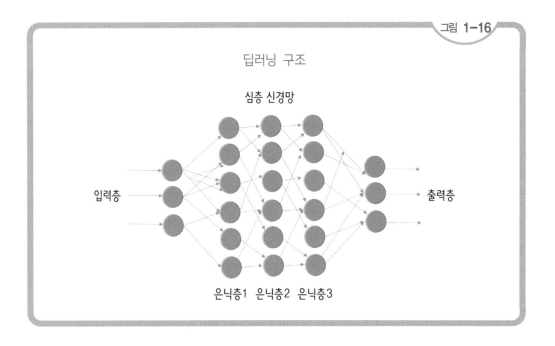

그림 1-16

딥러닝 구조

머신러닝은 특징 추출(Feature Extraction)을 개발자가 직접 해야 하지만, 딥러닝은 자동으로 특징 추출을 한다. 즉, 머신러닝에서는 학습하려는 데이터의 여러 특징 중 어떤 특징을 추출할지를 사람이 직접 분석하고 판단해야 하지만, 딥러닝에서는 모델이 데이터에서 자동으로 특징을 추출해 학습한다.

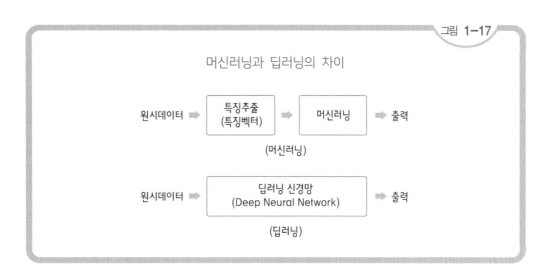

그림 1-17

머신러닝과 딥러닝의 차이

(머신러닝)

(딥러닝)

딥러닝의 종류와 용도

모델 종류	용도
합성곱 신경망(CNN) Convolutional Neural Network	이미지 및 영상 인식
순환 신경망(RNN) Recurrent Neural Network	음성 인식, 주가 예측
제한 볼쯔만머신(RMB) Restricted Boltzmann Machine	분류, 회귀 분석
심층신뢰 신경망(DBN) Deep Belief Network	글씨 및 음성 인식
생성적 적대 신경망(GAN) Generative Adversarial Network	영상 및 음성 복원

시스코의 Webex

비대면 시스템의 필요성이 두각되면서 화상 회의, 면접이 가능한 화상 회의 프로그램들의 성장이 지속되고 있다. 화상회의 프로그램 중 원조는 바로 Webex다. Webex는 최근 소음 제거, 회의 중 제스처, 실시간 번역 등 AI 기술을 통해 새로운 기능을 선보이고 있다. Webex는 기업 네트워크 인프라 장비 시장의 절반을 장악하고 있는 1위 기업 시스코의 프로그램이다.

시스코는 데이터센터에서 클라우드, 사물인터넷(IoT)에 이르기까지 다양한 분야에서 소프트웨어와 관련 서비스를 제공하고 있다. 네트워크 보안을 유지하고, 화상회의 등으로 자유롭게 협업하고, 대규모 데이터를 분석하고, 인프라를 운용하는 소프트웨어들을 보유하고 있다. 지난 2017년 3월 애플리케이션 관리 소프트웨어인 앱다이나믹스를 36억달러에 인수하면서 데이터센터소프트웨어도 확보했다. 같은 해 5월엔 화상회의 기업 Webex를 26억 달러에 인수하며 협력 소프트웨어 시장도 선점했다.

시스코는 지난 몇 년 동안 AI 기능 개발에 약 10억 달러를 쏟아 부었고 그 투자의 결실로 인공지능(AI)을 통해 새로운 기능들을 만들어냈다.

Cisco가 도입한 몇 가지 새로운 Webex 기능

소음 제거

앱은 종이가 바스락거리는 소리나 큰 소리로 타이핑하는 소리와 같은 일반적인 소음을 자동으로 감지하고 억제 한다.

전사(말소리를 문자로 출력)

Webex는 검색 가능한 통화 기록을 생성하여 회의에 참석하지 못한 경우 쉽게 확인할 수 있다. 또한 청각 장애가 있는 사람들이 가상 회의에 더 쉽게 참여할 수 있도록 자막을 추가한다.

회의 중 제스처

내년에 미팅 참가자는 손으로 "엄지손가락"을 할 수 있으며, Webex의 AI는 해당 동작을 모든 사람이 볼 수 있도록 화면에서 엄지손가락 아이콘으로 변환한다.

실시간 번역

발표자가 다른 언어를 사용하는 회의에서 듣고 실시간 전사를 받을 수 있다. 각 회의 참가자는 원하는 언어를 선택할 수 있다. 이 기능은 영어, 스페인어, 프랑스어, 독일어, 북경어, 포르투갈어, 아랍어, 러시아어, 네덜란드어 및 일본어로 제공된다.

회의 템플릿

예를 들어 원탁회의 템플릿을 사용하면 모든 참가자가 한 번씩 발언할 기회가 주어지고 누군가가 두 번 발언할 수 있다.

시스코 비즈니스 전망

화상회의

시스코의 Webex는 줌, 고투웨비나에 이어 화상회의 시장 3위를 차지하고 있다. 하지만 줌은 링크만 있으면 누구나 회의장에 입장할 수 있기 때문에 보안 문제가 제기되고 있다. 시스코는 보안 소프트웨어 강점을 바탕으로 Webex의 안전성을 강조하고 있다. 이러한 Webex의 강점을 통해 시장점유율 상승을 기대할 수 있다.

보안

보안은 시스코의 가장 큰 성장동력이다. 클라우드 보안 플랫폼인 엄브렐라와 듀오를 기반으로 2021회계연도 1분기(8~10월) 시스코의 보안사업부의 매출은 전년 대비 6% 상승했다. 시스코는 지난 6월 클라우드기반 보안 플랫폼인 시큐어엑스(SecureX)를 출시했고 매달 1000명 가량의 기업고객이 이용하고 있다. 시스코는 또 5G용 소프트웨어정의 광대역통신망(SD-WAN)과 자사 보안플랫폼인 엄브렐라를 통합해 클라우드에서 보안과 네트워킹서비스를 동시에 제공하여 어떤 사용자가 어떤 디바이스에서도 안전하게 애플리케이션에 연결할 수 있도록 도와줄 수 있다.

5G 장비

시스코는 2019년말부터 5G 투자를 강화하고 있다. '실리콘 원'으로 구축된 일련의 캐리업급 라우터인 8000 시리즈 제품과 새로운 IOS X7 운영체제를 선보였다. 이로써 현재 전체 매출의 36%를 차지하고 있는 기업용 하드웨어 비중은 점차 줄고, 인터넷사업자용 5G 네트워트 장비 매출이 기존 12%에서 점차 증가할 것으로 회사는 내다보고 있다. 네트워크 장비인 스위칭과 라우팅은 전체 시스코 매출의 절반 정도를 차지하는 캐시카우 역할을 하고 있다.

🌏 요약

인터넷의 출현은 e-Business 라는 새로운 패러다임을 탄생시켰으며 새로운 산업의 태동과 가치 사슬을 창출시켰다. 이제 인공지능(AI) 기술의 획기적인 발전으로 AI-Business 개념으로 확장되고 새로운 인공시능 시대가 도래하고 있다. 따라서 본 장에서는 e-Business, M-Business, U-Business 그리고 AI-Business 개념에 대해 살펴보았다.

🌏 주요용어

e-Business
e-Commerce
M-Business
AI-Business

🌏 토의

1. 기업에 영향을 미치는 e-Business 특징들을 설명해보세요.
2. 실생활에서 접할 수 있는 M- Business의 사례를 제시해보세요.
3. AI-Business 3개 영역을 설명해보세요.
4. AI 역사에 관해 시대별로 요약해 보세요.

🌏 참고문헌

Kenneth C. Laudon, Carol Guercio Traver, 전자상거래, 시그마프레스, 2015
Kalakota Robinson 저, 정보문화사 역, e-비즈니스 성공을 위한 로드맵, 정보문화사, 2000
고영국, e-비즈니스 전자상거래, 정익사, 2001
구지희, 유비쿼터스 도시, 시그마프레스, 2014

김대수, 처음 만나는 인공지능, 생능, 2020

김병학, 홍길종, 백종례, 유비쿼터스 e-비즈니스와 전자상거래, 2021

연대성, The Next 모바일 비즈니스, 이담북스, 2014

이건명, 인공지능: 튜링테스트에서 딥러닝까지, 생능, 2019

이상진, 교양으로서의 인공지능, 시크릿하우스, 2020

이음연구소 역, 히구치신야, 시로츠카오토이, AI 비즈니스 전쟁, 어문학사, 2018.

이황규, 박규현, 이은령 공저, 전자상거래의 개념에서 쇼핑몰 구축까지, 이한출판사, 2000

임규관, 「유비쿼터스와 컨버전스 전망」, ie매거진, 10권 3호, 2003 겨울호

임세헌 역, 버나드 마 저, 「인텔리전스 혁명」, 청람, 2020

장진영 역, 크리스더피, AI가 알려주는 비즈니스 전략, 유엑스리뷰, 2020.

정도희, 인공지능 시대의 비즈니스 전략, 더퀘스트, 2020.

정두희, 한권으로 끝내는 AI 비즈니스 모델, 청림, 2020.

정지훈, AI 101, 인공지능 비즈니스의 모든 것, 틔움출판, 2021

정창덕, 전자상거래 이론과 실무, 한올출판사, 2017

주재훈, 전자상거래, 탑북스, 2017

최경주, 4차 산업혁명시대의 전자상거래 혁신, 에이드북, 2019

이왕재, "인공지능 기술의 구조 및 동향분석: 특허 및 오픈소스 프로젝트를 중심으로", 서울과학기술대학교 박사학위 논문, 2021

이하섭, 김형석, 이주영 외 2명, 다중 디바이스를 이용한 유비쿼터스 가상현실, 한국 HCI학회 학술대회, pp. 608-610, 2016

Diederich, B., Mohamed, R. and Eom, S., Business Intelligence and Mobile Technology Research, Bertrams, 2014

Doug Rose, Artificial Intelligence For Business, Columbia SC, 2020.

Kalakota and Whinston, Frontiers of Electronic Commerce, Addison Wesley, 1996

Stephen Chen, Strategic Management of e-Business, Wiley, 2001

Tim Cole, AI Means Business, Forsthaus, 2020.

William J. Ford, Artificial Intelligence Business Applications, Columbia SC, 2020.

Wu, J. and Chang, S., Exploration of a mobile service business model for electric vehicle charging stations, Journal of Industrial & Production Engineering, 30(6), 2013

유순덕, "인공지능 비즈니스 생태계 연구", The Journal of The Institute of Internet, Broadcasting and Communication (IIBC), 20(2), 2020. https://doi.org/10.7236/JIIBC.2020.20.2.21

🌐 웹사이트

http://www.idc.com, IDC

http://www.isoc.org/internet/history/brief.html

http://www.nua.ie/surveys

http://www.seri.org, 삼성경제연구소

https://www.businessworldit.com/ai/artificial-intelligence-in-business

http://media.fastcampus.co.kr/knowledge/data-science/ai2019/

https://www.zdnet.co.kr/view/?no=20181129153613

https://www.sas.com/ko_kr/insights/analytics/machine-learning.html

https://1boon.kakao.com/gilbut/5a710121ed94d2000165fb01

https://www.sap.com/korea/products/leonardo/machine-learning/what-is-machine-learning.html

https://wooaoe.tistory.com/8

🌐 기사

「WEF '완벽한 AI시스템, 비즈니스를 혁신'」, 위키리스크 2021.12.26

「초자동화 시대, AI스타트업 성공의 조건 3가지」, ZD Net Korea, 2020.12.21

e-Business 및 AI-Business 모델

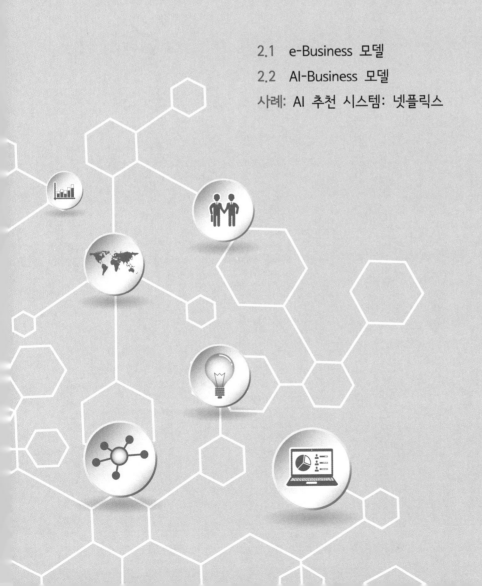

비즈니스 모델이란 상품과 서비스를 누구에게 어떻게 판매할 것인가를
결정하는 것을 말한다. 기업이 경쟁 우위를 확보하기 위해서는 급변하고
있는 경영 환경에서 수익성이 높은 비즈니스 모델로의 전환이 필요하다.
본 장에서는 다양한 e-Business와 AI-Business 모델을 살펴보고자 한다.

AI-Biz A to Z

e-Business 및 AI-Business 모델

e-Business 이야기
구글도 반한 AI 교육앱 '콴다'

콴다는 해외 50여 개 국가에서 서비스 중이다. 세계 월간 사용자(MAU)가 1200만 명에 이른다. 일본, 베트남, 싱가포르, 인도네시아, 태국 등에선 앱스토어 교육 부문 1위를 차지했다. 누적 앱 다운로드 수는 4500만 건이다.

콴다를 만든 스타트업 매스프레소는 구글로부터 전략적 투자를 유치했다. 성공 비결은 "문제 사진만 촬영하면 풀이를 해준다"는 참신한 아이디어가 첫째로 꼽힌다. 또한 "이를 뒷받침하는 기술력도 성공의 중요 요소다"라고 했다.

사진을 독해해 문제 풀이를 해주는 데는 광학문자인식(OCR)이란 AI 기술이 필요하다. 사진에 있는 문자 등을 디지털화된 전기 신호로 바꿔주는 기술이다. 수학 문제는 문자뿐 아니라 수식, 도형, 그래프도 들어 있기 때문에 일반적인 OCR보다 기술적 요구 수준이 높다. 매스프레소는 창업 초기부터 OCR 고도화에 연구개발 투자를 집중했다. 그 결과 낙서나 사진 그림자 등 왜곡이 있는 데이터도 독해할 수 있는 OCR 기술을 확보했다. 학생 질문에 맞는 답을 데이터베이스에서 빨리 찾아내는 AI 검색 엔진 기술도 뛰어나다는 평가를 받는다.

콴다는 앞으로 개인별 학습 수준·능력을 AI로 분석해 맞춤형으로 커리큘럼 등을 짜주는 개인화 서비스도 개발할 예정이다.

〈한경 2021.11.16〉

2.1 e-Business 모델

비즈니스 모델이란 목표 고객을 정의하고 고객들에게 어떤 제품과 서비스를 제공할 것인가를 결정하는 것이다. 제품인 경우 물리적 제품을 판매할 것인지 디지털 상품을 판매할 것인가에 대해 결정하며, 거래 쌍방의 주체에 따라 구분할 경우 기업이 기업을 상대로 할 것인지, 기업이 소비자를 상대로 할 것인지, 소비자가 기업을 상대로 할 것인지, 소비자가 소비자를 상대로 할 것인지를 결정하게 된다.

Timmers는 비즈니스 모델을 '제품·서비스·정보 흐름 등의 구조, 다양한 비즈니스 활동자가 얻을 수 있는 잠재적 이익에 대한 기술 및 수익원에 대한 기술'로 정의하고 있다. 즉 e-Business 모델은 인터넷상에서 고객과 제품 및 서비스의 정확한 목표를 달성하기 위한 전략적 활동이라고 볼 수 있다. e-Business를 성공하기 위해서는 우선 인터넷 비즈니스의 모델을 결정하고, 사업의 목표에서부터 구체적인 전략적 실행안들을 수립해 나가야 한다.

비즈니스 모델에서 기업은 사업의 목표를 명확하게 규정할 수 있으며 목표 시장과 목표 고객을 구체적으로 설정할 수 있다. 사업의 시작 단계에서는 목표 시장과 고객을 설정하는 것과 대상 고객 및 제품의 종류를 결정하는 것도 매우 중요하다. 또한 비즈니스 모델은 사업 전략과 마케팅 전략과 같은 중요한 경영의사결정에도 지대한 영향을 미친다. 따라서 e-Business 모델은 전체 e-Business 사업의 기본 틀을 제시해 줄 수 있다.

〈표 2-1〉에서는 Deitel et al.이 제시한 주요 e-Business 모델들과 각각의 모델에 관련된 사례들을 보여주고 있다.

e-Business 모델을 정의하는 대표적인 유형은 여러 학자들에 의해 연구되었다. 대표적 e-Business 모델의 유형은 Timmers에 의해 제시되었는데 Timmers는 가치 사슬에 의해 비즈니스 모델을 11개의 유형으로 분류하였다. 그 밖에 Jutla는 상품 전달 과정과 제품 근원지를 기준으로 크게 제조 업자, 브로커, 경매의 세 가지로 분류하였으며, Berryman은 시장 주도자가 누구인가에 따라서 구

표 2-1 e-Business 모델의 분류

대분류	소분류	사례 사이트
온라인 쇼핑 모델	온라인 쇼핑몰	http://www.interpark.com http://www.lotteon.com
경매 모델	일반 경매	http://www.auction.co.kr http://www.ebay.com
	역경매	http://www.24master.co.kr http://m.findjejurentcar.co.kr
포털 모델	수평적 포털	http://www.naver.com http://www.daum.net
	수직적 포털	http://www.e-gen.or.kr http://www.lexis.com
	공동체 사이트	http://www.youth.co.kr http://www.iljarihub.or.kr
동적 가격 모델	지정 가격 모델	http://www.price.com
	비교 가격 모델	http://www.shopping.google.com http://www.pricegrabber.com
온라인 증권 거래 모델		http://www.truefreind.com http://us.etrade.com
온라인 대출 모델		http://www.finda.com http://www.finlife.fss.or.kr
온라인 인재 선발 모델		http://www.work.go.kr http://www.monster.com
온라인 뉴스 서비스 모델		http://www.kinds.or.kr http://www.cnn.com
온라인 여행 서비스 모델		http://www.skyscanner.co.kr http://www.travelocity.com
온라인 엔터테인먼트 모델		http://www.soribada.com http://www.cine21.com
e-Learning 모델		http://www.kmooc.kr http://www.kedu.kr

매자 통제 시장, 판매자 통제 시장, 중립적 시장으로 분류하였다.

본 장에서는 Deitel et al.의 이론을 중심으로 e-Business 모델을 여러 유형들로 분류하고자 한다. 대표적인 비즈니스 모델 유형들은 온라인 쇼핑 모델, 경매 모델, 동적 가격 모델, 포털 모델 등이다.

온라인 쇼핑 모델

e-Commerce로의 이동은 많은 이익과 새로운 생각들을 가져다주었다. 온라인 쇼핑 모델이라고 하면 일반적으로 사람들은 e-Business와 연관 지어 생각할 수 있다.

온라인 쇼핑을 하는 사람들은 웹상에서 거래 처리, 보안, 온라인 지불 및 정보 저장을 함으로써 온라인상에서 제품과 서비스를 구매한다. 이것은 구매자와 판매자가 직접적으로 상호 작용하는 e-Business 모델의 기본적인 형태이다.

온라인 모델의 비즈니스를 수행하기 위해서 온라인 상인들은 제품의 온라인 카탈로그를 조직화하고, 웹을 통해 주문을 받고, 보안이 유지되는 상태에서 전자결제를 하고, 고객에게 상품을 배송하고, 고객의 자료를 관리해야 한다.

e-Commerce가 새로운 용어인 것 같지만 대기업들은 이미 수십 년 동안 그들의 네트워크 시스템을 통하여 비즈니스 파트너 및 고객들과 e-Commerce를 수행해 왔다. 예를 들면, 은행은 EFT(Electronic Fund Transfer)를 이용하여 계좌 간의 이체를 할 수 있었으며, 대부분의 기업들은 이를 위해 구매 주문과 송장과 같은 거래 양식이 표준화된 EDI(Electronic Data Interchange)를 이용하여 왔다. EDI는 고객, 공급자, 비즈니스 파트너들이 전자적으로 모든 거래 정보를 공유할 수 있도록 거래 양식이나 과정이 표준화되어 있다.

가장 성공적인 e-Business는 온라인 쇼핑 모델을 이용한 것이다. 가장 선도적인 온라인 쇼핑 모델은 B2C(Business to Customer) 사업 모델을 가진 기업으로 쇼핑 카트 기술을 이용한 온라인 쇼핑몰이 대표적이다.

🏠 쇼핑 카트 기술

e-Commerce의 활용을 위한 중요한 기술 요소 중의 하나는 쇼핑 카트이다. 쇼핑 카트는 고객들이 쇼핑을 계속하면서 희망하는 구매 품목들을 장바구니에 담듯이 쇼핑 카트에 넣음으로써 모든 구매 품목을 묶어 준다.

쇼핑 카트를 지원하는 것은 제품 카탈로그이다. 제품 카탈로그의 정보는 데이터베이스 형태로 상인의 서버에 구축되어 있다. 상인 서버는 자료 저장 및 관리 시스템이며, 데이터베이스는 대용량 정보를 저장하고 기록하도록 설계된 상인 서버의 일부분이다.

온라인 쇼핑몰

온라인 쇼핑몰에서 고객은 다양한 상품들을 검색하거나 구매할 수 있고, 많은 상점에서 판매되는 다양한 아이템들을 구매하기 위해 쇼핑 카트 기술을 활용할 수 있다.

인터파크(www.interpark.com)

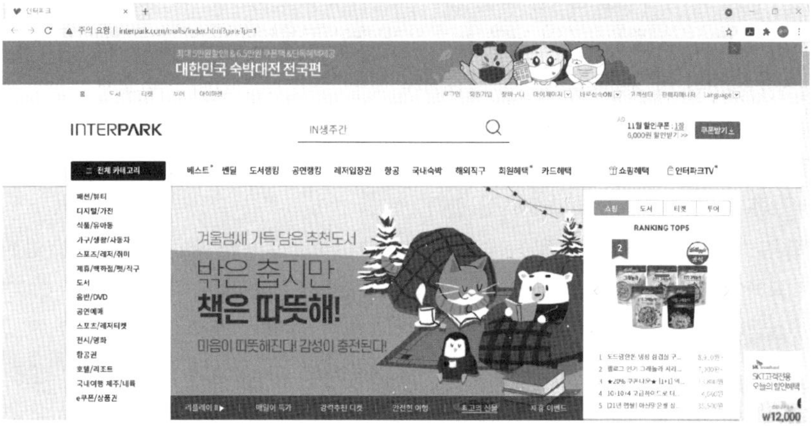

[그림 2-1] 인터파크의 홈페이지

인터파크는 롯데 쇼핑몰(www.lotte.com)과 함께 국내 온라인 사업의 선두주자로서 1996년 6월에 국내 최초로 인터넷 쇼핑몰을 구축하였다. 인터파크는 온라인 사업에 대한 개념이 미비했던 국내 현황에서 온라인 사업의 개념을 전파하는 데 일익을 담당하였으며, 한솔 CSN(www.hansolcsn.com), 신세계 쇼핑몰(www.shinsegae.co.kr), 골드뱅크(www.goldbank.co.kr) 등 대기업과 신규 인터넷 기업이 온라인 사업 시장에 뛰어드는 계기를 마련하였다. 인터파크의 강점은 국내 온라인 쇼핑몰 중 가장 초기부터 겪어 온 국내 시장에 대한 경험이라 할 수 있다. 초기 인터파크는 마케팅 측면보다는 기술, 지불 시스템 등에 노력을 경주했고, 단일 전문점보다는 몰 앤 몰(Mall & Malls)에 치중하였다. 몰 앤 몰은 백화점과 같이 인터파크의 사이버 쇼핑몰 공간을 상점들에게 임대하는 형식의 인터넷 쇼핑몰로 구매자의 입장에서는 다양한 상품을 쇼핑할 수 있고, 여러 상점에서 구매한 후 한 번에 지불하는 원스톱 쇼핑(one stop shopping)의 장점을 누릴 수 있었다. 인터파크는 다양한 시장의 변화를 겪어 오면서 국내 온라인 쇼핑몰에 적합한 모델이 무엇인지를 체득하였고, 그러한 경험을 바탕으로 이제 새로운 방향으로 사업을 전개하고 있다.

e-Business 이야기

지자체 인터넷쇼핑몰 매출 '수직 상승'

전국의 지자체들이 운영하는 온라인 쇼핑몰이 변신 중이다. 온라인몰 '입점'을 지원하던 수준에서 벗어나 획기적인 쇼핑몰을 만들어 내면서, 이용자 편의성 개선은 물론 할인전과 기획전, 라이브커머스 등 공격적인 마케팅으로 세력을 확장하고 있다. 전국 지자체에 따르면 최근 각 지자체 쇼핑몰의 매출액은 국내 전체 농산물 온라인 거래액 증가율을 상회한다. 지난해 PC와 모바일상에서 거래된 국내 농축수산물 규모는 6조563억 원으로, 2019년(3조5,342억 원) 대비 71% 급증했으며 올해도 비슷한 상승세를 이어가고 있다.

우선 경남도가 운영 중인 'e경남몰' 매출 상승이 눈에 띈다. 지난달 말 기준 53억9,000만 원으로 전년 동기(14억4,200만 원) 대비 무려 274% 성장했다. 총매출액 규모는 크지 않지만, 경남몰은 현 추세를 이어간다면 생산농가에 적지 않은 도움이 될 것으로 보고 있다.

전국 지자체 쇼핑몰 중 최고의 매출을 기록하며 부러움을 한 몸에 받는 전남도 '남도장터'의 매출도 고공행진 중이다. 남도장터는 지난달 말 기준 작년 한 해 매출액(325억 원)에 근접한 320억 원의 매출을 올렸다.

경북도가 도내 23개 시·군 우수 농축산물을 모은 '사이소'도 대대적인 웹사이트와 앱 개편을 통해 가파른 상승세를 이어가고 있다. 9월 말 기준 170억 원의 매출을 기록했다. 3분기만에 작년 한 해 매출(164억 원)을 돌파한 것이다. 특히 사이소는 자체 판매 플랫폼과 함께 민간 업체의 라이브커머스 플랫폼을 적극 활용하고 있는 게 눈에 띈다. 관계자는 "라이브커머스 방송 때 '사이소'를 노출하는 전략을 구사하고 있다"며 "사이소 회원, 방문객도 점차 늘고 있다"고 전했다. 민간과 경쟁해야 할 쇼핑몰이지만, 시장 지배력이 있는 민간 플랫폼을 통해 시너지 효과를 내고 있다는 설명이다.

〈한국일보 2021.10.06〉

경매 모델

경매의 사전적 의미는 '사겠다는 사람이 많을 때 값을 제일 많이 부르는 사람에게 파는 일'로 특히 골동품, 미술품, 유명인의 개인 수집품 등 객관적 가치나 가격을 매기기가 어려운 물건들에 대해 가격을 결정하여 상거래하는 것을 뜻한다. 따라서 인터넷 경매란 경매라는 상거래 문화를 웹 환경에 도입해 판매자와 구매자가 인터넷에서 흥정을 통해 상품의 가격을 결정하여 물건을 구매하는 것을 말한다.

웹은 다양한 종류의 경매를 제공한다. 해당 품목에 대해 가장 낮은 가격의 경매 사이트를 찾아 주는 웹사이트도 있다. 일반적으로, 경매 사이트는 인터넷 사용자들이 로그온하여 입찰자나 판매자의 역할을 가능하게 하는 공공 입찰 장소로서의 역할을 수행한다. 판매자일 경우에는 경매 품목을 등록시키고 희망하는 최소 가격과 경매의 마감 기간을 정할 수 있다. 어떤 사이트는 경매 품목에 대해 특징과 사진, 현재의 상태 등을 보여준다. 입찰자인 경우에는 찾고자 하는 품목이 존재하는 사이트를 검색할 수 있고, 현재의 입찰 활동을 관찰하고, 입찰 가격을 결정한다. 어떤 사이트는 최고의 입찰 가격을 제시하고, 입찰에 응하게 할지도 모른다. 경매 기술은 옥션(www.auction.co.kr)의 사례를 보면 좀 더 깊이 있게 이해될 것이다.

역경매 모델은 구매자가 마치 판매자가 입찰을 경쟁시키듯이 자신이 구매하고자 하는 희망 가격을 설정하여 역으로 판매자들을 끌어들인다. 역경매의 특징으로는 다수의 판매자가 구매자에게 상품을 판매할 경우에 이용되며 역경매의 판매자는 판매 상품의 전문가에 해당하는 경우가 많다. 이 판매자들의 역할은 같은 상품을 여러 사이트에서 비교해 판매 상품의 우월성을 구매자에게 제시하고 구매를 유도하는 것이며 낙찰은 최저가에서 이루어진다. 쉽게 말하면 소비자가 살 물건을 제시하면 판매자가 구매자에게 제품 가격을 제시하는데, 우리나라에서는 기업이 특정 상품을 대량으로 내놓고 입찰자의 수가 많으면 제품의 가격을 입찰자의 수에 한해서 단계적으로 내리는 공동 구매의 형태로 변하여, 역경매는 잘 나타나고 있지 않다.

옥션(www.auction.co.kr)

[그림 2-2] 옥션의 홈페이지

옥션 사이트의 페이지 구성은 이베이(www.ebay.com)와 거의 비슷한 구성을 하고 있다. 모든 경매 아이템은 카테고리에 따라 분류되어 있다. 경매에 나온 아이템은 컴퓨터에서 의류, 주식, 부동산, 티켓, 심지어 성인 용품까지 매우 다양하다. 이 사이트 역시 경매에 참가하기 위해서는 우선 회원으로 등록을 해야 한다. 회원 수는 우리 나라에서 가장 많이 보유하고 있으며 이 사이트에서 하루 평균 4백 건 이상의 경매가 이루어지며 하루 방문객 수만 2만 명을 웃돈다고 한다.

인터넷 경매 사이트에서 제공하는 경매 서비스는 특가 경매와 일반 경매 두 가지 형태로 구분된다. 특가 경매는 인터넷 경매가 중소 기업과 계약을 통해 물품을 판매하는 것, 중소 기업은 팔고 남은 상품을 온라인을 통해 싼 값에 내놔 재고 처리를 하고 이용자들은 필요한 물건을 싼 값에 구입할 수 있다. 경매를 통해 물건을 구입할 경우 일반 소비자가에 비해 30~40% 가량 저렴하다.

옥션 이외에도 미술품 경매 사이트인 포털아트(www.porart.com), 해외 이주 역경매 사이트인 마이옥션(www.my-auction.co.kr) 등이 있다.

포털 모델

포털 사이트에서 방문자들은 원하는 모든 정보를 탐색할 수 있는 기회를 갖는다. 즉 뉴스, 스포츠, 날씨 정보뿐만 아니라 웹의 탐색 능력까지도 제공받는다. 대부분의 사람들은 포털을 검색 엔진으로 생각한다. 검색 엔진은 수평적인 포털로서 폭넓은 정보들을 주제별로 집합시켜 주는 포털이다. 또 다른 유형의 포털 사이트는 수직적 포털로, 이는 구체적인 관심 영역에 관해서 방대한 양의 정보를 제공해 준다.

네이버(www.naver.com), 다음(www.daum.net), 구글(www.google.co.kr), 네이트(www.nate.com) 등의 포털 사이트는 사용자들에게 다양한 제품을 보유하고 있는 수천 개의 온라인 쇼핑 사이트들을 연결시켜 준다. 고객과 온라인 상점, 온라인 쇼핑몰, 경매 사이트를 연결시키는 포털은 여러 가지 이점을 제공해 준다. 최근 가장 대표적인 포털 모델의 예는 야후, 네이버를 들 수 있다.

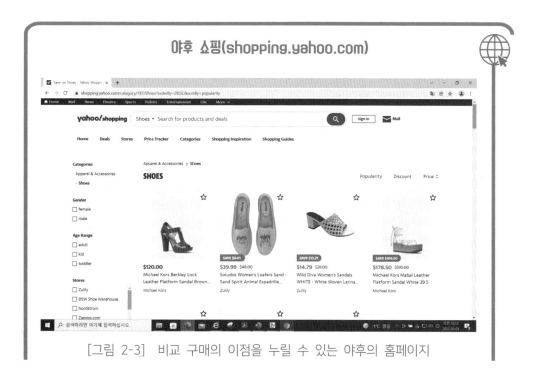

[그림 2-3] 비교 구매의 이점을 누릴 수 있는 야후의 홈페이지

야후는 많은 링크와 카테고리를 가진 수평적인 포털 사이트이다. 야후를 통하여, 소비자는 쇼핑 카트에 다양한 온라인 상점의 아이템들을 추가할 수 있다. 소비자는 상점을 돌아다니는 것보다 오히려 야후를 통하여 그들이 원하는 모든 항목을 쉽게 구입할 수 있다. 쇼핑 카트 기술을 사용하는 것은 온라인에서 물건 구입할 때 필요한 시간을 많이 줄여 준다. 물건을 사기 위하여 소비자는 카테고리를 선택하는 것으로 물건을 검색하거나, 키워드 검색을 하고, 인기 있는 온라인 상점들을 구경할 수도 있다.

야후 페이지에 포함되는 다른 특징들은 선물 등록, 인기 있는 제품, 지금 팔고 있는 것과 야후 포인트 누적 시스템 등이다. 야후쇼핑을 통하여 구매하기 위해서 고객은 사이트에 등록하여야 한다. 등록은 전자서명을 클릭하고, 사용자명과 암호를 만드는 것에 의해 완료되는 단순한 과정으로 진행된다. 일단 등록이 되면 고객은 야후의 많은 온라인 상점에서 제품을 검색할 수 있고, 제품과 상인을 선택하고 난 후에, 사용자는 항목을 그들의 쇼핑 카트에 추가하거나 리스트에 담아둘 수 있다.

결론적으로 쇼핑의 성공 요인은 카테고리를 바탕으로 한 쉬운 검색과 차별화된 서비스, 그리고 과학적인 광고의 연결 등으로 요약될 수 있다.

🏫 수직적 포털 및 공동체 사이트

수직적 포털은 하나의 주제에 대해 방대한 양의 정보를 제공하고, 주로 공통 주제를 가지고 다양한 전문적 내용에 대해 의견을 교환하는 공동체 사이트로 설명된다. 특정 이익 단체를 위한 공동체 사이트도 온라인상에 존재한다. 공동체 사이트는 방문자들이 친구들과 이야기하고, 필요로 하는 특정 정보를 탐색할 수 있어 고객 충성도가 높은 편이다.

대부분의 포털 사이트는 의약 및 법과 같은 전문 영역의 정보를 제공한다. 응급의료포털(www.e-gen.or.kr)은 응급실 찾기부터 기본응급처치, 응급상황 시 대처요령 등의 정보를 제공해 주는 의료 포털 사이트이다.

치과 의료계를 위한 포털 사이트인 덴탈아리랑(www.dentalarirang.com)은 치과 의사, 위생사 등 치과 의료계 종사자들을 위한 포털 사이트로 임상 연구, 임상 경영, 임상 정보 등에 관한 업데이트된 소식과 관심 있는 치의학 뉴스를 제공하고 있다. 나아가 의료 경영에 관한 전문 컬럼도 개설하여 치과 의사, 경영학 등 다양한 분야의 권위자들이 제공하는 컬럼을 습득할 수 있어 치과 의료계에서 큰 반향을 일으키고 있는 사이트다. 또한 의료인 대상 포털 사이트인 메드릭 (www.medric.or.kr)은 임상 정보, 의학 소식, 국내 연구결과, 온라인 세미나 등을 제공하고 있으며, 수의사와 관련된 정책, 학술, 학회, 동물 복지 등의 정보를 제공하고 있는 의학 정보 포털 사이트인 데일리벳(www.dailyvet.co.kr)도 있다.

한편 웹에는 법 관련 포털 사이트들이 많이 있다. 미국의 렉서스(www.lexis.com)와 파트너 사이트인 넥서스(www.nexis.com)는 대표적인 법 관련 포털 사이트로 법률 기업들을 대상으로 법률 정보를 유료로 제공한다. 렉서스는 사례와 법률 자료뿐만 아니라 관련 뉴스 기사를 제공해 준다. 렉서스에서 법률 관련 전문 직종 종사자들은 조사 과정을 신속하게 할 수 있다.

변호사와 직접 소통하는 법률 플랫폼 로톡(www.lawtalk.co.kr) 사이트는 온라인 서비스를 기반으로 한 법률 회사이다. 법률문제 발생 시 법률 시장의 비대칭성과 소통의 어려움을 극복하기 위해 온라인으로 내 사건 관련 전문성을 갖춘 변호사를 손쉽게 찾을 수 있도록 정보를 제공하고 있다.

변호사의 경력과 자격증부터 직접 작성한 법률 가이드. 해결 사례 포스팅도 한눈에 볼 수 있다. 또한 상담비용, 수임 비용을 투명하게 공개하고 있다. 로톡에 등록된 17만 개의 상담글을 보고 나와 비교하며 간단한 상담글을 작성할 수 있다. 로톡은 현재 로앤컴퍼니에서 운영하고 있다.

온라인 공동체의 다른 유형은 구체적인 인구 통계를 중심으로 나누어진다.

청소년을 대상으로 운영하고 있는 청소년참여포탈(www.youth.go.kr)은 청소년들이 자유롭게 소통하고 참가신청 게시판을 통해 청소년이 직접 정책제안을 할 수 있다. 또한 다양한 공모전과 정책 투표 참여를 통해 청소년들의 자율성을 기를 수 있다는 것이 특징이다.

아이사랑(www.childcare.go.kr)은 임신 육아 전문 포털 사이트로서 주부들이 가장 많이 찾는 검색어인 임신과 출산, 육아, 어린이집을 모두 한곳에서 해결할 수 있는 육아 포털 사이트이다.

여성 취업 전문 포털 사이트인 여성 기업 일자리허브(www.iljarihub.or.kr)는 여성들의 취업과 예비 창업주들에게 취업 정보를 제공하고, 여성 기업 프로젝트 등록 시 전담 매니저가 최고의 인력을 매칭하며 대출금리도 우대하고 있다.

디아이비(www.dib.co.kr)는 국내외에서 벌어지는 온갖 문화 뉴스를 한데 모아 전하는 디지털 인포메이션 뱅크이다. 국내외 언론에 게재된 연예, 영화, 해외 화제 뉴스들을 분야별로 추려 놓은 일종의 '메타 뉴스 사이트'이다. 이 밖에도 한글과 컴퓨터가 심혈을 기울여 제작한 온라인 공동체 서비스 네띠앙(www.netian.co.kr)은 뉴스·미디어, 컴퓨터·인터넷, 쇼핑·신상품, 문화·예술, 연예·오락, 스포츠·레저, 여행, 건강·병원, 성인·생활, 취업·교육, 금융·재테크 등으로 분류하여 관련 뉴스와 정보를 전한다.

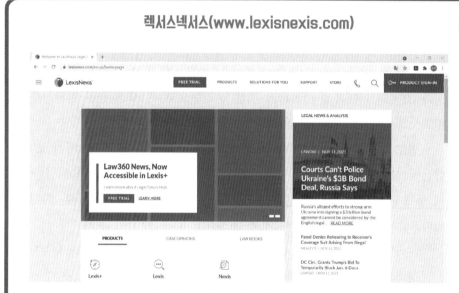

[그림 2-4] 렉서스의 홈페이지

Lexis 서비스는 1973년부터 사회 초년생들을 위해 더욱 효과적인 법률 정보를 제공해 왔고, Nexis 기업은 뉴스와 사업 정보 서비스를 1979년부터 제공하기 시작했다. 두 기업이 제휴한 이후로 서비스는 기업, 국가, 금융, 인구 통계학, 시장 조사, 산업 보고서 등 광범위한 영역에서 더욱 크게 성장했다. 지금의 LexisNexis 그룹은 월드 와이드 신문과 잡지, 무역 일지, 산업 연보, 세금과 회계 정보, 금융 자료, 공공 기록, 입법 기록, 회사 자료를 제공하고 있으며 또한 자체적인 도구를 통해 정보를 수집해 적합한 해답을 제공하고 있다.

LexisNexis 그룹은 세계적인 출판사인 Reed elsevier와 손을 잡고 포괄적인 법률 출판을 하고 있으며 정보 제공자이기도 하다. 자매 기업들은 포괄적인 과학과 비즈니스, 교육 출판업 서비스를 담당하고 있다.

LexisNexis 그룹은 선도적인 기술과 법률, 사단 법인, 정부 학계에 대해 엄선된 정보를 가진 강력한 기업이다. 미국 시장을 선도하고 있으며 동시에 영국 British Commonwealth 그리고 유럽 대륙과 라틴 아메리카에서도 세금, 규제 시장에 대한 메이저 출판사가 되었다.

동적 가격 모델

웹 환경은 기존의 비즈니스 방식과 제품의 가격 결정 방식을 변화시키고 있다. 프라이스 라인(www.priceline.com)과 같은 기업에서 고객들은 여행, 가정용품, 자동차와 일반 상품에 대해 자신들의 가격을 지정할 수 있다.

과거에는 싼 물건을 원하는 사람들이 수많은 지역 도소매 업자들을 방문하면서 찾아야만 했다. 그러나 오늘날에는 몇 번의 클릭만으로 고객이 원하는 가장 낮은 가격대의 모든 상품들을 발견할 수 있게 되었다.

[그림 2-5] 프라이스라인의 홈페이지

지정 가격 모델(name-your-price business model)을 사용하고 있는 프라이스라인은 많은 관심과 집중을 받고 있다. 고객은 비행기표, 호텔 방, 임대한 차, 그리고 집세에 대해 가격을 자신이 직접 정할 수 있다. 수요 모음 시스템(demand-collection system)이라고 불리는 특허를 획득한 사업 메커니즘에서 고객이 요청한 상품과 서비스에 대해 그 가격을 받아들일 것인지 아닌지를 알기 위해 제휴 업체들에게 고객의 조건을 제시하는 역할을 하는 것이 바로 쇼핑 보트(shopping bot)이다. 많은 e-비즈니스 기업들은 웹사이트를 강화하기 위해서 쇼핑 보트(shopping bot)와 같은 지능 에이전트(Intelligent agent)를 사용한다. 쇼핑 보트(Shopping bot)는 특별한 질문의 해답을 얻기 위해 데이터베이스나 웹 안에 포함된 정보를 신속하게 찾는 데에 사용된다.

프라이스라인에서 구매하는 방법은 쉽다. 비행기표를 구매하는 경우를 예로 들어 보자. 국내선을 찾을 경우, 고객은 처음에 출발과 도착 장소에 들어간다. 다음 단계는 고객이 구입하기 원하는 가격과 티켓 번호를 요구한다. 고객은 그 다음에 여행 날짜와 출발지와 도착지에 가까운 공항을 선택한다. 고객의 여행 준비에 조금 더 유연성이 있다면 고객의 상황에 맞는 가격의 비행기표를 얻을 수 있는 기회를 가질 수 있다.

프라이스라인은 비행기에 대한 입찰을 제공하고, 고객의 입찰 가격을 실제 가격보다 낮추기 위해 협상을 시도한다. 만약 입찰이 받아들여지면 프라이스라인은 고객의 입찰 가격과 실제 운임 가격 사이의 가격 차이를 보류한다. 그 가산율(고객의 입찰 가격과 실제 운임 가격의 가격 차이에 의한 가산액의 비율)은 항공 회사에 의해 받아들여진 가격에 의해 변경된다. 국내선일 경우 이 전체 과정은 약 한 시간 정도 걸린다.

프라이스라인은 인터넷과 웹이 크게 변화시키고 있는 비즈니스 방법을 어떻게 집행하고 있는지 보여준다. 비행기의 경우는 수백, 수천 개의 공석이 생긴다. 프라이스라인은 이 자리들을 판매하는 것을 돕는다. 초과 재고(빈 좌석들)를 할인하여 판매함으로써 프라이스라인을 통해 항공 회사측은 수익이 증가될 수 있고, 승객은 비용을 아낄 수 있다.

지정 가격 모델

지정 가격 모델은 고객들이 제품과 서비스의 가격을 선택할 수 있도록 권한을 이양받는 것이다. 이러한 서비스를 제공하는 대부분의 기업들은 여행, 임대, 소매업 등과 같은 선도 산업들과 협력 관계를 형성해 왔다. 산업 선도자들은 고객이 희망하는 가격을 바탕으로 제품·서비스를 판매할 것인지를 결정한다. 고객 희망 가격이 합리적이지 못하다면 다른 가격을 요구하게 될 것이다.

대량 구매를 통해 고객은 더 낮은 가격으로 제품을 구매할 수 있다. 왜냐하면 대량으로 제품을 구매하려는 다른 구매자와 결합함으로써 가격을 더 낮추게 되기 때문이다. 다른 e-Business에서 가격 전략은 무료로 제품과 서비스를 제공하는 것이다. 전략적 제휴를 형성하고 광고를 판매함으로써 대부분의 기업들은 큰 폭의 할인율을 제공하거나 무료로 제품을 제공한다. 물물교환 및 리베이트는 기업이 인터넷 상에서 가격을 낮추려는 또 다른 방식이다.

🏃 비교 가격 모델

비교 가격 모델은 고객이 쇼핑 사이트들의 가격을 비교하여 가장 낮은 가격의 상품을 발견할 수 있는 것이다. 이러한 사이트는 주로 특정 상인들과의 제휴를 통하여 수익을 얻는다. 고객이 전체 웹에서 최적의 가격을 얻지 못할 수도 있기 때문에 고객들은 비교 가격 사이트를 이용할 경우에 주의할 필요가 있다.

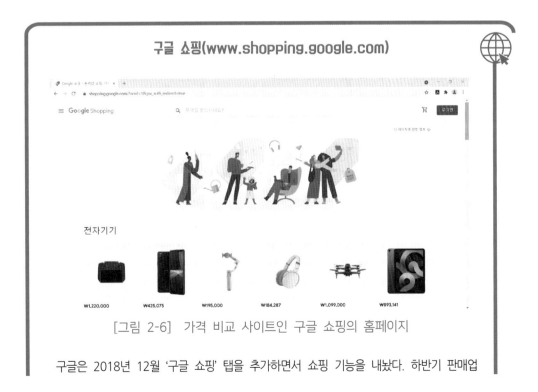

[그림 2-6] 가격 비교 사이트인 구글 쇼핑의 홈페이지

구글은 2018년 12월 '구글 쇼핑' 탭을 추가하면서 쇼핑 기능을 내놨다. 하반기 판매업

자들에게 '무료 상품 노출'을 선언하면서 입지를 넓혀나가고 있다. 구글 쇼핑의 강점은 '클릭률'(CTR)이다. 구글 쇼핑 광고는 고객이 10~15개 상품을 옆으로 넘겨볼 수 있는 '카루셀' 형태를 취하고 있는데, 이미지를 강조하는 노출 방식은 모바일에서 평균 이상의 광고효과를 예상할 수 있다.

　업계에 따르면 모바일에서 제품이 가장 최상단에 노출됐을 경우 클릭률이 2~3배 이상상승하며 높은 구매전환율도 기대해 볼 수 있다. 구글 쇼핑은 단순 광고 문구만 노출되는것이 아니라 제품 리스팅 형태로 제공된다. 예를 들어 '나이키 운동화'를 구글 검색창에 검색했을 경우 제품 이미지는 물론 제품설명·가격·배송료·판매처를 한눈에 확인할 수 있다.고객이 해당 상품을 클릭하기 전 제품에 대한 정보를 명확하게 제공하기 때문에 구매 전환가능성이 높은 유저를 사이트로 보낸다.

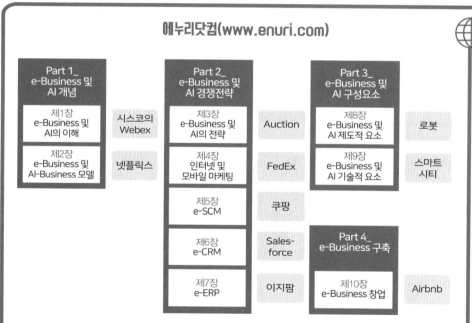

[그림 2-7] 가격비교 사이트인 에누리닷컴의 홈페이지

　1998년 5월 국내 최초 가격비교 사이트로 시작한 에누리 가격비교는 고객에게 객관적이고 정확한 상품 및 가격 정보를 제공하고 있다. 100여 명의 상품 전문가들이 제작한1,200만 개의 상품 카탈로그를 통해 6억 개 이상 상품들의 정확하고 상세한 정보를 체계적으로 제공하고 있다(2020년 기준).

전문적인 지식을 통해 구축된 상품 정보와 구매 가이드를 제공하고 자체 개발한 지능형 검색 엔진으로 보다 빠르고 쉽게 원하는 상품을 찾고 비교할 수 있게 하였다. 따라서 여러 쇼핑몰의 수많은 상품들 중에서 최적의 상품을 가장 합리적인 가격으로 쇼핑할 수 있다.

최근 에누리 가격비교를 통해 스마트폰으로 집 근처 마트의 익일·빠른배송, 통합배송 상품을 한 곳에서 쉽게 비교하고 바로 구매까지 가능한 '스피드장보기' 서비스를 출시했다. 현재 이마트몰, 쿠팡, 홈플러스, 롯데마트 등 온라인 쇼핑몰 4곳과 제휴돼 있고 지속적으로 확대할 예정이다. 스피드장보기는 안드로이드 애플리케이션(앱)을 통해 서비스하고 있다.

'스피드장보기'는 오프라인 매장에서 장보는 것처럼 상품 담기 기능을 통해 마트별로 필요한 제품을 담아 마트별로 장바구니 가격을 비교할 수 있다. 쇼핑몰별로 무료배송을 위한 금액도 제공, 배송비까지 고려해 가격비교를 할 수 있다. 마트별 장바구니 비교 후 최종 결정한 마트 장바구니로 옮겨서 구매할 수 있다. 가성비를 중요하게 생각하는 고객이라면 '단위 환산가 최저가순' 정렬을 통해 가장 저렴한 제품을 쉽게 확인하고 구매할 수 있다. 같은 상품이라도 패키지, 판매자별로 가격이 차이가 발생하기에 유용한 서비스이다.

온라인 증권 거래 모델

온라인 증권 거래란 증권의 매매, 거래 조회, 거래 결제, 투자 분석, 자금의 이체, 정보의 교환 더 나아가 유가증권의 발행, 발행 공시 분류 판매 등 유가증권의 발행 및 유통에 관련된 일련의 과정 중 일부 또는 전부가 사람 간의 접촉이 배제된 채로 컴퓨터에서 수행되는 것을 말한다.

홈 트레이딩(HTS: Home Trading Service)이라고 불리는 온라인 주식 거래는 다음과 같은 장·단점을 갖는다.

- 장점
  - 저렴한 거래 비용: 온라인 주식 거래는 사람 간의 접촉이 아닌 컴퓨터를 이용한 거래이기 때문에 거래 수수료를 대폭 낮출 수 있다. 현재 우리 나라의 경우 온라인 증권 거래의 거래 수수료는 일반 거래 수수료의 1/5 수준에 지나지 않는다.
  - 거래의 신속성과 편리성: 모든 업무를 브로커를 통하는 대신 스스로 쉽게

해결할 수 있으므로 거래가 신속해지고 시간이 절약된다.

■ 단점

- 온라인에서 불공정 거래의 위험: 참여자들이 상대방 또는 인터넷 등을 통해 게재된 정보의 실체를 명확히 식별하지 못할 가능성이 있기 때문에 각종 사기나 불공정 거래에 노출될 가능성이 크다.

- 시스템의 위험 및 고객 정보의 유출 가능성: 매매 주문의 입력 실수, 고객 이외 사람에 의한 접속 가능성 등 고객 정보의 유출 또는 도용의 가능성이 존재한다.

증권가에 인공지능(AI) 도입이 가속화되고 있다. 홈트레이딩시스템(HTS)과 모바일 트레이딩 시스템(MTS) 상에서 활용범위가 넓혀지고 있다. 한국투자증권은 최근 AI 기반 고객 안내 콜봇과 직원용 업무 매뉴얼 챗봇을 도입했다. 콜봇은 안내가 필요한 고객에게 전화로 금융상품과 대출의 만기 안내, 금융상품 판매 적정성을 확인하는 해피콜 등을 직원 대신 수행한다. 챗봇은 업무 매뉴얼을 직원이 채팅 형태로 문의하면 AI가 관련 정보를 찾아 답변해준다. 한화투자증권은 비대면 계좌개설 서비스에 AI 안면인식기술을 도입했다. AI 안면인식기술은 신규 가입자의 신분증 사진과 개인이 직접 촬영한 얼굴을 비교·검증하는 실명확인절차를 실행한다. AI 도입으로 계좌개설은 간편해졌고, 정보보안은 철저해졌다. 대신증권의 벤자민은 고객관리시스템을 통해 고객들이 질문하고 건의한 방대한 분량의 데이터를 핵심 표준지식으로 분류하고 분석해 고객이 원하는 최적의 답변을 찾아낸다. 2017년 765개의 답변 영역으로 시작한 '벤자민'은 현재는 2000개로 세분화, 고도화되며 안내범위를 넓히고 있다.

주요 증권사별 온라인 증권 거래의 특징을 요약하면 〈표 2-2〉와 같다.

표 2-2 증권사별 온라인 증권 거래의 특징

증권사	웹사이트명	HTS 명칭	특징
한국투자증권	www.truefriend.com	eFriend Plus	AI 기반 고객 안내 콜봇 업무 매뉴얼 챗봇
NH투자증권	www.nhqv.com	QV HTS Master	똑똑한 QVHTS 인공지능 종목검색
대신증권	www.daishin.com	CYBOS 5	로봇 벤자민 서비스 24시간 대고객 무인상담서비스 진행
KB증권	www.kbsec.com	H-albe	인공지능 아이작 활용 맞춤형 자산운용서비스 제공
한화투자증권	www.hanwhawm.com	Smart one	AI 안면인식기술
키움증권	www1.kiwoom.com	영웅문4	콤펙트 화면 기능 상하한가 실시간 포착
신한금융투자	www.shinhaninvest.com	신한 i	윈도우 방식의 디자인 적용

[그림 2-8] 신한금융투자의 홈페이지

신한금융투자는 매일 아침 유튜브로 실시간 투자 정보를 제공하는 '신박한 금융시장 투데이 신금투' 라이브 방송을 진행한다. 신한금융투자는 매일 아침 8시 애널리스트들이 직접 출연해 시황과 국내외 이슈를 실시간으로 알려주는 라이브 방송 '신박한 금융시장 투데이 신금투'를 통해 고객들의 궁금증을 해결해 줄 예정이다.

'신박한 금융시장 투데이 신금투'는 글로벌 마감 브리프 코너와 애널리스트 코너로 구성된다. 글로벌 마감 브리프는 간밤 해외 시장의 동향과 주요 경제 이벤트 및 이슈 등을 브리핑해 투자 아이디어를 제공한다. 애널리스트 코너는 애널리스트가 직접 출연해 작성한 보고서를 바탕으로 사회자와 질의응답을 통해 투자자가 쉽게 이해하고 투자할 수 있도록 도움을 줄 예정이다.

온라인 증권 거래를 하는 대표적인 국외 사이트로는 온라인 거래 제공자의 선두 주자인 Charles Schwab(www.schwab.com)과 E-Trade(www.etrade.com)를 들 수 있다.

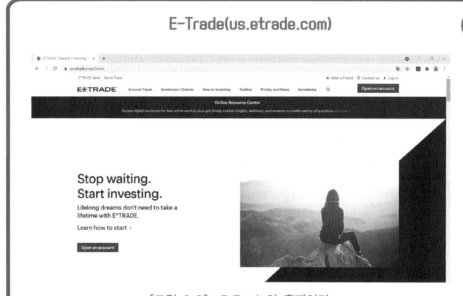

[그림 2-9] E-Trade의 홈페이지

E-Trade는 온라인 거래의 선두 주자이다. 이 회사는 온라인 증권 거래를 위해 1982년에 설립되었다. 웹의 발전과 더불어 E-Trade는 개인 투자자가 브로커의 도움을 받지 않으면서 자신의 투자를 관리할 수 있는 웹사이트(www.etrade.com)를 만들었다. E-Trade에서는 주식을 사고 팔고, 조사할 수도 있으며 다른 유가증권과 연결할 수도 있다. 주식을 사고 파는 것에 대한 지식이 거의 없다면 E-Trade에서는 참여자들에게 '게임 머니'를 주어 모의 투자 게임을 할 수 있는 서비스를 제공한다. 참여자들은 가상의 십만 달러를 가지고 주

어진 도표, 그래프, 최근의 뉴스 기사를 토대로 주식 거래를 한다. 이런 모의 투자 게임의 형태는 실제로 돈을 잃을 위험이 없으므로 다양한 거래 전략을 가지고 자유롭게 경험할 수 있다. 각각의 거래는 진행하는 데 약 1분의 시간이 걸린다. 게임의 목표는 포트폴리오 가치를 증가시키는 데 있다. E-Trade 게임은 초보자들이 온라인 거래를 경험할 수 있는 좋은 방법이다. 각각의 게임은 한 달여 간 지속되며, 게임 종료 시점에서 높은 포트폴리오 수익을 올린 참여자들은 상을 받는다. E-Trade 게임을 실행하고 온라인 거래에 대하여 배우기를 원한다면 www.etrade.com에 방문해 보면 유익할 것이다.

온라인 대출 모델

온라인 대출은 e-Business의 중요한 영역으로 성장하고 있다. 온라인 대출 사이트에서 고객들은 전통적인 대출 채널을 통해 대출을 받는 것보다 더 저렴한 비용으로 온라인 대출을 받을 수 있게 되었다.

온라인 대출 사이트인 핀다(www.finda.co.kr)는 대출 전문 중개 사이트로 다양한 금융 정보로 개개인의 신용 정보에 의해 적합한 대출 상품의 비교 분석, 최저 금리 선택 등 대출 심사에서 실행 단계까지 편리한 원스톱(one-stop) 재택 정보로 거래가 이루어질 수 있는 보다 수준 높은 대출 서비스를 제공해 주고 있다.

이 밖에도 현대캐피탈(www.hyundaicapital.com)은 자동차, 주택, 내구재 할부 금융 및 일반 대출과 인터넷 대출을 병행하고 있다. 온라인 금융상품 통합 비교 정보를 제공하는 사이트인 금융상품한눈에(finlife.fss.or.kr)는 주택담보대출, 신용 대출, 등급 현황 등의 내용에 관한 서비스를 제공해 준다.

한편 온라인에서 대출 서비스를 제공하고 있는 카카오페이는 보증 없이도 돈을 빌려주는 인터넷 금융 회사이다. 인터넷 이용자와 사업자를 대상으로 보증 없이 온라인을 통해 대출을 해주는 카카오페이(www.kakaopay.com) 사이트를 개설하여 운영 중이다.

회사가 고객의 신용을 평가하는 기준은 오직 '고객의 생활이 온라인과 얼마나 밀접한 관계가 있느냐'는 것이며 기존의 금융 거래 관행은 완전 무시되고 있다. 따라서 직업이나 사업적인 차원에서 인터넷을 이용하는 사람은 취미로 인터넷을 이용하는 경우보다 신용에서 높은 점수를 받는다. 또 단순히 인터넷을 이용하는 개인보다는 벤처 기업가와 같은 인터넷 사업자가 우대된다.

[그림 2-10] 카카오페이의 홈페이지

카카오페이는 회원제로 운영되며 간단한 본인인증 절차만 거치면 회원이 될 수 있다. 회원이 된 후 대출 한도와 금리 조회가 가능하며 세대별, 성별 평균 최대한도와 평균 최저금리를 안내한다. 45개의 금융사의 대출조건을 비교하여 2분간의 간편 심사를 통해 3%대의 대출을 받을 수 있다. 또한 우리은행과 함께 버팀목 전세자금 대출을 진행하며 은행 방문 없이 한도 조회를 통한 대출이 가능하다. 카카오페이는 현재 3650만 이상의 가입자를 보유하며 국민 PB(Private Banker)로 도약하기 위해 노력하고 있다.

온라인 인재 선발 모델

온라인에서는 인재 선발과 직업 검색을 효과적으로 수행할 수 있다. 인터넷은 고용인이나 구직자 모두의 능력을 향상시켜 준다. 구직자는 어떻게 이력서를 써야 하는지 이력서를 온라인에 어떻게 게시하는지 배울 수 있고, 구인란을 통해 그들이 원하는 직장을 찾을 수 있다. 고용자들은 온라인에 구인 광고를 내고, 다수의 지원자들은 구인 광고를 검색할 수 있다. 또한 취업 사이트들이 그동안 대졸 신입 위주의 채용 정보에서 경력자, 파견 근로자, 아르바이트 등 최근 고용 추세에 부합하는 쪽으로 콘텐츠를 확대하고 있어 주목을 끌고 있다.

대표적인 취업 포털 사이트인 스카우트(www.scout.co.kr)는 지원한 회사의 경쟁률을 실시간으로 확인할 수 있는 서비스를 도입하였다. 구직자들이 온라인으로 이력서를 제출하면 지원 통계 시스템을 통해 학력별, 경력별, 희망 연봉별 지원자에 대한 통계치를 실시간으로 파악할 수 있다.

인크루트(www.incruit.com)는 경력직과 비정규직 중심의 채용 동향에 발맞춰 헤드헌팅 업체와 이직 희망자를 온라인으로 연결해 주는 '헤드헌팅몰'이 경력자들의 구직 편의를 도모하고 있다. 한편 리크루트(www.recruit.co.kr)는 사이트 내 대학 취업 전산망을 통해 전국 16개 대학의 채용 사이트를 운영하고 있다.

국내에서 운영되고 있는 온라인 인재 선발 사이트들은 〈표 2-3〉과 같다.

표 2-3 온라인 인재 선발 관련 웹사이트

고용정보워크넷	www.work.go.kr	서울일자리포털	www.job.seoul.go.kr
잡알리오	www.job.alio.go.kr	잡코리아	www.jobkorea.co.kr
리쿠르트	www.recruit.co.kr	중소벤처기업부	www.smba.go.kr
캐치	www.catch.co.kr	잡플래닛	www.jobplanet.co.kr
잡플렉스	www.jobflex.com	커리어	www.career.co.kr
인크루트	www.incruit.com	잡아바	www.jobaba.net

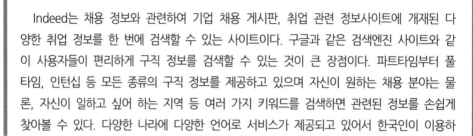

인디드(www.indeed.com)

Indeed는 채용 정보와 관련하여 기업 채용 게시판, 취업 관련 정보사이트에 개재된 다양한 취업 정보를 한 번에 검색할 수 있는 사이트이다. 구글과 같은 검색엔진 사이트와 같이 사용자들이 편리하게 구직 정보를 검색할 수 있는 것이 큰 장점이다. 파트타임부터 풀타임, 인턴십 등 모든 종류의 구직 정보를 제공하고 있으며 자신이 원하는 채용 분야는 물론, 자신이 일하고 싶어 하는 지역 등 여러 가지 키워드를 검색하면 관련된 정보를 손쉽게 찾아볼 수 있다. 다양한 나라에 다양한 언어로 서비스가 제공되고 있어서 한국인이 이용하기에도 편리하다.

[그림 2-11] 인디드의 홈페이지

이 밖에도 세계 최대의 온라인 인재 선발 사이트로는 몬스터(www.monster.com)와 레퍼(www.refer.com)가 있다.

몬스터(www.monster.com)

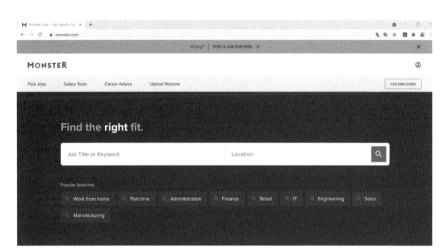

[그림 2-12] 몬스터의 홈페이지

몬스터 닷컴은 1,500만 명 이상의 이력서가 등록돼 있는 등 취업 관련 세계 최대 규모의 데이터베이스를 보유하고 있는 인력 채용 회사다. 구직자를 위한 다양한 구직 프로그램을 제공함으로써 구직자들의 취업을 도울 뿐만 아니라 취업이 어려운 장애인들을 위한 구직 활동에도 도움을 줌으로써 직장을 원하는 구직자들에게 중계 역할을 하고 있다.

고용주들은 고용을 희망하는 직업 분야를 게시하고, 이력서 데이터베이스를 검색할 수 있다. 몬스터에 이력서를 게시하는 것은 매우 간단하며 무료로 제공된다. 구직자들은 몬스터의 이력서 생성기로 단 15~30분 안에 사이트에 이력서를 등록할 수 있다. 구직자는 5개까지의 이력서를 저장시킬 수 있고 몬스터 서버에 제목이 표시된다. 어떤 기업들은 기업의 지원서를 몬스터 사이트에 직접적으로 제공한다. 구직자는 자신의 개인 인적 정보를 볼 수 있는 사람을 결정할 수 있다. 앞서가는 웹 구직 사이트의 하나로서 몬스터는 구직자들이 직업을 찾거나 탐색을 하는 데 좋은 정보를 제공해 준다.

수많은 취업 관련 사이트가 웹 상에 존재하지만, 이 중에서도 몬스터는 가장 쉽고 가장 빠르게 일자리를 얻게 도와 주는 시스템을 구축함으로써 오늘날 세계 최대의 채용 사이트로 성공할 수 있었다.

온라인 뉴스 서비스 모델

정보 시대의 도래로 출판 업계나 뉴스 산업에서 웹이 주요한 역할을 수행하고 있다.

대표적인 국내 뉴스 서비스 제공 업체는 국내 종합 뉴스 데이터베이스인 빅카인즈(www.kinds.or.kr)를 들 수 있다. 카인즈는 회원이라면 누구나 무료로 국내 종합 일간지, 경제 일간지, 시사 잡지 등의 기사를 검색할 수 있으며, 실시간으로 뉴스 속보 서비스를 제공받을 수 있다. 또한 특정 산업에 관련된 뉴스를 제공해 주는 다양한 사이트가 있다. 세미넷(www.seminet.co.kr)은 반도체 재료 관련 최신 뉴스 서비스, 신공정 정보기술 자료 제공, 전 세계 재료 제조업자 정보 및 각 프로덕트 상세 정보, 전문 서치 엔진, 컨설팅, 세미나 전시회 소개, 업계 동향 및 저널 등을 제공해 주며, 한국 자동차 산업 협회(www.kama.or.kr)는 자동차 산업 관련 뉴스 서비스, 통계, 업계 동향, 생산, 내수, 수출 전망에 관한 정보를 제공하고 영문 자동차 산업 분석지를 격주 발행하고 있다.

한편 CNN(www.cnn.com), 월스트리트저널(www.wsj.com), Newsweek(www.msnbc.com)와 같이 인지도가 높은 뉴스 조직들은 모두 웹사이트를 갖고 있다. 세계에서 가장 폭넓은 독자를 갖고 있는 월스트리트 저널은 전문(full-text) 24시간-업데이트의 서비스를 온라인 간행본으로 제공한다.

ESPN(www.espn.com)은 가장 최신의 스포츠 뉴스를 전해 주고 고객들은 그들이 좋아하는 선수, 팀 등에 관한 심도 깊은 정보를 얻을 수 있다. ESPN은 게임이나 하이라이트의 생생한 텍스트, 오디오, 비디오를 제공해 준다. 방문자는 축구, 야구, 골프와 같은 환상적인 스포츠 게임에 등록할 수도 있다.

신뢰할 수 있는 자료를 갖고 있는 작가는 웹에서 그들의 콘텐츠를 출판함으로써 등단할 수 있다. 출판 및 유통 비용과 같은 전통적인 진입 장벽이 웹에서는 존재하기 때문이다. 이러한 사이트에서 독립적인 웹 뉴스 조직들은 전통적인 뉴스 리더들과 경쟁할 수 있는 능력을 지니게 된다.

CNN(www.cnn.com)

[그림 2-13] CNN의 홈페이지

CNN Interactive는 웹에서 영향력이 커서 방문자가 많은 사이트이다. CNN은 최근 가장 핫이슈가 되는 뉴스와 정보를 방문자에게 제공하는 네트워크를 가지고 있다. 이 사이트들은 TV 네트워크에서 방송되지 못한 실시간 오디오와 비디오를 제공한다.

CNNpolitics는 정치가와 그들의 전략, 국민 정책, 그리고 세계적인 정책에 관한 기사를 주도면밀하게 제공한다. CNNSI는 CNN 네트워크의 모든 스포츠를 담당한다. 사이트 방문자들은 가장 최초의 스코어와 하이라이트를 알 수 있거나 모든 리그의 팀을 알 수 있다.

CNNFN은 경제 뉴스와 공식적인 데이터를 웹 브라우저로부터 제공한다. MyCNN은 브라우저에 나타난 뉴스와 정보를 개인 전용으로 허용해 준다. 방문자들은 모든 카테고리 안에 있는 문서, 오디오, 비디오를 선택할 수 있고, 그 사이트를 방문했을 때 자신의 구미에 맞게 내용을 구성할 수 있다.

CNN은 또한 외국어 정보를 제공하는 사이트다. 그 정보는 각각 지역의 특유한 뉴스와 정보를 포함한다. CNN Interactive가 제공하는 사이트는 최상의 멀티미디어와 네티즌의 지식 가치를 더해 주는 내용을 다룬다.

온라인 여행 서비스 모델

웹 항해자는 온라인에서 여행에 관해 정보를 검색하고 조정할 수 있다. 그렇게 함으로써 대부분의 항해자들은 비용을 절약할 수 있다. 사람들은 웹에서 다양한 정보를 얻을 수 있다. 따라서 여행 온라인 사이트에서 고객들은 가장 저렴한 가격, 최상의 시기, 최고의 숙박 시설을 찾을 수 있다.

투어 익스프레스(www.tourexpress.com)에서는 전 세계 90개 항공사, 960개 도시의 항공권을 실시간으로 검색하고 예약할 수 있다. 또한 스카이스캐너(www.skyscanner.co.kr)에서도 항공권 검색과 예약이 가능하다. 항공권 외에 여행지의 교통 정보는 렌터카 대여 업체인 SK렌터카(www.avis.co.kr)를 이용하거나, 유럽 철도 여행을 원할 경우에는 유레일패스 사이트(www.eurail.com)에서 유레일패스를 구입하면 편리하다.

네오비즈21(www.hrskorea.com)에서는 전 세계 9만여 개의 호텔을 실시간 온라인으로 예약할 수 있다. 또한 세계적인 실시간 호텔 예약 시스템인 HRS를 이용할 수 있을 뿐만 아니라 비용까지 온라인으로 지불할 수 있다는 장점이 있다. 저렴한 가격의 숙박 정보를 제공하는 한국 유스호스텔 연맹 사이트(www.kyha.or.kr)는 전 세계 유스호스텔 정보를 제공해 주며, 실시간으로 예약할 수 있어서 매우 편리하다.

여행을 준비할 때 다른 사람들의 여행 경험과 노하우를 알고자 한다면 론리 플래닛(www.lonelyplanet.com)이 유익할 것이다. 론리 플래닛은 배낭여행 전문가의 경험담과 저예산 여행자들의 생생한 여행 정보가 가득한 가이드북을 제공하는 세계 여행 전문 네트워크이다.

마이크로소프트사는 익스피디아(www.expedia.com)를 통해 여행 서비스를 제공한다. 마이크로소프트사의 익스피디아는 교통, 숙박 시설 등 여행 준비에 관한 모든 사항을 예약할 수 있다. 무료로 회원 가입이 가능하여 회원들은 최적의 정보를 제공해 주는 데이터베이스를 활용할 수 있다.

트래블로시티(www.travelocity.com)

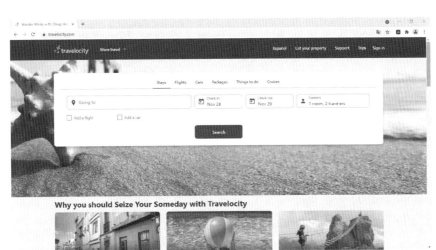

[그림 2-14] 트래블로시티(www.travelocity.com)의 홈페이지

여행 서비스 산업은 지난 몇 년 만에 웹에서 엄청난 성공을 이루었다. 고객들은 여행사를 통해 이용할 수 있는 것보다 더 저렴한 가격으로 온라인에서 여행 스케줄을 예약하고 있다.

트래블로시티(www.travelocity.com)는 방문자가 웹사이트를 한 번 방문하는 것으로 여행 계획을 수립할 수 있는 온라인 여행 서비스이다. 방문자는 여행사와 관계없이 비행기 여행, 차 임대, 호텔 방과 휴가 패키지를 예약할 수 있다.

트래블로시티는 쇼핑 보트(Shopping bot) 기술을 사용한다. 예를 들면, 뉴욕에서 로스앤젤레스까지 비행기로 가고 싶어 하는 고객은 현재까지의 요금 정보를 얻기 위해 여행에 대한 시간 범위와 공항 코드를 기입한다. 쇼핑 보트 기술은 적합한 것을 찾기 위해 정기 항공로 요금과 스케줄 데이터베이스를 면밀히 조사하여 제출된 기준, 요금 정보와 표 구입 옵션에 맞는 비행 목록을 보여준다.

■ 트래블로시티(www.travelocity.com)의 성공 비결
〈1〉 원스톱 여행 서비스

트래블로시티에서는 여행 정보 검색부터 항공권 구입, 호텔과 렌터카 예약, 필요한 여행 물품까지 구입할 수 있다. 고객이 출발지와 목적지, 원하는 도착 시간을 입력하면 가장 저렴한 항공권을 찾아 준다. 3만 4,000여 개 호텔 체인의 요금을 비교해 주고 각 도시의 지

도는 물론 날씨, 환율, 동영상 정보도 제공해 준다. 그리고 여행에 필요한 물건이 온라인 상점에 준비되어 있다.

〈2〉 인터넷 서비스 제공 업체와의 제휴

트래블로시티는 사이트의 한 달 평균 방문자수가 800만 명을 웃돈다. 트래블로시티는 지분의 70%를 아메리카 항공사에서 최근 분사한 항공 예약 업체인 세이버사가 소유하고 있는 최고 인기 사이트로 300개국 이상의 여행 정보와 '최저 항공 요금 찾기' 서비스 등 갖가지 관련 서비스를 제공하고 있다.

트래블로시티의 가장 큰 성공 비결로는 인터넷 서비스 제공 업체들과의 제휴를 꼽는다. 이 회사의 제휴 관계는 AOL이나 야후 등 인터넷 서비스 제공 업체를 통해 여행 예약을 시작해도 결국 트래블로시티에서 예약하게 된다고 말할 정도로 탄탄하다. 게다가 이 회사는 최근 인터넷 여행 업계의 최대 합병 중 하나로 기록된 프리뷰여행사를 인수하였다.

〈3〉 새로운 예약 시스템의 개발

트래블로시티는 인터넷 휴대폰이나 개인용 정보 단말기(PDA: Personal Digital Assistant)를 통해 비행기 예약이 가능한 업계 최초의 사이트이다. 고객들이 휴대폰이나 다른 온라인 사이트를 통해 호텔과 렌터카를 예약할 수 있다. 항공기의 출발이 연기되거나 게이트가 변경됐을 경우 유무선 통신수단을 통해 자동으로 통보해 준다. 현재 더욱 많은 서비스들이 개발 중에 있다. 향후 5년 안에 전자 기기들을 무선으로 통신할 수 있게 하는 '블루투스'라는 기술이 상용화돼 항공사 컴퓨터가 신원을 파악하고 탑승시킴으로써 더 이상 승객들이 게이트에 줄 서 기다릴 필요가 없게 될 것이다. 그리고 휴대폰에 위성위치추적장치(GPS: Global Positioning System) 칩을 내장해 특정 지역의 좋은 식당·상점·호텔 등의 상세한 위치 정보를 제공할 수 있게 될 것이다.

온라인 엔터테인먼트 모델

온라인 엔터테인먼트 산업은 앞으로 부각될 인터넷 산업 영역 중 하나로 이미 국내에서도 많은 기업들이 온라인 엔터테인먼트 산업에 진출하고 있다. 온라인 엔터테인먼트 산업에는 음악, 영화, 연극, 만화, 게임 등 다양한 분야가 있다. 온라인 엔터테인먼트 모델은 타 모델과 달리 논쟁이 끊이지 않는 산업이다. 냅스터(www.napster.com)·소리바다(www.soribada. co.kr)와 음반사 간의 분쟁에서 본 바와 같이 인터넷 저작권 소송은 개인이 음악, 비디오와 같은 미디어를 거래하기 위해 인터넷을 사용할 때 자주 발생하게 된다.

음악에 관련된 전문 사이트들은 유명 가수의 사이트, 다양한 장르의 음악을 실시간으로 들을 수 있는 사이트, 좋아하는 곡을 다운받을 수 있는 사이트 등 여러 전문적인 사이트로 존재한다. 벅스 뮤직(music.bugs.co.kr)은 최신 가요나 팝송, 일본 음악, OST 등 실시간 음악 감상 전문 사이트로 최신 앨범 정보 및 콘서트 소식 등을 제공한다.

뮤직모아(www.musicmoa.net)는 클래식 전문 사이트로 음악 감상을 할 수 있고 공연 정보 및 레슨 정보 서비스를 제공해 준다.

인터넷을 이용하여 영화에 대한 최근 소식을 전해 주고 있는 사이트인 시네21(www.cine21.com)에서는 최근 국내에서 상영되고 있는 영화와, 영화와 관련된 주인공들에 대한 소개 및 주요 장면을 미리 볼 수 있다. 네이버영화(movie.naver.com)에서도 개봉작을 리뷰할 수 있으며, 영화 예매와 영화에 대한 평점을 참고할 수 있는 인터넷 사이트이다.

인터넷의 발전으로 각 방송국들은 새로운 형태의 방송을 시도하고 있고 기존 방송국 외에 다수의 인터넷 방송국이 개국하였다. 기존의 방송국들은 KBS(www.kbs.co.kr), MBC(www.imbc.com), SBS(www.sbs.co.kr)의 사이트로 거듭 났고, 이외에도 라이브투(www.liveto.com)는 국내 국제 생중계 대행 및 VOD 서버 임대 구축 전문 인터넷 방송국 사이트로 인터넷 생중계 대행 서비스를 제공하며, 새로운 인터넷 방송 트위치(www.twitch.tv)는 아마존 닷컴의 인터넷 방송 중계 서비스로 전 세계 최대의 인터넷 방송 플랫폼이다. 게임, 엔터테인먼트, 스포츠, 음악 등 다양한 콘텐츠를 다루는 양방향 생방송 서비스이다.

네이버 웹툰(www.comic.naver.com)

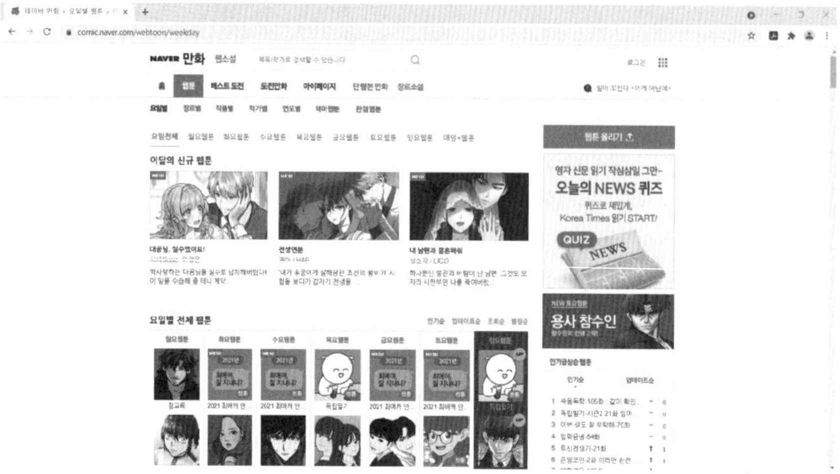

[그림 2-15] 네이버웹툰의 홈페이지

　인터넷 만화는 온라인 엔터테인먼트의 새로운 분야이다. 기존의 만화는 정지되어 있는 상황에서 말과 그림으로 표현하고 있어서 동적인 생동감과 화려한 색의 조합이 만화 영화에는 뒤떨어졌었고, 만화 영화 분야는 제작비용이 많이 들어서 쉽게 사업에 뛰어들 수 있는 영역이 아니었다. 그러나 인터넷이 널리 확산됨에 따라 인터넷을 이용한 만화가들이 등장하고 그들은 인터넷 사이트에 자신의 작품을 간단한 동영상을 추가하여 생동감 있게 실어 자신의 만화를 평가받고 있다.

　인터넷 만화 사이트인 네이버 웹툰(www.comic.naver.com)은 다양한 분야의 웹툰을 제공하며, 작가를 희망하는 사람들을 위한 베스트 도전이라는 코너가 있는 점이 특징이다.

e-Business 이야기
OTT진흥법, 시장 다 내주고 통과시킬 건가

OTT(Over The Top)란 영화·드라마 등의 미디어 콘텐츠를 인터넷을 통해 제공하는 온라인 동영상 서비스를 말한다. 직역하면 '셋톱박스(Top) 너머'라는 뜻이다. 세계 미디어 시장이 OTT를 중심으로 급격히 재편되고 있다. 국내 미디어 시장도 OTT 구독자가 급증하고, 오리지널 경쟁으로 인한 신규 콘텐츠 투자도 활발히 진행되고 있다. OTT는 단순히 온라인 서비스 영역이 아닌 방송, 영화, 콘텐츠 제작시장 등 미디어 산업 전반에 역동적 영향을 주고 있다. 한국 OTT 플랫폼의 유의미한 성장이 없다면 미디어 산업의 균형 발전도 기대하기 어려운 현실이다.

한국 OTT가 제대로 성장해 해외로 진출하고 국내 콘텐츠 산업에 지속 기여하도록 하려면 당장의 기본적인 지원 정책이 절실한 형편이다. 지난해 정부는 국내 미디어 경쟁력 강화를 위해 관계부처 합동으로 '디지털미디어생태계발전방안(이하 디미생)'을 마련한 바 있다. OTT 분야에 대한 최소규제 원칙과 제도적 걸림돌 제거, 산업 진흥을 약속했고 한국 OTT 사업자들도 이같은 정부계획에 공감과 기대의 입장을 표한 바 있다.

첫째, OTT 지원 근거 마련을 위한 '전기통신사업법 개정안' 통과가 절실하다. 현재 국회 과방위 법안심사소위에 계류 중인 전기통신사업법 개정법률안은 OTT에 '특수 유형 부가통신사업자' 지위를 부여한다는 내용을 담고 있다. 동 법안의 통과로 OTT 콘텐츠 투자에 대한 세제지원 등 '디미생'의 OTT진흥정책을 위한 근거를 마련할 수 있다.

둘째, 'OTT자율등급제' 도입이 시급하다. 주요 정책 중 하나는 OTT 콘텐츠 투자 활성화를 위해 영상물 사전심의 제도를 '자율등급제'로 전환하는 것이다. OTT가 콘텐츠 투자를 해도 영상물 등급심의 기간이 너무 길어 제 때에 이용자에게 서비스를 제공할 수 없는 고충을 해소하는 정책안이다. 오늘도 한국OTT사업자들은 이용자들에게 제공하지 못하고 있는 수많은 콘텐츠를 보유한 채, 영상물등급심의만 기다리며 발만 동동 구르고 있다. 관련 입법안 마련과 조속한 통과가 필요하다.

〈파이낸셜뉴스 2021.11.12〉

e-learning 모델

e-learning 산업은 급속히 성장하고 있다. 산학협동 교육 기업들은 웹에서 고품격 교육 서비스를 제공해 준다. 기업들은 e-learning 제품과 서비스를 콘텐

츠 창출자나 출판업자로으며, 회비를 낸 개인과 기업에게 서비스를 제공한다. 오디오, 비디오 기술의 발전으로 e-learning 프로그램의 질은 높아질 것이다.

온라인 교육 업체는 크게 솔루션 제공 업체와 콘텐츠 제공 업체로 나뉜다. 솔루션은 동영상, 전자칠판, 음성을 이용한 원격 강의 시스템과 문제은행 및 모의고사 시스템 등의 형태로 제공된다. 이 분야의 대표 주자로 페이지콜(www.pagecall.com)과 티치(www.teachee.kr)를 들 수 있다.

이에 비해 콘텐츠 제공 업체는 자체 개발하거나 다른 업체로부터 공급받은 솔루션을 기반으로 콘텐츠를 제공하고 있다. 요즘 잇따라 생겨나고 있는 인터넷 교육 사이트는 모두 콘텐츠 제공 업체이다.

대표적인 e-learning 사이트인 한국이러닝교육센터(www.kedu.kr)는 사업주와 재직자들을 위한 e-교육을 제공하고 있다. 또한 국가에서 지정하는 의무교육인 법정의무교육을 제공한다. 다양한 기업들과 재직자들이 e-학습 포털 사이트로서 한국이러닝교육센터를 활용한다.

이 밖에도 기업 자체 내에서 사원들을 대상으로 온라인 학습을 실시하고 있다. LG 그룹의 화학 분야 지주 회사인 LGCI가 자사 직원을 대상으로 온라인 학습을 적극 실시하고 있다. 이 회사는 외근이 잦은 영업 사원을 대상으로 온라인 강의를 통한 경영 마인드 함양에 나서고 있다.

케이무크(www.kmooc.kr)

한국형 온라인 공개수업인 케이무크는 웹 기반 인터넷 수강으로 누구나 무제한으로 수강할 수 있으며, 학습 목표 달성을 위한 교육 코스도 마련돼 있다. 2015년 7개의 강좌로 시작한 케이무크는, 2021년 기준 140여 개 이상의 대학, 공공기관 및 해외 기관이 참여하고 있으며, 1,000개 이상의 온라인 무료 강좌가 준비돼 있을 만큼 그 규모가 성장했다.

케이무크는 우리나라 국민이면 누구든 무료로 수강할 수 있다. 국가평생학습포털 늘배움이나 선거연수원, 평생학습계좌제의 계정과 연동할 수 있고, 학점은행제의 '평가인정 학습과정'으로 승인받은 강좌를 수강하면 학점은행제 학점으로 인정받을 수 있다. 본인이 원하는 대학 혹은 기관의 강의를 통해 지식을 쌓거나, 학점은행제 학습 과정을 선택해 학위 취득 용도로도 쓸 수 있다.

[그림 2-16]　케이무크의 홈페이지

2.2　AI-Business 모델

인공지능(AI)은 삶과 기업의 미래를 근본적으로 변화시키고 있다. 음식을 배달하는 로봇, 스스로 청소할 수 있는 청소기, 요리하는 동안 저녁 요리 레시피를 찾아주고 재료를 주문하고 적절한 음악을 재생할 수 있는 Siri 및 Alexa와 같은 비서 등 다양한 분야에서 AI가 응용되고 있다. 특히, 마케팅 및 광고에서부터 고객 경험, 제품 혁신, 유지 관리 등에 이르기까지 AI는 현재와 미래의 비즈니스 방식에 매우 큰 영향을 미치고 있다.

Alexa 장치가 있거나, 챗봇을 사용하여 고객 서비스에 질문을 하거나 취미를 반영하는 제품 광고는 모두 AI 비즈니스의 일종이다. 집이나 사무실에 스마트 제품이나 스마트 어시스턴트가 없어도 AI와 상호 작용할 가능성이 매우 높다.

표 2-4 AI-Business 모델의 분류	
분류	사례
스마트 제품	https://www.ecovacs.com
스마트 어시스턴트	https://www.amazon.com/smart-home-devices
헬프데스크 챗봇	https://happytalk.io
AI 안면인식	https://kr.cyberlink.com/faceme
AI 맞춤형 추천	https://adoric.com/solutions/recommendations
AI 사기 행위 탐지	https://www.datavisor.com
AI CRM	https://dynamics.microsoft.com
AI 배송 및 교통	https://www.walmart.com/cp/express-delivery

스마트 제품

인공지능이 장착되어 있는 수많은 스마트 제품이 시장에 출시되고 있다. 이러한 인공지능이 융합된 제품은 일상생활을 더 편리하게 할 수 있도록 쉽고 효율적으로 도와준다.

초기의 로봇 청소기는 사용자가 메뉴 버튼을 누르면 청소기가 작동했지만 이제 AI를 사용하면 사용자가 원하는 것에 대해 더 구체적으로 지시할 수 있게 되었다. iRobot의 로봇청소기인 "Roombas"는 머신 비전과 내장 카메라를 사용하여 가구를 인식하고, 더 구체적인 부분 청소를 가능하게 하는 AI 기반의 룸 매핑 도구가 융합되어 있다.

Ecovacs의 "Deebot Ozmo"는 바닥 청소와 걸레질로 이중 작업을 수행하며, 자동으로 장애물을 식별하고 피할 수 있는 인공 지능 및 시각적 해석 기술을 갖추고 있다.

Ecovacs(https://www.ecovacs.com)

Ecovacs DEEBOT 920은 로봇 청소기와 바닥 걸레를 결합한 제품으로써 바닥과 카펫을 청소할 뿐만 아니라 걸레질도 한다.

진공 청소기는 Alexa와 연동되어 음성으로 Ozmo 920을 완전히 제어할 수 있다. "Hey Alexa, 청소 시작"과 같은 명령을 사용하면 청소기가 알아서 처리해 준다. 또한 Ecovacs 애플리케이션을 사용하여 집을 지능적으로 탐색하고 매핑할 수 있는 "Smart Navi 3.0"과 같은 기능이 있다.

DEEBOT의 "Smart NaviTM 3.0"은 지역을 탐색하고 스캔하여 스마트폰에 지도를 만든다. 청소할 때 집안 구석구석을 처리하기 위해 S자 모양의 체계적인 청소 패턴으로 움직인다. 앱에서 지도가 생성되면 무제한 가상 경계, 사용자 지정 모드 및 사용자 지정 청소를 위한 영역 모드와 같은 기능을 즐길 수 있다.

"사용자 지정 청소"를 사용하면 지도에서 결정한 특정 영역을 청소할 수 있다. 앱 하단의 "사용자 지정"을 클릭하고 청소하려는 영역 위에 상자를 만든다. 상자를 그린 후 체크 표시가 나타나며 이를 클릭하면 DEEBOT이 지정된 영역을 청소하기 시작한다.

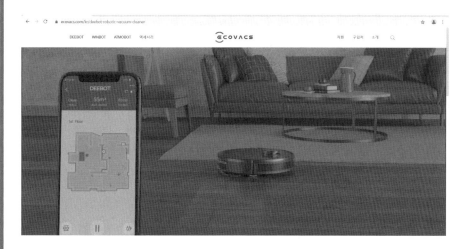

[그림 2-17] Ecovacs 홈페이지

스마트 어시스턴트(Samrt Assistant)

　　스마트 비서는 Alexa, Siri 및 Google Assistant 등이 있다. 다양한 기술과
서비스를 제공하여 다음과 같은 용도로 음성을 사용할 수 있다.

- 스마트 홈 장치(플러그, 온도 조절기 등) 제어
- 캘린더 및 기타 개인 정보에 액세스
- 온라인 정보 검색(식당 리뷰, 레시피 등)
- 전화 걸기 및 문자 메시지 보내기
- 제품 주문 및 배송
- 알림 설정 등

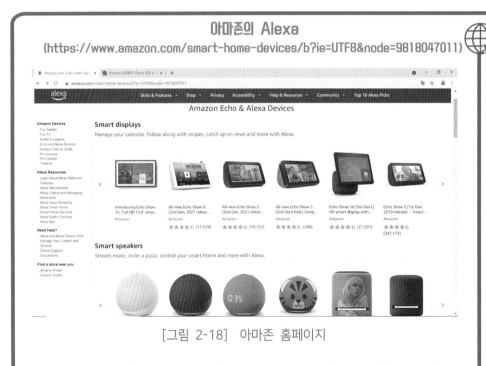

[그림 2-18]　아마존 홈페이지

　　Amazon의 Alexa에는 Jeopardy 퀴즈, 안내 명상, 음식 추적 기능, 영화 추천 등을 포
함하여 70,000개 이상의 기술이 있다. "Opening Bell" 스킬을 사용하면 회사의 가장 최근
주가를 물어볼 수 있고, "MySomm" 스킬은 와인과 음식 페어링에 대해 알려준다.

휴대전화로 할 수 있는 모든 일을 가상 비서 Alexa에게 요청할 수 있다. 더 좋은 점은 가상 비서는 시간이 지남에 따라 학습하고 사용자의 습관과 선호도를 알 수 있으므로 점점 더 똑똑해 진다. 인공 지능을 사용하여 가상 비서는 자연어를 이해하고, 얼굴을 인식하고, 사물을 식별하고, 다른 스마트 장치 및 소프트웨어와 통신할 수 있다.

"Alexa for Business"는 조직 및 직원이 Alexa를 사용하여 더 많은 업무를 처리할 수 있도록 지원하는 서비스이다. "Alexa for Business"에서는 직원이 Alexa를 지능형 비서로 사용하여 회의실이나 자신의 책상에서, 심지어 집에서나 이동 중에도 좀 더 업무생산성을 높일 수 있다. 또한 IT 및 시설 관리자는 "Alexa for Business"를 사용하여 업무 공간에서 기존 회의실의 사용률을 측정하고 개선할 수 있다.

헬프데스크 챗봇

챗봇은 자동으로 사용자와 소통하기 위해 만들어진 소프트웨어로서 미리 정의된 응답을 제공하여 특정 단어나 구문이 포함된 메시지에 응답한다. 또한 자연어 처리 및 기계 학습을 사용하여 수신 메시지를 분석하고 실시간으로 적절한 응답을 제공하는 기능을 갖고 있다.

Gartner에 따르면 AI 챗봇은 단 1년 이내에 고객 서비스 상호 작용의 최대 85%를 처리할 것으로 전망한다.

챗봇은 크게 세 가지 종류로 구분된다.

① 규칙 기반 – 챗봇은 특정 질문에 대해 미리 결정된 답변을 제공
② 지능 – 챗봇은 기계 학습을 사용하여 사용자로부터 정보를 얻고 학습하여 시간이 지남에 따라 향상
③ AI 기반 – 챗봇은 규칙기반과 지능의 두 가지를 결합한 형태로서 자연어 처리, 기계 학습 및 AI를 조합하여 고객을 이해

챗봇은 다음과 같은 기능을 제공할 수 있으며 확장이 가능하다.
• 제품 구매, 구독 갱신, 예약하기, 티켓팅하기
• 전화를 받지 않고 상담원과 통화

- 재고 확인, 추천 받기, 최신 제품 알아보기
- 주문 상태, 배송 추적, 반품 및 환불
- 프로모션, 퀴즈, 콘테스트

챗봇의 장점은 다음과 같다.

첫째, 챗봇은 서비스와 다양한 고객 상호 작용을 간소화하는 동시에 더 적은 수의 직원으로 고객 서비스를 확장할 수 있다. 챗봇은 기본적인 문의를 처리하는 데 도움이 되므로 상담원은 보다 복잡한 문제를 자유롭게 처리할 수 있다.

둘째, 상담원은 더 높은 가치의 고객 질의를 처리할 시간을 갖게 되고 복잡한 문제를 그 어느 때보다 빠르고 쉽게 해결할 수 있게 된다.

셋째, 챗봇은 현재 셀프 서비스 콘텐츠인 FAQ를 활용하는 데 도움을 준다. 고객 쿼리의 70%는 일반적으로 FAQ 및 기술 자료의 지원 문서에 해당되기 때문이다.

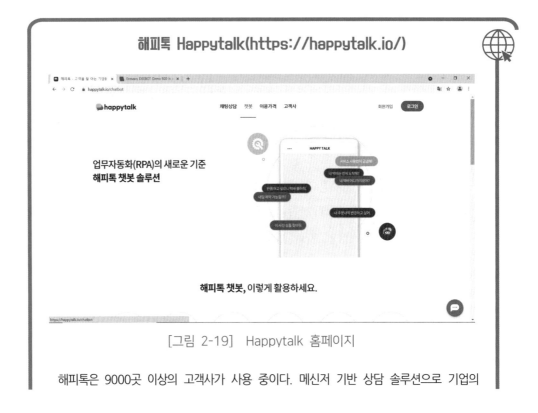

[그림 2-19] Happytalk 홈페이지

해피톡은 9000곳 이상의 고객사가 사용 중이다. 메신저 기반 상담 솔루션으로 기업의 고객 상담 관리에 최적화된 80여가지 이상의 채팅 기능을 제공하고 있다. 주문정보나 상담 이력 실시간 연동 등 다양한 기업 맞춤형 기술도 지원한다. 챗봇 연동으로 상담 업무의 자동화를 이뤄 운영 효율성도 크게 높였다.

전화 상담 응대에 비해 채팅을 통한 상담은 하루에 처리할 수 있는 응대량(CPD: Call per Day/Chat per day)이 최소 1.5~2배 이상 늘어나게 된다. 채팅을 통해 한 사람의 상담사가 여러 건의 문의를 동시에 신속하고 정확하게 처리할 수 있는 만큼 운영 효율이 높아지는 식이다. 여기에 솔루션 이용 시 해피톡 상담 템플릿, 상담자동완성 등 다양한 기능과 고객 상담 데이터 분석 기능도 이용할 수 있어 고객과 신속하고 정확한 상담을 진행할 수 있다. 해피톡 가입 고객은 월평균 15% 이상 꾸준히 증가하고 있고, 최근에는 비대면 고객 응대에 대한 이슈로 고객군이 크게 늘고 있다.

AI 안면 인식

안면인식 기술은 생활에 깊숙이 침투하고 있다. 1986년 세계 첫 특허가 출원된 첨단 분야지만 2017년 S전자 휴대폰에 적용됐을 정도로 빠르게 발전했으며, 인공지능(AI), 빅데이터와 결합하여 감정을 파악하고, 사진 한 장으로 질병을 찾아내는 영역으로 진화 중이다.

안면 인식을 위해서는 개인의 안면 이미지가 필요하며, 안면의 기하학적 구조가 데이터베이스에 저장된다. 주요 요인에는 눈 사이의 거리와 이마에서 턱까지의 거리가 포함된다. 안면인식 서명은 식별된 안면과 안면기준 데이터베이스 간의 비교를 통하여 이루어진다.

[그림 2-20]　FaceMe 홈페이지

　FaceMe Security의 에지 아키텍처는 구축 장소 규모에 따라 확장할 수 있도록 설계됐다. 다양한 엣지 기반 하드웨어에서 실행할 수 있도록 최적화해 시간당 최대 8만명의 인파가 몰리는 지역에서도 단일 또는 여러 개의 엔비디아 쿼드로(Quadro) GPU가 장착된 고급 윈도우(Windows) 워크스테이션에 배포할 수 있다.

　지능형 영상 보안용으로 설계된 페이스미 시큐리티(이하, FaceMe® Security)는 PC, 워크스테이션 및 서버를 지원하며 Milestone, Network Optix, Vivotek 등 비디오 관리 시스템(VMS)에 추가할 수 있는 애드온 솔루션이다. 이 솔루션은 마스크를 착용한 사람도 인파 속에서 수 밀리초(ms) 안에 감지, 식별할 수 있다.

　체온 측정 및 코와 입에 마스크를 제대로 착용하지 않은 사람도 감지할 수 있다. 인스턴트 메신저와 연동해 보안, 보건 담당자에게 실시간 경고를 보내고 긴급 상황을 효율적으로 처리할 수 있도록 도와준다.

AI 맞춤형 추천

　맞춤형 추천 도구는 일련의 알고리즘을 사용하여 방문자에게 관련 제품을 추천한다. 이러한 추천 도구는 위치, 성별 및 구매 의도와 같은 보다 구체적인 정보를 사용하여 이를 수행하며, 영화, 음식, 옷 등 웹사이트에서 판매하고 싶은 모든 분야에서 추천할 수 있을 정도로 광범위하다. 여러 가지 방법(팝업이나 배너, 또는 이메일 등)으로 웹사이트에서 제품 추천을 구현할 수 있다.

　　소비자의 대부분은 개인 취향을 고려한 브랜드와 거래하는 것을 선호한다. 개인화된 맞춤형 제품 추천은 어떤 가정이나 추측을 기반으로 하지 않고 사용자 행동을 기반으로 한다. 즉, 고객이 현재 고려하고 있거나, 자주 보거나, 구매한 품목 등의 정보를 사용한다.

　　아마존은 이전 구매 또는 탐색 행동을 기반으로 맞춤형 개인 추천 외에도 "자주 함께 구매하는 항목" 및 "이 항목을 본 고객이 또한 본 항목" 기능을 제공한다. 아마존 매출의 35%가 고객에게 제품을 추천하는 데서 발생한다고 한다.

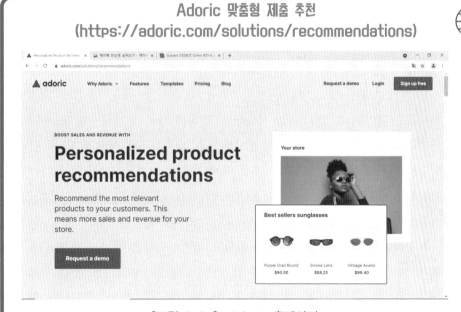

[그림 2-21]   Adoric 홈페이지

　　Adoric의 제품 추천 도구는 방문자가 무엇을 사고 싶어하는지를 파악하고 제품을 추천할 만큼 똑똑하고 강력한 엔진이다. 실시간 데이터와 웹사이트 방문자의 행동을 기반으로 추천을 생성하기 때문이다.

　　Adoric의 제품 추천 도구를 사용하면 다음과 같이 다양한 작업을 수행할 수 있다.

첫째, 집, 장바구니, 제품 페이지 또는 원하는 기타 페이지에 제품 권장 사항을 쉽게 표시한다.

둘째, 잠재고객 세분화 기능 덕분에 적절한 방문자를 타겟팅할 수 있다.

셋째, 방문자의 고유한 선호도에 따라 제품을 필터링할 수 있도록 하여 방문자가 받는 추천 유형을 제어할 수 있다.

넷째, Adoric을 사용하면 Wix, WooCommerce, Shopify 등 모든 전자 상거래 플랫폼에서 판매를 쉽게 늘릴 수 있다.

AI 사기 행위 탐지

AI가 소비자 경험을 향상시키는 데 활용되는 만큼, 계속 성장하는 사기 행위 탐지 영역에서도 AI가 활용되고 있다. 은행은 이제 거의 실시간으로 의심스러운 거래를 감지하고 발생을 즉시 중지하고 당국에 경고하기 위해 사기 행위를 탐지할 수 있는 기계 학습 모델을 배포하고 있다.

국내 주요 손해 보험사들은 인공지능(AI) 등 정보통신기술(IT)을 활용해 보험사기를 잡아내고 있다. 점점 지능화, 조직화해 가는 보험사기에 대응하기 위한 근본적인 대책이 필요했다. 이에 현대해상은 '자동차 고의사고 탐지시스템'과 '한방 의료기관 불법행위 탐지시스템'을 자체 개발해 보험사기를 잡고 있다. 자동차 고의사고 탐지시스템은 사전에 공모한 보험사기 일당이 자동차를 이용해 고의로 자동차 사고를 유발 후 보험금을 편취하는 보험사기를 탐지하기 위해 개발했다.

현대해상이 개발한 자동차 고의사고 탐지시스템은 '머신러닝' 기술을 적용했다. 머신러닝이란 데이터를 통해 시스템을 학습할 수 있는 AI의 한 형태다. 주어진 데이터를 이용해 다양한 사고 특성을 파악하고 고의사고를 예측한다. 현대해상은 자동차 사고의 보험사기 위험도를 판단하게 하기 위해 기존의 자동차 사고 데이터를 AI에 학습시켰다.

이 데이터에는 사고 유형부터 운전자 정보 등이 포함됐다. 대다수 고의사고가 사전 공모를 통해 발생하는 만큼 서로 관련이 없어 보이던 사람들 간의 상관관계를 파악한다.

Datavisor 사기행위 탐지(https://www.datavisor.com/)

Datavisor와 같은 회사는 은행에 특화된 AI 기반 금융 사기 탐지 솔루션을 제공하고 있다. 실제로 Datavisor는 자사 솔루션이 90%의 정확도로 30% 더 많은 사기를 탐지할 수 있다고 한다.

DataVisor는 혁신적인 AI 기술로 구동되는 최고의 사기 및 위험 관리 플랫폼을 갖추고 있다. 독점 기계 학습 알고리즘을 사용하는 DataVisor는 조직이 빠르게 진화하는 사기 패턴을 사전에 감지하고 이에 대응하며, 미래의 공격을 사전에 예방할 수 있도록 함으로써 디지털 상거래에 대한 신뢰를 유지시켜 준다. 고급 분석과 40억 개 이상의 글로벌 사용자 계정의 인텔리전스 네트워크를 결합한 DataVisor는 금융 서비스, 보험, 시장, 전자 상거래 및 인터넷 플랫폼을 포함한 다양한 산업 전반에 걸쳐 재정적 손실 및 평판 손상으로부터 보호를 할 수 있는 사기탐지 솔루션을 제공한다.

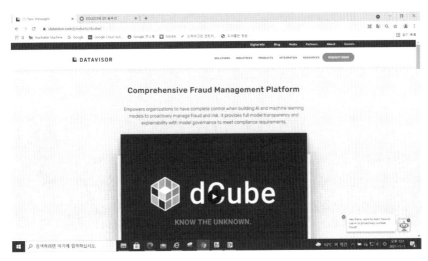

[그림 2-22] Datavisor 홈페이지

AI CRM(고객관계관리)

일부에서는 인공 지능이 직원의 필요를 대체할 것이라는 강한 우려가 있다. 하지만 AI는 판매의 인적 구성 요소를 대체하는 것이 아니라 향상시키는 것이다. CRM과 관련하여 AI는 고객 대화를 분석하여 고객의 느낌을 결정할 수 있는 감정 분석 외에도 데이터 및 통합과 함께 사용할 수 있다. Business News Daily는 AI가 CRM 시스템을 최상위의 관계 관리를 유지하는 자동 업데이트 자동 수정 시스템으로 전환하는 데 도움이 될 수 있다고 설명한다.

AI 기술은 고객 서비스 및 지원에 큰 도움을 준다. 이를테면 챗봇이나 이메일 봇은 고객이 신속한 답변과 안내를 받을 수 있도록 한다. 새로운 AI 기술은 음성과 텍스트를 실시간 분석하여 직원이 기존 및 잠재 고객에게 효과적으로 서비스를 제공할 수 있도록 돕는다.

AI 통합으로 CRM은 문서, 이미지, 음성 인식 기술을 사용해 원하는 포맷으로 고객 데이터를 캡처할 수 있다. 좋은 연료 품질이 강력한 엔진 성능으로 이어지는 것처럼 고품질 데이터 캡처는 정확하고 통찰력 있는 AI 예측에 필수적이며, 이는 비즈니스 운영을 개선한다. AI 통합은 거래 데이터, 소셜 연락처, 커뮤니케이션 기록 등을 위한 CRM 플랫폼을 마이닝한다. 그 다음 이 정보는 자동으로 수집, 그룹화, 분석, 배포된다. 이를 통해 팀은 고객, 공급업체, 기타 이해 관계자와의 베스트 프랙티스에 관한 유용한 정보를 확보할 수 있다.

e-Business 이야기
데이터 분석해 맞춤 서비스 추천 … CRM도 AI가 대세

고객관계관리(CRM) 솔루션에서 인공지능(AI) 접목이 활발해지는 추세다. CRM 서비스는 과거 영업조직을 위한 고객 정보 관리 수준에 머물렀다. 최근엔 정보기술(IT) 솔루션 업체들의 경쟁을 바탕으로 다양한 기능을 제공하고 있다.

세일즈포스의 '아인슈타인'은 AI 기반 CRM 어시스턴트다. 영업 활동에 있어 지역별, 고객별 매출 데이터를 실시간으로 분석한다. 실제 달성 가능한 목표치를 AI가 제시한다는 것이 특징이다. 새로운 거래들을 빠르게 포착해, 성사된 거래와 실패한 거래를 비교하고 이를 시각화해주는 기능도 갖췄다.

아인슈타인은 CRM 서비스 이용 직군을 넓혔다. 트렌드 분석 결과와 예측 모델이 중요한 영업직뿐만 아니라 마케팅과 커머스 종사자를 위한 정보도 제공한다. 개인 맞춤형 광고 서비스를 제공하거나 추천 상품을 AI가 보여주는 형태다. 아디다스, 코카콜라 등 글로벌 업체들이 이를 도입해 생산성을 30% 이상 끌어올렸다는 설명이다.

마이크로소프트(MS)의 '다이나믹스 365'는 CRM과 전사적 자원관리(ERP)를 통합하고 AI를 적용했다. 다이나믹스 365는 고객과 주고받은 이메일에서 AI가 자동으로 정보를 포착해, 사용자가 일일이 데이터를 입력할 필요가 없다. 해당 서비스는 최근 MS의 클라우드 서비스인 애저(Azure)의 고도화에 따라 기능이 더 좋아졌다. 클라우드 기반 서비스형 소프트웨어(SaaS)로서 파트너사를 통해 연계 제품군을 확장하고 있다.

〈한경 2021.07.12〉

AI 배송 및 교통

소비자는 종종 제품과 서비스를 거의 즉각적으로 원하며, AI는 제품 배송 및 교통과 관련하여 상황을 최적화시키는 데 도움을 준다.

UPS는 ORION(On-road Integrated Optimization and Navigation)이라는 AI 기반 GPS 도구를 사용하여 차량에 가장 효율적인 경로를 생성한다. 즉, ORION은 고객, 운전자 및 차량의 데이터를 활용하여 가장 최적의 항로를 지원한다.

IT 기반 유통물류 브랜드 '부릉(VROONG)'을 운영하는 메쉬코리아가 교촌치킨(교촌에프엔비)과 배송 서비스 품질향상을 위한 업무협약을 체결하였다.

메쉬코리아는 교촌의 라스트마일 배송에 빅데이터 분석과 인공지능 운영 역량을 동원해 배송 서비스 품질을 높인다.

'AI 추천배차'는 기사들의 현재 위치와 주문 수행 상황, 예상되는 배송 품질 등을 고려해 최적화된 주문을 자동 배차한다. 이를 통해 자영업자(가맹점주)들을 대상으로 최고 수준의 배송 품질을 일관되게 담보한다는 목표다.

[그림 2-24] 월마트 익스프레스 홈페이지

Walmart는 2020년 초에 Express Delivery를 출시하여 2시간 이내에 주문을 받을 수 있다. Walmart의 Express Delivery 옵션을 사용하면 "자원 최적화 및 차량 경로 지정" 기능을 갖춘 인공 지능 시스템이 먼저 고객이 2시간 배송 옵션에 적합한지 판단한 후, 경로를 최적화하고 배달 경로를 할당한다.

1,000개 매장으로 확대 후, 몇 주 내에 2,000개 매장으로 확대할 예정이다. 월마트의 퍼스널 쇼퍼 팀이 매장에서 주문을 피킹하고, 월마트는 기존 배송 파트너를 활용하여 라스트 마일 딜리버리를 수행할 예정이다.

월마트는 기존 오프라인 매장과 물류 네트워크를 통해 익스프레스 딜리버리 서비스를 시행하고 있다. 월마트에는 매장 재고에서 아이템을 픽업하는 74,000명의 퍼스널 쇼퍼로 구성된 팀이 있다. 이 중 특정 인원은 익스프레스 딜리버리를 담당하게 된다.

AI 추천 시스템: 넷플릭스

넷플릭스가 유례없는 규모로 콘텐츠를 제작하고 있다. 넷플릭스는 영화·드라마 수천 편이 담긴 디지털 카탈로그를 바탕으로 190개 넘는 국가에서 2억 명 가까이 되는 사용자 취향에 맞는 프로그램을 제공하고 있다.

넷플릭스의 AI 추천 서비스는 비교적 정교하기로 유명하다. 우선 콘텐츠 취향이 비슷한 회원들끼리 묶어 하나의 '취향군'을 만드는데, 이게 수천 개에 달한다. 같은 취향군에 속한 이용자들이 즐겨 보는 콘텐츠를 추천해주기 때문에 정확도가 꽤 높다. 또 수십 명의 직원들이 직접 콘텐츠를 시청해서 줄거리와 분위기, 등장인물의 특성을 꼼꼼하게 기록해 '태그'로 만든다. 이 태그 데이터를 바탕으로 컴퓨터 알고리즘이 이용자 취향과 비슷한 콘텐츠를 분석해주기 때문에 섬세한 추천이 가능하다. 또한 넷플릭스 기술 블로그는 AI가 만든 콘텐츠 '유사성 지도'를 바탕으로 영화·드라마가 특정 지역에서 얼마만큼 흥행할 지를 예상할 수 있다고 전했다.

영화제작사와 엔터테인먼트사의 영화·드라마 주문은 창의적인 의사결정과정을 거친다. 경영진은 사회 맥락, 시대정신, 관객 구성과 규모 등 여러 요소를 의사결정 과정에 담는다. 영화 제작 전 가장 중요한 두 가지 질문은 기존 영화와 드라마와 어떤 면에서 비교가 될까, 어느 지역에서 특정 관객을 대상으로 시청률을 얼마나 기대할 수 있을까 등이 있다.

e-Business 이야기

넷플릭스(https://www.netflix.com/kr/)

넷플릭스는 AI 기술을 활용하여 회원이 서비스에 액세스할 때마다 넷플릭스 추천 콘텐츠 시스템이 작동하여 최소한의 노력으로 좋아하는 TV 프로그램 또는 영화를 찾도록 도와준다. 넷플릭스는 다음과 같은 다양한 요소를 기반으로 회원이 카탈로그에 있는 특정 콘텐츠를 시청할 가능성을 추정한다.

넷플릭스 시청 기록, 유사한 취향을 가진 회원 및 넷플릭스 서비스에서의 선호 대상, 장르, 카테고리, 배우, 출시연도 등 콘텐츠 관련 정보를 활용한다. 회원이 넷플릭스에서 시청한 콘텐츠를 파악할 뿐 아니라 개인화된 추천 콘텐츠를 최적화하기 위해 하루 중 시청 시간대, 넷플릭스를 시청하는 디바이스, 시청 시간을 고려한다.

또한 개인화된 경험을 제공하는 알고리즘 및 복합 시스템을 사용하여 목록 내에 있는 콘텐츠의 순위를 매긴 다음 목록 자체의 순위를 매긴다. 넷플릭스 시스템은 회원이 좋아할 만한 콘텐츠가 최적의 순서로 표시되도록 콘텐츠 순위를 매기고 있다는 점을 알 수 있다.

[그림 2-25] 넷플릭스 홈페이지

요약

경영환경에 따라 Business 모델들은 다양한 유형으로 분류된다. 본 장에서는 e-Business 모델 (온라인 쇼핑 모델, 경매 모델, 포털 모델, 동적 가격 모델, 온라인 증권 거래 모델, 온라인 대출 모델, 온라인 인재 선발 모델, 온라인 뉴스 서비스 모델, 온라인 여행 서비스 모델, 온라인 엔터테인먼트 모델, e-learning 모델)과 AI-Business 모델을 구분하고 관련된 모델별로 독특한 경영 방식이나 성공 요인에 대해 분석하였다.

주요용어

동적 가격 모델
비교 가격 모델
쇼핑 카트 기술
온라인 인재 선발
홈 트레이딩(HTS: Home Trading Service)
AI-Business model
AI CRM

토의

1. 온라인에서 사업을 운영하고자 할 때 e-Business 모델이 필요한 이유는?
2. 제시된 다양한 e-Business 모델들 중 수직 포털 모델에 해당하는 국내외 사이트들은?
3. e-Business Model을 분류해 보세요.
4. AI-Business Model 유형 중 세 가지만 나열하고 설명해 보세요.

🌐 참고문헌

고영국, e-비즈니스 전자상거래, 정익사, 2001

구교봉, 이종호, 소셜네트워크를 활용한 전자상거래, 탑북스, 2014

김대수, 처음 만나는 인공지능, 생능, 2020

김영락, 이것이 인공지능이다, 슬로디미디어, 2020

남대일, 김주희, 정지혜, 정혜민, 이계원, 성공하는 스타트업을 위한 101가지 비즈니스 모델 이야기, 한스미디어, 2020

박대순, 비즈니스 모델 4.0, Kmac, 2019

서의호, 김창수, 인터넷 소셜 모바일 비즈니스, 학현사, 2013

연대성, The Next 모바일 비즈니스, 이담북스, 2014

이건명, 인공지능: 튜링테스트에서 딥러닝까지, 생능, 2019

이상진, 교양으로서의 인공지능, 시크릿하우스, 2020

정두희, 한권으로 끝내는 AI 비즈니스 모델, 청림, 2020

정지훈, AI 101, 인공지능 비즈니스의 모든 것, 틔움출판, 2021

정창덕, 전자상거래 이론과 실무, 한올출판사, 2017

커넥팅랩, 모바일 미래보고서 2022, 비즈니스북스, 2021

Kalakota Robinson 저, 정보문화사 역, e-비즈니스 성공을 위한 로드맵, 정보문화사, 2000

Doug Rose, Artificial Intelligence For Business, Columbia SC, 2020.

Henny, A., The Age of AI: And our Human Future, Little Brown, 2021

Jeffrey L. Coveyduc & Jason L. Anderson, Artificial Intelligence For Business, Wiley, 2020

Kalakota and Whinston, Frontiers of Electronic Commerce, Addison Wesley, 1996

Stephen Chen, Strategic Management of e-Business, Wiley, 2001

Tim Cole, AI Means Business, Forsthaus, 2020.

William J. Ford, Artificial Intelligence Business Applications, Columbia SC, 2020.

오진오, 우수한, E-비즈니스 풀필먼트 모델의 진화: 국내 E- 비즈니스 기업들을 중심으로, e-비즈니스 연구, 17(3), pp. 27-49, 2016

윤민아, 전병준, 새로운 E-Busienss 모델로서 분절화된 콘텐츠의 성장, e-비즈니스 연구, 17(1), pp. 71-92, 2016

임규관, 「유비쿼터스와 컨버전스 전망」, ie매거진, 10권 3호, 2003 겨울호

최창열, 한수범, 모바일 3.0과 NFC 기반에서의 e-비즈니스 모델, e-비즈니스 연구, 12(3), pp.

269-292, 2011

Katsamakas, E. and Pavlov, O., AI and Business Model Innovation: Leverage the AI feedback Loops, Journal of Business Model, 8(2), 2020

Shrutika Mishra and A. R. Tripathi, "AI business model: an integrative business approach", Journal of Innovation and Entrepreneurship, 2021, 10:18, https://doi.org/10.1186/s13731-021-00157-5

🌏 웹사이트

http://www.auction.co.kr

http://www.pricegrabber.com

http://www.etrade.com

http://www.finlife.fss.or.kr

http://www.interpark.com

http://www.naver.com

http://www.pricegrabber.com

http://www.travelocity.com

http://www.youth.co.kr

https://adoric.com/solutions/recommendations

https://happytalk.io

https://https://www.hankyung.com/it/article/2021071231181e-business/https://www.hankyung.com/it/article/2021071231181

https://kr.cyberlink.com/faceme

https://www.amazon.com

https://www.datavisor.com/

https://www.ecovacs.com

https://www.hankyung.com/it/article/2021111631641

https://www.walmart.com/cp/express-delivery/3696472

https://onlinedegrees.sandiego.edu/artificial-intelligence-business/

https://www.smartdatacollective.com/selecting-right-ai-business-model-for-startup/

https://www.forbes.com/sites/forbestechcouncil/2021/05/05/10-business-models-that-reima

gine-the-value-creation-of-ai-and-ml/?sh=251617968e9d

https://emerj.com/ai-executive-guides/ai-business-models-part-1/

🌐 기사

「OTT진흥법, 시장 다 내주고 통과시킬 건가」, 파이낸셜뉴스 2021.11.12

「데이터 분석해 맞춤 서비스 추천 ⋯ CRM도 AI가 대세」, 한경 2021.07.12

「구글도 반한 AI 교육앱 '콴다'」, 한경 2021.11.16

AI-Biz A to Z

제3장

e-Business 및 AI의 전략

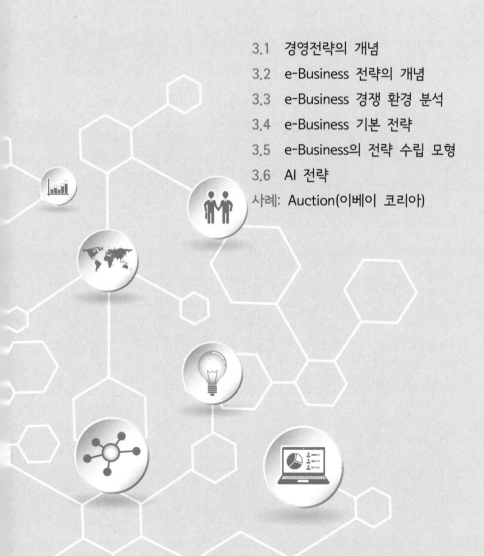

e-Business를 수행하는 기업들은 e-Business의 경쟁 환경 분석을 통하여 경쟁 우위 요소를 파악한 후, e-Business 모형에 적합한 사업 전략을 수립하고 전개해 나가야 할 것이다. 인터넷 환경과 특성을 고려한 새로운 경쟁 요인을 결정짓는 핵심 요소와 이를 기반으로 하는 e-Business의 전략들을 살펴본다. 아울러 4차 혁명시대의 AI 전략을 살펴보고자 한다.

AI-Biz A to Z

e-Business 및 AI의 전략

e-Business 이야기

마이클 포터

마이클 포터의 등장은 전략사에서 가장 빛나는 사람들 중 한명이다. 경영 전략사 100년사 중에서도 그만큼 오랫동안 강력한 빛을 발했던 인물은 없었다. 마이클 포터는 프린스턴 대학에서 항공공학을 공부한 후 Harvard Business School의 MBA 과정에서 비즈니스를 공부하기 시작했다. 그곳에서 크리스텐슨과 앤드루스 교수의 강의에 감명을 받아 더욱 연구에 매진하였다. 그는 하버드 대학 경제학부에서 비즈니스 경제학 박사학위를 취득했다. 포터가 박사학위 논문에서 제시한 것이 그 유명한 '5 force 분석(1975)'이었다.

그는 35세에 Harvard Business School의 교수로 임용되었으며 '산업과 경쟁분석'라는 인기 과목을 개발하였고, 1980년에 쓴 '경쟁의 전략'이라는 저서는 베스트셀러가 되었다. 포터는 경영학과 경제학을 주로 연구하고 있고, 기업 경영 전략과 국가 경쟁력 연구의 최고 권위자이며 그의 연구는 전 세계 유수의 정부기관과 기업, 비영리단체, 그리고 학계에서 널리 인용되고 있다.

포터는 '포지셔닝'을 중시했다. 경영 전략의 목적은 기업이 수익을 올리는 것이고, 이를 위해서는 '이익을 낼 수 있는 시장'을 선택하고, 경쟁자를 상대로 '이익을 낼 수 있는 위치를 확보'하지 않으면 어떠한 노력을 해도 즉, 케이퍼빌리티를 강화해도 소용이 없다. 이 두 가지가 포지셔닝의 핵심이다.

'5 force 분석'은 '이익을 낼 수 있는 시장'인지 여부를 판단하기 위한 것이었다. 그리고 '전략 3유형'은 '이익을 낼 수 있는 위치를 확보하는 방법'을 알려주는 것이었다. 포터는 이것이 세 가지 유형밖에 없다고 주장했다.

포터는 경영자에게 트레이드오프를 받아들이라고 강조했다. 결국 자신들이 어떤 무기로 싸울 것인지, 어떠한 포지셔닝을 목표로 할 것인지를 분명히 하라고 촉구했다. '5 force 분석', '전략 3 유형' 두 가지로 그는 경영 전략론에 있어서 '포지셔닝파의 챔피언'으로 불리게 되었다.

'가치사슬(Value Chain)'은 케이퍼빌리티를 기술하기 위한 틀이었지만, 그가 생각하는 케이퍼빌리티는 어디까지나 포지셔닝을 실현하기 위한 수단에 불과했으며, 경쟁 우위의 원천은 아니었다.

포터의 전략 3유형은 비용, 차별화, 집중화를 의미한다. 즉, 자신들에게 유리할 것 같은 시장의 일부(틈새시장)만을 대상으로 싸우는 '집중전략'과 전체 시장을 대상으로 싸울 때 이익을 낼 수 있는 위치를 확보하는 '비용 리더십 전략'과 '차별화 전략'으로 구분하였다.

이렇게 경영 전략론 역사 가운데 포터가 남긴 공적을 경영 도구적으로 말하면 '5 force 분석', '전략 3유형', '가치 체인(Value Chain)'의 3가지라고 할 수 있다.

〈경영전략실천, 2017〉

3.1 경영 전략의 개념

경영전략의 정의

전략이란 "경쟁 우위의 획득과 유지를 위한 기법과 기술"로서 정의된다.

경영전략이란 "기업의 미래방향을 결정하고 기업의 목표를 달성하기 위한 경영활동에 관한 계획"이다.

경영전략 수립 모형

경영전략을 수립하기 위한 단계는 전략의 수립과 실천으로 크게 구분된다. 전략의 수립이란 기업의 외부환경과 내부자원을 분석하여 적절한 전략을 선택하는 것이며, 전략의 실천은 선택된 전략이 효과적으로 수행될 수 있도록 적절한 조직구조와 통제시스템을 설계하는 것을 의미한다.

경영전략의 수행단계는 [그림 3-1]과 같이 5단계로 구분된다.

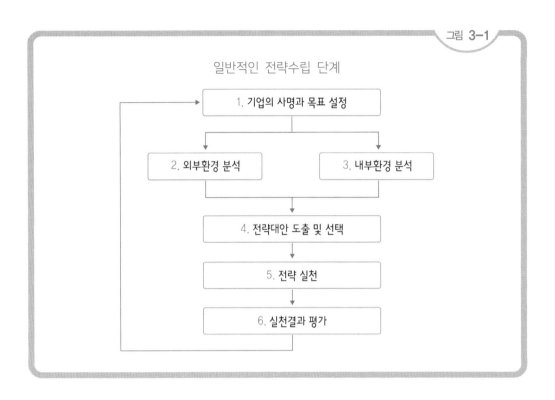

일반적인 전략수립 단계

기업의 사명과 목표 설정

기업의 사명은 다른 기업과 구별되는 기업의 독특한 존재의의와 그 활동영역을 규정하는 것이다. 즉 기업의 사명은 최고경영자의 가치가 반영된 것으로 기업의 제품시장영역과 그 활동범위를 규정하며 이 영역들에서 어떠한 방법으로 어떤 요소에 중점을 두고 기업 활동을 전개하겠다는 의지를 담고 있는 것이다. 목표는 기업의 중장기적으로 달성하고자 하는 내용을 보다 구체화한 것이다.

환경 분석

환경 분석은 외부환경 분석과 내부 환경 분석으로 구분된다.

외부환경 분석은 기업이 당면하고 있는 전략적 기회와 위협들을 도출하는 것이다. 기업의 외부환경은 기업에 직접적인 영향을 주는 경쟁자를 중심으로 하는 산업 환경뿐만 아니라 정치, 경제, 사회, 문화 등 거시적 환경을 포함한다.

표 3-1 FedEx의 SWOT 분석 사례

	강점(Strength)	약점(Weakness)
내부환경 분석	• 강력한 브랜드자산 • e-Biz 구축(배달추적 시스템) • 종업원 제일주의의 기업철학 • 지속적인 투자와 저렴한 운영비용	• 세계적으로 협력업체(같은업종)와의 체결 미흡 • 항공 특송에 집중된 수익기반 • 아시아에서의 낮은 기업 인지도
	기회(Opportunity)	위협(Threat)
외부환경 분석	• 전자상거래 시장규모 증가 • 글로벌 시대로 기업 물류 아웃소싱 • 국제적인 화물열차의 계속적 쇠퇴	• 수많은 경쟁자의 진입(DHL, UPS, AIRBORNE 등) • 세분화된 지역의 퀵서비스 등장

내부환경 분석은 기업내부의 자원과 역량을 파악하는 것으로 기업의 강점과 약점을 분석하는 것이다. 즉, 기업이 보유하고 있는 자원의 양적 및 질적 수준을 평가하고, 경쟁우위를 가져다주는 기업의 특특한 내부역량을 파악하는 것이다.

따라서 기업은 환경 분석을 통하여 기업의 핵심성공요인을 알 수 있게 되며, 내부환경 분석을 통해 보유한 자원과 역량을 파악하고 외부환경의 기회와 위협에 효과적으로 대처할 수 있게 된다.

전략의 대안도출 및 선택

기업의 목표와 환경분석을 통하여 가능한 전략적 대안들을 도출하고, 이중 최적의 전략을 선택한다. 즉, 외부환경의 기회를 최대한으로 활용할 수 있고, 기업이 갖고 있는 장점을 최대한 살릴 수 있는 전략을 선택하는 것이다.

전략의 실행

선택된 전략을 실행하기 위해 조직구조와 통제시스템을 설계하는 것이 필요하다. 따라서 선택된 전략에 적합하도록 조직구조와 통제시스템을 설계하여야 한다.

평가와 피드백

선택된 전략의 실행이 이루어지고 나면, 그 결과를 평가하여 미래 경영전략과 의사결정에 반영해야 한다. 즉, 선택된 전략이 기업의 목표 달성에 어느 정도 기여했는지를 평가하여, 미래의 전략수립과 실행에 반영하는 것이다. 이는 전략경영과정이 효과적으로 이루어질 수 있도록 선택된 전략의 문제점을 규명하고 이를 개선함으로써 기업목표의 효과적 달성을 도모하기 위한 것이다.

3.2 e-Business 전략의 개념

e-Business 전략의 필요성

e-Business를 수행하려는 기업들은 먼저 e-Business 환경 하에서의 경쟁

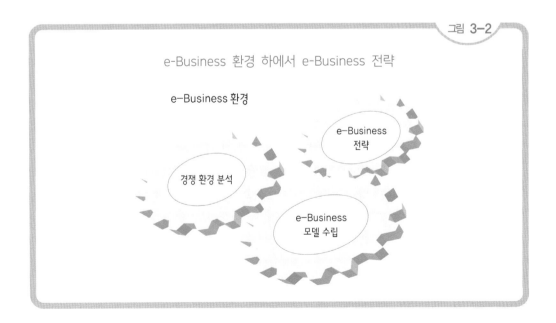

그림 3-2

e-Business 환경 하에서 e-Business 전략

e-Business 환경

e-Business 전략

경쟁 환경 분석

e-Business 모델 수립

우위 요소들을 파악해야 한다. 이를 위해 e-Business를 둘러싼 경쟁 환경을 분석해야 하며, 경쟁 환경 분석을 바탕으로 e-비즈니스 사업 모형에 적합한 e-Business 전략을 수립해야 한다.

본 장에서는 전통적인 경쟁 세력 모형을 기반으로 e-Business 경쟁 환경에서의 경쟁 우위 요소들을 파악하고, e-Business를 효과적으로 수행할 수 있는 기본 전략들을 소개한다.

오늘날의 경영 환경은 그 어느 때보다 급격히 동적인 환경으로 변화하고 있다. 신생 기업들이 새로운 가치를 창출하고, 기업들은 경쟁 우위를 갖기 위해 새로운 기술을 활용한다. 특히, 인터넷의 등장으로 대부분의 경영자들은 기존의 전통적인 비즈니스 흐름에 커다란 변화가 일어나고 있음을 느끼고 있다. 고객들은 인터넷을 통해 구매하기 시작했고, 기업들은 앞 다투어 새로운 운영상의 효율을 창출하기 위해 인터넷을 활용하기 시작했다. 대부분의 기업들도 e-Business 환경에 적합한 사업 전략을 모색하기 시작했다.

어떤 이들은 경영 전략을 구축하는 다양한 방법론들이 바뀌어야 한다고 믿는다. 따라서 기업이나 e-Business 컨설턴트들은 이러한 현상과 인터넷의 역할을 이해하는 데 있어서 기존 모델들을 적용하여야 하는지, 경영 전략에 대한 전혀 새로운 접근을 고안해야 하는지를 고민하고 있다.

우리는 이러한 문제에 대한 정확한 해답을 얻을 수는 없지만, e-Business 기업들은 e-Business 환경을 고려하는 e-Business 전략을 필요로 한다.

e-Business 전략의 동적인 접근

오늘날의 경영 전략은 과거에 비해 훨씬 유연해야 한다. 이제 단기간의 구상으로 도출된 전략들이 몇 년 정도 유용할 수 있는지는 매우 불확실한 환경 속에 놓여 있다. 오늘날의 전략 수립 과정은 훨씬 동적인 환경 하에서 이루어지고 있다. 대부분의 e-Business 전략가들은 정적인 모형과 동적인 모형 간의 중간점을 추구한다.

정적인 모형은 포터에 의해 제기되어 온 전통적인 전략 모형으로 보다 유형화된 모형들을 의미한다. 동적인 모형은 급변하는 경영 환경에 대처하기 위해 많은 기업들이 채택되어 온 유형화되지 않은 모형을 말한다.

유형화되지 않은 동적인 접근법은 전략에서 전술로 퇴보하는 경향이 있다. 예를 들어 어떤 기업은 위협 요소에 대응하기 위해 특정 애플리케이션을 개발할 것이다. 어떤 회사는 단순히 최고 경영자나 이사회에 보여주기 위해 웹 사이트를 제작할 것이다. 어떤 회사는 만약 그들이 웹상의 고객들에게 어떠한 가치를 제공하고자 하는지를 결정하기 위한 제품 속성은 고찰조차 하지 않고 포털을 통한 판매를 결정할지도 모른다.

이와 같이 유형화되지 않은 전략적 대응들의 문제점은 기업들이 추구해야 할 전반적인 전략에 대한 깊은 직관력이 부족하다는 것이다.

상기 사례들은 전략가들이 피해야 하는 대표적인 전략들이다. 대부분의 사례들에서 추구된 전략들은 단지 변화가 너무나도 전례 없이 광범위하게 진행되고 있기 때문에, 또한 경영자들이 제대로 반응하기에는 너무나도 이해가 부족했기 때문에 선택된 것이었다.

대부분의 경영자들은 e-Business 환경에 적합한 새로운 전략 개발에 노력을 기울이지 않고 있다. 단지 이러한 경영자들은 인터넷이 그들의 기업에 미칠 영향에 대해 두려워하였고, 전략적인 마인드의 부재는 결국 너무 성급한 선택과 충분한 조정의 과정을 거치지 않은 상태에서 e-Business에 접근하고 있는 것이다.

포터의 전반적인 접근법은 아직 유용하다고 보며, 다만 그러한 접근법은 e-Business 환경에 맞게 좀더 확장되고 동적인 요소를 가미할 필요가 있다.

기업은 일시적이면서도 동태적인 환경의 이해를 거쳐 전략을 수립하고 이행하며, 새로운 사이클의 출발에 앞서 평가를 통해 새로운 이해와 분석 과정을 거쳐 전략을 수립하고 이행해야 한다.

누구도 인터넷에 대한 고객의 요구가 어떻게 변화될 것인가를 알지 못한다. 오늘날 대부분의 인터넷 활용 고객들은 PC를 사용한다. 2년 안에 고객들은 전화나 PDA, 또는 TV 조작기를 통해 인터넷을 사용하게 될 것이다. 그러나 그 누구도 어떤 방식이 선택될 것인지, 정확히 어떻게 인터페이스가 작동할 것인지를 알지 못한다. 새로운 e-Business 기업들에 의해 각각의 움직임들은 수많은 다른 기업들의 신속한 대응을 불러오고 매일같이 혁신이 이루어질 것이다. 이러한 환경 하에서 가장 좋은 대응법은 다른 기업의 움직임을 주시하면서 일시적인 전략을 수립하여 추진하는 것이다. 신생 기업들은 새로운 기술을 선보일 것이고, 이는 기존 기업의 기술을 구식으로 만들 것이다. 그리하여 기존 기업이 기존 기술과 전략을 한 단계 높이지 않으면 경쟁력을 상실하게 될 것이다.

가장 좋은 전략은 자신의 기업이 혁신을 지속함으로써 다른 경쟁 기업들로 하여금 그들의 전략을 재평가하고 추종할 수 있도록 선도적 위치에 서는 것이다.

🏛 e-Business 전략의 정의

전략이란 "경쟁 우위의 획득과 유지를 위한 기법과 기술"로서 정의된다. e‑Business를 수행하려는 기업들은 e‑Business 경쟁 우위의 요소들을 이해하고 e‑Business 성공을 위한 전략을 필요로 한다. 즉, e‑Business 전략이란 "e‑Business를 영위하는 기업이 시장 경제 가치를 제고하려는 목적으로 건실한 자본과 우수한 비즈니스 모델을 가지고 차별화된 고객 서비스를 제공하기 위한 계획 및 실행 지침"을 의미한다.

3.2 e-Business 경쟁 환경 분석

e‑Business를 성공시키기 위해서는 전략적 의사 결정을 용이하게 하는 e‑Business 경쟁 환경 분석을 필요로 한다. 이를 위해 Porter의 경쟁 세력 모형을 기초로 e‑Business의 경쟁 환경을 분석하고자 한다. 먼저 전통적인 경쟁 세력 모형을 살펴본다.

Porter의 경쟁 세력 모형은 특정 산업 내에서 경쟁의 원리를 결정하는 그 산업의 경쟁 구조와 기업을 둘러싼 경쟁 요소들 간의 상호 대응 방식을 그린 경쟁 환경 분석 모형이다.

기업은 경쟁자, 고객, 공급자 등 기업 활동에 직접적인 영향을 미치는 경쟁 요인들로 둘러싸여 있다. 이러한 경쟁 환경 속에서 경쟁 우위를 달성하기 위해서는 적절한 전략을 선택할 필요가 있다.

경쟁 요인들은 항상 변화하며 기업의 경쟁력에 영향을 준다. 따라서 기업은 새로운 환경 변화에 신속하게 대응할 수 있는 대응 전략을 모색함으로써 경쟁 우위를 계속 유지할 수 있다.

전통적인 경쟁 세력 모형

■ 산업과 대체재의 의미

산업이란 '서로 가까운 대체재를 공급하고 있는 기업들의 집단'으로 정의할 수 있다. 이 때 가까운 대체재란 '기본적으로 같은 고객 욕구를 충족시키고 있는 제품이나 서비스'를 말한다. 예를 들자면, 햄버거와 피자는 비슷한 고객 욕구를 대상으로 하고 있으며 따라서 서로 대체재적인 관계에 있다. 햄버거와 피자를 만들어 파는 회사는 제조나 판매 기술에 있어 서로 다른 점이 있으나 서로 가까운 대체재라는 점에서 패스트 푸드 산업에 속하는 것이다.

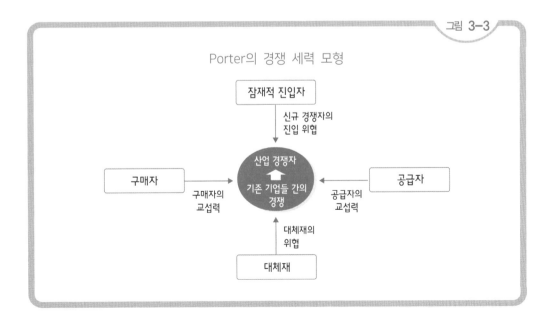

그림 3-3

Porter의 경쟁 세력 모형

기업을 둘러싼 경쟁 요인들이 강하게 작용할 때 기업은 경쟁 우위를 달성하기 어렵게 되며, 반대로 경쟁 요인들이 약하게 작용하면 높은 수익성을 확보할 수 있는 기회가 많이 작용한다.

■ 경쟁 세력 모형의 다섯 가지 경쟁 요인

산업 내 경쟁 환경을 분석하는 데 유용한 Porter의 경쟁 세력 모형은 산업 내의 경쟁 우위를 좌우하는 다섯 가지 경쟁 요인으로 구분된다.

① 잠재적 경쟁자의 진입 위협
② 기존 경쟁 기업 간의 경쟁
③ 고객과의 교섭력
④ 공급자와의 교섭력
⑤ 대체재의 위협

잠재적 경쟁자의 진입 위협

■ 잠재적 경쟁자

산업 내에서 현재 직접적으로 경쟁하고 있지는 않지만 언제든지 마음만 먹으면 시장에 진입할 수 있는 능력을 갖춘 기업이 잠재적 경쟁자이다. 잠재적 경쟁자의 진입 위협이 크다면 기존의 기업들은 수익성과 시장 점유율 측면에서 위협을 느끼게 되며, 반면에 진입 위협이 낮을수록 기존 기업들은 쉽게 가격을 올리고 더 많은 수익을 확보할 수 있는 기회를 갖게 된다.

■ 잠재적 경쟁자의 유형

① 시장 확대를 노리는 기업
② 제품 영역을 확대하고자 하는 기업: 유사한 제조 기술과 유통망을 토대로 산업에 쉽게 진입할 수 있는 기업
③ 후방 통합의 가능성이 있는 기업: 기존 제품을 부품으로 구매하고 있는 기업들이 자체 생산의 필요성에 의해 산업에 진입하는 경우
④ 전방 통합의 가능성이 있는 기업: 부품을 공급하고 있는 기업의 경우 완제품의 전략적 가치가 크다고 판단되어 산업 진입을 하는 경우, 예를 들

자면 텍사스 인스트루먼트사는 자신이 만들고 있는 반도체 칩을 활용하여 시계, 계산기, 컴퓨터 산업에 진입

■ 진입 장벽의 의미와 유형

잠재적 경쟁자의 진입 장벽이란 산업 진입에 수반되는 비용을 의미한다. 진입 장벽이 크면 잠재적 경쟁자는 산업에 진입하기가 어려우며, 기존 기업들은 더 높은 이익을 얻을 수 있다. 진입 장벽의 유형으로는 〈표 3-2〉에서 보듯이 상표 충성도, 절대적 비용 우위, 규모의 경제 등이 있다.

결론적으로 상표 충성도, 절대적 비용 우위, 규모의 경제 등을 통해 기존 기업들이 높은 진입 장벽을 구축할 수 있을 때 신규 진입의 위협은 그만큼 감소한다. 그리고 이러한 위협이 줄어들수록 기존 기업들은 더 높은 가격을 책정하여 더 높은 수익성을 확보할 수 있게 된다.

표 3-2 진입 장벽의 유형

구분	내용
상표 충성도	기존 기업의 제품에 대한 고객들의 선호도를 말한다. 기업은 지속적인 광고, 특허, 제품 혁신, 고품질, A/S 등을 통하여 상표 충성도를 창출할 수 있다. 기존 기업의 상표 충성도가 강할수록 신규 진입자는 기존 기업의 시장 점유율을 빼앗기가 어렵다. 따라서 상표 충성도는 신규 진입자로부터 기존 기업의 이익을 보호하는 역할을 한다.
절대적 비용 우위	기존 기업이 비용 측면에서 신규 진입자가 따라올 수 없는 절대적 비용 우위를 점한다면 신규 진입으로 인한 위협은 그만큼 줄어든다. 이 때 절대적 비용 우위는 월등한 제조 기법, 특허, 값싸게 원자재를 확보할 수 있는 능력 등으로부터 나온다.
규모의 경제	기업 규모에 따른 원가상의 이점을 의미한다. 규모의 경제는 대량 생산 및 대량 구매로 인한 원가 절감, 대규모 매출에 의한 고정 비용 부담률의 감소, 광고에서의 규모의 효과 등으로부터 창출된다. 이러한 규모의 경제에 의한 이점이 클수록 신규 진입자들은 투자 비용과 위험이 수반되기 때문에 어려움에 처하게 된다. 따라서 규모의 경제에 의한 효과가 클수록 진입 위험은 감소하고 기존 기업은 더 높은 수익성을 확보할 수 있다.

기존 경쟁 기업 간의 경쟁

기존 경쟁자와의 경쟁 밀도는 경쟁자들의 수와 그들의 활동 특성, 제품 차별화 정도, 고정 비용과 퇴출 장벽(Exit barriers) 등 여러 가지 요인에 의해 결정된다.

경쟁 업체의 수가 많고 그들의 경쟁 활동이 격렬할수록 경쟁이 더욱 치열해지며, 시장 특성에 따라 제품 차별화의 여지가 적을수록 소비자는 가격을 중시하기 때문에 기업들은 가격 경쟁에 의존하게 된다. 또한 구조적으로 고정비의 비중이 높은 경우 가동률을 높이려는 압력을 받게 됨으로써 지나친 가격 인하 경쟁이 발생할 수 있다. 퇴출 장벽이 높을 경우에도 많은 퇴출 비용이 소요되므로 기업들은 배수의 진을 치고 경쟁에 임하기 때문에 경쟁이 치열해진다.

👥 구매자 교섭력

고객(구매자)이 상대적으로 판매자보다 힘이 강할 때 고객은 기업의 수익성을 악화시킬 수 있다. 고객의 구매량이 판매자의 전체 매출액에서 큰 비중을 차지할 때, 즉 특정 고객이 전체 매출의 상당 부분을 차지한다면 자연스럽게 영향력이 커지고 그 고객의 요구를 수용하지 않을 수 없게 된다. 고객이 대량의 제품을 구매할 경우, 고객은 강력한 구매력을 활용하여 가격 인하를 요구할 수 있다. 제품이 차별화되어 있지 않은 경우에도 고객들은 언제라도 다른 공급 회사들로부터 제품을 구입할 수 있기 때문에, 자신에게 보다 유리한 조건을 요구하기 쉽다.

고객이 자세한 정보를 확보하고 있을 경우에 고객의 교섭력은 강화된다. 고객들이 수요 상황, 시장 가격 동향, 공급 회사들의 구체적인 원가 구조 등을 파악하고 있다면 수요자의 협상 능력이 보다 커짐으로써 고객의 교섭력은 강화되지만, 고객의 교섭력이 구조적으로 취약하다면 기업은 보다 유리한 가격을 책정하여 수익성을 높일 수 있는 기회를 얻게 된다.

👥 공급자 교섭력

공급자는 고객의 경우와 마찬가지로 공급자의 수와 원자재의 중요성에 따라 기업의 수익성에 영향을 준다. 즉 공급자는 교섭력이 강할수록 기업의 수익성을 악화시킬 수 있다.

공급자로부터 구매하려는 제품의 대체재가 없거나, 공급자의 제품이 기업의 생산 및 경영 활동에 중요한 요인이 될 경우에는 공급자의 교섭력은 커진다. 또한 공급자의 제품이 차별화되어 있는 경우에도 다른 공급자로 쉽게 전환할 수 없기 때문에 공급자에 대한 의존도가 높아진다.

🏃 대체재의 위협

대체재란 특정 제품과 직접적으로 경쟁을 하지 않지만 기업의 판매와 수익에 영향을 줄 수 있는 제품을 말한다. 예를 들어 플라스틱은 철강 제품의 대체재이며, 비닐 제품은 가죽 제품의 대체재가 될 수 있다. 이러한 대체재의 존재는 강한 위협이 된다. 따라서 기업의 가격 책정에 영향을 미치며, 그 결과 수익성에도 영향을 준다. 만약 뚜렷한 대체재가 존재하지 않는다면, 그만큼 위협이 줄어들고 가격 전략에 있어서도 유리한 입장에 설 수 있다.

e-Business 경쟁 세력 모형

e-Business 전략가들이 고려해야 할 경쟁 요소를 이해하기 위해서 포터의 산업 구조론적 경쟁 모델은 아직도 기업이 직면하는 환경 변화에 대한 훌륭한 분석틀을 제공한다. 전통적인 경쟁 세력 모형은 정적인 기업 환경에서는 아직도 참고할 만한 충분한 가치가 있다. 그러나 이 모형은 기업의 급격한 환경 변화에 동태적으로 적응하기에는 어려운 위험을 가져다줄지도 모른다. e-Business 환경의 특성을 고려하는 e-Business 경쟁 세력 모형을 살펴본다.

이전부터 대규모 기업에 제공되던 상당 규모의 안정적인 금융 투자 자본이 급속하게 사라지고 있다. 더욱이 일부 경우엔 기업의 경쟁 위치를 확고하게 하던 수많은 점포들과 대량의 재고 자산들은 이제 부채가 되었으며, 관리 업무를 증가시키는 비용 요인이 되었다.

웹 사이트를 구축하고 전자상거래를 시작하려는 e-Business 기업에게 주식 시장은 중요하다. e-Business에 대한 잠재력과 미래 가치를 갖는 기업은 주식 시장을 통하여 엄청난 힘을 갖게 된다. 보다 혁신적인 인터넷 신생 기업에게 자본이 몰릴 것이다. 창업자가 기존 기업들을 대체할 좋은 계획을 갖고 있다면

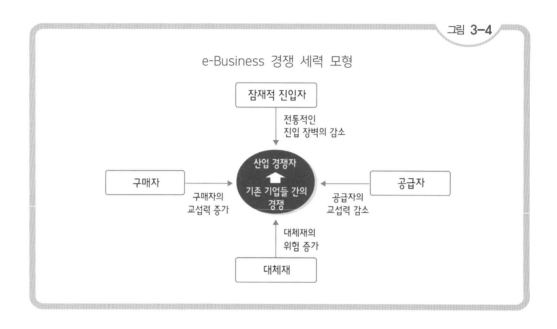

그림 3-4

창업하기에 충분한 자금을 유치할 수 있을 것이다.

　명백하게 모든 기업들이나 산업들이 똑같은 상황 하에 있는 것은 아니다. 만약 고객들이 웹을 통해 구매한다면 값비싼 점포와 창고에 의지하는 상점들은 위태로울 것이다. 그러나 자동차나 오디오 등의 고부가가치 제품을 생산하는 제조 기업들은 여전히 그들의 공장과 기계에 투자하는 것에서 이익을 얻을 수 있을 것이다. 핵심은 제품이나 서비스의 가치 창출에서 정보의 역할이다.

e-Business 이야기
블루오션 전략

　김위찬 교수와 르네 마보안 교수(프랑스 인시아드 경영대학원)는 가치혁신(Value Innovation) 론의 창시자로 '블루오션전략(Blue Ocean Strategy)'이라는 단행본을 출판하여 경영전략의 혁신적 이론을 확립하였다.

　블루오션 전략에서는 기존의 시장을 레드오션으로 표현하고, 이는 산업경계가 이미 정의되어 있고 이를 수용하고 있어서 게임의 경쟁 법칙이 잘 알려져 있는 시장으로 정의하고 있으며, 블루오션은 현재 존재하지 않아서 경쟁에 의해 더럽혀지지 않는 모든 산업으로 정의하고 있다.

1. 레드오션 전략 vs. 블루오션 전략

레드오션 전략: 산업구조의 조건이 주어져 있어서 회사는 한정된 시장 안에서 경쟁하도록 강요받는다고 가정한다. 따라서 회사는 주어진 시장구조를 받아들이고 산업 내에서 경쟁에 대항하기 위해 방어 가능한 포지션을 개척하도록 강요받게 된다. 시장에서 살아남기 위해, '레드오션 전략'에 익숙한 경영자는 경쟁자가 무슨 행동을 하느냐를 주위 깊게 관찰하여 경쟁우위를 달성하는 것에 집중한다. 따라서 경쟁은 모든 회사의 전략을 비슷하게 만들고 결국 다양한 전략은 한정된다.

블루오션 전략: 시장구조와 경계는 오직 경영자의 머릿속에서만 존재한다는 것을 깨달은 경영자는 기존 시장의 구조와 그 경계가 그들의 생각을 제한하도록 만들지 않겠다는 생각을 갖고 있다. 그들은 엄청난 양의 추가 수요가 규정된 산업의 '밖'에 존재한다고 생각한다. 문제의 핵심은 어떻게 대량의 추가 수요를 창조해 내느냐 하는 것이다. 또 이러한 방법은 공급자 위주의 관점에서 고객 중심으로의 관점으로, 경쟁 중심에서 가치혁신 중심으로 관점의 변화를 필요로 한다. 가치혁신이란 새로운 수요를 창출하기 위해 혁신적인 가치를 창조하는 것을 말한다. 이는 비용 절감과 차별화를 동시에 추구함으로써 달성될 수 있다. 블루오션전략은 차별화와 비용절감의 양자택일 구조를 깨뜨려, 회사와 고객 모두에게 비약적인 가치를 창출하게 함으로써 경쟁을 무의미하게 만드는 체계적 접근을 말한다.

2. 블루오션의 원칙

▶ 시장 경계를 재구성하라

다음과 같은 6가지 방법으로 사업 기회 탐색의 한계를 줄여줄 수 있다.

① 대체산업을 살펴봄, ② 산업 내 전략집단을 살펴봄, ③ 구매자 사슬을 살펴봄,
④ 보완적인 제품 및 서비스를 살펴봄, ⑤ 구매자의 기능적, 감성적 매력을 살펴봄,
⑥ 시간을 살펴봄

▶ 숫자가 아니라 큰 그림에 집중하라

블루오션 전략은 경쟁이 없는 새로운 시장을 창출하기 위해, 전략 캔버스 등을 통해 큰 그림을 볼 수 있는 도구를 제시하여 전략을 수립하는 데 존재하는 기획 리스크를 줄여줄 수 있다.

▶ 존재하는 수요를 넘어서라

블루오션 전략은 고객의 공통적 욕구에 기초하여 고객 가치 증대와 비용절감을 동시에 추구하는 전략이다. 그런데 고객이라 함은 기존 산업 내 고객뿐만 아니라 비 고객을 포함하는 거대 수요를 말한다.

▶ 전략적 배열을 올바르게 하라

블루오션 전략은 고객 가치 증대와 비용절감을 동시에 추구하기 위해 소비자가 느끼는 효용

및 가치, 가격, 비용구조, 수용 등을 올바르게 배열해야 한다.

▶ 주요 조직 내 장애를 이겨내라

블루오션 전략을 실행함에 있어서 기업들이 직면하게 되는 장애에는 인식적 장애, 한정된 자원 장애, 동기부여 장애, 정치적 장애 등의 네 가지가 있다. 이러한 조직 내 리스크는 급소경영 리더십을 통해 극복이 가능하다.

▶ 구체적인 전략 실행에 힘써라

블루오션 전략은 실행단계에서 공정한 절차가 매우 중요하다. 3E로 표현되는 공정한 절차는 참여(engagement)와 설명(explanation), 명확성에 대한 기대(expectation clarity) 등으로 구성된다. 이러한 일련의 과정을 거쳐 직원들의 동기를 자극하고 경영리스크를 극복할 수 있다.

〈한국경제신문 가치혁신 연구소 제공문 발췌 정리〉

■ 정보와 실물의 분리

Philip Evans와 Thomas S. Wurster의 저서 「Blown to Bits」에서 강조한 핵심 가치는 변화하는 정보의 역할에 있다. 역사적으로 구매자와 판매자 모두에게 정보는 부족했다. 모든 산업군에 있어서 정보의 역할은 구매자이거나 판매자 어느 한 쪽에게 가격을 올리고 내려서 이익을 보기 위한 수단이었을 뿐이다. 시간이 지나면서 기업들은 정보와 실물을 다양한 가치 기준 하에서 혼용하기 시작했다. 극한의 경우에 제품은 그냥 증정하고 대가로 정보를 수집하거나 그 반대의 경우도 있다.

인터넷의 역할이 무엇인지 이해하기 위한 핵심 요인은 정보와 실물이 이제는 분리가 가능해졌다는 것이다. 정보와 실물의 유통을 독립적으로 수행할 수 있다는 것을 의미한다. 실물과 정보의 경제성은 매우 다르다. 만약 누군가가 토스터를 하나 만들어 팔았다면 그에게 더 이상 토스터는 없다. 만약 누군가가 소프트웨어 프로그램을 만들어 팔았다면 그에게는 다시 팔 수 있는 소프트웨어가 아직 존재한다.

대부분의 관리자들은 그들의 사업을 독립적인 정보와 실물의 흐름으로 보지 않는다. 그러므로 관리자들은 그들이 어떤 가치 전제보다 가중치를 두었는지, 만약 정보와 실물이 분리되어 있다면 어떤 일이 벌어질지에 대해 즉각적으로 이해하지 못한다. 만약 어떤 산업에서 대부분의 비용이 제품 제조 비용으로 들어가지만 그 기업 이윤의 대부분이 정보에서부터 나온다면 이는 상당한 문제인 것이다. 실제로 이러한 문제는 인터넷을 통해 그들이 판매하고 있는 물건에 관련된 정보를 팔고자 하는 모든 기업들에 해당한다.

　아주 까다로운 사례로 음악 CD 판매 기업들을 들 수 있다. 비록 음악 기업들인 예술가들에게 상당한 보수를 지급했음에도 전반적인 그들의 실질 비용은 CD를 제작하고 포장하여 유통시키는 비용이 대부분이었다. CD에 담긴 음악은 정보이다. CD 디스크는 단지 물질일 뿐이다. 그러나 어떤 이가 인터넷을 통해 음악을 배포하여 고객들이 데이터를 다운로드하여 PC의 하드디스크를 포함한 다양한 매체에 저장하기 시작하면서 음반 업계는 심각한 곤란에 직면하기 시작했다.

　각 기업의 전략 부서들은 그들의 사업이 기초하고 있는 가치 전제에 대해, 어떻게 제품이나 서비스를 가격 정보와 실물 흐름 등과 조합할 것인지에 대한 명확한 전략을 개발하는 것이 필수적이다. 우리가 잘 알고 있다고 믿는 제품과 서비스는 진정 빠르게 변화하고 있다.

🧑‍🤝‍🧑 신규 진입자의 위협

■ 신규 진입자의 위협

　어떤 기업은 자신이 판매하고 있는 제품 전체를 판매하는 수십 개의 경쟁업체를 발견하기 전에 자신의 제품 일부분 중 한 부분씩을 팔고 있는 많은 경쟁업체들을 발견하게 될 것이다. 심한 경우에는 자신의 이익 40%에 해당하는 주요 제품을 판매하고 있는 경쟁 업체를 발견할 수도 있다. 신문사의 경우를 예로 들면, 신문의 광고 제작 비용은 아주 작은 비용만이 들 뿐이며, 대부분의 이익은 바로 광고에서 나온다. 만약 e-Business 기업이 임대인과 방을 구하는 사람의 관심을 끌 수 있는 광고 사이트를 구축한다면 신문사는 광고 기능 중 일부분이 서로 경쟁 상황에 놓이게 되는 것이다. 따라서 e-Business 기업은 정보를 이용해 실물(신문)을 판매하는 신문사에 대해 압력을 가하게 되는 것이다. 이 경우, 진입 장벽은 와해되고 경쟁 기업들은 기존 기업의 제품군을 다양하게 쪼개어 특화하게 되는 것이다.

　신규 진입자의 위협은 기존 기업들로 하여금 제품에 대한 가격을 낮추게 하거나 잠재 기업들의 진출을 막기 위해 비용이 많이 드는 조치를 취한다고 가정해 보자. 결과적으로 기존 업체의 이익은 감소하게 된다. 만약 잠재적 신규 진입자가 기존 업체의 제품, 비용 그리고 가격에 대해 거의 정보를 가지고 있지 않다면 그러한 위협은 감소한다. 만약 잠재적 신규 진입자가 새로운 산업 내에서 돈을 벌 수 있다고 믿게 되면 새로운 산업으로 뛰어들게 될 것이다. 그러한 결심을 하는 것은 기존 업체의 비용과 가격에 대한 지식을 필요로 한다.

웹상에서의 정보는 잠재적 신생 기업들에게 신규 진입을 유용하게 함으로써 진입의 위협이 낮아질 수 있지만, 기존 기업들의 저가 정책과 투자로 진입의 위협은 증가하고 기존 기업들의 이익은 일시적으로 감소하게 된다. 인터넷이 유통 채널로서의 역할을 수행하고 있는 곳에서 또한 신규 진입의 위협은 증가한다. 예를 들어, 인터넷 탄생 전에 진열 공간을 얻을 기회를 갖지 못하고 소프트웨어 소매상을 접할 기회를 갖지 못했던 소프트웨어 개발 업자를 떠올려 보자. 인터넷으로 인해, 개발 업자들이 해야 하는 것은 오직 소프트웨어를 개발하고 고객들을 위해 웹에 그것을 올려놓는 것뿐이다. 이는 산업에 뛰어드는 기업들의 수를 증가시킨다. 인터넷의 보편성은 또한 도쿄나 보스턴의 기업이 해당 지역의 주민에게 제품을 판매하는 것처럼 발리섬의 기업이 도쿄에 있는 고객에게 소프트웨어를 파는 것과 마찬가지이기 때문에 신생 기업들의 위협이 증가하는 것을 의미한다.

마지막으로, 인터넷이 저비용의 표준이기 때문에 신규 진입의 위협은, 진입 장벽이 어떤 매개 기술의 형태에 의존하는 모든 기업들에게 거대한 모습으로 나타나고 있다. 이것들은 장거리 전화 서비스에서부터 신문, TV, 라디오 그리고 금융 서비스 등 광범위에 걸쳐 있다.

👥 기존 기업들간의 경쟁

기존 경쟁자들 간의 경쟁이 제품의 가격을 낮추는 가격 전쟁이나 혹은 제품의 비용을 높일 광고나 판매 촉진 전쟁을 초래할 수 있다는 것을 생각해 보자. 양쪽 모두 산업 내의 기업들의 수익을 감소하는 결과를 가져온다. 많은 제품들의 경우, 인터넷의 출현은 더 많은 경쟁을 의미한다. 왜 그런 것일까? 서적 소매점을 생각해 보자. 지역 서적 판매상은 같은 지역에 위치하고 있거나 인근 도시에 이웃해 있는 오프라인(Off-line) 서점들과만 경쟁을 하곤 했다. 지금은 인터넷으로 지역 고객들이 웹 판매자로부터 구매할 수 있기 때문에, 이는 경쟁을 크게 증가시키고 경쟁자의 수도 급격하게 증가하고 있다. 인터넷의 보편성 역시 두 가지 상반된 효과를 발휘한다. 일면으로, 지구촌 어느 곳에서나 경쟁자가 출현할 수 있다는 것이다. 이것이 경쟁을 증가시킨다. 반면에, 시장 또한 전 세계가 되고 이는 공유할 몫이 커지는 것을 의미하기 때문에 경쟁을 감소시킨다.

🏛 구매자

구매자들은 웹상에서 훨씬 다양한 정보를 접하게 된다. 대부분의 경우, 이는 구매자의 협상력을 현저히 증가시킨다. 몇 분 안에 TV를 사고자 하는 구매자들은 각종 브랜드에 대한 정보와 사용 후기 등에 접근할 수 있다. 그런 후에 그들은 그들이 원하는 TV를 팔고자 하는 수많은 판매상들을 중개인을 통해 확인할 수 있다. 신속한 정보는 판매상들이 제공하는 가격과 각종 서비스에 대해 확인할 수 있게 한다. 고객을 불만족스럽게 하는 웹 사이트는 클릭 한 번으로 외면당하게 된다.

최소한 웹은 인터넷을 통해 제품을 판매하고자 하는 모든 기업들로 하여금 가격을 인하하도록 커다란 압력을 넣고 있다. 그것은 다시 말해 모든 제조업자들로 하여금 그들의 판매 채널에 대한 재평가를 유도했다. 결과적으로 제조업자들은 중간 유통 비용과 재고 비용을 절감하기 위해 인터넷을 통해 고객에게 직접 판매하는 방식을 향해 나아가고 있다. 몇몇 산업군에서는 판매원과 중간상들이 급속도로 사라지고 있다.

동시에 새로운 "정보 중개인"들이 생겨나고 있다. 정보 중개인은 웹상에서 고객들에게 그들이 원하는 가용한 선택을 빠르고 정확하게 평가할 수 있도록 도와 주는 존재를 말한다. 그러므로 고객은 TV를 판매하는 모든 회사를 검색 엔진을 통해 검색하거나, 정보 중개인을 통해 시간과 비용을 최소화하여 그들이 제공하는 제품, 판매자 정보를 통해 실제 구입에까지 이를 수 있다.

인터넷 상에서 고객(구매자)들은 구매하려는 기업, 제품, 가격에 대한 더 많은 정보를 갖게 되었다. 따라서 고객의 교섭력은 강화되었다. 고객에게 접근하려는 많은 기업들 간의 경쟁이 치열해졌으며, 고객의 유통 비용은 낮아지게 되었다. 그러나 인터넷의 매개 기술은 고객과 기업 간의 관계가 공급자와 기업의 관계와 유사하게 보이는 것과는 달리 그 이상의 뜻을 갖는다. 신문은 정보를 위해 신문을 사는 고객들과, 신문 구독자들에게 제품과 서비스를 광고하려는 고객들을 갖고 있다. 신문은 이와 같이 두 가지 이상의 고객 집단에게 매우 효과적인 교환 매체이다. 신문 구독자가 더 많을수록, 광고주에 대한 신문사의 힘이 더 커질 것이다. 네트워크 외부성이라는 특성은, 네트워크가 클수록 고객들의 전환이 약해지기 때문에, 커다란 네트워크를 갖고 있는 기업들이 더 큰 교섭력을 갖는다는 것을 의미한다.

🏢 공급자 교섭력

포터의 모형을 살펴보면, 산업 특성에 따라 크게 차이가 있기는 하지만 기업과 그 공급자 간의 관계가 변했음을 알 수 있다. 만약 어떤 기업이 공급자에 의해 제조된 제품의 유통업자라면, 제조업자가 직접 웹으로 진출함으로써 자기 기업의 역할이 사라졌음을 알 수 있을 것이다. 반면에 만약 어떤 기업이 중개 장소를 마련하고 공급자들로 하여금 실시간으로 경쟁할 것을 조장하였다면 공급자들로 하여금 가격을 낮추도록 하는 데 성공했을 것이다.

일부 경우에서 기업들은 그들의 공급자와 밀접한 협력을 강화한다. 이러한 경우 기업은 공급자에게 제조 공정상의 정보를 실시간으로 공개하고 공급자들은 필요한 부품을 실시간으로 정확한 양만큼 조달한다. 이러한 시스템은 이미 십여 년 전에 일부 대기업과 핵심 공급자 간에 EDI(Electronic Data Interchange)를 통해 구축되었다. 불행하게도 EDI 시스템은 구축하고 유지하기에는 너무 큰 비용을 요구했다. 인터넷은 이러한 밀접한 관계를 확실하게 지원할 수 있다. 실질적으로 대부분의 기업들은 곧 복수 기업들 간에 공급 사슬을 연결하기 위한 업무 프로세스 재조정의 필요성을 갖게 될 것이다.

마지막으로 인터넷을 활용하는 대부분의 기업들은 직접 세계적인 유통망과 익일 배달 서비스를 구축하기보다는 그러한 부분을 전문가에게 아웃소싱했다.

그러므로 정보와 수송 수단, 그리고 창고들을 조합하여 운영하는 FedEx와 UPS 같은 전문 배송 업체들은 증가하는 물량을 감당하기 위해 수송 수단과 창고를 경쟁적으로 증가시키고 있다.

간접적으로 대체 효과에 대해 논의했었다. 웹의 경제성은 실물을 정보로 대체하는 것이 가능할 때 이로 인한 막대한 효과로 나타난다. 그리고 물질에 덧씌워진 정보 매체보다는 웹상에서 구축된 정보를 유통시킬 때 위와 같은 유사한 효과를 볼 수 있다.

기업은 공급자가 제공하는 제품의 가격, 품질 등에 대한 많은 정보를 갖고 있다면, 공급자의 교섭력은 약해진다. 인터넷은 기업과 공급자 간의 교섭력을 어느 정도 균등화시켜 주는 작용을 한다. 예를 들어, 인터넷을 통해 구매자는 자동차를 판매하려는 웹사이트들에 접속하여 자동차에 관한 상세한 정보를 얻게 됨으로써 비교 구매가 가능하게 되었다. 이는 자동차 공급자들이 갖고 있던 기존의 교섭력을 약화시킨다. 인터넷으로 인해 공급자들의 정보를 쉽게 얻게 됨으로써 동일한 조건이라면 기업은 공급자와의 유리한 협상 위치에 있게 된다.

인터넷 상거래는 보편성이라는 특성을 가지고 있다. 이러한 특성은 기업과 공급자 모두에게 이점을 가져다준다. 서로가 상반되는 효과처럼 보이지만 누가 인터넷의 특성을 전략적으로 잘 활용하느냐에 따라 그 효과는 달라질 수 있다. 먼저, 특정 지역 내의 기업들이 인터넷으로 인하여 그 지역 내의 공급자들에게만 의지할 필요가 없어졌으며, 전 세계의 기업들에게 제품을 판매할 수 있게 되었다. 반면에 기업들은 전 세계를 대상으로 공급자를 선정할 수 있게 된 것이다.

🏮 대체재의 위협

대체재와 서비스는 구매자에게 대체 가능한 제품을 제공함으로써 수요를 감소시킨다. 인터넷은 위와 같은 대체 가능성을 더욱더 증가시킨다. 왜냐하면, 인터넷은 고객에게 대체재의 가격과 속성 그리고 대체 가능한 산업 제품의 범위에 대한 정보를 훨씬 더 많이 제공하기 때문이다. 특히 인터넷을 이용하는 고객들은 이러한 대체재를 쉽게 발견하고 사용할 수 있게 되었다. 인터넷상에서 유통되는 대체재 때문에 산업 기업들의 위협은 훨씬 더 증가된다. 또한 인터넷의 보편성으로 인해 대체재를 생산하는 기업들은 이제 전 세계에 걸쳐 참여하고 있다.

■ 보완 업자(Complements)

보완 업자란 산업 제품에 대한 보완적 상품과 서비스를 제공하는 기업들이다. 예를 들어, 가솔린은 자동차 운전에 필수적인 보완적 제품이기 때문에 가솔린 제조업자는 자동차 산업에 있어서 보완 업자이다. 보완적 제품은 기업 제품에 대한 수요를 증가시킨다. 따라서 특정 컴퓨터 표준에 따라 개발된 소프트웨어가 많을수록, 그 컴퓨터의 가치는 더욱 커진다. 인터넷은 보완 제품에 관한 더 많은 정보를 제공하며, 판매되는 보완 제품의 수와 보완 업자를 증가시킨다. 달리 말한다면, 산업 이익을 증대시키면서, 판매될 산업 제품의 수를 증가시킨다.

이상의 경쟁 세력 요인들은 e-Business 환경 하에서는 더욱 복합적인 관계를 형성하며, 인터넷은 대부분의 산업에 있어서 교섭력을 공급자로부터 기업으로 그리고 순차적으로 기업으로부터 고객으로 이동시킨다.

전통적인 경쟁세력 모형과 e-Business 경쟁세력모형을 비교해보면 〈표 3-4〉과 같이 e-Business 환경 하에서는 상대적으로 감소되었고, 구매자의 교섭력은 증가되어 경쟁 환경은 더욱 치열해지고 있다.

인터넷 서비스 제공자의 경쟁 세력 모형 분석

인터넷 서비스 제공자(ISP: Internet Service Provider)들은 최근에 고객들에게 정보, 전자상거래, 오락, 공동체, 그리고 의사소통에 대한 기본적인 인터넷 접속과 서비스를 제공해왔다. 진입의 위협은 높다. 경쟁 중인 전화, 케이블, 그리고 무선 제공자가 제공하는 의사소통 통로들이 많았다. 서버나 라우터와 같은 컴퓨터 하드웨어에 요구되는 기초적 소프트웨어는 비싸지 않았고 쉽게 이용할 수 있었으며, 제품 간의 명백한 차이점도 없었다. 강한 브랜드 충성도는 아직 만들어지지 않았다. 기존 업체가 없는 새로운 산업이었기에 보복의 두려움도 없었다.

공급자들은 정보 통신 기반 시설의 소유주였고, 하드웨어와 소프트웨어 제작자였고, 그리고 디즈니, 플레이보이, 그리고 뉴스 네트워크와 같은 콘텐츠 제공자(예: 오락, 전자상거래, 정보와 의사소통 제공자)였다. 이런 공급자들 중 자신들 소유의 ISP를 가지고 있었고, 일부는 ISP들로 수직적으로 통합될 것으로 예상되는 위협을 보여주기도 하였다. 1998년에 수천 개의 ISP가 있었던 것에 비해 공급자들은 상대적으로 적은 숫자가 있었다. 실제로, 하드웨어와 소프트웨어와 같은 장비 제공자들이 그렇지 못한 반면, 콘텐츠 공급자들은 ISP에 대한 교섭력을 갖고 있었다.

1998년의 구매자들은 인터넷을 사용하던 기업이나 개인이었다. ISP가 제공하던 서비스가 낮은 전환 비용과 더불어 차별화되지 못했기 때문에 고객들은 교섭력을 가질 수 있었다. 1998년에 ISP 산업은 천여 개의 ISP들이 있는 매우 분화된 시장이었고, 신규 진입도 둔화 기미가 보이지 않는 상태였다.

제공되는 서비스는 여전히 낮은 전환 비용에 그다지 차별화 되지 않았었다. 반면에 산업은 높은 성장을 경험하고 있었다. 경쟁은 또한 지역화되는 경향이 있었다. 예를 들어, Ann Arbor 지역에서 서비스하는 ISP들은 Los Angeles에서 서비스하지 않았다. 전체적으로, 높은 산업 성장과 지역 수준의 경쟁에도 불구하고 경쟁은 치열했다. 1998년에 고객들은 의사소통과 정보, 전자상거래, 오락 그리고 공동체에 접속하기 위해서 ISP들을 사용했다. 많은 고객들은 여전히 낮은 비용으로 필요를 충족시켜 줄 수많은 다른 대안들을 가지고 있었다. 전화와 전통적인 두꺼운 우편물은 여전히 고객들이 값싸게 의사소통할 수 있도록 해주었다. 실물 상점이 여전히 낮은 비용의 쇼핑 대안들을 제공해 주고 있는 동안 TV와 극장은 여전히 오락을 제공했다.

표 3-4 전통적인 경쟁 세력 모형과 e-Business 경쟁 세력 모형 비교

산업 범위	전통적인 경쟁세력 모형	e-Business 경쟁세력 모형
잠재적 진입자	진입장벽↑→신규진입위협↓	전통적 진입 장벽 감소
기존 경쟁자	퇴출비용↑ → 경쟁↓	경쟁자수 증가, 시장 확대
공급자	공급자수, 원자재 중요성↑→ 공급자 교섭력↑	공급자 교섭력 감소
구매자	시장 제품, 가격정보↑→구매자 교섭력↑	구매자 교섭력 증가
대체제	대체재↑→대체재 위험↑	대체재의 위험 증가

3.4 e-Business 기본 전략

일반적인 경쟁 전략

일반적으로 거의 모든 기업들이 추구할 수 있는 본원적 경쟁 전략(Generic competitive strategy)은 산업 내에서 효과적으로 경쟁할 수 있는 일반적인 형태의 전략 유형을 의미한다. Porter는 경쟁 우위를 확보할 수 있는 본원적 전략으로서 원가 우위 전략, 차별화 전략, 집중화 전략이라는 세 가지 유형을 제시하였다.

원가 우위 전략(Cost-Leadership Strategy)

원가 우위 전략의 목표는 산업 내에서 경쟁 기업보다 더 낮은 원가로 제품이나 서비스를 생산함으로써 원가상의 우위를 달성하는 것을 말한다.

원가 우위 전략의 이점은 첫째, 낮은 원가로 인해 경쟁 기업보다 동일한 제품에 대해 더 낮은 가격을 부가할 수 있으며, 둘째, 산업이 성숙기가 되어 가격 경쟁이 시작되면 원가 선도 기업은 그렇지 않은 기업보다 치열한 경쟁을 더 잘 견딜 수 있다.

원가 우위 전략은 위와 같은 이점으로 인해 평균 이상의 수익을 얻을 수 있을 것으로 기대되며, 우리가 고려해야 되는 문제는 어떻게 제품, 시장, 차별 역량을 선택해서 낮은 원가 경쟁 우위를 획득하는가이다.

원가 우위 전략에서는 제품을 다양화하고 독특한 제품을 만드는 등의 차별화를 추구하는 데는 비용이 많이 들기 때문에 차별화 수준이 낮다. 또한 원가 선도 기업은 일반적으로 시장 세분화를 무시하며 평균적인 소비자들을 목표로 한다. 이로 인해 원가 선도 기업의 제품이 소비자들을 전적으로 만족시켜 주지 못할 수도 있지만 경쟁 업자보다 낮은 가격을 부가하므로 소비자들은 원가 선도 기업의 제품을 구매하기 쉽다. 차별 역량 측면에서 원가 선도 기업은 제조 기술의 강점을 활용하여 제품의 가격을 낮출 수 있기 때문에 제조 부문에서의 차별

역량 개발이 가장 중요하다.

👥 차별화 전략(Differentiation Strategy)

기업은 제품이나 서비스의 차별화를 통하여 산업 전반에 걸쳐서 그 기업이 독특하다고 인식될 수 있는 그 무엇을 창조하여 경쟁 우위를 달성하는 것이다. 기업은 이를 통해서 소비자에게 차별화에 대한 대가로 프리미엄 가격(Premium price)을 요구한다. 프리미엄 가격은 통상 원가 선도 기업이 부가하는 가격보다 높다. 그러나 소비자들은 차별화된 제품이 가치가 있다고 믿기 때문에 프리미엄 가격을 지불하고서도 제품을 구입하게 된다.

제품을 차별화하는 방법으로는 제품의 품질, 기술적 특징, 서비스 등 다양한 방법에 의해 추구될 수 있다. 시장 세분화를 통해 차별화를 추구하는 기업은 시장을 많은 적소 시장으로 세분화하여, 각 시장에 맞게 설계된 제품으로 다양한 소비자 욕구를 충족시키고자 한다. 기업의 역량을 전략적으로 추구하려는 기업은 차별화의 원천이 되고 있는 기능에 대하여 차별 역량을 추구해야 한다. 이에 관하여는 R&D 기능(기술적 역량)과 마케팅 기능이 중요하다. 그렇다고 제조 기능과 생산 관리 기술이 무시되어서는 안 된다. 앞에서도 말했듯이 차별화에 대한 비용으로 인해 차별화를 추구하는 기업의 비용이 원가 우위보다 일반적으로 높다. 그러므로 제품의 가격이 소비자가 기꺼이 지불하고자 하는 가격을 넘지 않도록 생산 원가를 통제해야 한다.

👥 집중화 전략(Focus Strategy)

집중화 전략은 특정 시장과 특정 고객 집단, 일부 제품 종류, 특정 지역 등을 집중적으로 공략하는 것을 의미한다. 원가 우위 전략과 차별화 전략이 전체 시장을 대상으로 하는 전략이라면, 집중화 전략은 특정 시장에만 집중하는 전략이다.

집중화 전략을 추구하는 기업은 주로 소규모 기업으로 특화된 영역 안에서 원가 우위나 차별화 중에 하나를 선택한다.

표 3-5 세 가지 본원적 전략과 산업의 범위

산업 범위	전략 구분	
전체 산업	차별화 전략	원가 우위 전략
특정 산업	집중화 전략	

■ 원가 우위에 의한 집중화 전략

만약 집중화 추구 기업이 원가 우위에 의한 집중화 전략을 선택한다면 원가 측면에서 불리하지 않은 세분 시장에서 원가 선도 기업과 경쟁하려 할 것이다. 즉, 집중화 전략 추구 기업은 경험 곡선 효과가 잘 나타나지 않는 복잡한 제품이나 주문품에 집중함으로써 원가 측면에서 우위를 점하려 할 것이다.

■ 차별화에 의한 집중화 전략

차별화에 의한 집중화 전략을 선택하는 경우는 적은 범위의 제품에 집중함으로써 오히려 대규모의 차별화를 추구하는 기업보다 더 빠른 혁신을 할 수 있다. 반면에 차별화 기업은 산업 전체를 대상으로 하기 때문에 특정 세분 시장에서의 소비자 욕구에 민감하게 대응하기가 상대적으로 어렵다.

집중화 추구 기업은 하나의 세분 시장에서 시장 점유율 구축이 성공적일 경우에 조금씩 목표 세분 시장을 늘려서 차별화 추구 기업의 경쟁 우위를 조금씩 잠식해 나가는 것이 좋다. 원가 우위에 의한 집중화 전략과 차별화에 의한 집중화 전략에 따라 차별화 수준이 낮을 수도 있고 높을 수도 있다. 전체 시장보다는 특정 시장을 목표로 하기 때문에 시장 세분화 정도는 낮다. 집중화를 추구하는 기업은 다양한 차별 역량을 추구할 수 있다. 왜냐하면 이 전략은 원가 우위나 차별화를 다양하게 시도할 수 있기 때문에 이에 필요한 여러 가지 차별 역량을 필요로 한다.

■ 포터의 5가지 경쟁 요인과 본원적 전략

포터가 제시한 5가지 경쟁 요인들과 본원적 전략과의 관계를 요약해 보면 〈표 3-6〉과 같다.

첫째, 원가 우위를 추구하는 기업은 다섯 가지 경쟁 요인들로부터 기업을 보호하고 진입 장벽의 역할을 해주기 때문에 평균 이상의 수익률을 거둘 수가 있다.

표 3-6   포터의 5가지 경쟁 요인과 본원적 전략

경쟁 요인 \ 본원적 전략	원가 우위 전략	차별화 전략	집중화 전략
기존 기업 간의 경쟁	충분한 경쟁력을 가짐	차별화로 경쟁 우위	소비자 욕구 변화에 신속한 대응
잠재적 경쟁자	규모의 경제 실현 → 진입 장벽	상표 충성도와 차별화 → 진입 장벽	소비자 충성도 → 진입 장벽
공급자 교섭력	원가 상승 압력에 대한 신축성	생산 원가보다는 가격에 관심	소량 구매로 단기적으로 불리
고객 교섭력	가격 인하에 영향을 덜 받음	상표 충성도로 인해 구매자는 별 문제가 안 됨	차별 역량으로 구매자에 대해 경쟁 우위획득
대체재 위협	대체재로부터 보호	상표 충성도가 차별화 기업을 대체재로부터 보호	소비자 충성도 → 대체재 위협 감소

둘째, 차별화를 추구하는 기업에서는 상표 충성도가 주요한 경쟁 우위 원천으로서 프리미엄 가격을 부가할 수 있기 때문에 구매자나 공급자의 교섭력은 별로 문제가 되지 않는다. 또 기존 기업과의 경쟁에서도 차별화로 경쟁력을 유지한다. 또 새로운 진입 기업은 차별화 추구 기업을 능가할 차별역량을 개발하는데 많은 비용을 들여야 한다. 그리고 상표 충성도가 대체재의 위협으로부터 차별화 추구 기업을 보호한다.

셋째, 집중화를 추구하는 기업에서는 차별 역량이 가장 큰 경쟁 우위의 원천이다. 소규모 기업이 대부분이기 때문에 공급자에 대해서는 불리한 위치에 처하기도 한다. 하지만 차별 역량을 이용해서 원가 상승의 부담을 소비자에게 전가시킬 수 있다는 이점이 있다.

경쟁 우위 원천들을 기반으로 하여 세 가지 본원적 전략을 잘 활용한다면 기업은 5가지 경쟁 요인들로부터 경쟁 우위를 달성하여 높은 수익을 거둘 수 있다.

e-Business 경쟁 전략

기업이 경쟁 우위를 획득하고 유지하기 위해서는 다른 경쟁 기업들이 시장에 진입할 수 없도록 진입 장벽을 계속해서 높이고, 고객의 요구에 부응하는 차별화된 제품·서비스를 끊임없이 고객에게 제공해 주어야 한다. 특히 기업의 경쟁 우위를 결정짓는 정보 기술의 급격한 발전에 발맞추어 기존의 경영 방식이나 전략적 의사 결정에 새로운 패러다임을 필요로 한다. 인터넷과 같은 정보 기술은 더욱 새로운 패러다임을 필요로 하며, e-Business 경쟁 환경 하에서 자신들의 경쟁 우위를 획득하고 유지하기 위해서는 장벽(Block) 전략, 혁신(Run) 전략, 팀업(Team-up) 전략 등과 같은 기본 전략을 선택 혹은 결합하여 e-Business 전략을 수립해야 한다.

장벽 전략

장벽 전략은 기업이 자사의 상품 시장 주위에 장벽을 쌓는 것이다. 기업은 두 가지 방법으로 시장에 장벽을 쌓을 수 있다.

첫째, 기업이 가지고 있는 어떤 사업 모형의 구성 요소 중 어떤 사업 수행 능력이 모방이 불가능하거나 고객에게 특유의 가치를 제공할 수 있을 만큼 확실한 것이어야 한다. 기업이 지적 재산권(Intellectual property), 예를 들어 특허, 저작권, 소프트웨어, 도메인 자산, 상표권 등을 가지고 있어서 잠재적인 모방자에게 경고할 수단이 있는 경우가 좋은 예가 된다. 1999년에 아마존이 자사의 "원클릭(1-Click)" 기술을 모방한 것에 대해 반스 앤 노블에 소송을 건 사건이 그런 예의 하나이다.

둘째, 모든 기업이 기업 활동에서 동일한 사업 수행 능력을 수행할 수 있는 경우 기존의 기업들은 새로 진입하려는 기업에게 그 기업이 진입하면 앞으로 가격이 낮아질 것을 알림으로써 해당 기업의 진입을 막을 수 있다. 이것을 위해 기업이 할 수 있는 몇 가지 방법이 있다. 예를 들어 특정 사업 모형의 한 구성 요소를 모방하고자 하는 다른 기업에 대한 보복을 함으로써 명성을 얻는 방법이 있다. 다른 방법으로는 관련 자산에 대한 대규모의 투자를 하는 방법이다. 예를 들어 한 기업이 수백만 달러를 들여서 그 지역의 모든 가정에 광통신 서비스를 제공하고 있는 상황에서, 다른 기업이 같은 고객들에게 접근하려 한다면 이 기업은 가격을 낮추는 형태로 반응을 할 것이다. 일반적으로, 이러한 가격 인하의 신호는 이익을 위해 진입하려는 잠재적인 경쟁자를 막는 수단이 된다.

장벽 전략은 기업의 사업 수행 능력이 특별하거나 흉내낼 수 없고 진입 장벽이 지속될 때까지만 유효하다. 그러나 경쟁자들도 특허와 저작권을 우회할 수 있고, 소송까지 가는 전략을 규제 조치, 고객의 기호와 요구의 변화, 그리고 급진적인 기술적 변화와 같은 불연속적 사건이 발생하면 그 효력이 사라질 수 있다. 인터넷의 정보 비대칭성 축소라는 특성도 장벽 효과가 오랫동안 지속되지 못할 것으로 전망된다.

인터넷상에서는 한 기업이 그 경쟁 기업의 제품과 그 기술에 대해 배우고, 이를 역공학적으로 분석해 내는 것이 비교적 쉽다. 예를 들어 판매 경로가 한정되어 있다는 점을 이용해 경쟁자를 물리쳐 왔던 소프트웨어 개발자에게 인터넷을 통해 비슷한 제품을 판매하는 다른 경쟁자들이 나타나면 이 사업자는 더 이상 예전의 방식을 사용할 수 없게 된다. 인터넷에 있는 특허 등록 데이터베이스를 통해, 모방 기업은 빠르게 경쟁 기업의 특허를 찾을 수 있고 비슷한 특허를 개발하기 위해 더 나은 위치를 차지하거나 경쟁자를 뛰어 넘기 위해선 무엇이 필요한가를 결정할 수 있다. 기업에 경쟁우위로 작용하던 고객과의 특별한 관계도 고객들이 인터넷의 수많은 공급자들로부터 가격 유혹을 받게 되는 상황에서는 더 이상 효력을 발휘할 수 없게 된다.

혁신 전략

혁신 전략은 진입 장벽이 아무리 높다 하더라도 언젠가는 다른 경쟁사의 혁신에 의해 무너질 수 있다.

진입 장벽만을 높이고 있다고 하면 경쟁자들로부터 쉽게 추월을 당할 기회를 줄 수 있다. 따라서 혁신자들은 종종 앞서 뛰어나가야 한다. 앞서 뛴다는 것은 고객에게 더 나은 가치를 제공하기 위해서 사업 모형의 몇 가지 구성 요소 또는 사업 모형의 연결 관계를 바꾸거나 아니면 전체 사업 모형을 새로 만드는 것을 말한다.

델 컴퓨터(Dell Comuter) 사는 경쟁자들이 자사의 판매 전략을 모방할 때 새로운 개인용 컴퓨터 판매 방법을 제시했다. 이렇게 혁신 전략은 그 기업에게 이른바 최초 진입자가 누리는 우위(First-Mover Advantage)들 중 많은 것을 제공하게 되는데, 그 중 하나가 기업이 환경의 일부를 통제할 수 있는 사업 수행 능력을 가지게 된다는 점이다. 급속한 기술 변화의 시대에는 진입 장벽 전략이 매우 어렵기 때문에 혁신 전략이 매우 중요하다.

혁신 전략은 종종 자사의 경쟁 우위 제품을 다른 경쟁자보다 먼저 잡아먹기도 한다. 즉, 혁신 전략에 의해 생산된 신제품이 기존의 자사 제품의 경쟁력을 떨어뜨림으로써 기존 제품의 판매력을 감소시키거나 퇴출시키게 된다.

인텔은 기존의 마이크로 프로세서의 판매가 정점에 달하기 전에 새로운 세대의 마이크로 프로세서를 개발하여 출시함으로써 기존의 마이크로 프로세서 세대를 밀어내 버렸다. 인텔은 높은 진입 장벽이 있음에도 불구하고 기존 제품에 대한 혁신 전략을 끊임없이 추구함으로써 다른 경쟁사들의 진입이나 경쟁 전략을 포기하게 만들었다.

팀업 전략

e-Business를 수행하려는 기업은 전략적 제휴, 합작 투자, 인수, 지분 소유 등의 방법을 통해 다른 기업과 팀을 구성하는 팀업 전략을 필요로 한다. 팀을 구성함으로써 기업은 필요로 하는 자원을 굳이 구매하거나 소유하지 않고도 그러한 소요 자원들을 활용할 수 있다. 그러나 팀업 전략을 추구하는 기업은 다른 기업의 자원에 지나치게 의존하게 됨으로써 자신의 기술과 사업 역량을 계속 유지하기 어렵게 될지도 모른다. 때로는 혁신 전략을 위해서 팀업 전략을 필요로 한다. 예를 들어 한 기업이 감당할 수 없는 많은 자원이 요구되는 경우에 팀업 전략이 요구된다. 예를 들어 도시바(Toshiba), IBM, 시멘스(Siemens)가 256M 메모리 칩의 개발을 위해 기업 간 제휴했던 것은 좋은 예이다.

■ 세 가지 전략 선택의 고려 사항

기업은 이상의 세 가지 전략을 선택 혹은 결합하여 경쟁 우위를 획득하고 유지해야 한다. 그리고 다음과 같은 사항을 고려해야 한다.

① 사업 모형의 결정 요인: 전략을 선택하는 데 있어서 기업은 이익을 창출

할 사업 모형을 세우는 데 무엇을 필요로 하는가를 고려한다. 기업은 새로운 기술을 활용하여 경쟁 우위를 달성하는 데 무엇이 핵심적인가를 파악해야 한다. 결국, 사업 모형은 어떻게 장기적으로 돈을 벌 수 있을 것인가에 대한 기본 방향이다.

② 전략 선택의 시기: 추진하고자 하는 전략은 기술 단계의 함수이며, e-Business 환경 하에서는 인터넷과 관련된 기술들이다. 또한 전략은 기존 경쟁자나 잠재적인 경쟁자들이 언제 유사한 전략을 추구하거나 계획하는가 하는 것에 대한 함수인 것이다.

3.5 e-Business의 전략 수립 모형

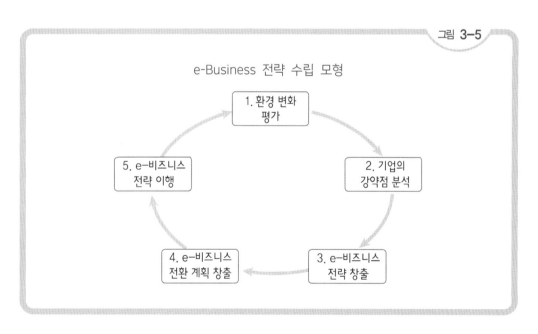

그림 3-5

e-Business 전략 수립 모형

e-Business 전략은 [그림 3-5]에서 보듯이 순환 과정을 거쳐 수립되고 이행된다. 이것은 e-Business 전략을 수립하는 과정에서 전략보다는 지속적인

환경 변화가 더 중요하다는 것을 시사한다.

제1단계: 환경 변화 평가

첫 번째 단계인 최초 전략 수립은 환경 변화에 대한 일반적인 결론을 도출하는 것에서 시작한다. 예를 들어, 기업들은 그들의 고객이 인터넷을 어떻게 사용하는지에 대해 가능한 한 정확하게 파악해야 한다. 그리고 고객들의 선호가 변화할 때 반드시 그러한 변화를 우선적으로 감지할 수 있어야 한다. 그러므로 주기적 전략 모델은 환경에 대한 지속적인 관찰을 통해 시작되고 끝난다.

제2단계: 기업의 강약점 분석

두 번째 단계는 포터 모델에서의 첫 번째 단계에 해당한다. 기업의 현재 전략과 그 강약점에 대해 평가한다. 그러나 이 단계에서 기존 전략은 현재의 환경 변화를 고려하여 재평가되어야 한다.

제3단계: e-Business 전략 창출

세 번째 단계는 포터 모델의 마지막 단계와 유사하다. 기업은 변화하는 환경을 고려하여 기업 강약점의 균형을 맞춘 전략을 도출한다. 이를 달성하기 위해 포터는 시나리오 기법을 활용할 것을 권장했다. 그러한 방법론은 아직도 유효하다. 그러나 기업의 제품이나 서비스에서 출발하여 신규 고객 유치를 예측하는 것 대신에, 잠재 고객 집단을 평가하고 각각의 잠재 고객 집단에게 어떠한 가치를 제공할 수 있을지에 대해 평가하는 것을 권장한다. e-Business에서 지나친 고객 중심이란 있을 수 없다.

포터는 세번째 단계가 전략이라고 규정했다. 일부 경우에 단일 전략만이 유효할 수도 있겠으나 기업들은 아마도 서로 다른 시나리오와 확률을 보이는 다양한 전략들을 개발하려 할 것이다. 기업들은 그들의 주 전략을 추진하는 동시에 다수의 전략을 개발하여 주 전략보다 적합한 전략이 있을 수 있는지 찾아보려

할 것이다. 기업의 자원을 대안적 전략에 투입하는 것은 위험할 수도 있으나 이를 용이하게 하는 수단이 존재하고, 또한 급변하는 경영 환경에서 단일 전략을 추진하는 것이 더 위험할 수 있다.

주기적 모델은 또한 새로운 두 단계를 보여준다. 하나는 변화 계획의 관리이며, 다른 하나는 관리자의 변화 계획 실행이다. 이러한 두 단계가 전략 수립의 단계가 될 수 없다고 볼 수도 있다. 그러나 오늘날 전략 수립자들은 전략의 방향을 매우 신속하게 변화시켜야 하는 상황에 준비되어 있을 필요가 있다. 그들이 만약 수립된 전략의 실행을 위해 현재 상황에 대한 명확한 이해가 없다면 이러한 방향의 전환을 쉽게 할 수 없을 것이다. 따라서 전략의 지속적인 수정을 위해 필요한 정보와 피드백 관리의 필요성에 대한 변화 계획의 관리와 관리자의 변화 계획 실행이라는 두 단계가 추가되어야 한다.

👪 제4단계: e-Business 전환 계획 창출

네 번째 단계는 e−Business 전략 변환 계획의 창출이다. 이에 대해서는 전략의 전환이 또한 기업의 IT 조직의 재구성을 필요로 하는지에 대해 설명한 후에 설명하겠다.

대기업이 소프트웨어 아키텍처와 하드웨어를 재구성하고, 사용자들을 재교육시키고, 소프트웨어 툴을 실제 적용하면서 배포하는 등의 작업을 동시에 수행할 수 있다고 생각하지 않는다. 주요한 변화가 이루어지기 위해서는 시간이 필요하다. 그러나 경영자들은 e−Business 전략 변화에 대한 빠른 결과를 원한다. 가장 현실적인 방법은 IT 조직이 미래 상황 변화 속에서 어떤 변화를 지원할 수 있는지를 그려 보는 것이다. 그런 후에 기업은 그러한 미래 상황에 합리적으로 접근할 수 있는 변화 계획을 수립해야만 한다. 그러나 미래의 변화를 추구하는 동시에 반드시 e−Business 애플리케이션을 구축해야 한다. 즉, 비즈니스 애플리케이션과 e−Business 전략을 연결하는 계획을 수립하는 것이다. 기업이 핵심 경영 운영에 가하는 변화의 본질과 그 정도에 따라 변화 계획 역시 몇 단계를 거치게 될 수 있다. 그러므로 e−Business 변화 계획은 기업이 어떻게 그 전략을 지속적으로 완벽하게 e−Business 구축에 다가갈 수 있는지에 대한 핵심 지침서가 될 것이다.

앞에서 언급한 대로 기업의 전략은 보다 신속하게 변경될 필요가 있다. 변경될 시에 변환 계획 역시 변해야 한다. 현명한 기업이라면 기획 부서와 전략 부서 간의 원활한 정보 흐름을 유지시켜서 불필요한 낭비 요소를 줄일 것이다.

👫 제5단계: e-Business 전략 이행

마지막 단계는 e−Business 변환은 기업 문화와 조직의 권한과 책임에 대한 상당 수준의 재조정이 따른다는 점을 관리자들에게 환기시켜 주는 내용을 포함한다. 이러한 변환 과정에는 두려움과 혼란, 그리고 저항이 존재한다. 대규모 조직에서 변환 과정을 성공적으로 이행하기 위해서는 최고 경영층의 관여가 필요하다. 경영층은 조직 구성원들과 이러한 변환의 목표와 필요성에 대해 충분히 이야기해야 하며, 필요에 따라서는 중간 관리자들과 하위 직원들에게 협조를 요구할 수 있어야 한다. 대부분의 기업이 직면한 기업 변환의 본질을 감안할 때 조직 구성원의 협조나 저항에 대한 최고 경영층의 대응이 전략 구축에 핵심 요소가 될 것이다.

달리 말하자면, 대기업의 최고 경영층도 새로운 e−Business 기업을 구축하는 벤처 기업가와 같은 자세를 취할 필요가 있다. 대부분의 경우 시장으로의 빠른 진출(Speed to market) 전략은 매우 중요하며 조정(Coordination)은 절대적으로 필요하다. 대규모 기업에서는 동시에 변화에 대해 대화의 단절과 저항이 발생할 것이다. 이에 대해 CEO와 기타 경영층의 지속적인 관심과 압력만이 전략적인 변환을 가능케 할 것이다.

3.6 AI(Artificial Intelligence) 전략

AI 경쟁 전략을 개발하는 방법

4차 혁명의 영향으로 산업에서 인공지능 기술을 사용하여 전략적 목표를 달성하는 사례가 많이 있다.

항공사에서는 비정형 정비 기록에 대한 자연어 분석을 통해 정비 지식을 자산화 하였다. 여기에는 고객사의 정비사들이 10여 년 동안 꼼꼼하게 기록한 결함 및 정비에 대한 기록들은 항공기 제조사가 제공하는 정비 매뉴얼과는 차원이 다른, 자사 직원들이 실제로 경험했던 Best Practice 정비 지식을 고스란히 담고 있다. 즉 빅데이터와 AI의 활용으로 오랜 기간 수많은 정비 기술자들이 기록해 놓은 암묵지를 모든 사람이 공유할 수 있는 지식으로 자산화할 수 있게 되었다.

제과업계에서는 AI의 활용으로 고객사 내부 및 외부 데이터, 정형 및 비정형 데이터를 포함하여 많은 양의 데이터를 분석할 수 있었으며 기존 분석 방법이나 경쟁사 대비 깊이 있는 분석이 가능하도록 시장 및 제품에 대한 속성을 정의하고 비정형 데이터에 대한 객관적 정량화를 통해 분석 관점을 정교화할 수 있었다. 이를 통해 신제품 기획에서 출시 리드타임을 고려한 예측 중심 데이터를 제공하는 체계를 갖출 수 있게 되었다. 프로젝트 수행 후 고객은 일회성 분석이 아닌 매일 업무 수행에 인텔리전스를 접목한 Intelligent Advisor를 활용하고 있으며, 제과 및 식품 산업의 트렌드와 유행에 대한 신속한 감지가 가능하게 되었다. 이는 시장 선도 레시피를 적용한 신제품 출시로 이어져 직접적인 매출 기여로 발전할 수 있다.

상기의 사례에서처럼 AI의 활용은 산업 전반에 걸쳐 확산되고 있는 추세이다. 따라서 각 산업에서 공통적으로 적용될 수 있는 AI 전략에 대해 살펴보고자 한다. AI 전략 개발은 크게 AI 전략적 사용 목적 정의, AI 데이터 전략, AI 기술·인프라전략 그리고 AI 윤리적·법적 문제에서 접근해야 한다. AI 전략을 개발하는 방법을 제시하면 다음과 같다.

👥 AI 전략적 활용 목적 정의

AI 사용 사례는 기업마다 다르며 전략적 목표에 따라 결정된다. 그러나 AI 를 사용하는 몇 가지 일반적인 방법은 다음과 같다.

- 지능적인 제품 개발
- 지능적인 서비스 개발
- 비즈니스 프로세스를 더 스마트하게 만들기
- 반복적인 비즈니스 작업 자동화
- 제조공정 자동화

AI 사용 사례를 구체화 하여 중요도에 따라 AI 프로젝트의 순위를 매길 수 있다. 프로젝트 중 하나, 둘 또는 세 개 중 어느 것이 현 시점에서 비즈니스에 가장 중요한 지 결정할 수 있다.

👥 AI 데이터 전략

AI 전략은 철저한 최신 데이터 전략으로 뒷받침되어야 한다. AI는 데이터 없이는 작동하지 않는다. 따라서 데이터 저장과 관리가 필수이다. AI 워크로드 를 고려하여 데이터 저장소 인프라를 선택해야 한다. 또한 학습을 위한 스토리 지, 추론을 위한 스토리지, 분석을 위한 스토리지가 제각각 있는 것이 아닌 한 데이터 레이크에 위치하면서 필요한 데이터 서비스 수준에 맞게 데이터가 제공 되어야 한다. AI 데이터 저장소가 비즈니스 요구에 따라 확장되어야 하며, 성능 과 비용 효율을 높여야 한다. 이로써 데이터 중복 저장을 피하고 데이터 이동에 따른 시스템 자원, 시간, 비용 등 낭비를 제거할 수 있다. AI 개발에 따른 데이터 대기 시간을 줄이고, 알고리즘을 좀 더 정교하고 빠르게 해서 비즈니스 시간을 단축시키면 이를 기업 경쟁력으로 연결할 수 있다.

AI 모델에 사용되는 모든 데이터는 조직 자산이자 자본이기 때문에 체계를 갖춘 데이터 보호 전략이 필요하다. 에지, 프라이빗, 퍼블릭 등 클라우드 전체 수명 주기 기반의 데이터 보호 전략을 수립해야 한다.

🏃 AI 기술·인프라 전략

AI는 기술 및 인프라와 관련된 공통 주제를 식별하는 것을 목표로 해야 한다. 이 단계에서는 데이터의 4개 계층을 고려하고 각 계층에 필요한 기술을 식별하는 것이 매우 중요하다. 데이터의 4개 계층은 다음과 같다.

- 데이터 수집
- 데이터 저장
- 데이터 처리(분석)
- 데이터에서 인사이트 전달

🏃 AI 윤리적·법적 문제 고려

AI와 관련하여 많은 윤리적 및 법적 고려사항이 있으며 각 사용 사례에 대해 동일한 문제가 발생할 가능성이 높다. 예를 들어 AI를 어떤 방식으로 사용하든 동의 및 데이터 개인 정보 보호가 주요 고려 사항이 될 것이다. 또한 AI에 편견과 차별이 없고 AI를 사용하는 방식이 윤리적인지 확인해야 할 것이다. 결론적으로 AI는 비즈니스, 직원 및 고객의 이익을 위해 사용해야 한다.

경매사이트 Auction(이베이코리아)

1. 현황

1998년 4월 Auction은 국내 최초로 인터넷 경매 서비스를 시작하여 4년 만에 국내 최대의 전자상거래 업체로 성장했다. 2001년에 미국 이베이에 인수되어 (주)이베이 옥션이 되었다. 원래 경매 및 공동구매를 사업모델로 영위하던 사이트였지만 2002년 개편과 함께 온라인 마켓으로 사업 모델을 바꾸고 '우리가 만드는 열린 시장, 옥션'이라는 슬로건을 내걸었다. Auction은 인터넷 환경 하에서 누구나 자유롭게 물건을 사고 팔수 있는 온라인 마켓플레이스를 구축하여 가장 성공적인 e-Business 모델로 성장한 대표적인 기업이다.

Auction은 처음 몇 년간은 명확한 수익모델을 확보하지 못하여 흑자를 내지 못하였다. 그러나 2002년도 기존의 수수료 체계를 변경하고 경매 전반에 걸쳐 유료화를 실시하면서 성장을 하였다.

2011년에 (주)이베이G마켓과 합병하여 (주)이베이코리아로 출범했다. 2021년 신세계그룹 이마트가 이베이코리아의 지분 80%를 인수함으로써 새 주인이 되었다. 2020년 이베이코리아는 국내 온라인 쇼핑몰 시장에서 약 12%의 시장 점유율을 차지하였는데 신세계 그룹이 이베이 코리아를 인수하게 되면서 시장점유율이 15%으로 올라설 것으로 보인다. 이에 따라 온라인 쇼핑몰 시장에서 네이버, 쿠팡과 더불어 3강 구도를 형성하게 되었다.

온라인 쇼핑몰 G마켓과 G9을 운영하는 이베이 코리아는 자체 해외배송 시스템인 'eGS'의 스탠다드 배송 서비스 지역을 영국과 캐나다로 확대한다고 밝혔다. eGS는 이베이코리아가 배송업체와 직접계약을 맺어 판매자의 운임 비용을 낮출수 있을 것이다.

한편, 신세계가 이번 이베이코리아 인수로 인해 향후 해외시장에 진출할 경우 글로벌 네트워크를 보유하고 있는 이베이 본사가 든든한 지원군 역할을 할 수 있을 것이다.

2. Auction(이베이 코리아)의 성공요인

☞ 안전한 거래환경 제공

• 안전거래제도: 사이트 내 건전한 거래를 보장하기 위한 각종제도의 도입과 감시조직 및 시스템운영
• 신용거래장치: 매매보호장치(Escrow System)

도입과 감시조직 및 시스템운영
- 신용거래장치: 매매보호장치(Escrow System)

- 안정적인 시스템 인프라: 장애가능성에 대비한 완벽한 백업시스템 구축, 99.9%의 높은 가동률과 세계적 수준의 인터넷 경매 기술력 보유

☞ 브랜드 파워

Auction은 시장 진입을 가장 먼저 하여 선점효과와 브랜드 인지도면에서 이미지 1위를 기록하고 있다. 이러한 브랜드 파워를 더욱 확고하게 위해 Auction은 네이버와 같은 대형 포털 업체 및 MISSHA, innisfree와 같은 기업과 제휴를 하고 있다.

☞ Power Seller

Auction의 주된 사업영역은 경매(C2C)라고 볼 수 있지만 순수한 C2C라기보다는 B2S(Business to SOHO)와 결합된 형태의 모델을 갖고 있다. 이러한 B2S의 모델은 중소규모의 판매자들에게는 매우 매력적인 온라인 시장을 제공한다. 즉 Auction을 찾는 많은 고객들에게 별도의 광고나 홍보 없이 자사의 제품을 소개하고 판매할 수 있기 때문이다. Auction은 이를 위해 기업 판매자들에게 등급을 매겨 놓았으며, 거래량이 많고 신용도가 높은 기업고객을 "Power Seller"라고 부른다.

<SWOT 분석>

강점(Strength)	약점(Weakness)
• 높은 시장 점유율 • 공급자 교섭능력 탁월 • 시장 선점자(First Mover)	• 수수료 인상에 따른 고객이탈 • 거래의 신뢰성 미약 • 고객 간의 직거래 발생 • 판매자의 입찰조작
기회(Opportunity)	위협(Threat)
• 인터넷 자영업자 증가 • Auction 시장의 증가 • 카테고리별(컴퓨터/소프트웨어, 가전/통신 등) 시장점유율 증가	• 매매보호장치에 대한 대체제도 등장 • 기본 포털업체와 커뮤니티 시장진출 • 쿠팡, 네이버 쇼핑 등 경쟁업체

3. 발전방향

- 공급자에 적합한 수수료 정책: 기업 활동의 동반자라는 시각에서 공급자의 편의와 사정을 고려하여 적합한 수수료 정책이 마련되어야 한다.
- Auction 사이트에 적합한 커뮤니티 활성화: 커뮤니티가 활성화된다면 회원 간 직거래가 발생하고 집단행동이 일어날 수도 있지만 장기적인 신뢰를 구축하면서 커뮤니티를 활성화시키는 것이 훨씬 더 많은 이점을 가져다 줄 수 있다.
- 구매수요기반 확충: 인터넷 인구대비 Auction 회원은 불과 20% 정도에 지나지 않는다. 인터넷 네트워크 효과의 극대화를 통한 신규고객 창출뿐만 아니라 기존고객의 고객가치를 증대시키려는 노력이 필요하다.

🌏 요약

e-Business 전략 수립을 위해서는 e-Business 환경 하에서의 경쟁 우위 요소들을 파악해야 한다. 포터의 경쟁 세력 모형은 e-Business 경쟁 환경 분석을 위한 기본 틀을 제공한다. e-Business 경쟁 세력 모형의 특징은 전통적인 진입 장벽의 감소, 공급자의 교섭력 감소, 대체재의 위험 증가, 구매자의 교섭력 증가 등으로 e-Business 경쟁 전략은 더욱 동태적인 접근을 필요로 한다. 일반적인 경쟁 전략과 e-Business 기본 전략을 토대로 e-Business 환경 변화를 수용하는 주기적인 e-Business 전략 모형을 수립하고 이행해 나가야 한다. e-Business 기본 전략으로는 장벽 전략, 혁신 전략, 팀업 전략 등이 있다. 또한 AI 경쟁전략 개발 요소에는 AI 전략적 활용 목표 정의, AI 데이터 전략, AI 기술·인프라 전략, AI 윤리적·법적 문제 고려 등이 있다.

🌏 주요용어

경쟁 세력 모형
대체재
진입 장벽(Entrance Barrier)
집중화 전략(Focus Strategy)
장벽 전략(Block Strategy)
혁신 전략(Run Strategy)
팀업 전략(Team-up Strategy)
인공 지능 전략(Artificial Intelligence Strategy)

🌏 토의

1. e-Business 환경 하의 경쟁 세력 모형을 구성하는 다섯 가지 경쟁 요인은 무엇인가?
2. 진입 장벽의 유형에 대해서 이야기해 보세요.
3. 일반적인 전략 세 가지는 무엇인가?
4. e-Business 경쟁 전략 세 가지는 무엇인가?
5. e-Business 전략 수립 과정은 어떤 단계를 거치는가?

6. AI의 전략적 활용을 통해 성공한 기업의 사례를 제시해 보세요.

🌏 참고문헌

IBM, A to Z Guide : 디지털 혁신을 위한 차세대 기술 플랫폼 전략, IBM, 2020
김병욱, 전자상거래론, 킴스정보전략연구소, 2015
미타니 고지, 경영전략 설전, 어문학사, 2017
박기우, e-비즈니스 전략, 2017
밥피어슨, 소셜 시대 입소문 전자상거래 전략 프리 커머스, 에이콘출판사, 2013
오승준, 김태광, e-비즈니스와 전자상거래, 청목출판사, 2019
장세진, 전략경영, 박영사, 2020

Dave Chaffey, Digital Business and E-Commerce Management, 2019
Hess, H., The effects of and E-Commerce Revolution : Examining the Case of Amazon and
    Sears, Independently Published, 2019
Jelassi, T. and Francisco, J., Overview of the e-Business Stragegy Framework, Strategies for
    e-Business, pp.35-48, 2020
Kiron, D. and Schrage, M., Strategy For and With AI, MIT Sloan Management Review, 2019
    Summer Issue
Kumar, S., Sureka, R. and Lim, W.M. What do we know about business strategy and
    environmental research? Insights from Business Strategy and the Environment, Business
    Strategy and the Environment, 2021

🌏 웹사이트

http://samgsung.com/sec
http://www.auction.co.kr

🌐 기사

「비즈니스 체질 개선을 위한 AI 인프라 전략」, 전자신문, 2020.10.5
「이베이코리아 '새주인' 신세계..이커머스 3강구도」, KBS, 2021.6.24
「이베이코리아 자체 해외배송 영국. 캐나다로 확대」, 매일경제, 2021.8.9

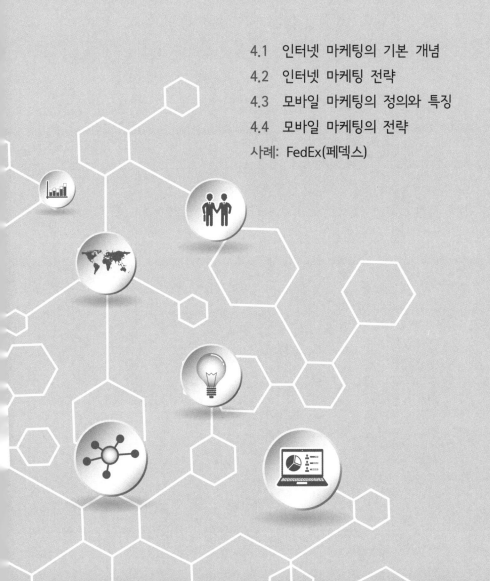

AI-Biz A to Z

제4장

인터넷 및 모바일 마케팅

e-Business 환경 하에서의 마케팅은 기존의 마케팅과는 다른 일대일 마케팅이 가능하다. 또한 최근에는 모바일 마케팅이 매우 중요하게 되었다. 따라서 본 장에서는 인터넷 마케팅 및 모바일 마케팅의 정의 및 특징 그리고 다양한 전략들을 살펴보고자 한다. 특히, 인터넷 광고를 중심으로 하는 촉진 전략, 가격 전략, 유통 전략, 제품 전략, 6C 전략, 검색 엔진 등록 등을 학습해 보고자 한다.

AI-Biz A to Z

04

인터넷 및 모바일 마케팅

e-Business 이야기

세상 바꾸는 가치 소비

현대사회에서 시민들의 소비 형태와 트렌드는 주목받을 수밖에 없다. 기업 등 생산자에게 그 것은 생존이 걸린 문제다. 생산자가 트렌드를 만들기도 하지만 대부분의 경우는 상품과 서비스를 얼마나 소비 트렌드에 맞추느냐에 따라 성패가 갈린다. 정치·사회·문화적으로도 소비 형태는 시대상을 읽어내는 데 유용하다. '착한 소비', '윤리적 소비', '과시소비' '보복 소비' 등이 나오는 이유이다.

최근 가치 소비가 확산하고 있다. 소비를 통해 자신의 가치관과 신념을 드러내는 소비 방식이다. 가격이 좀 비싸거나 품질이 다소 낮더라도 자신의 가치관에 맞으면 기꺼이 지갑을 여는 적극적·목적의식적 소비 행동이다. 이런 가치 소비의 바탕에는 'MZ세대'로 불리는 젊은층이 사회관계망서비스(SNS)를 통해 자신의 정치·사회적 신념을 표출하는 이른바 '미닝아웃'(Meaning out) 확산이 자리한다는 분석이다.

이런 소비를 유발하는 가치는 다양하다. 개인적 취향도 있을 수 있지만 환경과 인권, 복지, 나눔, 사회적 약자 보호, 기업의 사회적 책임활동 등이 대표적이다. 공익적인 가치가 대부분이다. 보다 나은 사회를 위해서는 이런 가치들이 촉발하는 선순환이 필요하다. 소비자가 가치를 중시하면 생산자는 그에 맞는 상품과 서비스를 내놓기 마련이다. 판매수익 기부 같은 대의명분을 내세운 '코즈 마케팅'(Cause Marketing)도 그중의 하나다. 지금 나의 작은 가치 소비가 더 좋은 사회를 위한 선한 영향력으로 이어질 수 있다. 한낱 마케팅 대상으로 전락할 수도 있지만 소비자는 세상을 바꾸는 힘을 갖고 있기도 하다.

〈경향신문 2021.10.20〉

4.1 인터넷 마케팅의 기본 개념

전자상거래의 초기 단계에는 가장 효율적이고 창의적인 사이트를 보유하는 것만으로도 성공적인 e-Business를 달성하기에 충분했다. 그러나 인터넷을 활용한 e-Business 경쟁이 심화되면서 고객 중심의 인터넷 마케팅 전략이 핵심적인 성공 요인으로 대두되고 있다. 이제 인터넷과 WWW(World Wide Web)는 마케팅 담당자들에게 마케팅 효과를 증대시킬 수 있는 전략적인 도구로 인식되기 시작했다.

e-Business 기업에게 가장 큰 이익을 가져다줄 수 있는 목표 고객이나 집단, 즉 목표 시장을 확인함으로써 인터넷 마케팅 전략의 초점에 집중할 수 있고, 웹사이트의 방문 고객을 증가시키고, 고객 반응과 재구매를 촉진시킬 수 있다. 따라서 e-Business 기업은 전통적인 마케팅 기법과 함께 e-Business 환경에 적합한 인터넷 마케팅을 전개할 수 있는 고객 중심의 인터넷 마케팅 전략을 계속해서 개발하고 보완해야 한다.

본 장에서는 인터넷 마케팅의 기본 개념과 인터넷 마케팅의 촉진 전략, 가격 전략, 유통 전략, 제품 전략, 6C 전략과 같은 다양한 전략을 살펴보고자 한다.

인터넷 마케팅이란

마케팅의 정의

마케팅이란 '개인과 집단이 제품과 가치를 타인들과 함께 창조하고 교환함으로써 그들의 1차적 욕구와 2차적 욕구를 획득하도록 하는 사회적·관리적 과정'으로 정의하고 있다.

👪 1차적 욕구와 2차적 욕구

1차적 욕구란 인간이 갖는 기본적인 욕구로서 의식주에 대한 욕구이고, 2차적 욕구란 문화나 개성에 의해서 차별화되는 욕구이다. 좀더 구체적으로 정의한다면, '개인과 조직이 상호 간의 목적을 충족시켜 주는 교환이 일어나도록 아이디어, 상품 및 서비스에 대한 개발, 가격 결정, 판촉 활동 그리고 유통을 계획하고 실행하는 과정'이라고 할 수 있다.

👪 인터넷 마케팅의 정의

인터넷 마케팅이 인터넷을 통해 이루어지는 모든 마케팅 활동이라고 본다면, 마케팅의 기본 개념을 토대로 정의될 수 있다. 즉, 인터넷 마케팅이란 '컴퓨터들이 네트워크로 연결된 인터넷상에서 개인이나 조직이 상호 간 목적을 충족시키기 위해 마케팅 활동을 전개하는 것'이라고 정의할 수 있다.

인터넷 마케팅의 특징

전통적인 마케팅은 대중을 대상으로 무차별적으로 마케팅 활동을 수행하는

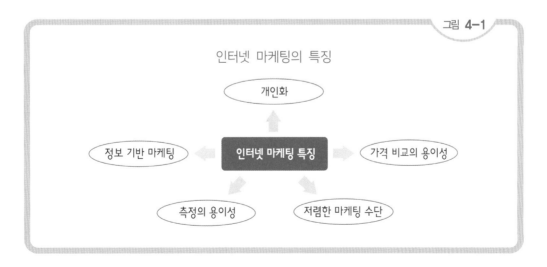

그림 4-1

인터넷 마케팅의 특징

개인화

정보 기반 마케팅 → 인터넷 마케팅 특징 → 가격 비교의 용이성

측정의 용이성　저렴한 마케팅 수단

대중 마케팅(Mass Marketing) 혹은 목표 고객을 선별하여 이들을 대상으로 하는 타 겟 마케팅(Target Marketing)이었다. 그러나 인터넷의 등장으로 고객 개개인의 정보 수집과 상호 작용이 수월해지면서 고객 개개인에게 특화된 서비스를 제공할 수 있는 일대일 마케팅(One-to-One Marketing)이 인터넷 마케팅의 중심 개념으로 등 장하게 되었다. 이러한 일대일 마케팅을 중심으로 하는 인터넷 마케팅의 특징을 살펴보면 다음과 같다.

정보 기반 마케팅

인터넷 마케팅은 고객에 관련된 정보를 인터넷상에서 쉽게 획득할 수 있다. 즉, 인터넷상의 웹사이트를 방문하는 고객의 접속 시간과 자주 방문하는 서비스 부문에 대한 정보를 자동으로 수집할 수 있기 때문에 고객의 요구나 욕구에 부 응할 수 있는 정보나 서비스를 즉시 제공할 수 있게 된다. 따라서 기업은 다양한 고객 정보를 중심으로 마케팅을 전개할 수 있다.

개인화

인터넷은 일방적인 의사소통 매체가 아니라 쌍방향 의사소통 매체로서 웹 사이트를 방문하는 고객 개개인의 욕구와 선호도를 고려하는 정보나 서비스를 개별적으로 제공해 줄 수 있다. 또한 고객과의 대화나 게시판을 통해 고객과의 상호 작용이 가능하다. 따라서 인터넷을 통하여 개인화된 서비스가 가능해진 것 이다. 개인화는 개인의 기호와 관심이 같은 개인 정보를 바탕으로 개인화 마케 팅 전략을 추구하는 것이다. 이를 위한 고객 DB 마케팅이 필요하다. DB 마케팅 이란 기업이 갖고 있는 고객의 정보(기본 정보, 구매 물품 내역, 방문 기록 등)를 토대로 전개하는 일대일 마케팅을 의미한다.

👥 측정의 용이성

인터넷상에서는 광고가 고객에게 얼마나 노출되었는가와 어느 정도 효과가 있었는지가 측정 가능해진다. 광고주들은 고객이 배너 광고를 몇 번이나 보았는지와 관련된 통계 정보를 손쉽게 얻을 수 있다. 또한 방문 횟수, 이동 경로 등 기본적인 고객의 정보를 획득하기가 수월하다.

👥 저렴한 마케팅 수단

인터넷은 기존의 상당한 비용을 수반했던 TV, 라디오 매체 상의 광고와 같은 진입 장벽을 허물었다. 이제 중소기업도 인터넷을 통하여 전 세계의 고객을 상대로 저렴한 비용으로 자사의 제품과 서비스를 광고하고 판매할 수 있게 된 것이다.

👥 가격 비교의 용이성

고객은 인터넷을 통하여 단 몇 번만의 클릭으로 동일한 제품에 대한 가격을 비교할 수 있게 되었다. 특히, 가격을 비교해 주는 사이트도 등장함으로써 고객의 가격에 대한 비교 용이성은 더욱 높아지고 있으며, 이로 인해 고객의 위치는 상대적으로 높아졌다.

4.2 인터넷 마케팅 전략

촉진 전략

전통적인 마케팅의 촉진 전략으로는 광고(Advertising), 기업 홍보(Public Relation),

판촉(Sales Promotion), 대인 판매(Personal Selling) 등의 전략 유형이 있다. 인터넷 마케팅에서의 촉진 전략으로는 도메인명(Domain Name) 전략, 이메일(E-mail) 마케팅 전략, 판매 촉진 전략, e-Business 광고 및 e-Business PR(Public Relation) 등이 있다.

촉진 전략의 정의

촉진 전략이란 기업이나 제품·서비스에 대한 가치와 효용성을 목표 고객에게 알림으로써 호의적인 반응을 얻어내기 위해 행해지는 커뮤니케이션 활동을 의미한다. 궁극적으로는 자사의 제품·서비스를 구매하도록 유도하는 것이다.

도메인명(Domain Name) 전략

도메인명은 인터넷상의 웹사이트 주소를 말한다. 인터넷에서 사용되고 있는 도메인명은 TV 광고와 버스 옆면 등 어디에서든 찾아볼 수 있다. 그러한 도메인명을 본 사람들이 그 회사의 이름을 기억하는가? 이러한 사람들이 광고를 본 후 해당 사이트로 정기적인 방문을 하는가? 만약 광고가 목표 시장 고객들의 마음속에 깊이 새겨지지 않는다면 이는 마케팅의 문제가 아니라 잘못 선정된 도메인명 때문일 수 있다. 따라서 고객들이 쉽게 인식하고 입력할 수 있는 도메인명을 선택해야 한다. 해당 웹사이트는 전 세계에서 접속할 수 있으므로 다양한 집단과 각기 다른 국가와 문화의 사람들이 그 도메인명을 어떻게 받아들일지를 고려하는 것은 매우 중요한 일이다.

■ 도메인명 결정 시 고려 사항

도메인명의 결정은 기업의 브랜드 이미지와 같이 매우 중요하다. 따라서 다음과 같은 조건을 갖춘 도메인명을 결정해야 할 것이다.

- 기억하기 편함
- 입력하기 쉬움
- 도메인명의 간결

- 사이트의 컨셉트와 특징을 반영
- 독창적인 도메인명

　인터넷에서 도메인명은 이제 브랜드의 가치를 높이는 가장 핵심적인 요소이다. 따라서 브랜드 가치를 높이기 위해서는 위와 같은 도메인명을 확보하고 온라인뿐만 아니라 오프라인을 통하여 적극적으로 홍보해야 한다.

■ 도메인명 확보

　도메인명의 확보를 위한 경쟁이 치열해짐에 따라 .com, .net, .org 등의 도메인을 관리하는 ICANN(Internet Corporation for Assigned Names and Numbers)이 '통합도메인분쟁해결책(Uniform Domain Dispute Resolution Policy)'을 1999년 12월부터 적용하여 도메인명과 관련된 분쟁을 조정하고 있다.

　.com 확장자가 붙은 도메인명 보다는 .net이나 .org 같은 확장자가 점차 더 많이 사용되고 있다. .net은 보통 네트워크와 관련된 사이트에서 쓰이고, .org는 특정 조직을 지칭하는 확장자이다. 사용 가능한 도메인명 수가 크게 감소하고 있기 때문에, ICANN는 .com, .net, .org 등의 최상위 확장자에 최소 하나의 새로운 확장자를 추가할 것을 권장한다. 도메인명의 검색, 등록, 구매와 관련된 사이트로는 Domainit.com(www.domainit.com), Register.com(www.register.com), 한국인터넷정보센터(www.nic.or.kr) 등이 있다.

■ 도메인 이름 형식

　영어 도메인 이름에는 다음과 같은 일정한 규칙이 있다.

① 도메인 이름은 영문자[A‒Z][a‒z], 숫자[0‒9] 또는 하이픈[‒]의 조합으로만 표현되며, 영문자의 대, 소문자의 구별이 없다(도메인 이름에 콤마(,), 언더스코어(_) 등의 특수 문자를 사용할 수 없다).

② 도메인 이름은 영어나 숫자로 시작하여야 하며, 하이픈[‒]으로 끝날 수 없다.

③ 도메인 이름의 길이는 최소 2자에서 최대 63자까지 가능하다.

　위 규칙 중 3번 규칙은 ccTLD(country code Top Level Domain)별로 서로 다른 규칙을 정하여 사용하기도 하나(최소 3글자부터 등록 가능하도록 하는 NIC(Network

Information Center)도 있음), 1번과 2번의 규칙은 도메인 이름이 되기 위한 필수 조건이 된다.

상기의 조건을 만족하는 도메인 이름은 도메인 이름 공간(Domain Name Space) 상에 계층적으로 존재하게 되며 도메인 이름이 계층적이라는 사실은 도메인 이름이 중복되어 충돌이 나지 않음을 의미한다.

■ 인터넷 도메인 체계

인터넷상에서 사용되는 도메인은 전 세계적으로 고유하게 존재하여야 하므로 공통적으로 정해진 체계가 있으며, 임의로 변경하거나 생성할 수 없다. 인터넷의 모든 도메인은 "." 또는 루트(Root)라 불리는 도메인 이하에 [그림 4-2]와 같이 나무를 거꾸로 위치시킨 역트리(Inverted tree) 구조로 계층적으로 구성되어 있다. 루트 도메인 아래의 단계를 1단계 도메인 또는 최상위 도메인(TLD: Top Level Domain)이라고 부르며, 차상위 단계를 2단계 도메인(SLD: Second Level Domain)이라 부른다.

최상위 도메인으로는 com, net, org, edu, gov, mil, int 등 인터넷 초창기부터 사용되던 7개의 일반 도메인(gTLD: generic Top Level Domain)과 2000년 11월

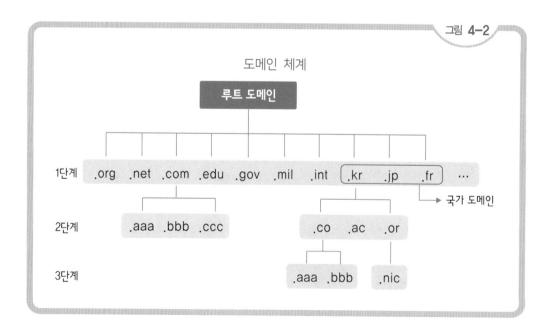

그림 4-2

새롭게 생성된 7개의 최상위 도메인 biz, name, info, pro, museum, coop, aero 그리고 인터넷이 국제화되면서 ISO 3166에 의거하여 세계의 각 국가들을 두 자리 영문 약자로 표현한 약 250여 개의 국가 도메인(ccTLD: country code Top Level Domain)이 있다.

국가 도메인 kr은 한국을 대표하는 최상위 도메인이며, jp는 일본, fr은 프랑스를 의미한다. 각 국가들은 서로 다른 최상위 도메인을 사용하며, 최상위 도메인별로 도메인 이름 체계 및 등록 원칙이 다를 수 있다.

최상위 도메인이 com인 경우, 위의 그림에서와 같이 aaa, bbb, ccc 등 2단계에서 도메인 신청자가 원하는 이름을 사용할 수 있으며, 최상위 도메인이 kr(한국) 또는 jp(일본)인 경우, 2단계 도메인은 기관을 분류(co, or, ac 등)하기 위해서 미리 정해진 이름을 사용하며, 3단계에서 aaa, bbb, nic 등 도메인 신청자가 원하는 이름을 사용할 수 있다.

도메인 이름 읽는 방법

역트리 구조로 된 도메인 체계에서 도메인 이름을 읽는 방법은 최하위 단계에서 상위 단계 순으로 한 단계씩 위로 읽으면 된다. 예를 들어, 한국인터넷정보센터(KRNIC)의 도메인 이름은 3단계 nic, 2단계 or, 1단계 kr로서 nic.or.kr로 표현되며, 웹 서버, ftp 서버 등을 나타내는 호스트 이름은 도메인 이름 바로 앞부분에 www.nic.or.kr 또는 ftp.nic.or.kr과 같이 표현된다.

도메인 이름의 등록 및 관리

일반적으로 도메인 이름의 등록 및 관리는 NIC(Network Information Center)라 불리는 곳에서 수행한다. 한국은 KRNIC(Korea Network Information Center)에서 kr 도메인을 관리하며, jp 도메인은 일본의 JPNIC에서, com, org, net, edu 등은 미국 Verisign사에서 관리한다. 그러나 국가 도메인 중에서 국가 NIC가 있는 경우 국가 NIC에서 도메인을 관리하지만, 국가 NIC가 없는 경우에는 미국 Verisign사에서 해당 위임 국가의 위임을 받아 도메인을 대신 관리해 준다. 국가 코드별 도메인 이름 등록 관리 기관은 IANA ccTLD Database(www.iana.org/cctld/cctld−whois.htm)에서 참조할 수 있다.

■ KR 도메인 체계

KR 도메인은 3단계로 구성된다. 1단계 도메인인 KR 이하에 기관의 성격 또

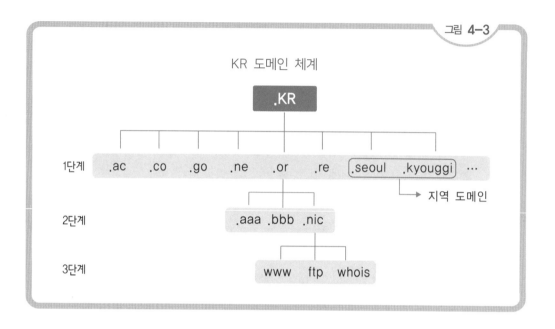

는 지역에 따른 2단계 도메인을 적용하며, 3단계에서 신청 기관의 도메인 이름을 사용할 수 있다. 한국인터넷정보센터(KRNIC)의 도메인 이름은 nic.or.kr로서 Network Information Center를 의미하는 nic, 비영리 기관·단체 성격의 or, 한국을 나타내는 kr로 구성되어 있다. 또한 웹 서비스, ftp 서비스, whois 서비스 등을 위해서 www, ftp, whois라는 호스트 이름을 사용한다.

1단계 도메인(국가)

1단계 도메인인 KR은 국가 코드 ISO 3166에서 정의된 인터넷 도메인 체계에서의 한국을 나타내는 도메인 이름을 의미한다.

2단계 도메인(분류)

2단계 도메인은 기관의 성격을 분류한 11개의 도메인과 개인을 위한 1개의 도메인, 그리고 지역명을 기초로 한 16개의 지역 도메인이 있다. 도메인 신청자는 기관 분류에 의한 2단계 도메인 또는 지역명에 의한 2단계 도메인을 선택할 수 있다.

3단계 도메인

3단계 도메인은 상호명, 상표명을 근거로 하여 전체 이름 또는 영문 약자 등으로 도메인 이름 신청자가 정하여 사용할 수 있다. 다만 신청이 제한된 일부 단어는 제외된다.

🏫 이메일(E-mail) 마케팅 전략

이메일 마케팅은 잠재적인 목표 고객들에게 값싸고 효과적인 방법이다. 이메일 마케팅을 시작하기 전에 기업은 우선 마케팅 목표를 명확하게 설정해야 한다. 이는 지역적 또는 인구 통계학적 자료를 바탕으로 범위, 또는 목표로 하고 있는 집단을 정의하고, 제공 정보의 개인화 정도를 결정하는 것을 말한다.

개인화된 직접 이메일 마케팅은 고객에게 특화된 정보를 제공한다. 고객의 성명을 명시하고, 목표 고객에게 적합한 제품을 적합한 시점에 제공하고, 목표 고객의 관심에 적합한 특별 판촉을 수행하는 것은 마케팅 담당자로 하여금 이메일을 수신하는 고객과 훨씬 가깝게 접촉할 수 있는 계기를 제공한다.

만약 기업이 세계 시장에 진입할 것을 고려하고 있다면 개인화 방법은 다양한 나라의 고객들의 편의를 위해 번역된 이메일을 전송하는 것을 고려해야 한다. 이태리어 통역 회사인 Logos(www.logos.it)는 20개 이상의 언어에 대한 무료 사전을 제공하며, 이메일 내용을 유료로 번역해 준다. Naver(파파고)와 Google (translate.google.com)은 문서와 웹사이트에 대한 무료 번역 서비스를 제공한다.

개인화 기술은 또한 마케팅 담당자가 특정 시장에 대해 특화된 마케팅을 수행할 수 있게 한다. 그리하여 목표 시장으로부터 마케팅에 대한 응답률을 높일 수 있도록 한다. 이러한 개인화 이메일 마케팅과 이메일 마케팅 관리를 용이하게 하는 제품과 서비스가 있다. 또한 이메일 마케팅을 아웃소싱하는 방법도 있다. 아웃소싱은 기업의 일부 기능을 타 기업에 위탁하는 것을 말한다. 일부 서비스 제공자들은 마케팅 담당자들이 콘텐츠와 메일링 리스트, 그리고 마케팅 수행 시점에 대해 조정할 수 있는 권한을 인정한다.

아웃소싱 서비스는 직접 이메일 마케팅을 수행하기에 관리해야 할 이메일의 양이 너무 방대해지거나, 적당한 관리 직원이 부족하거나 기술적 지원이 부족할 경우에 사용되어야 한다.

e-Business 이야기

청송 위드 코로나 시대 힐링 관광도시 우뚝

산소카페 경북 청송군이 빅데이터 분석을 통해 위드 코로나 시대 변화된 관광 트렌드에 대응하는 등 힐링 관광 도시로 거듭나기 위한 맞춤형 관광정책을 추진해 나갈 계획이다. COVID-19가 가져온 가장 큰 변화 중 하나인 언택트 생활 문화의 영향으로 지금까지 유명세를 떨치던 관광지보다는 관광객이 몰리지 않는 여행지를 선호하는 경향에 맞춰 소규모 인원으로 한적한 곳에서 힐링과 여유를 즐길 수 있는 관광명소를 다방면화 해나갈 방침이다. ▲산소카페: 올해 시범 개장해 백일홍이라는 계절적 한정성에도 불구하고 평일 평균 약 1000명, 주말 평균 약 5000명에 달하는 관람객이 방문해 두달 남짓한 운영 기간 동안 총 10만 여 명이 다녀가는 등 지역의 새로운 관광명소로 자리매김했다. 이는 공중파 인기 예능프로그램 1박 2일 시즌4를 비롯한 다양한 TV프로그램을 통한 노출, 인플루언서 개인채널 홍보 및 파워블로거 포스팅, 유튜브 채널 업로딩, 인스타그램 SNS계정 활용 등 공격적인 바이럴 마케팅(viral marketing)을 펼친 결과 단시간에 최대 관광객을 유치할 수 있었던 것으로 분석된다. ▲모바일 플랫폼: 지난 2019년과 2020년 청송군 지역의 연령대별 방문객은 장년층 〉 중년층 〉 청년층 순으로 방문객 점유율이 높은 것으로 나타났다. 또한, 전년 대비 방문객 증감률은 청년층 8.9%, 중년층 4.7%, 장년층 5.1%로 COVID-19의 영향은 세대별 다르게 작용한 점을 알 수 있다. 하지만 주목할 것은 매출액의 면에서는 청년층에 비해 중장년층에서 전년대비 급감한 것을 본다면, 소비의 항상성을 지닌 청년층에 대한 관광마케팅을 중점적으로 다룰 필요가 있는 것으로 해석된다. 이에 청송군은 전국적으로 유명한 기존의 대표 관광명소인 주왕산국립공원의 계절적 이미지를 부각하는 홍보를 통해 중·장년층의 발길을 사로잡음과 동시에 새로운 관광 트렌드의 리더로 떠오르는 청년층인 MZ세대를 타깃으로 모바일 관광플랫폼을 통한 핫플레이스를 만들어 청송관광 활성화를 이끌 계획이다. 그 일환으로 위드코로나(with corona) 시대 단계적 일상회복에 발맞춰 젊은 층의 감성을 자극하는 분위기 맛집과 청송의 관광명소 등 여행콘텐츠를 계절별 대표 관광자원으로 구성하여 SNS 또는 다양한 모바일플랫폼 매체를 통해 홍보 마케팅을 적극 추진해 나갈 방침이다.

〈중도일보 2021.11.22〉

이메일은 고객 서비스를 향상시키기 위해서도 사용된다. 예를 들어, 이메일 링크를 해당 웹사이트에 추가하는 것은 고객들이 그들의 의견을 제시하거나 질문하기에 편리한 방법을 제공하는 것이다. 이메일 링크를 웹사이트에 추가하는 것은 좋은 생각이나, 기업이 접수되는 이메일을 처리할 수 있는 능력을 갖추는 것 또한 중요한 문제이다. 이메일 시스템은 접수되는 이메일을 자동 분류하여 해당 분야에서 가장 뛰어난 사람에게 전달되게 하는 시스템을 말한다. 이메일은 또한 고객이 그들의 주문 진행 상황을 추적하는 것을 용이하게 하는 데에도 사용된다.

인터넷 메일링 리스트는 개인화된 이메일 마케팅을 보조하는 수단이다. 옵트인(Opt-in) 이메일은 제품 정보와, 판촉 정보 등을 수신하기로 동의한 고객들에게 메일을 발송한다. 옵트인 이메일이란 원하는 특정 고객에게만 이메일을 전달하는 것을 의미한다. 스팸 메일은 고객이 원하지 않아도 강제적으로 전달되는 것으로 옵트인 메일과는 상반되는 개념이라 할 수 있다.

해당 분야에 대해 관심을 보이지 않은 고객들에게 메일을 보내는 것은 삼가야 한다. 스팸 메일은 해당 기업에 대한 나쁜 평판을 가져올 수 있다.

이메일은 전통적인 직접 마케팅(관련 정보를 우편으로 발송하거나 전화 마케팅을 통해 기대 고객과 접촉하는 것)과 혼합되어 마케팅 담당자에게 다수의 잠재 고객에게 접근할 수 있는 길을 제공한다. 직접 우편 발송이 보다 값비싼 방법임에도 직접적인 이메일 마케팅에 비해 분석하기 용이하지 않고 응답률 또한 더 낮다. 전화 마케팅은 고객과 대리점 등과의 직접적인 대화를 통해 정보를 습득할 수 있는 이점이 있다. 또한 이메일에 비해서는 고객들이 전화 마케팅을 무시하기 어렵다. 그러나 이메일 메시지는 수신자의 위치에 상관없이 도착하며, 고객이 편리할 때 자유로이 열람할 수 있다. 상기 혼합된 방법을 사용함으로써 양자의 이득을 모두 취할 수 있다.

🙌 판매 촉진 전략

e-Business 판촉은 고객을 해당 사이트로 유도하고 구매에 영향을 미칠 수 있다. 이와 같은 판촉에는 온·오프라인이 모두 포함될 수 있으며 마일리지, 포인트 기반 보상제, 할인, 복권 등을 제공할 수 있다.

마일리지는 해당 제휴 항공사에서 무료나 할인된 가격으로 탑승할 수 있게 한다. 이러한 방법이나 판촉은 고객이 ID/PW 시스템을 통해 자신의 누적된 마일리지를 확인할 수 있게 하는 시스템을 갖춰야 한다.

포인트 기반 판촉은 마일리지와 유사한 기반을 가지고 있다. 고객은 미리 약속된 움직임을 할 경우(특정 링크를 클릭)에 제품을 구매하거나, 서비스 사용, 리베이트, 할인 등의 혜택을 받을 수 있는 포인트를 받는다. 이런 판촉을 위해 증정된 제품은 자사 노출도를 높이는 데 유용하다.

제품 할인이나 선적, 취급 비용 할인 등은 고객을 유도하는 좋은 방법이다. 잡지나 신문을 통한 직접 광고와, 직접 이메일은 신규 고객 유치와 기존 고객의 재방문에 효과가 있다. 할인 광고는 고객들에게 해당 웹사이트의 웹 페이지에서 클릭할 수 있도록 해야 한다.

고객들이 해당 사이트에 대해 편안함을 갖게 하는 다른 방법은 무료 사용기간을 제공하는 것이다. 이러한 웹사이트는 고객들이 서비스에 대해 '손님'의 지위로 일정 기간 무료로 사용할 수 있게 하는 것을 도와준다.

일부 웹사이트는 온라인 쿠폰을 제공한다. 목표 고객들을 확보하고 그들을 유도하기 위해 제공된다. 무료 판촉 아이템을 제공하고자 한다면 Free(free.com), Free2Try(free2try.com) 등의 사이트에서 도움을 얻을 수 있다.

🏫 e-Business 광고

오늘날 e-Business 광고는 TV, 영화, 신문과 잡지 등의 전통적인 매체를 통해 이루어져 왔다. 많은 e-Business 광고가 가장 비싼 시간대의 TV 광고 스케줄에 편성되곤 했다. e-Business를 위해서는 지속적으로 브랜드를 관리, 강화시켜야 한다. 해당 기업의 브랜드는 독창적이어야 하며, 손쉽게 인식되고 기억될 수 있어야 한다. 모든 이메일 메일링에 기업의 URL을 명시하고 명함과 인쇄된 광고물을 활용하는 것 역시 브랜드 인지도를 증가시키고 새로운 고객을 웹사이트로 유도하는 좋은 방법이다.

신문, 잡지, TV와 영화가 모두 효과적인 광고 채널임에 틀림없으나 온라인 마케팅이 판촉에 있어 효과적인 방법으로 각광받고 있다. e-Business 시장이 성숙하면서 온라인 광고 시장이 급격히 증가될 것으로 예상된다. 온라인 광고에는 해당 사이트의 배너를 여타 사이트에 남기는 것과 검색 엔진에 등록하는 것도 포함된다. 다른 사이트의 배너를 해당 사이트에 링크시키는 것으로 수수료를 받을 수 있다.

■ 배너 광고

작은 게시판과도 같은 배너 광고는 그래픽과 광고 문안을 포함하고 있다. 배너 광고의 이점은 브랜드 인지도와 노출의 증가와 이를 통한 매출의 증가를 들 수 있다. 배너는 다양한 크기로 제작할 수 있고 웹사이트 상의 다양한 장소에 배치될 수 있다. 일부 배너 광고들은 그저 시각 정보만을 제공하지만, 대부분은 광고하는 사이트의 링크를 배너에 했다.

배너 광고를 디자인할 때, 기업의 어떤 이미지를 강조하고 싶은지 결정하는 것은 중요한 문제이다. 예를 들어, Deitel(www.deitel.com)은 그 회사만의 특징적인 벌레 로고를 모든 배너에 부착하여 브랜드 인지도를 높였다. 독특한 컬러와 내용물의 동작 역시 고객의 시각을 끌 것이다.

e-Business 이야기
입소문 마케팅 나선 기업들

상품 후기를 남기는 소비자에게 금전적 보상을 하는 기업이 늘고 있다. 일종의 진화한 '입소문 마케팅(Buzz marketing)'이다. 기업은 상품을 구매한 소비자의 솔직한 후기를 얻을 수 있고, 소비자는 부수입을 올릴 수 있다는 장점이 있다.

▶ '내 셀카·후기가 돈이 된다' … 대대적인 홍보 나서=30일 뷰티업계에 따르면 아모레퍼시픽은 '뷰티 인플루언서' 베타 서비스를 자사 앱에서 시작했다. 뷰티인플루언서는 '최대 월 300만원'까지 활동비를 지급하는 파격적인 조건이 특징이다.

이커머스에서도 유사한 활동을 운영 중이다. 쿠팡은 이용자가 쓴 제품 후기를 다른 사람이 보고 상품을 구매할 경우 수수료 약 3%를 지급하는 '쿠팡 파트너스'를 운영하고 있다. 쿠팡 파트너스는 쿠팡 앱이 아닌 본인이 소유한 사회관계망서비스(SNS)에서 활동한다. 가입 신청은 개인정보를 작성하고, 추가로 본인이 활동하는 웹사이트나 SNS 주소, 웹사이트의 성격과 항목 등을 입력하면 활동을 할 수 있다.

등록하지 않은 곳에서 광고 활동을 하면 부정행위로 인식한다. 쿠팡 파트너스는 2018년에 처음 도입한 서비스로, 현재는 직장인 부업 사례로 자리잡고 있다.

▶ SNS 마케팅 결합한 '입소문 마케팅'=기업들이 소비자의 활동을 장려하는 이유는 '상품 후기 도달률'(마케팅 활동이 소비자에게 얼마나 노출되었는가를 측정하는 지표)을 높일 수 있기 때문이다. 상품을 직접 사용한 소비자가 남긴 글은 신뢰도가 높은 편이라, 상품을 구매한 사람과 비슷한 연령대 및 취향을 가진 소비자를 손쉽게 모을 수 있다. 인플루언서나 연예인에게 지급하는 협찬 및 광고비 인하 효과도 있다.

소비자가 판매자로 활동하는 사례도 있다. 자신이 경험한 상품들을 직접 판매자가 되어 판매를 시작하는 식이다. 패션앱 브랜디는 자신의 코디 사진을 활용해 수익을 올릴 경우 금전적 보상을 하는 '헬피' 서비스를 운영 중이다. 헬피가 상품 스타일링이 담긴 사진을 찍으면, 마켓을 오픈하고 운영하는데 필요한 과정을 브랜디에서 운영한다.

헬피는 잘 팔릴 수 있는 스타일링에만 집중하고, 상품력만 있으면 보다 간편하게 자신만의 상점을 오픈하고 운영 걱정 없이 빠르게 규모를 키워 성장할 수 있는 기회를 살릴 수 있다. 마켓 운영에 필요한 시간과 비용, 인력을 크게 줄임으로써 크리에이터를 꿈꾸는 사람들을 대상으로 활동을 장려하고 있다.

〈헤럴드경제 2021.9.30.〉 발췌요약

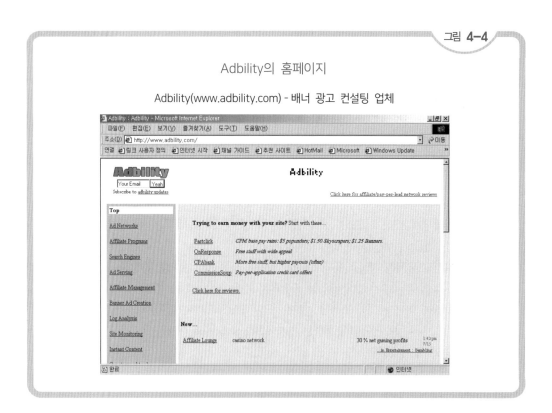

그림 4-4

Adbility의 홈페이지

Adbility(www.adbility.com) - 배너 광고 컨설팅 업체

웹사이트에 배너 광고를 부착하기 전에 그 사이트에 얼마나 많은 광고들이 부착되어 있는지 살펴야 한다. 많은 사용자들이 인터넷상의 무작위적인 광고에 불만을 가지고 있다. 너무 많은 광고가 부착되어 있지 않은 다른 사이트를 찾아보고 광고 부착에 따른 효과에 대해 분석해야 한다.

배너를 부착할 곳을 찾은 뒤에 결제 방법을 선택해야 한다. 일부 사이트는 일정 기간 동안만 배너 광고를 게재한다. 광고 공간은 일반적으로 피크 트래픽 시간대에 가장 비싸다. 배너 광고를 교환하는 것도 가능하다. 일부 사이트는 무료로 배너 광고를 링크해 준다.

최근의 연구에서 밝히듯이 배너 광고가 그 효과를 잃고 있다고 할지라도, 배너 광고들은 인지도 향상에 기여하고 구매를 유도하므로 마케팅 방법의 하나로 간주되어야 한다.

■ 웹 상에서 광고의 구매와 판매

방문하는 사용자가 많고 해당 기업이 목표하고 있는 시장과 동일 또는 유사한 시장을 목표로 하고 있는 사이트에서 광고 공간을 구매하는 것은 해당 기업의 이윤 증대에 큰 힘이 될 것이다. 또한 해당 사이트의 공간을 다른 사이트의 광고를 위해 할애하는 것은 추가적인 이윤을 가져온다.

광고의 판매와 구매를 수행하기 위해서는 특정 사이트의 방문 횟수(Unique visiting)와 파일 다운로드 횟수(hit)를 구별하는 것이 매우 중요하다. 어떤 사이트를 방문하면 그것이 방문 횟수에 반영되며 해당 사이트에서 특정 파일이 다운로드되면 그것이 다운로드 횟수에 반영된다. 예를 들어 어떤 웹사이트가 3개의 이미지와 배경 음악을 갖고 있다면 5hit이라고 기록될 것이다. 이는 3개의 이미지와 오디오 파일, 그리고 그 웹 페이지 자체의 다운로드가 이루어지기 때문이다.

기업들은 상이한 광고 대금 결제 방법을 채택한다. 월별 결제는 이제 잘 사용되지 않고 CPM(Cost Per Thousand) 방식이 많이 쓰인다. CPM은 특정 사이트를 방문하는 사용자의 1,000명 기준으로 요금 체계를 결정하는 것이다. 만약 특정 사이트가 월 50,000명의 방문객을 보인다면 광고비는 CPM의 50배를 내면 되는 것이다. 이 방법의 문제점은 방문객들이 그저 사이트를 둘러보고는 광고는 보지 않을지도 모른다는 점이다. 또 다른 광고 비용 결제 방법은 고객이 웹사이트 관리자와 해당 기업의 광고에 의해 어떤 행동을 취할 때에만 지불 의무가 발생하는 것이다. Pay-per-performance는 다음을 포함한다. Pay-per-click, Pay-per-lead, Pay-per-sale. Pay-per-click 방법을 쓸 때에는 광고 사이트 제공자에게 그 사이트에서 배너를 클릭하여 해당 기업 사이트로 이동한 만큼을 결제한다. Pay-per-lead는 그 사이트를 통해서 리드가 발생하면 결제하는 것이며, Pay-per-sale은 구매 행위가 발생하면 광고 비용을 지불하는 것이다.

다른 광고 방법은 해당 사이트의 광고 공간과 다른 기업의 광고 공간을 맞바꾸는 것이다. 이러한 구조는 상호 보완적인 기업들 간에 유용한 방법이다.

만약 광고 공간을 팔고 싶다면 적합한 연락 정보를 웹사이트에 게재해야 한다. 또한 광고 공간을 적절하게 판매해 주는 대행사에 등록하는 것도 좋은 방법이다. 이러한 기업들은 일반적으로 이익의 몇 %의 수수료를 받는다.

■ 웹 캐스팅과 인터액티브 광고

웹 캐스팅(Web casting)은 웹 상에서 방송하기 위해 동영상을 사용한다. 동영상(Streaming video)은 TV와 유사하다. 그러나 마케팅 담당자들은 많은 이들이 아직 상대적으로 느린 인터넷 접속선을 보유하고 있다는 것을 반드시 고려해야 한다. 보다 느린 접속일수록 비디오 같은 대용량 데이터를 접하면 접속이 끊어지기 쉽다.

Victoria's Secret의 웹 캐스트는 웹 상에서 가장 유명한 방송이다. 여성용 속옷 회사인 Victoria's Secret가 처음으로 웹 캐스트 패션쇼를 기획했을 때, 회사의 서버는 트래픽을 감당할 수 없었고, 많은 이들이 쇼를 볼 수 없었다. 회사는 최근 웹 캐스트 패션쇼에서 성공을 거두었다. Victoriassecret(www.victoriassecret.com)을 방문하여 Victoria's Secret 패션쇼를 볼 수 있다.

동영상 미디어 전문가 집단으로 인터넷 마케팅의 다양한 서비스를 제공하는 리소스 마케팅, 웹 광고와 그에 따른 웹사이트를 제작하는 클리어 디지털(www.cleardigital.com), 다양한 동영상 이벤트의 컨설팅, 개발과 실행을 제공하는 네이비사이트(www.navisite.com), 웹사이트와 전자상거래 사이트를 디자인하고 동영상을 제작하는 사이버로직스(www.cyber-logics.com) 등이 있다. 동영상 관련 학회나 전시회 뉴스, 기업 정보 등을 알고 싶으면 스트리밍메디아(www.streamingmedia.com)를 방문하면 많은 정보를 얻을 수 있다.

버스트(www.burst.com)는 비디오와 오디오 콘텐츠를 전송할 수 있는 클라이

그림 4-5

Victoriassecret의 홈페이지

Victoriassecret(www.victoriassecret.com) - 웹 캐스팅을 한 여성 의류 업체

언트 서버 기반의 Burstware란 소프트웨어 패키지를 제공하는데 이는 스트리밍 (Streaming) 방식이 아닌 버스팅 방식(Bursting)을 채택하고 있다. 스트리밍 방식은 실시간으로 데이터의 흐름을 전송하지만, 버스팅 방식은 빠른 속도로 일정 단위의 데이터를 일괄 전송하고 중지했다가 다시 전송하는 방식이므로 여러 클라이언트에게 정보를 제공하는 데 용이한 방식이라고 할 수 있다. 버스트(Burst)를 방문하여 스트리밍과 버스팅의 차이점을 알아 볼 수 있다.

인터액티브 광고(Interactive advertising)는 광고를 구성할 때에 다양한 미디어 (오디오, 비디오, 이미지, 애니메이션 등)와 전통적인 광고 형식(전단지, TV, 라디오 광고 등)의 조합을 활용한 것이다. 광고 마케팅에 관여된 고객이 해당 기업을 좀더 분명히 인식하는 것을 돕기 위한 방식이다. 나이키는 고객과 TV, 그리고 웹사이트가 연계된 인터액티브 마케팅을 개발했다. 나이키는 TV 광고 끝자락에 나이키 (www.nike.com)를 집어넣음으로써 시청자로 하여금 웹사이트를 방문하게 유도하였고, 또한 웹사이트에는 나이키의 디지털 동영상 자료가 준비되어 있었다. 소비자들은 다양한 운동 선수들의 동영상과 배경 음악을 선택할 수 있었다. 고객들은 준비된 동영상들을 보고 이를 가까운 이들에게 이메일을 통해 전송하기도 한다. 그리고 이러한 파급 효과는 나이키에게 무료에 가까운 자동 PR이 되었다.

인터액티브 광고의 다른 예로 WebRIOT가 있는데 MTV의 게임 쇼이다. 이것은 TV에서 방송되고 시청자들이 온라인에서 동시에 게임에 참가하는 것이다. 최고점의 게이머는 TV 속의 화면에 그 이름이 방송된다. WebRIOT에 참가하려면 www.mtv.com을 방문하여 게임을 다운로드하면 된다.

e-Business PR(Public Relation)

PR은 고객들과 직원들이 제품과 서비스, 그리고 회사의 판촉이나 고객관계 등의 내외부 이슈들에 대해서 최근 정보를 습득할 수 있도록 한다. PR은 언론 보도, 연설, 특별 행사, 프리젠테이션과 이메일 등을 통해 고객, 직원들에게 전달된다.

고객이나 직원들이 회사나 제품에 대해 생각하는 바를 인지하는 방법으로 공청회(Chat session)가 있다. 회사의 게시판에 방문자들이 여러 가지 제언들을 남길 수 있게 하여 기업이 고객들에게 특별한 이벤트를 제공하거나 웹사이트에 특별한 기능을 추가하거나 하는 등의 아이디어를 얻을 수 있다. 브랜드 인지도와 노출의 증대는 전망 있는 고객들과 국제적 쇼나 전시회 등을 통해 직접 접촉함으로써 얻을 수 있다.

최근 이벤트와 기타 중요한 뉴스를 발표하는 언론 보도는 웹상에서도 전달된다. 웹사이트는 회사에 관련된 언론 보도를 열람할 수 있는 링크를 제공해야 한다. PRWeb(www.prweb.com)은 무료로 기업의 언론 보도 자료를 접수해서 관심 있는 사람들에게 제공한다. 이 사이트는 또한 PR에 관계된 기업들과 연결해 주고 최신 언론 보도와 뉴스레터 등을 제공한다. PR 컨설팅 업체로는 퓨처커뮤니케이션(www.the-pr.co.kr)이 있다.

뉴스나 연설, 광고 등의 비디오 동영상은 효과적으로 기업을 홍보할 수 있다. PR 뉴스와이어(www.prnewswire.com)와 비즈니스와이어(www. businesswire.com)

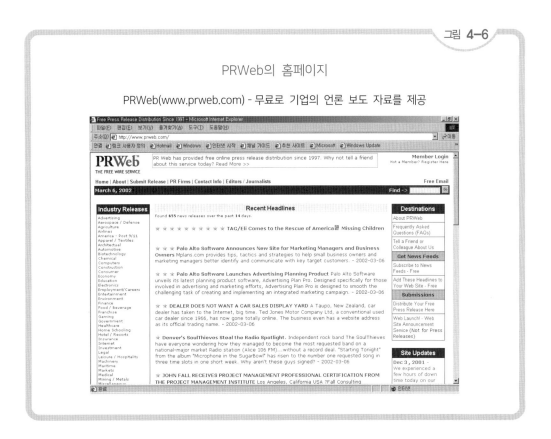

그림 **4-6**

PRWeb의 홈페이지

PRWeb(www.prweb.com) - 무료로 기업의 언론 보도 자료를 제공

는 오디오와 비디오 뉴스를 포함한 최근 언론 보도를 제공한다.

PR 전문가들은 언론 보도를 배포하고 인쇄할 회사들을 접촉할 수 있어야 한다. MediaMap(www.mediamap.com)은 PR에 관련된 당사자가 접촉을 도와 주고, PR 관련 소프트웨어를 제작 제공한다.

위기 관리(Crisis Management)는 회사가 갖고 있는 어려움에 대처하기 위해 이루어진다. 예를 들어, 많은 투자자들과 고객들은 재무 관련 뉴스들을 보면서 인터넷 기업들에 대해 상세히 알고 있다. 만약 어떤 기업의 재무가 안정적으로 유지되고 있다면 이는 공개되어 홍보에 이용되어야 한다. 그러나 회사가 재무적으로 어렵다면 PR 관련 부서는 그 문제가 어떤 이유에서 비롯되었는지에 대해 즉각적인 해명 자료를 준비해야 하며 그를 수정하기 위해 어떻게 할 것인지에 대해 공개할 준비가 되어야 한다.

인터넷 마케팅 가격 전략

가격이란 기업이 제공하는 제품이나 서비스의 화폐적인 가치를 의미한다. 따라서 소비자는 구매하고자 하는 제품·서비스의 효익에 대한 대가만큼 화폐를 지불하게 된다.

인터넷상에서의 가격은 매우 민감하게 작용한다. 즉, 인터넷상에서 가격 비교가 용이해지면서 가격의 변화에 고객은 매우 민감하게 반응한다는 것이다.

인터넷상에서의 거래는 매우 큰 비용 절감 효과를 가져온다. 판매를 위한 매장이 필요 없으며, 중간 유통상을 거치지 않고 직접 제품을 공장으로부터 구입할 수 있다. 또한 가격 비교에 의해 가격 경쟁이 치열해지면서 가격은 더욱더 내려갈 수밖에 없다.

이러한 가격과 관련된 인터넷 마케팅 가격 전략의 유형으로는 저가화 전략, 무료화 전략, 역가격 전략, 무가화 전략, 유료화 전략 등이 있다.

저가화(低價化) 전략

인터넷상에서는 고객들이 제품 가격을 쉽게 비교할 수 있으며, 판매자 또한 중간 유통 과정을 배제시킴으로써 최종 가격이 낮아지는 현상이 발생한다. 따라서 제품을 제공하는 기업은 배달 비용을 포함하여 다른 경쟁 업체에 비해 더욱 싼 가격을 결정하는 것이 중요하다.

무료화(無料化) 전략

인터넷상에서 무료 이메일 계정, 무료 홈페이지 공간 및 무료 회원 가입에 의한 정보 서비스 제공 등의 사이트들을 볼 수 있다. 이러한 무료 사이트들은 차별화된 콘텐츠 제공을 통하여 유료화로 전환하려고 하지만 지나친 경쟁으로 광고와 같은 다른 수익원으로 대체하고 있다.

무료 홈페이지 공간을 사용하는 고객은 해당 사이트에 접속하여 사용할 때

그림 4-7

다음의 홈페이지

Daum(www.daum.net) - 무료 이메일 계정을 제공하는 사이트

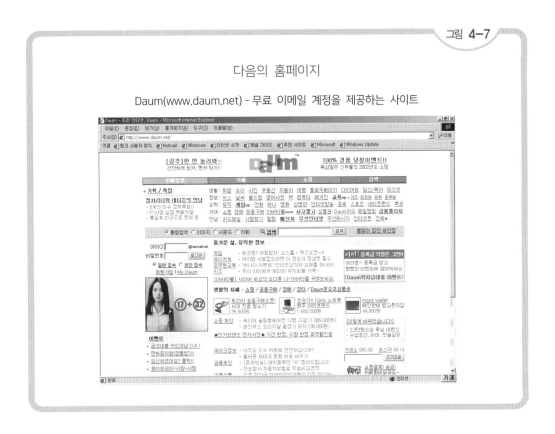

마다 웹사이트가 제공하는 다양한 형태의 광고를 보게 된다. 따라서 방문자 수나 회원 수가 많은 웹사이트의 광고는 상대적으로 높은 광고 노출 효과가 기대되므로 그 웹사이트의 가치는 높아진다.

무료 이메일 계정을 제공하고 있는 대표적인 사이트는 Daum(www. daum.net), Gmail(www.gmail.com) 등이 있다.

역가격(逆價格) 시장 전략

전통적인 마케팅 환경에서는 가격 책정이 생산자 중심으로 이루어져 왔지만, 인터넷 마케팅 환경에서는 소비자 중심으로 가격이 형성되는 역경매 시장이 대두되고 있다. 이러한 역경매(Reverse Auction)는 기업과 기업 간에도 발견될 수 있다. 기업은 구매하고자 하는 제품의 사양과 가격 조건을 제시하고 경매 방식

을 통하여 자사가 원하는 원자재를 구매할 수 있다.

🏛 무가화(無價化) 전략

무가화 전략은 무료화 전략과 구분되는 전략이다. 무료화 전략에 따른 경쟁이 가속화되면서 경쟁 우위 확보를 위해 소비자들에게 웹사이트를 이용하는 만큼 부가적인 보너스나 포인트를 제공하는 전략이다. 예를 들어 광고를 일정시간 본다거나 이벤트에 참가하는 경우에 일정한 보상을 제공하는 것이다.

⚙ 유료화(有料化) 전략

e-Business 기업들은 고객 확보를 위하여 대부분 무료화 전략을 추구해 왔지만 유료화로의 전환에 어려움을 겪고 있다. e-Business 기업들은 차별화된 콘텐츠를 제공함으로써 유료화 전략을 전개하려고 한다. 유료화 전략이 성공한다면 한정된 광고 수익으로부터 벗어나 더 많은 수익을 기대할 수 있으며, 고객에게 더욱 가치 있는 콘텐츠를 제공하기 위해 노력함으로써 고객 창출과 유지가 훨씬 더 수월해진다.

인터넷 유통 전략

유통은 유통 경로(Distribution channel)와 물류의 두 가지 개념으로 분류된다. 유통 경로란 물리적 개념으로서 제품·서비스가 생산자로부터 소비자로 이동하는 과정에 관여하는 유통 조직체들을 의미하며, 물류란 논리적 개념으로서 생산자로부터 소비자까지의 최종 제품의 물적 흐름에 대한 관리를 의미한다.

🏛 탈중개화(Disintermediation)

인터넷의 등장은 유통 분야에 커다란 변혁을 가져왔다. 오프라인 기업들은 미래의 수요 예측을 토대로 생산 계획을 수립하였지만, 인터넷은 주문 후의 생산을 하게 되는 형태가 되었다. 따라서 효율적인 재고 관리가 가능해짐으로써 판매 수익의 증대를 가져왔다. 또한 인터넷에 의해 순차적인 유통 단계의 프로세스가 붕괴되고 탈중개화(Disintermediation) 현상이 가속화되고 있다. 이러한 유통 단계의 축소로 소비자는 훨씬 더 저렴한 가격에 제품을 구입할 수 있게 되었다.

재중개화(Reintermediation)

탈중개화 현상으로 기존의 유통 조직들은 제품을 공급하는 기업측 입장에서 소비자측의 대리인으로서 소비자들의 구매를 도와 주는 중개인으로 변화하고 있다. 즉, 인터넷에서는 제품의 물리적 흐름보다는 정보의 흐름(Information flow)이 중요하게 되며, 고객들은 구매를 결정하는 데 있어서 신뢰할 만한 정보를 제공하는 정보 중개인(Informediary)을 필요로 하게 된다.

제휴(Affiliate) 전략

제휴는 다른 기업과 전략적인 관계를 형성하는 것을 말한다. 두 개의 e-Business 기업이 파트너가 되기로 하면, 상호 관계성을 명확하게 정의하고, 상호 이익을 보호하기 위한 법적인 계약서가 일반적으로 작성된다.

제휴 전략은 인터넷상에서 정보를 중심으로 거래가 이루어지는 특성을 가장 잘 반영한 유통 전략으로서, 서로 다른 e-Business 기업 간에 서로의 제품이나 서비스를 진열해 주고, 구매가 발생하였을 때 수익을 함께 배분하는 전략을 말한다. 아마존은 다른 웹사이트에서 자신의 웹사이트에서 판매하는 책을 구매하도록 유도하여 거래가 발생하였을 경우에 책값의 5~15%를 지불하고 있다.

제휴는 기업이 보완적인 서비스와 제품을 제공할 수 있게 한다. 만약 어떤 기업이 컴퓨터 과학에 관계된 교과서를 판매하는 회사라면 컴퓨터를 판매하는 기업과 제휴 관계에 있으면 추가적인 이익에 도움이 될 것이다. 두 회사는 서로 기술적인 연구 결과를 공유하거나 고객 정보를 교환할 수도 있을 것이다.

자사의 제품군이나 서비스를 보완할 수 있는 사이트와 제휴하는 것은 경쟁적 우위를 가지는 좋은 방법이다. 소비자들은 관심 있는 다음 구매 목표가 바로 지금 보고 있는 화면 옆에 링크되어 있다는 것을 기쁘게 생각할 것이다.

또한 제휴사가 자사의 경영 관리나 운영 관리를 개선할 수 있는 서비스를 지녔다면 자사에게 큰 이익이 될 것이다. 제휴사에게 자사 제품이나 서비스 운영의 일부를 아웃소싱하는 것은 자사 운영을 보다 효율적으로 운영하는 데 도움을 줄 수 있다.

■ 제휴 계약

제휴 계약(Affiliate program)은 두 당사자 중 일방이 다른 측에게 지정된 고객의 행동에 기초하여 수수료를 지급하기로 합의한 계약을 의미한다. 제휴 계약은 기업들과 제휴 웹사이트의 광고를 링크한 개인에게 새로운 수입원을 제공한다. 만약 판매상이 컴퓨터 과학 교재를 웹 상에서 판매하고, 다른 회사가 컴퓨터 과학에 관련된 내용을 제공한다면 판매상이 그 회사와 제휴함으로써 이익을 얻을 수 있다. 판매상이 배너 광고를 제휴사 웹사이트에 링크시키고 고객이 그 링크를 통해 판매상의 사이트로 들어와 교재를 구매했다면 판매상은 제휴사에게 일정 수수료를 지불하면 되는 것이다. 어떤 제휴 계약은 다른 제휴사를 소개하는 것에 대해 수수료를 지불하기도 한다.

■ 제휴 계약의 작성

제휴 계약을 작성할 때, 이 관계는 보상 구조에 의해 결정되어야 한다. 몇 가지 다른 종류의 제휴 계약 모델이 있다. 첫째는 Pay-per-click 모델인데 이는 고객이 제휴사에 링크된 배너 광고를 클릭할 때마다 수수료를 지불하는 것이다. 그러나 이러한 모델의 문제점은 단순한 클릭 횟수는 위조될 가능성이 있다는 점이다. 다른 제휴 계약 유형은 Pay-per-lead 모델인데 이는 제휴사의 사이트를 통해 고객의 유도가 검증된 횟수에 대해 지불하는 것이다. 가장 효과적인 방법은 Pay-per-sale 모델로서 제휴사를 통해 유도된 고객이 실제 구매 행위를 했을 경우에 수수료를 지불하는 방식이다. 구매 행위는 단순한 고객 유도나 배너 클릭에 비해 훨씬 가치 있는 행위이므로 제휴사에 대한 보상도 판매가의 몇 % 정도로 높다.

제휴 계약을 시작하기 위해 반드시 각 제휴사의 효과성 정도를 추적해 봐야 하고, 결제 시스템이 제대로 정착되어야 하며, 제휴에 관계된 시스템이 안정적이고 감사에 응할 수 있는 정도가 되어야 한다.

인터넷 제품 전략

전통적인 마케팅에서는 물리적인 제품과 서비스를 대상으로 제품 전략을 전개하고 있다. 제품 전략이란 고객의 선호도에 따라 제품과 서비스를 차별화시키는 것을 의미한다.

인터넷의 등장으로 물리적 제품 이외에 디지털 제품의 창출과 차별화가 대두되고 있다. 각종 소프트웨어, 증권 정보, 음악, 영화, 전자서적 등 디지털화된 제품들의 거래가 활발하게 이루어지고 있으며, 물리적 제품보다는 훨씬 더 생산성이 높고, 유통 비용이 거의 들지 않는다는 특징 때문에 매우 높은 부가가치 상품으로서 각광받고 있다.

인터넷상에서는 제품에 대한 정보만을 가지고 구매 의사를 결정해야 하기 때문에 고객들이 신뢰하고 제품을 선택할 수 있는 충분한 정보를 제공할 필요가 있다. 또한 제품을 직접 손으로 만지거나 그 기능을 테스트해 볼 수 없으므로 가상적으로 이용할 수 있는 가상 체험을 제공해 줄 수 있다면 제품에 대한 신뢰도가 증가하여 더욱 강한 구매 의욕을 유도하게 될 것이다.

인터넷 마케팅의 6C 전략

인터넷 마케팅의 6C는 Contents, Community, Connection, Commerce, Customizing, Communication을 가리키며, 포털의 기본 구성 요소이다.

포털(Portal)은 웹 브라우저를 열고 가장 먼저 접하게 되는 관문 사이트 혹은 인터넷 이용자가 웹에 접속했을 때 반드시 한 번 방문하게 되는 사이트를 의미한다. 이러한 포털을 지향하는 기업들은 무료 이메일 서비스, 무료 홈페이지 서비스, 검색 서비스, 채팅 서비스 등 다양한 인터넷 서비스를 제공해야 한다.

포털 사이트의 수입은 광고를 통해 이루어지며, 대표적인 기업으로는 검색 엔진 서비스를 제공하는 Google, MSN, Daum 등을 들 수 있다.

포털은 전문 포털과 포털의 포털이란 형태로 확대되고 있다. 전문 포털은 특정 고객층을 상대로 포털을 형성하는 유형으로서 게임 전문 포털, 음악 전문 포털 등이 있다. 포털의 포털은 포털들을 연결해 주는 중심 사이트를 의미한다.

콘텐츠(Contents) 전략

콘텐츠는 정보의 내용과 홈페이지의 디자인, 상호 작용을 뒷받침해 줄 수 있는 기술로 구성된다. 기업은 고객과의 상호 작용을 잘할 수 있는 콘텐츠를 제 공하기 위해서 내용, 디자인, 기술의 구성 요소들을 적절하게 조화를 이루도록 콘텐츠를 설계해야 한다. 콘텐츠의 유형으로는 교육(원격 교육), 정보(검색 서비스), 오락(영화), 비즈니스(사이버 쇼핑) 등이 있다.

공동체(Community) 전략

인터넷 마케팅의 핵심은 앞서 언급했듯이 일대일 마케팅이다. 고객들은 자신의 관심 영역과 동질적인 집단에 대한 공동체적 의식을 함께 공유하기를 원한다. 이를 위해 기업은 웹 게시판, 메일링 리스트, 뉴스 그룹, 채팅 등을 활용하여 공동체의 형성을 지원할 수 있다. 이러한 공동체의 형성을 통하여 기업은 보다 적극적인 마케팅을 전개할 수 있으며, 고객의 욕구나 요구를 쉽게 파악할 수 있게 된다.

커머스(Commerce) 전략

e-Business 기업은 어떤 모델을 통해 수익을 창출할 것인가를 명확히 해야 한다. 대부분의 e-Business 기업들이 광고와 상품 판매를 통해 수익을 창출하고 있지만, e-Business 모델이 다양하듯이 수익원은 다양하다.

커머스 전략의 접근은 어떤 수익원이 있는지와 어떤 방법으로 수익을 창출할 것인지로 나눌 수 있다. 수익원의 유형으로는 광고 수입료, 대행료, 수수료, 상품 판매, 콘텐츠 유료 서비스, 임대 수입 등이 있으며, 어떤 방법으로 수익을 창출할 것인지는 e-Business 모델과 관련된다.

🏭 커넥션(Connection) 전략

커넥션 전략은 기업 간의 협력 모델을 의미한다. 수많은 e-Business 기업들이 등장하면서 기업 간의 연결은 필수적인 성공 요소가 되었으며, 다양한 형태의 모델로 커넥션을 형성하고 있다.

🏭 커스터마이징(Customizing) 전략

e-Business 기업들은 일대일 마케팅을 실현하기 위해서 기존의 고객 세분화보다 더 세분화된 매스 커스터마이징(Mass Customizing)을 활용하여야 한다. 즉, 개인 고객과의 관계를 창출하고 유지하기 위해서는 고객 개개인의 요구에 적합한 제품이나 서비스, 콘텐츠를 제공하는 데 관심을 갖고 데이터마이닝(Data Mining) 기법이나 인공지능(Artificial Intelligence) 등의 관련 기술들을 이용해야 한다.

🏭 커뮤니케이션(Communication) 전략

커뮤니케이션 전략은 효과적인 커뮤니케이션 도구를 제공함으로써 고객의 참여를 유도하는 것과, 마케팅 커뮤니케이션 방법론을 의미한다. 즉, 인터넷 마케팅은 정보 통신 기술을 매개체로 고객과의 효율적인 커뮤니케이션을 도모하는 것이다.

검색 엔진

검색 엔진은 웹상에 무궁무진한 정보 속에서 관심이 있는 주제와 관련된 정보를 찾을 수 있도록 도와주는 기능을 한다. 검색 엔진 없이 인터넷에서 정보를 찾는 것은 굉장히 어려울 것이다. 검색 엔진은 웹사이트를 스스로 검색하여 주

제어와 기타 검색 엔진의 순위 선정을 통해 관련된 사이트의 목록을 만드는 프로그램이다.

META Tags

메타 태그는 웹 페이지에 관한 정보를 담고 있는 HTML 태그를 말한다. 이 태그는 웹 페이지에서 보여지는 것을 변화시키지는 않지만 페이지의 설명을 담고, 핵심어와 페이지의 제목을 담고 있다. 검색 엔진은 사이트에 랭킹을 부여할 때 종종 이 메타 태그를 활용한다.

대부분의 검색 엔진은 스파이더라 불리는 프로그램을 보내 사이트를 평가한다. 스파이더는 메타 태그를 읽고 웹 페이지의 정보와 핵심어가 가지는 관계성 정도를 평가하여 검색 요구에 대한 랭킹을 부여한다. 내 제품에 대한 정보를 웹 페이지에 기재할 때 제품을 검색 엔진에서 높은 순위로 나타날 수 있도록 핵심어를 무엇으로 할 것인지 깊게 고민해야 한다. 검색하는 사용자들은 높은 순위 이외의 사이트에는 눈길도 돌리지 않을 것이다.

검색 엔진 등록

검색 엔진에 등록하는 것은 매우 중요하다. 검색 엔진에 해당 사이트를 등록할 때, 핵심어와 사업 영역에 대해 제출하게 된다. 검색 엔진은 해당 사이트의 정보를 DB에 추가한다. 이는 해당 사이트를 그와 유사한 성격을 가진 사이트들의 목록에 추가하는 것이다. 결과적으로 누군가 검색 엔진을 사용해 특정 범주를 살펴볼 때 해당 사이트가 목록에 나타날 것이다. 그러나 모든 검색 엔진에서 DB를 사용하지는 않는다. 일부 엔진은 매번 전체 인터넷을 검색한다. 많은 검색 엔진들은 지속적으로 인터넷을 검색하여 웹 페이지의 랭킹을 부여한다. 등록되지 않은 사이트라도 검색 엔진은 그 사이트를 찾아서 평가할 수도 있다. 등록을 함으로써 검색되지 않을 불확실성을 제거하게 된다. 다양한 기업들이 수수료를 받고서 기업의 웹사이트를 등록시키고 있다.

부가적인 서비스 사용을 위해 요금을 요구하기는 하지만, 많은 검색 엔진들은 등록하는 것에 대해서 수수료를 부과하지 않고 있다. Excite는 사이트를 등록하는 데에 수수료를 받지 않는다. 그러나 그들이 제공하는 최고의 웹사이트 목록에 추가되기 위해서 검색 사이트와의 동의 하에 일정 비용을 지불하기도 한다.

글로벌 마케팅

글로벌 마케팅은 언제나 도전적인 일이었다. 마케팅 담당자들이 언어적인 문제, 법적, 문화적 차이점에 민감하지 않다면 제품이나 서비스에 대한 마케팅은 실패할 것이다. 범세계적인 인터넷에 대해 마케팅 담당자들은 전 세계 소비자들이 기업의 웹사이트에 대해 어떻게 반응하는지 더욱 각별한 관심을 기울일 필요가 있다. 웹 디자인은 다양한 언어에 대한 콘텐츠를 제공하고, 상이한 환율에 맞춘 가격을 제시할 수 있어야 한다. 고객은 기업의 웹사이트에서 변동하는 환율에 대한 정보를 확인할 수 있어야 한다.

기업들은 어떤 시장이 가장 높은 이익을 낼 수 있을지 시장 진입 전에 살펴보아야 한다. 국제적인 기업 활동을 성공적으로 수행하기 위해서는 효과적인 유통 방법론이 필요하다. 그 국가가 기업의 e-Business를 지원할 수 있는 인프라를 갖추었는지, 어떤 형태의 유통 채널을 통해 고객에게 접근할 수 있는지 등에 대해 고민해야 한다. 선적 비용은 나라마다 크게 다르다.

글로벌 시장으로 확장하고자 하는 마케팅 담당자의 노력을 덜어 줄, 이메일과 웹사이트 번역을 제공하는 서비스와 소프트웨어가 존재한다. 이러한 기술이 유용함에도 불구하고 그러한 번역이 완벽하지 못하고 실수를 통한 잘못된 이해를 불러올 수 있다는 것을 인지해야 할 필요가 있다. Transparent Language (www.transparentlanguage.com)는 인터넷 기업과 사용자들을 위한 번역 서비스를 제공한다. 이 회사의 Enterprise Translation Server는 고객들이 특정 기업의 웹사이트에서 필요한 링크를 누르면 원하는 언어로 번역되어서 출력되도록 하는 서비스를 제공한다.

각 문화를 최선을 다해 이해하고 기업의 웹사이트와 마케팅 전략을 초점 집단 면접(Focus Group Interview)과 일정 기간의 테스트를 통해 준비한다면, 기업의

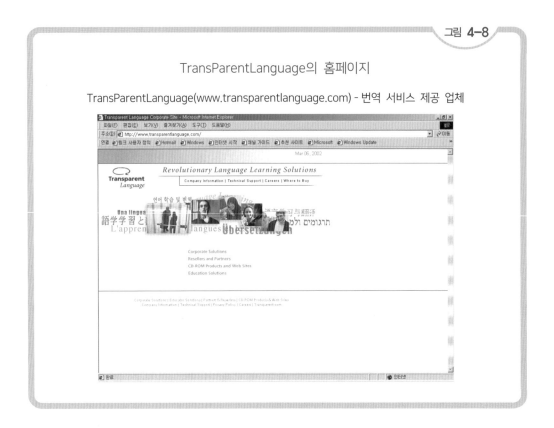

그림 **4-8**

TransParentLanguage의 홈페이지

TransParentLanguage(www.transparentlanguage.com) - 번역 서비스 제공 업체

웹사이트가 공개되기 전에 잘못된 인식과 오해가 제거될 수 있다.

4.3 모바일 마케팅의 정의와 특징

모바일 마케팅 정의

모바일 마케팅은 스마트폰과 태블릿을 사용하는 사람들에게 마케팅 및 광고를 하는 것이다. 모바일 마케팅은 공통되는 취미나 관심사를 서로 공유하며 관계를 형성하고, 이를 통해 인맥 관리와 정보 공유의 커뮤니티 활동 환경을 제공해주는 서비스라 할 수 있다. 이는 사용자의 인터넷 기반 관계 매개 뿐만 아니라 정보를 재생산하여 연결망을 통해 정보를 공유하며 소비하는 형식으로 나타내고 있다.

모바일 마케팅은 시각적 효과를 강조하는 이미지나 동영상 같은 대상을 중심으로 비슷한 관심사를 갖고 있는 사용자들 간에 소통하는 커뮤니케이션 매체를 활용하는 마케팅 활동이다. 모바일 마케팅에서 시각적 효과를 강조한 콘텐츠는 시각적 체험을 통해 이용자의 감성을 자극시키며, 온라인상에서 바로 공유가 가능하며 사용자는 본인의 인터넷 기반 네크워크를 통해 정보를 공유 및 전파가 가능하다.

모바일 마케팅 특징

모바일 마케팅이 갖고 있는 특징은 광고시장에서 찾아볼 수 있다. 모바일이라는 매체가 갖고 있는 특성으로 인해 다른 매체와는 차별화된 광고가 가능하다. 모바일 광고는 스마트 기기가 등장하면서 큰 변화를 맞게 되었는데 모바일 광고는 다음과 같은 특성을 갖고 있다.

표적 선별성

모바일 광고는 고객에 대한 개개인의 데이터베이스를 구축하여, 타겟을 선별할 수 있으며 개개인의 특성에 맞는 차별화된 광고 메시지를 전달할 수 있다.

즉시성

모바일 광고를 통해 소비자가 매체에 대한 반응을 즉각적으로 할 수 있다는 것을 의미하며, 모바일 매체는 시공간의 제약을 받지 않기 때문에 고객에게 실시간 서비스가 가능하며, 고객의 즉각적인 반응을 유도할 수 있다.

위치기반성

모바일 기기의 고유코드를 통해 사용자들을 식별하고, 사용자의 위치 확인이 가능하다.

정보획득성

모바일 광고는 소비자 구매 여정에 관하여 기존의 매체와는 비교할 수 없을 정도로 정교한 정보획득을 가능하게 한다. 기존 매체에서 광고 효과는 광고로부터 노출된 후 인지과정과 태도 변화를 통해 구매의향을 물어보는 수준이었지만, 모바일 기기에서는 실시간 광고노출, 그후의 행동 등 소비자들의 구매 여정을 더 정교하게 파악할 수 있다.

상호작용성

상호작용성은 소비자가 모바일을 통해 접속한 페이지, ARS 콜센터 연결을 통해 모바일 광고 메시지에 대한 피드백을 할 수 있다는 것을 의미한다. 예를 들어, 전달된 모바일 광고에 대하여 이벤트에 참여하거나 상품을 주문하는 등 다양한 형태의 상호작용이 가능하다.

4.4 모바일 마케팅의 전략

일반적으로 모바일 마케팅 광고 전략은 푸시 알림 및 위치인식과 같은 모바일 기기 기능을 활용한다. 일반적으로 모바일 광고 전략은 푸시 알림 및 위치 인식과 같은 모바일 기기 기능을 활용한다. 전 세계적으로 50억 명 이상의 휴대전화 사용자가 있으며 모바일 트래픽은 전체 웹 트래픽의 절반 이상이다. 또한 모바일 기기, 특히 스마트폰은 이제 쇼핑 경험의 필수적인 부분이다. 구글에 따르면 2018년에서 2019년 사이 스마트폰 구매 건수는 27% 증가했으며 온라인 구매의 61%는 스마트폰을 통해 이루어졌다. 고객들은 쇼핑 구매에만 모바일 기기를 활용한 것이 아니라 구매하기 전에 시장 조사를 위해 모바일 기기를 사용한다. 구글에 따르면 고객의 90%가 매장을 방문하기 전에 온라인에서 검색한다고 한다. 즉, 모바일 마케팅을 제대로 수행하면 매장 방문을 유도할 수 있다고 볼 수 있다.

COVID-19 시대에 모바일 마케팅은 더욱 중요하게 되었다. 매장 내 쇼핑은 감소했지만 많은 고객들은 여전히 매장을 방문한다. 따라서 모바일 마케팅은 시간기반, 위치 기반 및 개인화된 메시지로 잠재 고객에게 도달할 수 있는 좋은 기회가 될 수 있다.

모바일 마케팅 전략을 세울 때 고려해야 할 여러 가지 옵션이 있다. 가장 중요한 모바일 마케팅 전략에는 SMS 마케팅(SMS Marketing), 소셜미디어 마케팅 (Social Media Marketing), 위치기반 마케팅(Location-Based Marketing), 근접 마케팅 (Proximity Marketing) 및 인앱 마케팅(In-app Marketing)이 있다. 이러한 모바일 광고 전략이 운영되는 방식은 다음과 같다.

SMS 마케팅 전략(SMS Marketing Strategy)

SMS 마케팅은 문자메시지를 통한 마케팅이다. 문자 메시지 마케팅 또는 문자 마케팅이라고 한다. 160자 이하의 문자 메시지를 통해 프로모션, 거래, 쿠폰, 알림 등을 잠재 고객의 전화로 직접 보내는 권한 기반 모바일 마케팅 전략이다.

SMS 마케팅이 강력한 모바일 광고 전략인 것은 문자 메시지의 전달가능성, 개방성 및 참여율이 높기 때문이다. 다음의 통계가 SMS 마케팅이 중요하다는 것을 보여줄 수 있다.

- 사람들은 문자 메시지의 약 98%를 열고 읽는다.
- 대부분의 사람들은 90초 이내에 SMS 메시지에 응답한다.
- SMS 마케팅 응답률은 45%이다.

대부분의 사람들이 휴대전화를 갖고 있고 수신되는 문자 메시지에 대한 푸시 알림을 받아 무시하기 어렵기 때문일 수 있다. 문자 메시지가 너무 짧기 때문에 많은 마케팅 담당자는 수신자가 추가 정보를 얻을 수 있는 링크나 후속 정보를 트리거하는 코드를 포함한다. SMS 마케팅에서 주의할 점은 과도하게 사용하지 않는 것이다.

소셜 미디어 전략(Social Media Strategy)

많은 스마트폰 사용자들은 기기를 사용하여 소셜 미디어에 액세스한다. 전 세계적으로 페이스북(Facebook: 광고 혹은 홍보게시물), 인스타그램(Instagram: 홍보), 트위터(twitter: 프로모션 트윗) 그리고 링크드인(Linkedin: 구인 정보 공유) 등은 많은 사람들로부터 인기를 누리고 있다. 모든 주요 소셜 미디어 플랫폼에는 수십억 명의 사용자가 있으므로 소셜 미디어를 주요 모바일 마케팅 전략 중 하나로 사용하는 것은 매우 중요한 전략이다.

소셜 미디어를 사용하면 댓글과 메시지를 통해 고객과 개인적인 관계를 쉽게 만들 수 있다. 또한 고객 추천 및 추천을 통해 비즈니스가 더욱 매력적으로 보일수 있다. 많은 기업들은 소셜 미디어 광고를 점점 많이 활용하기 시작했다. Social Media 전략을 통해 기업은 인구 통계 정보를 기반으로 잠재고객을 타겟으로 캠페인 목표, 예산, 기간 등을 설정할 수 있다.

위치기반 마케팅 전략(Location-Based Marketing GPS stratety)

위치기반 마케팅은 스마트폰의 GPS 기능을 사용하여 마케터가 사용자의 위치에 따라 프로모션 및 관련 콘텐츠를 표시할 수 있도록 한다. 때로는 위치 기반 마케팅을 지리적 타겟팅 또는 지리적 위치 마케팅이라고 한다. 이러한 유형의 마케팅은 모바일 사용자가 어디에 있고 무엇을 하고 있는지 알 수 있기 때문에 사용자들의 많은 참여를 유도할 수 있다. 예를 들어, 그 지역에 있는 불특정 다수에게 레스토랑에 대한 프로모션을 보여주고 그 사람이 레스토랑을 방문하도록 독려할 수 있으며, 방문 트래픽을 높일 수 있는 방법이 될 수 있다.

근접 마케팅 전략(Proximity Marketing Strategy)

근접 마케팅은 위치 기반 마케팅의 또 다른 형태이다. 이를 통해 블루투스 (Bluetooth)를 사용하여 잠재 고객이 어디에 있는지 파악하고 적절한 프로모션으로 타겟팅을 할 수 있다. 이와 관련된 예는 매장 내 또는 근처의 물리적 블루투스 지원 장치에 의존하는 비콘 마케팅이 있다. 비콘은 블루투스 기술을 사용하여 근처의 스마트 장치에 신호를 보내는 데 사용되는 송신기이다. 적절하게 설정한 후 모바일 장치는 블루투스 신호를 수신할 수 있으며 비콘 장치는 스마트폰에 직접 푸시 알림을 보낸다. 따라서 비콘 마케팅은 기업에게 고객과 상호 작용하는 흥미롭고 독특한 방법을 제공한다.

근접 마케팅은 유동인구를 유도하는 방법이 될 수 있다. 토요타(Toyota)는 지역 자동차 대리점으로 구매할 가능성이 있는 고객들을 유치하기 위해서 근접 마케팅 전략을 활용한다.

인앱 마케팅 전략(In-app Marketing Strategy)

마케터들은 앱 시장을 무시할 수 없다. 현재 전 세계에서 많이 사용되는 모바일 앱은 WhatsApp, TikTok, Messenger, Facebook 및 Instagram 등이다. 고객들은 이외에도 수십만 개의 앱들을 사용하고 있기 때문에 인앱 광고가 주요 모바일 마케팅 전략이 되었다.

인앱 마케팅 광고의 유형은 다음과 같다.

- 모바일 화면의 상단 또는 하단에 나타나는 배너와 같은 디스플레이 광고
- 네이티브 광고: 앱처럼 보이도록 스타일이 지정된 프로모션
- 동영상 광고
- 앱 작업 사이에 표시되는 전면 광고

FedEx

1973년 프레드릭 스미스(Fredrick W. Smith)는 예일 대학 시절에 착안한 새로운 항공운송 화물이론(Hub and Spoke)을 바탕으로 FedEx를 설립하였다. 스미스는 대학시절 24시간 내로 전 세계로 화물을 배달할 수 있다는 내용의 레포트를 제출하였지만 C학점을 받았다. 이후로 스미스는 "C학점의 천재"라는 닉네임을 갖게 되었다.

1970년대 말까지는 시행착오와 정부규제 등으로 고전을 면치 못했지만 1980년대 들어 택배에 대한 인식이 보편화되면서 수익을 올리기 시작하였으며, 현재는 COVD-19로 인해 온라인 편의성으로 인해 물류 분야에서 거대기업으로 성장하였다.

1. 현황

현재 FedEx는 서류화물보다는 비 서류부문, 즉, 각종 수출입 화물 부분에서 강세를 보이고 있다. 한국에서의 총대리점은 1988년도에 설립되었으며, 김포국제공항에 1,800평 규모의 전용 보세창고를 운영하고 있다.

구분	내용
설립일	1973. 4.
매출액	193억 달러(약 22조 4500억 원)
수익	15억 달러(약 1조 1800억 원)

최근에는 전자상거래 시장 발달과 COVID-19 영향으로 택배 물동량이 늘어 인공지능(AI)과 로봇 등 첨단기술을 활용한 물류 시설 자동화를 통해 반복적인 작업과 체력이 많이 드는 업무를 기계가 도맡으면서 업무 효율을 올리고 있다. 수출업자나 수입자가 창고가 필요할 경우 투자의 위험도를 줄일 수 있도록 창고 시설과 관리를 임대해주는 서비스도 실시하고 있으며, 고객편의를 위해 자체 통관사가 직접 통관 업무를 맡아 처리해주는 통관서비스도 실시하고 있다.

강점(Strength)	약점(Weakness)
• 강력한 브랜드자산 • e-Biz 구축(배달추적 시스템)	• 세계적으로 협력업체(같은업종)와의 체결 미흡 • 항공 특송에 집중된 수익 기반

• 종업원 제일주의의 기업철학 • 지속적인 투자와 저렴한 운영비용	• 아시아에서의 낮은 기업 인지도
기회(Opportunity)	위협(Threat)
• 전자상거래 시장규모 증가 • 글로벌 시대로 기업 물류의 아웃소싱 • 국제적인 화물열차의 계속적인 쇠퇴 • COVID-19 온라인 편의성 증대 • COVID-19 백신 수송	• 수많은 경쟁자의 진입(DHL, UPS, AMAZON 등) • 세분화된 지역의 퀵서비스 등장

2. 성공전략

COSMOS 화물추적 시스템

COSMOS는 수화물이 적재되어 배달될 때까지의 전 과정을 통제할 수 있게 만든 화물추적시스템으로 24시간 이내 배달이라는 기본적인 전략을 원칙으로 하고 있다. 고객이 보낸 수화물의 상황이 각 시간대별로 센서에 기록되고, COSMOS 데이터베이스로 입력되게 된다. 이 COSMOS는 모든 기본적인 고객정보(이름, 계정번호, 주소, 소포 집배상황, 데이터 등)를 가지고 있으며, FedEx가 다루는 각각의 수송에 대한 완벽한 기록을 보유하고 있는 수많은 시스템 및 장치들과 전 과정을 통해 커뮤니케이션을 한다.

FedEx가 가장 자랑하는 것은 이른바 「Super Tracking」 시스템이다. 화물의 위치와 이동경로 및 담당직원의 이름까지 모든 정보를 미국 멤피스에 있는 물류센터 「슈퍼허브」에서 통합관리, 화물이 어느 곳에 어떤 상태로 있는지 즉각 알 수 있다. 이 시스템은 FedEx의 직원이 현장에 가지고 다닐 수 있는 소형 컴퓨터로써 여기에 수화물에 대한 정보를 접수 시에 입력하면 수송차량에 있는 DADS를 통하여 COSMOS에 직접 연결되는 기능을 통해 각 단계에서 언제라도 수화물을 추적할 수 있도록 하였다.

e-SCM

FedEx는 인터넷상거래가 급증하면서 총체적인 SCM을 제공할 수 있는 리더로 자리잡게 되었다. 글로벌 시대에 전자상거래의 확산에 따른 물류망은 더욱 복잡해졌고, 신속하고 정확한 물류망 보유 여부가 기업 경쟁력의 핵심 요소로 부각되면서 세계 최대의 특송화물 관리시스템을 보유하고 있는 FedEx는 축적된 경험과 선진화된 IT 기술을 바탕으로 고객 회사들에게 물류망 관리 솔루션을 제공하고 있다.

기업의 Brand Power

FedEx는 기업이미지 제고를 위해 전 세계적으로 다양한 자선 활동을 펼치거나 공식 후원자로 참여하는 등 지역사회와 가까워 질 수 있는 방안을 모색하고 있다. 이러한 FedEx라는 이미지는 소비자들에게 신뢰와 안정감을 줄 수 있는 요소다. 만약 인터넷상거래가 이루어진 웹사이트에서 FedEx의 이름을 확인한 고객은 자신이 주문한 상품에 대한 배송에 대한 안전성을 확신한다. 이것이 바로 FedEx가 자랑하는 Brand Power이다.

종업원 제일주의의 P-S-P(People-Service-Profit) 기업철학

P-S-P철학의 첫 번째는 사람(People)으로써 고객만족의 출발점을 종업원 만족에서 시작한다. 스미스

회장의 지론은 품질의 인간적 측면을 먼저 이해해야 한다고 강조한다. FedEx가 지금껏 해고 없는 정책을 고수하고 있는 것과 지금껏 노조가 없는 회사로 유명한 것도 종업원 제일주의의 덕분이다. FedEx의 이러한 철학은 "공정대우 보장 프로그램"과 "조사(Survey)-피드백(Feedback)-실행(Action)" 시스템에 의해 철저히 뒷받침되고 있다.

공정대우 보장 프로그램은 회사 내 어떤 직원이든 간에 부당한 대우를 받았다고 느끼는 5일 이내에 3단계에 걸쳐 잘못에 대항 시정을 요청할 수 있는 제도이다. 조사-피드백-실행은 다음과 같은 세 단계로 이루어진다.

- 조사(Survey): 모든 종업원들이 29개 조사문항에 대해 익명으로 응답
- 피드백(Feedback): 각 업무그룹 관리자들이 문제 찾아내고 대책 마련할 수 있도록 조사결과를 피드백
- 실행(Action): 각 업무그룹 관리자들은 종업원들과 함께 수립된 대책의 실행계획을 짜고 이를 문서화

🌏 요약

　인터넷 마케팅은 인터넷상에서 개인이나 조직 상호 간의 목적을 충족시키기 위해 마케팅 활동을 전개하는 것으로 e-Business 초기 단계에 있어서 매우 핵심적인 역할을 한다. 인터넷 마케팅의 특징에는 개인화, 가격 비교의 용이성, 정보 기반 마케팅, 측정의 용이성, 저렴한 마케팅 수단 등이 있다. 인터넷 마케팅 전략으로는 촉진 전략, 가격 전략, 유통 전략, 제품 전략과 6C 전략 등이 있다. 촉진 전략으로는 도메인명 전략, 이메일 마케팅 전략, 판매 촉진 전략, e-Business 광고 및 e-Business PR 등이 있으며, 가격 전략으로는 저가화 전략, 무료화 전략, 역가격 전략, 무가화 전략, 유료화 전략 등이 있다. e-Business 기업은 자사의 e-Business 모델에 적합한 인터넷 마케팅 전략을 선택하여 경쟁 우위를 달성할 수 있다. 모바일 마케팅은 공통되는 취미나 관심사를 서로 공유하며 관계를 형성하고, 이를 통해 인맥 관리와 정보 공유의 커뮤니티 활동 환경을 제공해주는 서비스이며, SMS 마케팅(SMS Marketing), 소셜미디어 마케팅(Social Media Marketing), 위치기반 마케팅(Location-Based Marketing), 근접마케팅(Proximity Marketing) 및 인앱 마케팅(In-app Marketing) 등의 모바일 마케팅 전략이 있다.

🌏 주요용어

PR(Public Relation)
개인화(Personalization)
도메인명(Domain Name)
모바일 마케팅(Mobile Marketing)
배너 광고(Banner Advertizing)
이메일 마케팅(e-mail Marketing)
일대일 마케팅(One-to-One Marketing)
탈중개화(Disintermediation)

🌏 토의

1. 인터넷 마케팅의 특징들은 무엇이 있으며, e-Business 환경에서 어떠한 인터넷 마케팅 전략

으로 나타날 수 있을까?

2. 이메일 마케팅은 무엇이며, 어떤 이메일이 고객을 사로잡는가?

3. e-Business 광고의 유형으로는 어떤 것들이 있는가?

4. 가격 전략 중에서 무료화 전략과 무가화 전략은 어떻게 다른가?

5. 인터넷 마케팅의 유통 전략에서 제휴(Affiliate) 전략은 무엇이며, 전략적으로 어떤 의미를 갖는가?

6. 모바일 마케팅의 특징에는 어떤 것들이 있는가?

7. 모바일 마케팅 전략 중 소셜 미디어 마케팅을 예를 들어 설명해보세요.

🌏 참고문헌

강기우, 24시간 잠들지 않는 모바일 마케팅, 정보문화사, 2015

김용호·김문태 공저, 인터넷 마케팅, 2017

박대순, 비즈니스 모델 4.0, Kmac, 2019

박상익·김민선·허강수·권이승·심현식·김기태·양유철 공저, 소상공 인터넷 마케팅, 한국전자도
    서출판[ebook], 2016

서의호, 김창수, 인터넷 소셜 모바일 비즈니스, 학현사, 2013

오승준, 김태광, e-비즈니스와 전자상거래, 청목출판사, 2019

이상진, 교양으로서의 인공지능, 시크릿하우스, 2020

임현재·이계열·여정기·김현진, Google 모바일 앱 마케팅, 디지털북스, 2019

정창덕, 전자상거래 이론과 실무, 한올출판사, 2017

주재훈, 전자상거래, 탑북스, 2017

최경주, 4차 산업혁명시대의 전자상거래 혁신, 에이드북, 2019

커넥팅랩, 모바일 미래보고서 2022, 비즈니스북스, 2021

하버드 공개강의 연구회, 하버드 마케팅 강의, 도서출판 작은우주, 2019

김영호, 모바일 게임 리워드 마케팅의 효과성 연구, 부산대학교 석사학위논문, 2021

신현주·이규혜, 모바일 마케팅의 유형화와 패션 어플리케이션 이용 동기, The Research Journal
  of the Costume Culture, 24(4), 2016

이윤희, 국내 SNS 의 이용 현황과 주요 이슈 분석, Internet & Security Focus, 8, pp. 56-57,
  2014

장세정·진서훈, 모바일 콘텐츠 활용과 모바일 인터넷에 대한 적극적 태도와의 연관성 분석, 한국

전자상거래학회지, 21(4), pp. 15-28, 2016

Erkan, I and Evans, Chris, Social media or shopping websites? The influence of eWOM on consumers' online purchase intentions, Journal of Marketing Communications, 24(6), pp. 617-632, 2018
Shin, Jiye and Ko, E, THe power of e-WOM using the hashtag: focusing on SNS advertising of SPA brands, Journal of Marketing Communications, 37(1), pp. 71-85, 2018

🌐 웹사이트

http://www.nic.or.kr
http://www.fedex.com/kr
https://www.groundtruth.com/insight/mobile-marketing-strategies-and-tools/

🌐 기사

「"찐후기 쓰면 현금쏜다" … 입소문 마케팅 나선 기업들」, 헤럴드경제, 2021.9.30
「세상 바꾸는 가치 소비」, 경향신문, 2021.10.20
「인공지능이 분류하고 로봇이 옮긴다.」, 조선일보, 2021.11.2
「청송 위드 코로나 시대 힐링 관광도시 '우뚝'」, 중도일보, 2021.11.22
「페덱스, 한국에 코로나 백신 40만 회분 수송」, 조선일보, 2021.8.17

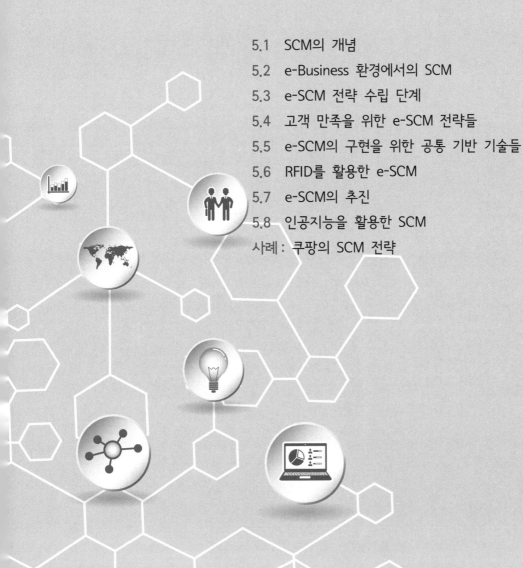

AI-Biz A to Z
제5장

e-SCM

e-Business 환경 하에서 기업의 수직적 가치 사슬이 해체되는 반면에
통합공급 사슬의 형태가 가속화되고 있다. 본 장에서는 효과적인 e-SCM
을 전개하기 위한 기본적인 개념들과 AI를 활용한 SCM을 다루고자 한다.

AI-Biz A to Z

e-SCM

머스크-아마존, '스마트 SCM' 맞수 대결 후끈

스마트 SCM을 논할 때 어김없이 소환되는 기업이 '아마존'이다. 아마존은 글로벌 셀링(Amazon Global Selling) 풀필먼트 서비스를 통해 물류, 창고 및 유통에서 나아가 구매, 배송까지 전 과정을 도맡아 처리할 수 있다. 물류 전과정에 영향력을 키우고 있는 이유는 어떠한 불상사가 생기더라도 신속하게 파악하고 조치할 수 있다는 점 때문이다.

항공, 해운물류 사업으로도 성장가도를 달리고 있다. 2016년 선박이 없어도 운송할 수 있는 (Non-vessel operating commom carrier) 자격을 획득한 아마존은 미국과 중국 사이 화물을 직접 실어 나르는 복합운송업체가 됐다. 코로나 여파로 컨테이너선을 구하기가 어려워진 최근에도 일반화물선을 직접 용선해 중국에서 제품을 실어 날랐다.

아마존은 2017년 고객이 구매 직후 의류 등 패션 제품을 빠르게 개발할 수 있는 솔루션을 개발했다. 아울러 물류로봇(AGV), 머신비전 솔루션 등 자체 개발해 보급하고 있다.

주로 이커머스를 다루던 아마존이 기존 해운업체들의 영역에 발을 들이려는 전략을 구사하고 있다면, 해운업계 선도업체는 반대로 이커머스 분야로 발을 넓히는 태세로 맞수를 놓고 있다.

'엔드 투 엔드'를 표방하는 세계 최대 컨테이너선사 머스크는 기업들의 '공급망'을 가장 상석에 배정했다. 전 세계 300개 항구로 사통팔달 뻗어 있는 글로벌 해운망을 포석으로 내륙운송 서비스, 통관 대행 서비스, 물류 창고 관리 및 유통 등 전 과정을 총괄할 수 있다며 연결성과 간소화 측면에서 자신감을 뿜어내고 있다. 몇 년 사이 크고 작은 이커머스 기업을 줄줄이 인수합병 중이다.

머스크는 이미 대기업들과 직접 계약을 맺고 있지만 중견·중소기업들에 맞는 SCM 편의성도 제공할 수 있다고 강조하고 있다. 특히, 고객들의 SCM 관리를 위한 금융 및 디지털 지원 서비스를 제공하고 있는데, 블록체인 기반의 디지털 물류서비스가 혁신의 중심에 있다. 머스크 '트레이드렌즈'는 IBM과 합작으로 구축한 오픈형플랫폼이다.

〈인더스트리뉴스 2021.11.08〉

5.1 SCM의 개념

인터넷과 같은 정보 기술의 비약적인 발전으로 수많은 기업들이 e−Business를 수행하고 있거나 e−Business로의 전환을 모색하고 있다. 수없이 많은 온라인상의 기업들은 물론이고 기존의 굴뚝 산업까지 e−Business의 진출을 모색하고 있으며 실제로 e−Business 계획을 실행으로 옮기고 있다. 수많은 닷컴들은 투자자들을 유치하기 위해 나름대로의 e−Business 수익 모델을 창출하고 있지만, 투자자들은 수익 모델을 구체적으로 갖고 있는 닷컴들에게만 투자를 한다. 이러한 상황에서 기존의 굴뚝 산업들도 e−Business를 성공하기 위해서는 자사의 상황에 맞는 모델 및 업무 프로세스를 구축해야 할 것이다.

사실 오프라인의 전통적 기업들은 e−Business를 수행하는 데에 더 유리한 조건을 가지고 있다. 왜냐하면 전통적 기업들은 닷컴들이 가지고 있지 않은 기존 고객과 업무 프로세스를 가지고 있기 때문이다. 물론 이러한 점이 닷컴에 비해 불리한 점으로 작용할 수 있지만 결코 그렇지만은 않다. 이를 어떻게 활용하고 변화시키느냐에 따라 장점이 될 수 있으며, 자사의 사업을 온라인과 성공적으로 연계시킬 경우 기업의 운영과 이익에 있어 시너지 효과를 일으킬 수 있다.

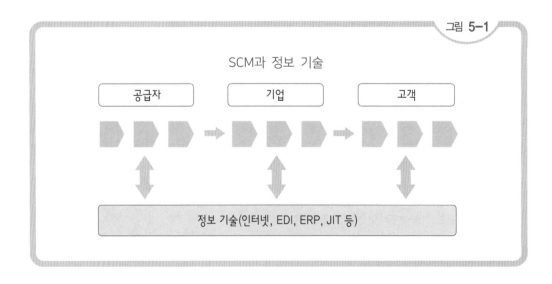

그림 5−1

또한 자사의 상품을 가지고 있다는 것 또한 이점이 될 수 있다. 자사 제품의 원가에 영향이 큰 요소들을 e-Business로 전환하여 제거함으로써 더 높은 수익과 판매 신장을 가져올 수 있기 때문이다. 그러므로 e-Business를 성공적으로 도입하기 위해서는 자신들이 갖고 있는 장점인 오프라인 강화를 통하여 e-Business 프로젝트를 수행해야 할 것이다. 즉 기존의 오프라인을 강화시키고 이를 기반으로 온라인과의 연동을 꾀해야 한다는 것이다. 자신의 뿌리인 오프라인을 그대로 둔 채 온라인만을 강화한다면 이는 사상누각이 되기 쉽기 때문이다. 이러한 오프라인 강화를 효과적으로 달성하기 위해서 반드시 수행해야 하는 것이 바로 공급 사슬 관리(SCM: Supply Chain Management)이다.

SCM은 초기에 현실적으로 수행하기 매우 어려운 것이 사실이었다. 많은 예산이 투입되어야 했으며, 인력도 부족했고 무엇보다도 이를 뒷받침할 수 있는 정보 시스템의 역량이 부족했다. 하지만 현재는 정보 시스템이라는 측면에서 볼 때 이전의 문제점들은 많이 해소되었으며 프로젝트를 수행할 수 있는 인력 또한 늘어난 것이 사실이다.

지금까지 기업의 e-Business는 주로 인터넷을 통한 거래에 초점을 맞추어져 있었다. 협업적 전자상거래(Collaborative Commerce)나 가치사슬 통합(Value Chain Integration) 등이 강조되기는 했지만 정작 이를 지원할 수 있는 기반 기술은 부족한 것이 현실이다. RFID를 도입하면 단순한 거래 정보뿐만 아니라 상품의 생산에서부터 출하, 선적, 배송, 판매에 이르는 전 과정을 언제, 어디에서나 실시간으로 추적, 모니터링 할 수 있게 됨으로써 진정한 의미의 인터넷을 통한 협업과 가치사슬 통합이 가능해 진다.

RFID(Radio Frequency Identification)는 기존의 바코드와는 달리 멀티태그 부착이 가능해 다양한 정보를 저장할 수 있고 무선으로 태그에 입력된 정보를 읽을 수 있다는 장점이 있다. 결과적으로 상품 인식에 소요되는 시간, 인력을 절감하고 유통물류의 자동화, 고속화 실현을 통해 물류비용 절감이 가능하게 된다. 또한 제조기업에서의 RFID 도입은 기존의 공급사슬관리의 효율성을 높이고, 이를 통한 관리비용 절감과 정확한 예측을 통한 생산성 및 마케팅 효율성 제고를 기대할 수 있다. RFID태그는 기존 바코드의 수천 배에 달하는 정보를 입력시킬 수 있기 때문에 공급망상에서 상품의 유통 과정에 대한 다양한 정보를 수집할 수 있으며 이를 제품기획, 생산관리, 판매관리 등에 연계하여 보다 정확한 수요 예측이 가능하게 된다.

SCM의 등장 배경

기업이 물류 관리의 중요성을 인식하게 되면서 부분적인 최적화보다는 전체의 최적화를 추구하기 시작했다. 그래서 등장하게 된 것이 비즈니스 프로세스 리엔지니어링(BPR: Business Process Reengineering)이다. BPR은 기능별, 부서별로 추구하던 부분적인 최적화보다는 기업의 업무 전체를 비즈니스 프로세스로 파악하여 전체의 최적화를 추구했던 기법으로 정보 시스템이 이를 가능하게 하였지만 기업의 경쟁 우위를 가져다주는 데는 다소 미흡하였다.

이러한 BPR의 추진 수단으로 1990년대에 전사적 자원 관리(ERP: Enterprise Resource Planning)가 등장하였다. ERP란 자원의 효율적인 활용과 경영 효율화를 위해서 생산, 재고, 재무 회계 등 기업의 기간 업무부터 인사 관계까지 기업 활

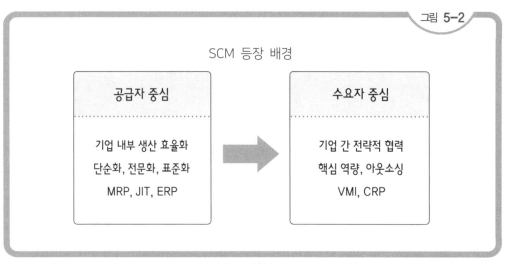

그림 5-2

SCM 등장 배경

공급자 중심	수요자 중심
기업 내부 생산 효율화	기업 간 전략적 협력
단순화, 전문화, 표준화	핵심 역량, 아웃소싱
MRP, JIT, ERP	VMI, CRP

* MRP(Material Requirement Planning): 자재소요계획
* JIT(Just In Time): 적시생산
* ERP(Enterprise Resources Planning): 전사적 자원관리
* VMI(Vendor Managed Inventory): 공급자 주도관리
* CRP(Continuous Replenishment Planning): 연속 보충계획

동 전반을 통합적으로 관리한다는 사고방식이다. ERP를 실현하기 위해 개발된 것이 통합 업무 패키지라고도 하는 ERP 패키지로 처음에는 제조업 중심의 기본 업무용 패키지로 출발하여 점점 마케팅, 생산, 회계, 인사 등의 기능들이 추가되어 지금은 기업 업무의 모든 데이터가 통합되고, 경영 활동들이 표준화되어 기업 내의 경영 효율화를 추구하는 중요한 정보시스템이 되었다.

이러한 ERP 패키지는 여러 회사의 기업 환경과 요구를 바탕으로 모든 회사에 해당하는 표준적인 기능을 패키지화하여 개발되고 있기 때문에, 자사에 적용하려고 하면 맞지 않는 부분이 나올 수가 있으며, 이러한 경우에는 ERP 패키지를 커스터마이징(Customizing)하여 자사에 맞추는 것이 가능하다. 하지만 커스터마이징 양이 많아지면 표준 비즈니스 프로세스 도입이라는 기능은 살릴 수가 없기 때문에 커스터마이징 양은 최소한으로 줄여야 한다. 대표적인 제품으로 SAP의 R/3, Oracle Application, BAAN의 BAAN IV 등이 있다.

이와 같이 ERP가 표준화된 비즈니스 프로세스가 적용 가능한 생산, 회계, 인사와 같이 보편성이 높은 분야에서는 높은 성과를 가져다주었지만 다양하게 변화되는 고객의 욕구를 극대화시키기에는 너무나 획일적인 시스템으로서 고객 위주의 비즈니스 프로세스를 실현하는 데는 한계가 있었다.

비즈니스 프로세스의 통합은 궁극적으로 자사를 중심으로 원자재 공급자에서부터 최종소비자까지를 통합함으로써 고객 만족을 실현하는 것이다. 따라서 기업들은 기업 내부의 생산 효율화를 추진하면서 기업 간 전략적 제휴 및 협력을 추구해 나가지 않으면 안 되는 글로벌 공급 사슬 경쟁 시대를 맞이하게 되었다. 이러한 글로벌 공급 사슬의 경쟁을 위해 1990년대 이후 SCM은 급부상하게 되었으며 특히 인터넷과 같은 정보기술의 등장은 공급자, 기업, 고객을 연결하는 가치사슬을 더욱 통합시키고 새로운 가치사슬의 기회를 제공하게 되었다.

공급사슬관리

공급 사슬(Supply chain)이란 '원자재의 공급자로부터 공장, 도매상 재료의 추출 단계에서 최종 소비자까지 재화가 흘러가고 변환되는 과정의 모든 활동과 이에 연관된 정보의 흐름'을 말한다.

　　공급 사슬 관리란 '고객의 고객에서 공급자의 공급자까지의 전체 프로세스에 걸친 가치 사슬(Value chain)의 최적화 및 이를 통한 가상 기업(Virtual company)의 구현'이다. 다시 말해 고객의 가치를 더해 주는 제품, 서비스 및 정보의 최초 공급자부터 최종 고객에 이르는 모든 비즈니스 프로세스의 통합을 의미한다. 이러한 SCM은 구매, 제조, 자재 관리, 제품 계획 및 통제, 물류 및 창고, 재고 통제, 분배 및 배달 등의 많은 활동을 포함한다.

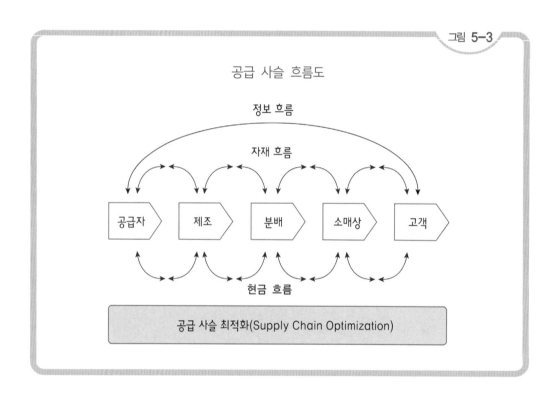

그림 5-3

🏯 가치 사슬

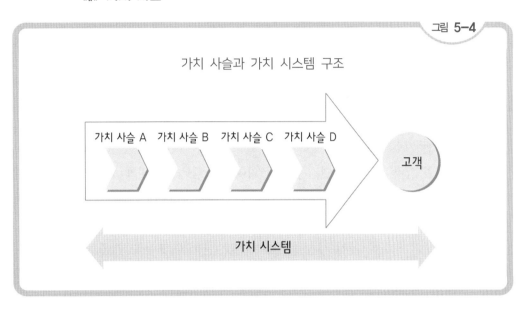

그림 5-4

가치 사슬과 가치 시스템 구조

가치 사슬이란 기업의 각 활동이 진행되면서 제품이나 서비스의 가치를 증가시켜 주는 것을 의미한다. 예를 들어 소매상은 제품을 고객에게 적기에 판매함으로써 제품의 가치를 높이며, 제조 업체는 제조 공정의 각 단계에서 제품의 가치를 높인다. 서비스 업체는 친절하고 충분한 서비스를 제공함으로써 가치를 부가시켜 준다.

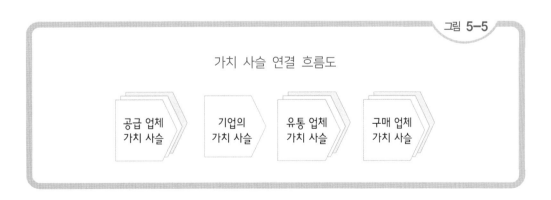

그림 5-5

가치 사슬 연결 흐름도

표 5-1 가치 사슬과 가치 시스템 비교

구분	구성 요소	분석 대상	정의
가치 사슬	가치 활동 (생산, 판매, 구매, 지원 등)	기업 내부	가치 활동의 연결을 통해 부가가치를 창출하는 기업 내 프로세스
가치 시스템	가치 사슬 (공급, 제조, 유통 업체 등)	산업·기업 간 관계	가치 사슬의 연결을 통해 제공되는 가치를 창조하는 프로세스

한 기업의 가치 사슬은 수많은 활동들로 연결된 거대한 흐름의 일부분이며, 이러한 가치 사슬들의 연결은 결국 가치 시스템을 형성하게 된다. 가치시스템은 기업에 필요한 원자재를 제공하는 공급 업체와 그들의 가치 사슬을 포함하며, 일단 기업이 제품을 생산하면, 그 제품들은 유통 업체의 가치 사슬을 통하여 나름대로의 고유한 가치 사슬을 가지고 있는 구매자 또는 고객에게 전달된다.

경쟁 우위를 확보하고 유지하며, 정보 기술을 이용하는 경쟁 전략의 수립에는 이러한 가치 사슬과 가치 시스템 전체에 대한 경영자들의 이해가 우선적으로 이루어져야 한다.

5.2 e-Business 환경에서의 SCM

e-Business 환경 하에서의 SCM은 기존의 SCM 전략을 인터넷과 같은 웹에 기반하여 구현하는 것을 의미한다.

SCM은 이제 인터넷과 같은 e-Business 환경 하에서 더욱 가속화되고 점점 더 통합된 공급 사슬의 형태를 지니게 될 것이다. 따라서 가치 사슬 전체를 관리할 수 있는 시스템이 필요하고, 이를 위해서는 정보 기술의 지원이 필수적이다. 즉, 공급 사슬 자체가 복잡하고 업무 체계 및 다양한 요구가 존재하는 상황에서 효과적인 SCM을 전개하기 위해서는 인터넷과 같은 정보 기술은 매우 필수적인 도구가 된 것이다. 과거에 막대한 투자가 요구되었던 관련 기업 간의 시스템 연결이 인터넷의 등장으로 엄청나게 저렴한 비용으로 가능하게 되었다.

인터넷의 등장으로 기업의 수직적 가치 사슬은 해체되는 반면에, 기업들이 e-Business 연관 분야 또는 타 산업으로 진출하는 수평적 확장 현상은 가속화되고 있다. 기업들은 이러한 확장을 통해 향후 통합된 경쟁력을 바탕으로 지속적인 성장을 유지할 수 있게 될 것이다.

e-SCM 핵심

e-Business 환경 하의 SCM, 즉 e-SCM은 공급 사슬 요소 하나 하나의 유기적인 결합을 통하여 경쟁력을 확보하고 급변하는 시장 환경에 신속하게 대응하는 것을 목적으로 한다. 특히 불확실한 경영 환경에 역동적으로 대응하려는 것이 e-SCM의 추구 목적이다. 기업은 이러한 역동적인 대응능력을 갖추기 위해서는 다음과 같은 핵심 사항을 고려해야 한다.

첫째, 시장의 변화를 빠르게 판단하는 능력을 가져야 한다. 현재의 시장상황과 자사의 e-SCM 체계를 비교 분석하는 능력을 의미한다. 즉, 자사가 재고로 보유하고 있는 제품에 대해서는 시장의 실수요를 파악하며, 주문 제품에 대해서는 고객 기업의 생산 계획 정보를 동적으로 공유하는 것이 중요하다.

둘째, 시장 변화, 공급 활동 상황이 지연 없이 전달되어야 한다. 시장 변화와 공급 활동과 관련된 모든 정보가 기업 내부의 영업 부서, 물류 운송부서, 제조 부서에 걸쳐 공유되어야 하고, 어떠한 왜곡도 있어서는 안 된다. 흔히 채찍효과(Bullwhip Effect)라고 하는 공급 사슬상의 문제점이 일어나기 쉽다.

채찍효과

채찍효과는 공급 사슬을 거슬러 올라가면서 수요 변동을 고려하여 생기는 수요 예측의 증폭 효과를 의미한다. 예를 들어, 소매상이 1월에 100개, 2월에 100개로 수요 예측을 가정하였을 경우에, 도매상은 혹시 생길지 모르는 소매상의 수요 변동을 고려하여 1월에 120개, 2월에 120개를 확보하게 됨으로써 공급자들에게 심한 영향을 주게 되는 것이다. 이러한 채찍효과의 문제점을 최소화하기 위해 기업 간 재고 정보, 가격 정책, 협동 운송 등의 기법들을 사용한다.

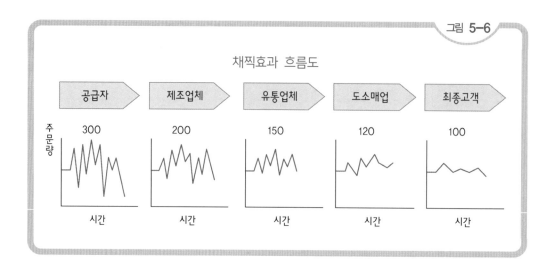

그림 5-6

채찍효과 흐름도

주문량

공급자	제조업체	유통업체	도소매업	최종고객
300	200	150	120	100
시간	시간	시간	시간	시간

셋째, 계획 조정에 소요되는 시간을 단축해야 한다. 시장 변화에 따른 계획 변경이나 조정을 현장에서 수행하도록 함으로써 신속한 의사 결정을 내리도록 해야 한다.

넷째, 변화되는 계획에 대한 작업자들의 신뢰가 필요하다. 자주 변경되는 계획에 대해 작업자들은 믿고 따르는 것이 필요하며, 이를 위해 확실한 조직 체계가 뒤따라야 한다.

다섯째, e–SCM 상의 처리 시간을 최소화하여야 한다. 처리 시간이란 자재가 여러 단계의 처리 과정을 거치면서 궁극적으로는 현금으로 바뀔 때까지 걸리는 시간을 말한다. 이러한 처리 시간을 단축시킴으로써 제품이 시장에 출하되는 시간을 단축시킬 수 있을 뿐만 아니라 고객의 요구에 신속하게 대응할 수 있게 된다.

여섯째, 경험에 의한 효과적인 수요 예측 시스템을 개발해야 한다. 기존에 기업이 갖고 있던 예측 시스템을 활용하여 e–SCM의 수요 예측을 위해 지금까지의 경험들을 반영하여야 한다.

5.3 e-SCM 전략 수립 단계

e-SCM 전략 수립을 위해서는 [그림 5-7]에서와 같이 3단계의 순환 과정을 거쳐 구현해 나갈 수 있다. 기업은 자사의 특성과 환경에 따라 지속적으로 개선·보완되어야 한다. 기업은 자신을 진단하고 중점 분야를 파악하여 모델링하고 이에 맞는 정보 기술 솔루션을 채택함으로써 e-SCM을 구축하였더라도 실제 수행되는 과정을 거치면서 변화하는 경영 환경에 적합한 새로운 전략과 전략적 개선이 뒤따라야 한다.

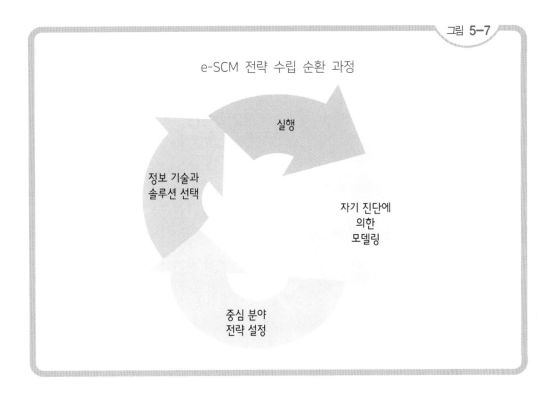

그림 5-7

e-SCM 전략 수립 순환 과정

e-SCM 1단계: 자기 진단에 의한 모델링

기업이 e-SCM 전략을 수립하기 전에 해야 하는 사전 작업이 바로 자기진단에 의한 모델링이다. 자기 진단 과정에서는 자사의 의사 결정 과정, 비즈니스 프로세스, 성과 측정과 같은 경영 관리 분야와 데이터베이스, 정보 통합 기술, 인터넷 활용 같은 정보 흐름 관리 분야, 그리고 배송 체계, 공급자와 고객과의 파트너십 등 기업 상호 협력 관계에 대한 체크리스트를 만드는 것도 한 가지 방법이 된다. 이러한 활동을 통해 자사의 강·약점을 파악하고 문제점을 도출함으로써 e-SCM 모델을 설계할 수 있다. 주의할 점은 기존의 부문별 최적화가 전체 최적화에 기여할 것이라는 관점에서 벗어나야 한다는 것이다.

이러한 자기 진단 과정을 거쳐 자사의 특성과 환경에 적합한 정보 기술과 솔루션을 채택하여 자기 고유의 e-SCM 모델을 구성해야 한다. 아직까지 자사의 특성을 고려하면서 기업 간 통합을 가능하게 하는 e-SCM 통합 솔루션은 매우 미흡한 실정이다. 따라서 기존에 생산, 구매, 수배송, 고객 관리 등 분야별로 개발되어 있는 기법들과 인터넷과 같은 정보 기술을 활용하여 통합하는 것이 바람직하다.

e-SCM 2단계: 중점 분야의 전략 설정

자기 진단에 의한 모델링이 정립되면, 중점 분야의 전략을 설정해야 한다. 업종에 따라 [그림 5-8]과 같이 구매, 제조, 유통의 상대적 부가가치는 다르게 나타난다.

🛉 구매 중심의 SCM

소비재를 생산하는 제조업체는 구매 중심의 SCM을 필요로 한다. 제조업체는 고객의 수요에 따라 자재 소요 계획(MRP: Material Requirements Planning)으로 계

그림 5-8

업종별 e-SCM의 상대적 부가가치

	구매	제조	유통
구매 중심	60~70%	10~15%	10~25%
제조 중심	30~50%	30~50%	5%
유통 중심	30~50%	5%	30~50%

자료: Thru-put Technology.

획을 세우고 주문을 하지만, MRP 시스템은 공급자와 시장의 환경 변화에 신속하게 적응할 수 있는 유연성이 부족하다. 따라서 선진 일정 계획(APS: Advanced Planning & Scheduling)에 의한 실시간 스케줄링이 우선적으로 요구된다.

제조 중심의 SCM

제조 중심의 e-SCM은 제품의 구조가 복잡하여 현장에서의 부품 흐름과 관리가 매우 어려운 제조업체에 필요하다. 따라서 자재의 흐름을 신속하고 원활하게 하는 새로운 방법이 요구된다. 공장 내의 자재 흐름이 안정되어야 외부의 공급 사슬이 효과적으로 연결된다. 이러한 제조 중심의 e-SCM에서는 현장의 실행 계획과 스케줄을 통제할 수 있는 백오피스(의사 결정 과정, 비즈니스 프로세스, 성과 측정)를 우선적으로 구축해야 한다.

유통 중심의 SCM

유통 중심의 e-SCM에서는 물류를 담당하는 공급자와의 협력 관계가 중요하다. 유통 과정이 복잡하고 유통이 핵심인 기업인 경우는 유통 과정에서 발생하는 모든 정보가 즉각적으로 시스템에 통합되어야 한다.

👥 고객의 수요

고객의 수요에 영향을 줄 수 있는 요인으로는 제품 수명 주기, 수요 예측 가능성, 제품 다양성, 그리고 생산 시간과 서비스에 대한 시장 표준 등이 있다. 이러한 요소들이 수요에 미치는 영향에 따라서 생산 제품은 기능적 제품 (Functional product)과 혁신적 제품(Innovative product)으로 분류된다. 기능적 제품은 꾸준히 일정량이 판매되는 식품이나 공산품을 말하며, 혁신적 제품은 계절 혹은 유행을 타는 제품으로 제품 수명이 1년 미만의 짧은 제품들이다.

기능적 제품은 유통 중심의 e−SCM 전략을 필요로 한다. 즉, 물류 단계를 줄이고 판매 예측을 정확히 하여 타사의 경쟁 상품보다 낮은 가격으로 시장에 내놓는 것이 중요하다. 혁신적 제품은 구매 중심의 e−SCM 전략을 필요로 한다. 유통 마진보다는 고객의 요구를 신속하게 파악하여 고객 주문에 대한 재고 부족 현상(절품률)을 감소시킴으로써 판매 수익을 증가시키는 것이 더 중요하다.

e-SCM 3단계: 정보 기술과 솔루션 선택

인터넷과 같은 정보 기술의 활용은 e−SCM을 구현하는 데 핵심적이다. 최근에는 정보 기술과 경영 프로세스 설계 기술을 앞세운 솔루션 벤더들이 SCM 구현에 앞장서고 있다. SCM의 구현에 솔루션의 도입이 절대적인 것은 아니지만, 최적화를 추구한다면 자체 개발에는 한계가 있을 것이다. 문제는 어떤 솔루션들을 어떤 순서로 도입해야 하는지, 그리고 이들을 중심으로 어떻게 커스터마이징할 것인지가 주요 과제이다.

SCM은 ERP와 밀접한 관련이 있으므로, 이들 간의 통합은 필수적이다. 서로 다른 회사라면 이 부문에 대한 충분한 검토가 요구된다. 그리고 많이 알려진 브랜드를 무조건 선택하는 것은 문제가 있을 수 있다. 고가의 소프트웨어와 컨설팅 비용은 큰 부담이며, 불필요한 기능에 많은 비용이 투자되는 결과가 될 수도 있기 때문이다. 정확하고 세부적인 모델링을 바탕으로 최적의 솔루션을 선택한다면, 성공적인 e−SCM을 이끌 수 있을 것이다.

5.4 e-SCM 전략

　　e-SCM 전략은 고객이 주문 후 상품을 받을 수 있기를 기대하는 도착시간 (고객허용 리드타임)과 실제로 공급자가 고객에게 배달하는 시간(공급 리드타임)과의 비교에 의해 〈표 5-1〉과 같이 e-SCM 전략을 추구할 수 있다. 즉, 고객허용 리드타임이 공급 리드타임보다 클 경우에는 대량 개별화 전략이 가능하며, 고객 허용 리드타임이 공급 리드타임보다 작을 경우에는 공급자 주도재고관리, 연속 보충 계획 전략을 추구해야 하며, 고객허용 리드타임이 공급 리드타임보다 같을 경우에는 동시 계획 전략을 추구해야 한다. 일반적인 e-SCM 전략은 제3자 물류전략이 있다.

표 5-1 고객 만족 수준과 e-SCM 추구 전략

고객 만족 수준	추구 전략
고객 허용 Lead Time > 공급 Lead Time	• 대량 개별화 전략
고객 허용 Lead Time < 공급 Lead Time	• 공급자 주도 재고관리 • 연속보충 계획
고객 허용 Lead Time = 공급 Lead Time	• 동시계획 전략
전형적인 전략적 서비스	• 제3자 물류 전략

대량 개별화(Mass Customization) 전략

　　공급 리드 타임을 고객 허용 리드 타임보다 단축하는 것이 가능하면 이 전략이 채용할 수 있는 가능성이 있다. 이 전략은 개별 수주 생산을 수행함으로써 활용되지 않는 재고(Dead Stock)의 위험을 최소화하며 고객 요구에 대응한 개별화된 서비스를 행함으로써 기회 손실을 최소화하는 전략이다. 전략의 실행 시에는 수주 주문 단위로 고도의 공급 계획의 조정 능력이 있다는 것이 조건이 된다. 향후에는 이제까지 적응이 어려웠다고 생각한 분야인 제품에 대해서도 고도의 조정 능력을 획득함으로써 이 전략이 채택될 가능성이 높다.

구체적으로 델 컴퓨터(다양한 사양의 PC 수주 후 5일 만에 납입), 내셔널 자전거(산악자전거를 중심으로 개별 사양에 기초한 자전거를 수주 후 14일 만에 납품), 미국의 리바이스 트라우스(소비자의 크기에 맞는 고객 주문 제작의 셔츠를 전 미국에서 수주 후 5일 만에 납품) 등이 유명하다.

공급자 주도 재고 관리 전략

공급 리드 타임이 고객 허용 리드 타임보다 긴 경우, 예를 들면 소비재 등은 소매점 매장과 물류 센터에 재고를 보유하는 것을 원하지 않는다. 이 형태로 운영을 하고 있는 경우에는 재고 보충을 위해 실수요 정보가 소매점에서 상류 기업으로 일정 기간의 배치 처리로 전달되어야 하지만 이 경우 앞에서 언급한 채찍 효과에 의한 정보의 왜곡이 발생하기 쉽다. 이 때문에 수요 변동의 정보를 가능한 한 왜곡시키지 않고 상류로 전달하는 것이 과제가 된다.

구체적으로는 상류 공정의 기업(제조업 등)이 직접 소매점의 매장 재고와 물류 센터 재고를 관리하는 VMI(Vendor Managed Inventory: 공급자 주도형 재고 관리)와 CRP(Continuous Replenishment Plan: 연속 보충 계획) 전략이 대표적이다.

종래에는 소매점의 매장에서 팔린 정보와 수요 예측 정보, 재고 정보에서 발주 수량을 자동 보충 프로그램으로 결정했다. 그러나 VMI에서는 소매점은 매장의 POS 정보를 실시간으로 EDI로 제조업자에게 제공하고, 제조업자는 정보를 기초로 수요 예측 프로그램과 보충 프로그램을 가동시켜 매장에 재고 보충을 실시한다. 이것에 의해 제조업자는 채찍 효과에 의한 정보 왜곡의 영향을 받지 않고 수요 예측과 판매 계획, 생산 계획의 조정이 가능하게 된다.

일본에서는 BPR의 전형적인 예로서 받아들여져 발주 작업, 검품 작업 등을 삭감시키는 것이 가능하다는 작업 효율의 측면에서 주목되었지만, 여기서는 제조업에 있어 이점이 불명확하다는 문제가 있다. VMI·CRP 전략의 첫 번째 목적은 채찍 효과의 억제로 제조업에 있어서는 이점도 크다. 또 그 포인트는 실제 데이터를 기초로 한 수요 예측 알고리즘의 개발이다. 미국의 식품 제조업자 A사의 예에서는 VMI·CRP 전략을 개시한 3주 후에 물류 센터의 재고 수준을 47% 압축시키는 것과 함께 결품율을 7%에서 약 1% 이하까지 개선하는 것에 성공했다. 단순히 VMI 전략을 적용하여 판 물건을 그 수량만큼 보충하는 방식에서는 이 정도의 효과는 기대할 수 없다. 오히려 다양한 상품 속성에 의해 팔리는 특성과 캠페인, CM의 효과 등을 집어넣은 수요 예측 시스템의 도입에 효과가 크다.

VMI 프로그램 실시 후 재고 수준을 낮추는 것이 3주가 걸렸던 것은 수요 예측 알고리즘의 개발에 그 정도의 기간이 필요했기 때문이다. 이 알고리즘의 개발에는 DW(Data Warehouse) 등의 IT 혁신이 공헌하였다.

동시 계획 전략

과거에는 부품 등의 자본재 제조 기업에 있어 수주 생산이 많았지만, 최근에는 수주 생산에 의한 대응이 어려워지고 있다. 이 때문에 제품 재고를 보유할 필요는 없지만, 중간 제품까지는 예측 생산을 실행하는 형태(이른바 하이브리드형의 생산 형태)가 채택되고 있는 경우가 많다. 이 경우는 고객으로부터 확정 주문과 예측 생산의 차이에 대하여 어떻게 신속하게 생산 계획을 조정, 변경한 후 현장으로 작업 지시를 부여하여, 확실히 작업을 수행하고 납기 달성률을 높여갈 것인가가 중요한 과제가 된다. 동시계획(Short Cycle, Concurrent) 전략은 다음의 6가지 행동으로 구성된다.

예측 정밀도의 향상

자본재의 경우는 고객 기업으로부터 확정 발주 및 고객 기업의 생산 계획 정보를 기초로 한 발주 계획을 EDI 사용의 높은 빈도로 지체 없이 입수하는 것이 중요하다. 이렇게 하면 고객 기업의 생산 계획 수정 등에 대한 대응에 있어서도 시간 지체를 보다 줄일 수 있다. 물론 요구되는 납기, 수량과 공급 능력 사이에 부조화가 발생하는 경우에는 납입 가능 수량, 납기를 EDI로 답신하여 고객 기업의 생산 계획 조정을 의뢰한다. 이렇게 고객 기업과의 긴밀한 협력 활동은 예측 정밀도의 향상 포인트가 된다.

👥 짧은 주기의 계획 회전(Short Cycle Plan Rolling)

판매 계획, 생산 계획, 조달 계획을 일관성 있게 수차례에 걸쳐 입안, 조정하는 것이 핵심이다. 계획 실행 시기와 계획 수정 간격도 가능한 한 짧게 하는 것이 요구된다. 컴팩 사에서는 시장 동향에 즉시 대응하여 전 세계의 생산 계획을 8시간 단위로 조정하고 있다. 최근의 APS(Advanced Planning System) 등의 IT 혁신에 의해 이와 같은 계획 업무의 효율이 비약적으로 향상되어 가는 것은 주목해야 한다. APS는 고객 납기, 부품의 가용성, 생산 능력(설비, 노동력)의 요소를 동시에 고려하여 또 동시에 TOC(Theory of Constrains)와 공급 사슬 활동의 동기화 등을 고려하여 재공 재고(생산과정 중에 있는 제품의 재고)의 극소화를 꾀하며, 현실적으로 가능한 공급 계획의 선택지를 제시한다. 계획 입안자는 이 선택지에 따라 그때마다 우선순위를 고려하여 각종 조건을 상호 작용적으로 변화시켜서 단기간에 최적의 계획 입안을 실시하는 것이 가능하다. 또 계획 변경의 대체안 평가에 대해서 공급 사슬 전체의 성과 평가 기준을 정해 신속히 하는 것이 중요하다.

👥 주문 단위의 계획 재편성

예를 들면 짧은 주기의 계획 회전을 실시해도 한정된 특별 고객(대고객, 특정 중요 고객 등)의 중요한 주문은 주문 단위로 계획을 변경 및 조정하고, 납기 회답 등을 실시하는 것이 필요하다. 이때에 이미 계획된 것 외의 주문에 대응하는 경우에는 가격 프리미엄을 요구하는 것이 효과적이다.

👥 공급 업자에게 수요 계획 정보의 제공

수요 계획 정보를 공급 업자에게 전달하여(예측 정밀도의 향상을 역의 입장에서 실시해 가게 된다) 미리 제품을 준비해 놓음으로써 공급 업자는 대응 능력이 증가하게 된다.

🏛 시시각각 변화하는 계획의 확실하며 신속한 실행 지시

생산 현장에 대한 계획 조정과 변경 실행 지시를 확실히 전달한다. 이것을 위해서는 부문의 벽을 뛰어넘고 계획계 시스템과 실행계 시스템이 통합 환경이 되어야 한다. 이른바 ERP는 통합 환경을 구축하는 데 적합한 시스템이다.

🏛 계획과 실질 작업의 차이 파악과 경고

계획계의 제조 지시에 대한 실질 작업상의 문제와 차이를 신속히 파악하여 큰 차이로 발전되기 전에 재차 계획 조정을 실시한다.

제3자 물류(Third Party Logistics) 전략

시장의 판매 동향에 맞춰 임기응변으로 공급 사슬 전체의 공급 계획을 조정하기 위해서는 기업 간 수송에 대한 화물 추적(Tracking) 정보와 재고 정보의 실시간 관리가 불가결하다. 이러한 수송을 담당하는 기업의 요구에 대응하여 선진적인 국제 물류 사업자는 국제 표준의 EDI를 최대한 유효하게 활용하여 국제적인 업무 제휴를 행하여 고도의 글로벌 물류서비스를 전개하고 있다.

예를 들면 미국의 A사에서는 고객이 사용하는 부품 등의 물류 관리를 일괄하여 하청을 주어, 아시아에서 생산된 부품이 공장 출하에서부터 선적, 미국 내로 수입 통관 수속, 물류 센터로 육지 수송, 물류 센터로부터 공장까지의 육로 수송까지에 이르는 전체 수송 경로상의 상세한 화물 추적 정보(예를 들면 특정한 제품 번호에 대하여 해상에서의 재고는 어느 정도인지, 수입 통관 후 신청했지만 아직 허가되지 않은 물건은 어느 정도인가 등)를 고객에게 제공하고 있다.

여기서 중요한 점은 A사는 해상 수송과 육상 운송을 실시하는 수송 수단을 자사가 보유하고 있지 않음에도 불구하고 자세한 화물·추적 정보를 화주에게 제공하고 있다는 것이다.

사실은 A사는 국제 표준의 EDI를 이용하여 각각의 주체(선박 회사, 세관, 화물

추적 사업자) 간의 화물 추적 관리 정보를 교환하는 계약을 하고 있는 것에 불과하다. 또 화물의 상황 정보를 A사에 제공하는 선박 회사 등에 있어서도 A사를 위한 것만으로 이러한 체계를 구축하고 있는 것이 아니라는 것은 중요하다. 국제 표준인 EDI를 이용한 메시지 교환을 실시하는 체계를 구축하고 있는 기업 간에는 비교적 적은 투자와 이와 같은 고도의 서비스가 실현 가능하다.

선진 사례에서 볼 수 있는 것과 같이 EDI의 체계를 효과적으로 활용하여 물류 사업자가 마치 화주 기업 내부의 물류 부문과 같이 활동하는 긴밀하고 일체적인 기업 간 관계를 형성하는 것이 가능하다. 아울러 물류 사업자는 화주의 국제 물류 부문의 활동을 통합적으로 끌어들일 수 있는 고도의 물류 아웃소싱 전략(제3자 물류: Third Party Logistics)을 전개할 수 있으며, 화주 기업 측면에서 보면 글로벌한 공급 사슬 제공 활동의 진척 상황을 실시간으로 파악하여 시장 변화에 기민한 조정을 가능하게 한다.

5.5 e-SCM의 구현을 위한 공통 기반 기술들

e-SCM 구현에 이용되는 공통적인 기술과 기법은 두 가지의 공통점을 가지고 있게 된다. 하나는 e-Business 환경 하에서 구현되는 새로운 물류 시스템 구축이며, 두 번째는 전체 공급 사슬 상의 제품 거래 파트너들과 각종 서비스 제공자들을 통합하는 물류 체계를 만드는 것이다. 정보 기술 환경의 여러 기능을 이용해서 공급자 주도의 재고 관리, 사전 납품 통보, 표준 코드, 바코드 등의 앞선 기법을 도입하여 전체 공급 사슬을 차별화시켜 경쟁 우위를 달성할 수 있다.

정보 기술을 이용한 물류 기법

🎭 전자상거래(EC) 환경

전자상거래의 기본은 EDI이며 여기에 전자메일, 전자게시판 등이 부가되어 사용되고 있다. 최근에는 전자카달로그, 전자대금결제 등의 부가적인 애플리케이션이 추가되어 이용 범위가 더욱 확대되고 있다.

🎭 전자메일/전자게시판(E-mail/BBS)

상거래는 상거래 문서 이외에도 많은 커뮤니케이션과 정보의 교환이 필요한데, 이러한 니즈를 전자적으로 해결하는 것이 전자메일과 전자게시판이다.

전자메일은 두 파트너 간에 비즈니스 상담이나 상품 정보 등 보안이 필요한 일반 정보를 주고받을 수 있으며, 전자게시판에서는 다수의 파트너를 대상으로 상품 광고나 공지 사항 등을 제공하여 커뮤니케이션의 효율을 높일 수 있다.

🎭 전자카달로그(Electronic Catalog)

기존 종이에 인쇄된 상품 카달로그를 대체하는 것으로 상품 사진이나 각종 사양 등을 그대로 전자적으로 기록해 데이터베이스화하여 제공하는 것이다. 제작 기간과 비용을 대폭 절감할 수 있으며, 신제품 출시나 제품 사양이 변경됐을 경우 전체 카달로그를 재제작하던 번거로움을 피할 수 있다. 추가 비용 없이 간단한 상품 추가 및 수정으로 항상 최신의 상품 정보를 제공할 수 있다.

🎭 서류 없는 거래(Invoiceless Trading)

전자상거래 환경에서는 상품 주문 시 필요한 정보를 입력하면, 이 정보는 거래 상대방과 거래 정보에 대한 보안이 갖춰진 정보 통신망을 이용해서 그대로 공급자에게 전달된다. 정보를 재입력하지 않고도 자동적으로 공급자 시스템에서 처리된다. 상품이 준비되면 공급자는 주어진 주문 번호에 의해 수신한 주문 정보를 납품 통보 형태로 주문자에게 전송한다. 이러한 납품 정보는 추가적인 작업 없이 그대로 주문자 정보 시스템에서 처리되어 전자결제에까지 연결되어 지불 업무까지 완결된다.

이와 같이 거래 시작에서 완결까지 한 번의 정보 입력으로 처리되므로 재입력 등에서 발생하는 오류를 예방할 수 있고, 종이 문서를 배제한 거래를 완결할 수 있어 상거래 업무를 빠르고 정확하게 처리할 수 있다.

👥 사전 선적 통보(Advanced Shipping Notice)

구매자가 구매 주문서를 전자적으로 송신하면 공급자는 이 주문서에 의하여 상품을 생산 또는 조달하여 납품하게 된다. 납품 전에 납품에 대한 구체적인 정보를 미리 구매자에게 통보하여 구매자가 입고 계획(인원·장비, 배치, 운송 등)을 마련하도록 하여 납품에 소요되는 시간을 단축하고 효율을 증대시킨다. 이 때 통보되는 정보는 주문 번호, 납품 일시·시간, 상품, 수량, 포장 단위, 운송 차량 등 구체적인 정보이므로 구매자는 입고 절차를 효과적으로 수행할 수 있다.

공급자 주도 재고 관리

👥 QR(Quick Response)

QR은 소매업자와 공급자가 긴밀히 협력하여 소비자의 구매 패턴에 맞게 상품 공급 주기를 개선하는 것이다. 즉 상품에 대한 판매 정보를 수집하여 공급망의 참여자들이 공유, 필요한 상품을 필요한 시기에 공급하는 것이다. 이를 통해 상품의 주문과 납품 주기를 단축하여 상품의 품절을 예방해서 가용률을 높이고 판매를 늘릴 수 있다.

👥 AR(Automatic Replenishment, Profile Replenishment)

AR은 공급자의 역할이 좀더 확장된 개념으로 QR이나 CR은 판매 실적에 따른 상품의 보충이지만, AR은 공급자가 좀더 적극적으로 그들이 가진 상품에 대한 지식과 경험을 토대로 장래의 수요 예측에도 참여하는 것이다.

이렇게 하면 공급자가 더 많은 책임을 가지게 되어, 특히 회전율이 빠른 상품에 대한 소매업자의 단품 판매 관리나 재고 관리의 부담을 덜어 주게 되고 그에 따른 비용을 줄여 주게 된다. 공급자는 공급망의 상품의 흐름을 잘 파악할 수 있어 상품 공급의 효율을 높일 수 있다.

👥 CRP(Continuous Replenishment Planning)·VMI(Vendor Managed Inventory)

이것은 QR이 발전되고 개선된 개념으로 구매자로부터 공급 주문이 없이도 공급자가 소매업자의 재고를 계속적으로 보충하여 줄 수 있도록 공급망에 유연성과 효율성을 더해 주는 것이다. 즉 공급자는 구매자로부터 매일 소매점 판매 정보나 물류 센터 출하 정보를 통신망을 통해 수신해서 필요한 상품을 공급하고, 구매자는 이렇게 보충된 물량을 구매하는 것으로 합의하는 것이다. 이를 위해서는 두 가지 기본 요건이 갖추어져야 한다. 하나는 공급자와 구매자 간에 정보, 특히 사전 납품 통보를 주고받을 수 있는 효과적인 정보 통신망이 있어야 하고 또 하나는 판매 물량이 운송의 경제성을 얻을 수 있을 만큼 충분하여야 한다.

중앙 집중 관리: 일괄 구매·일괄 배송

총공급망 관리를 효과적으로 수행하고 그 효과를 극대화하기 위해서는 일관성 있는 정책과 관리가 필요하게 된다. 즉 SCM을 구현하기 위한 각종 절차나 기준은 모든 작업 현장에서 동일하게 적용되어야 효율을 최대한 올릴 수 있다. 또한 고객이 원하는 모든 상품의 구색을 갖추어야 고객에게 쇼핑 편의를 제공하고 고객 욕구를 충족하여 비즈니스 기회를 늘릴 수 있게 된다. 게다가 거래 물량이 경제적 규모 이상이 돼야 SCM의 효과를 최대화할 수 있다.

이러한 목적을 효율적으로 달성하기 위하여는 첫째, 모든 물동량 관리가 한 곳으로 집중되어야 하고, 둘째는 모아진 상품을 고객의 요구에 맞게 분류·포장 등의 작업을 해야 한다. 셋째는 이렇게 고객 단위로 선별된 상품을 고객이 요구한 장소와 시간에 배달하여야 한다.

이를 위하여 중앙 물류 센터를 설치하여 상품 구색을 갖추는 것은 물론 구매와 배송 절차를 단순화하여 구매 단가나 운송 단가를 최소화할 수 있고, 또 한편으로는 각 점호에 상품 배송 주기를 단축하여 상품 재고 부담을 덜면서 판매 기회를 늘릴 수 있다.

한편 물동량이 경제 규모에 이르지 못하는 소규모 업체들은 공동의 이익을 위한 단체를 결성하여 그들의 힘을 모아 공동으로 대응함으로써 대규모 업체와 똑같은 규모의 경제 이익을 누리면서 영향력을 키워 나가고 있다. 그 대표적인 예가 공동 물류 센터를 운영하여 공동 구매, 공동 배송으로 경쟁력을 확보하는 방법이다.

중앙 물류 센터

앞에서 살펴본 바와 같이 SCM 추진에서 가장 많이 관련되는 것이 공급망 전체로서의 물류 업무이고, 또 이 물류가 원활히 수행되어야 SCM의 효과를 제대로 얻을 수 있다는 것을 알 수 있다. 고객의 요구 사항을 충족시키면서 물류 업무를 경제적이고 효율적으로 운영하는 것이 경쟁력의 필수조건이 되었으며, 이를 달성하기 위해 집중·커스터마이징·배송 세 과정이 필요하게 되었다. 이러한 세 가지 과제를 원활하고 효과적으로 수행하는 현실적인 방법이 중앙 물류 센터 설치와 그 역할의 확대·강화이다. 즉 모든 주문과 상품을 중앙 물류 센터에서 관리하여 물량을 최대화하여 경제 규모를 만들고, 또한 고객의 주문 요구에 맞춰 구색·소분·포장 등의 작업을 일관성 있게 수행하고 배송함으로써 고객의 주문을 한 번에 충족시킬 수 있게 되어 고객 만족을 향상시키고 판매를 늘릴 수 있다.

🐾 크로스 도킹(Cross Docking)

종래의 창고는 상품을 체계적으로 저장·보관하고 입출하를 용이하게 하는 것이 그 주된 업무였으나, 물류 센터는 이와는 달리 무재고 또는 최소 재고를 유지하면서 고객의 주문을 충족하는 것이 그 기본 목적이다. 특히 다수의 매장을 운영하는 소매업의 경우 상품 회전을 빨리해서 고객이 원하는 상품을 매장에 항시 구비하고 있으면서 재고를 줄이는 것은 판매를 늘리고 비용을 줄이는 데 필수적이다.

이를 위해 물류 센터를 상품 이동의 중개 기지로서의 역할을 효과적으로 수행하도록 하는 것이 Cross Docking으로, 말 그대로 대량의 여러 상품이 물류 센터에 도착하면 보관하지 않고 바로 각 매장이나 고객의 주문에 맞게 소량으로 나누어 해당 매장이나 고객에게 배달하는 것이다. 이것을 효과적으로 하려면 정확한 고객의 주문 내역과 구매 요청한 상품의 정확한 선적 내역과 도착 시간이 사전에 물류 센터에 통보되어야 한다.

표준 상품 코드(Standard Numbering)

우리가 대화를 할 때 동일한 언어와 같은 형식으로 말을 주고받아야 가장 이해하기 쉽고 효과적인 의사소통이 이루어지는 것처럼, 상거래도 같은 코드 및 같은 양식을 사용하는 것이 업무의 효율을 높이는 데 무엇보다도 중요하다. 이를 위하여 상거래의 가장 기본이 되는 정보인 상품 코드를 표준화해 사용하는 것이 가장 우선적인 과제이다. 이렇게 하면 거래 업체 간에 상품 코드의 변환이나 재입력 같은 작업을 제거할 수 있고 또한 그런 작업으로 인한 오류도 방지할 수 있다. 이러한 업계의 표준 코드를 사용하고 또 산업 표준 양식인 EDI 형태로 거래를 하게 되면, 하나의 상품 코드와 양식으로 어떤 업체와도 전자상거래를 손쉽게 할 수 있다. 널리 사용되는 EAN 표준 코드는 상품 자체의 코드뿐 아니라 그 포장 단위, 생산자, 생산 일자, 생산 롯트, 납품 일자 등도 표시할 수 있게 개발되어 바코드 시스템과 함께 사용함으로써 물류의 효율을 더욱 높여 준다.

바코드 시스템(Bar Code System)

바코드 시스템은 상품 코드 등 각종 물류 코드를 바코드로 표시하여 상품과 포장에 인쇄 또는 부착하면, 각 필요 과정에서 이 코드를 전자적으로 인식하여 그대로 입고, 출고 등이 전산 처리되므로 자료 입력 등의 작업이 생략되어 업무 처리 시간을 단축하면서 작업 오류를 예방할 수 있다.

또한 이 바코드는 각 매장에서 EPOS에 의하여 인식되고 판매 처리가 자동으로 이루어지므로 하나의 바코드로 전 공급망에서 공용되어, 전 과정에 걸친 상품의 추적도 가능하다. 이 바코드는 EPOS에서는 물론 휴대용 단말기, 무선 단말기 등에서도 인식되고 처리되어 그 사용이 점차 확대되고 있다.

EPOS(Electronic Point of Sale)

이것은 종래의 금전 등록기가 발전된 것으로 매장의 판매 자료를 전자적으로 처리하는 기기이다. 바코드를 이용하여 상품의 단품 관리가 가능하고 판매 상황에 따라 가격 변경 등의 매장 환경에 유연하게 대응할 수 있다.

또한 전자적으로 처리된 판매 자료는 매장 내에서 여러 가지로 집계되고, 이러한 자료들은 자동 혹은 조작에 의하여 중앙 컴퓨터로 전송되어 별도의 입력 작업 없이 처리되어 가장 빨리 정확한 매장의 판매 관리가 이루어진다. 또한 이 자료는 그대로 해당 상품 공급자에게 전달되어 공급자는 자기의 상품에 대한 판매 상황을 매일 파악하게 되고 다음 납품 준비를 원활히 할 수 있게 한다. 이 같은 첨단의 기능으로 EPOS는 SCM 구현의 최첨병으로서 판매 현장과 중앙 관리 시스템을 연결하여 상품 공급자에게까지 소비자의 요구를 전달하는 역할을 충실히 하게 된다.

5.6 RFID를 활용한 e-SCM

RFID(Radio Frequency Identification)의 정의

RFID는 리더를 통하여 접촉하지 않고 무선 주파수(Radio Frequency)를 이용하여 대상(물건, 사람 등)을 식별할 수 있는 기술로서, 칩으로 구성된 태그와 안테나, 리더(인식기)로 구성된 무선주파수 시스템이다. 즉, 기존의 바코드를 대체할 자동식별기술로써, 기업 물류 활동에 혁신적 변화를 가져올 것으로 주목 받고 있으며, 동시에 컴퓨팅의 주체가 사람중심에서 사람을 포함한 모든 사물 중심으로 전환되는 미래 유비쿼터스(Ubiquitous)네트워크의 센서 기능을 담당하는 미래 핵심기술이다.

반도체 칩에는 태그가 부착된 상품의 정보가 저장돼 있고, 안테나는 이러한 정보를 무선으로 수 미터에서 수십 미터까지 날려 보내며, 리더는 이 신호를 받아 상품정보를 해독한 후 컴퓨터로 보낸다. 교통카드, 주차관리, 도서관리, 출입

표 5-2 RFID 구성요소

구성 요소		원리
태그		• 상품에 부착되며 데이터가 입력되는 IC칩과 안테나로 구성 • 리더와 교신하여 데이터를 무선으로 리더에 전송 • 배터리 내장 유무에 따라 능동형과 수동형으로 구분
안테나		• 무선주파수를 발사하며 태그로부터 전송된 데이터를 수신하여 리더로 전달 • 다양한 형태와 크기로 제작 가능하며 태그의 크기를 결정하는 중요한 요소
리더		• 주파수 발신을 제어하고 태그로부터 수신된 데이터를 해독 • 용도에 따라 고정형, 이동형, 휴대용으로 구분 • 안테나 및 RF회로, 변/복조기, 실시간 신호처리 모듈, 프로토콜 프로세서 등으로 구성
호스트		• 한 개 또는 다수의 태그로부터 읽어 들인 데이터를 처리 • 분산되어 있는 다수의 리더 시스템을 관리 • 리더부터 발생하는 대량의 태그 데이터를 처리하기 위해 에이전트 기반의 분산 계층 구조로 되어 있음

통제용 카드, 동물식별, 하이패스용 카드 등에 응용되고 있으며 더욱 다양한 산업분야에서 적용될 것으로 기대된다. 특히, 생산, 저장, 배송, 납품, 판매의 통합관리를 위한 SCM에 더욱 확대·적용될 것으로 전망된다.

RFID 구성요소

RFID 시스템은 태그라 불리는 고유정보를 저장하는 태그, 판독 및 해독 기능을 하는 송수신기(리더기), 호스트 컴퓨터(서버), 네트워크, 응용프로그램으로 (ERP, SCM)으로 구성된다.

RFID 적용 프로세스

그 적용 과정은 리더가 전파를 태그에 송신하고 태그는 전자파 에너지를 수신하여 활성화 시킨다. 활성화된 태그는 정보를 반사파에 실어 리더로 송신하고 리더는 태그 정보들을 네트워크를 통해 호스트 컴퓨터로 전송한다.

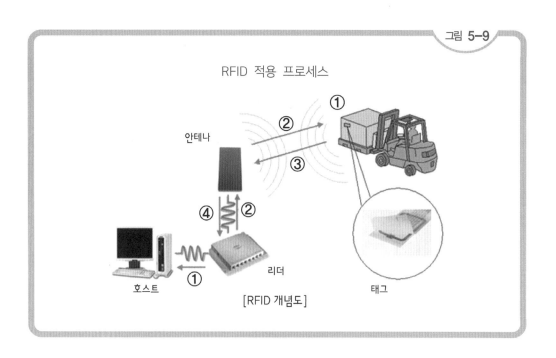

그림 5-9

RFID 적용 프로세스

안테나

호스트   리더   태그

[RFID 개념도]

다음과 5단계로 구분하여 적용 프로세스를 설명할 수 있다.
① 칩과 안테나로 구성된 태그에 활용 목적에 맞는 정보를 입력하고 박스, 팔렛트, 자동차 등에 부착
② 게이트, 계산대, 톨게이트 등에 부착된 리더에서 안테나를 통해 발사된 주파수가 태그에 접촉
③ 태그는 주파수에 반응하여 입력된 데이터를 안테나로 전송
④ 안테나는 전송받은 데이터를 변조하여 리더로 전달
⑤ 리더는 데이터를 해독하여 호스트 컴퓨터로 전달

RFID 활용분야

활용분야	원리
교통카드	카드를 리더에 가까이 대면 카드에 내장된 RFID칩이 리더와 무선으로 교신하여 자동으로 요금을 징수
주차관리	태그가 부착된 차량이 접근하면 자동으로 출입통제 장치가 자동으로 개폐
도서관리	도서에 RFID칩을 삽입하여 도서 부당 반출 시 경보음 울림
물류창고 관리시스템	팔레트/박스 단위로 태그를 부착해 자동 입출고 처리 및 Supply Chain을 경유하는 상품의 실시간 위치추적 및 재고관리
항공화물	항공 수하물의 보다 신속·정확한 판독과 분류, 위험 물품 재검사

RFID를 이용한 SCM

공급망 조직은 제품 흐름에 수용력을 맞추기 위해 고군분투하고 있는 것이 현 공급망의 실태이다. 왜냐하면 공급망은 예측하기 힘들기 때문에 공급과 수요를 맞추기 위해 일정한 완충재고를 가지고 있어서 비효율적, 비생산적인 부분이 존재한다. 많은 기업들이 이러한 것을 줄이고자 공급망계획(Supply Chain Planning) 어플리케이션에 많은 투자를 해왔다. 계획의 근시안적인 관점에서 SCP 벤더들은 공급망 분석의 부분적인 커뮤니케이션, 좀 더 나은 수요예측과 좀 더 나은 협업에서 부분적인 효과를 거두었지만 SCP 어플리케이션은 투명하고 명확한 공급망을 이룰 수는 없었다. 공급망의 불투명성은 실시간 계획과 실행을 어렵게 해

서 공급망의 효과를 100% 이룰 수 없기에 실시간 사건에 의한 정보를 얻을 수 있는 기술이 필요한 것이다.

RFID를 이용한 SCM은 RFID, 감지센서, 무선 네트워크 통신 기술 등을 통하여 단순한 거래 정보뿐만 아니라 상품의 생산에서부터 출하, 선적, 배송, 판매에 이르는 전 과정을 언제, 어디에서나 실시간으로 추적, 모니터링 할 수 있게 됨으로써 기업 내 모든 자원의 흐름을 관리하여 진정한 의미의 인터넷을 통한 협업과 가치사슬 통합이 가능해 진다. RFID를 사용함으로써 우리는 공급체인 전반에서의 효율성 제고와 비용 절감 효과를 거둘 수 있다.

또 공급망에서 공급업체와 고객들의 visibility를 향상시켜 기존 비즈니스 프로세스를 변화시키고 새로운 경쟁법칙을 창조한다. 즉 기업들은 단기적으로는

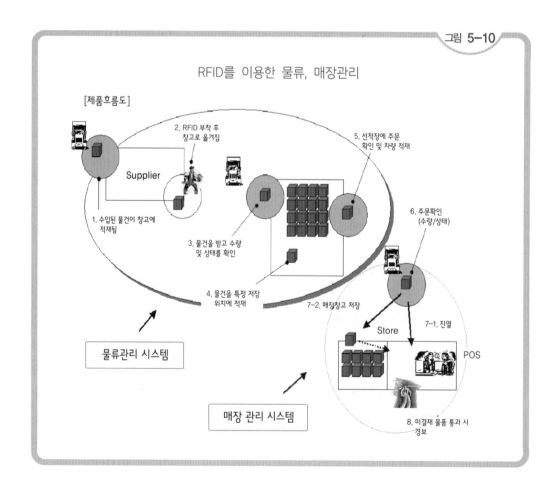

그림 5–10

RFID를 이용한 물류, 매장관리

[제품흐름도]

Supplier

2. RFID 부착 후 창고로 옮겨짐

5. 선적장에 주문 확인 및 차량 적재

6. 주문확인 (수량/상태)

1. 수입된 물건이 창고에 적재됨

3. 물건을 받고 수량 및 상태를 확인

4. 물건을 특정 저장 위치에 적재

7-2. 매장창고 저장

7-1. 진열

Store

POS

물류관리 시스템

매장 관리 시스템

8. 미결재 물품 통과 시 경보

RFID 도입을 통한 직접적인 비용절감 효과에 관심을 가지겠지만, 장기적으로는 RFID가 기존 비즈니스 프로세스 방식을 어떻게 변화 시킬 것이고, 이를 통해 어떤 경쟁 우위를 확보할 수 있을 것인가에 더 큰 관심을 가질 것으로 예상된다.

👫 공급망에서의 RFID 도입 효과

1. 물류/수송(Logistics/Transportation): 무인화로 인해 불필요한 수작업 비용 및 인건비를 절감할 수 있고, 화물 입고, 분류, 출고 시 업무처리시간 및 배송시간이 단축된다. 실시간 화물 운송 상황을 확인하고 화물 운송 적체 관리가 가능해진다.

2. 완제품 창고(Finished Goods Warehouse): 완제품의 입고, 정리, 찾기 및 출고 작업 등의 인력절감과 운송과정에서의 소유증명이 없어지고, 그에 따라 역 수송, 반송 및 클레임이 감소한다. 운송비용과 결제속도도 빨라진다.

3. 재고관리(Inventory Management): 생산자들은 제조 프로세스에 있는 재고의 계속적인 이동을 확인할 수 있음으로서 비용을 줄일 수 있다. 많은 사업에서 재고의 이동 추적이 힘들고 종종 이러한 지루한 추적을 종업원은 등한시한다. 실시간 위치 데이터는 값비싼 프로세스 사이클 조사를 하지 않아도 계속해서 바뀌는 재고의 위치를 유지시켜준다.

4. 자원할당(Resource allocation): 특정한 일에 대한 가장 적합한 자원을 인식하는 것은 자산 활용에 대한 효율성과 생산성 증가를 가능케 한다. 또 한 공장으로 주기적으로 이동하는 도구들이나 지게차 같은 중요한 자원들은 작업 스케줄링이나 위임을 다루기가 까다롭다. 이러한 자산들을 계속적 실시간으로 보여주는 것은 병목현상의 제거, 보다 나은 자산의 활용, 재고 회전율 촉진 그리고 투자회수율(ROI)을 높여준다.

5. 소매상(Retailer): 소매상들은 새로운 고객이나 기존의 고객들을 끌어들이기 위해 많은 고객성향정보들을 사용할 수 있고 재고 감소 및 도난이 방지가 되며 상품보충 프로세스 개선을 통해 품절을 예방한다. 자동 지불 시스템으로 인해 종업원 수가 줄어들며 창고관리가 쉬워진다.

6. 가계 상품진열(Store-layout analysis): 가계에서 소비자들에게 선택된 경로

를 분석함으로서 가계 레이아웃을 변화할 수 있고 실제 구입 데이터로 설계한 레이아웃은 판매증진을 유도한다.

7. 목표 광고(Targeted advertising): 쇼핑 카트에 설치한 컴퓨터 장비는 큰 마켓에서 소비자가 원하는 물건을 찾도록 도와주며 그 물건에 대한 광고도 할 수 있다.

RFID는 SCM 분야뿐만 아니라 잠재적 활용분야는 매우 광범위하다. 즉 SCM에서 완전한 가치사슬 통합과 협업적 상거래로 갈 수 있는 기술이다. 하지만 RFID의 전면적 보급을 위해선 막대한 초기 인프라 구축을 위한 투자비용, 국제 표준화의 부재, 개인의 프라이버시 문제 등과 같은 선결되어야 하는 문제들이 많이 남아있다.

5.7 e-SCM의 추진

👥 SCM팀의 필요성

SCM의 실현을 위해서는 부문, 기업의 벽을 뛰어넘는 조정과 의사 결정이 필요하게 된다. 이것을 위해 부문과 거점을 뛰어넘는 공급 사슬 전체의 최적화에 관한 관리를 행하는 SCM팀을 조직적으로 명확히 결성하는 것이 필요하다. 선진 구미 기업 중에서는 이미 이러한 조직 체제가 구축된 곳이 있다. 현장주의에서는 결정책을 알아도 의사 결정 시 실행하는 책임자가 없다. 선진 일본 기업(Cannon, Sony 등)에 있어서도 해당 기능을 가지고 있는 조직을 구축하고 있는 경우가 나타나고 있다.

👥 기업 간 협동 활동 조정(Coordination)의 필요성

공급 사슬 상에 존재하는 기업 간에 상품 개발 담당자, 수요 예측 담당자, 생산 담당자가 횡단적으로 협동 활동을 실시하는 체제를 구축하는 것이 대단히 효과적이다. 중요한 점은 그룹 전체의 SCM을 행하는 조직 체계(VLH: Virtual Logistic Head office)가 필요하다는 것이다.

개선 여지의 정량적인 파악과 전사적인 체제

일부의 선진적인 일본 기업의 경영자는 제품 기획 개발력보다도 SCM의 우선 순위가 더욱 높다고 생각하기 시작했다. 히트 상품은 빨리 증산하고, 쇠퇴하면 즉시 철수하는 민첩성, 상품 개발력을 신속하게 현금으로 변환하기 위해서이다.

SCM은 현장주의에 의한 개별 최적화의 타파가 중요 과제 중의 하나가 되기 때문에 현장주의로 추진하는 것은 쉽지 않다. 따라서 최고 경영자 스스로의 의식 개혁이 SCM 실현의 핵심이 된다. 그것을 위해서는 자사의 공급 사슬의 개선 여지가 도대체 어느 정도 존재하는가? 예를 들면 정보 시스템 투자 등의 전략 실시에 의해 공급 사슬의 효율이 어느 정도 개선되었는가를 정량적으로 파악하여 문제의 중요성과 우선 순위를 자사 실정에 맞추어 인식하는 것이 대단히 중요하다.

5.8 인공지능(AI)을 활용한 SCM

글로벌 공급망의 복잡성이 증가하고, 경쟁이 치열해짐에 따라 모든 종류의 불확실성을 줄임으로써 생산성을 극대화하는 것이 더욱 중요하다. 따라서 공급업체와 비즈니스 파트너 간의 속도와 효율성에 대한 기대감이 높아지면서 인공 지능(AI: Artificial Intelligence)을 활용한 공급망 관리의 필요성이 더욱 대두되고 있다.

인공 지능(AI) 및 기계 학습(ML)은 이미 공급망 산업의 환경을 바꾸기 시작했다. 인공 지능 및 기계 학습은 비효율성과 불확실성을 근본적으로 제거시켜 준다. AI를 활용한 공급망은 정확한 용량 계획, 생산성 향상, 고품질, 낮은 비용 및 강력한 최적화 기능을 가능하게 한다.

SCM 고도화: RPA 활용

공급망 관리 효율성을 높일 수 있는 새로운 방법 중의 하나가 RPA 기술이다.

SCM 고도화를 위해서는 다양한 기술을 활용할 수 있으나, 소비자 수요를 정확하게 예측하면서 공급 유연성을 높여 SCM이 효율적으로 이루어질 수 있도록 뒷받침하는 RPA 기술을 활용하는 것이 중요하다. RPA는 데이터 입력과 같은 반복적인 작업을 자동화하여 SCM 프로세스를 개선할 수 있다. RPA는 자동화된 소프트웨어 로봇 또는 봇을 사용하여 한 응용 프로그램에서 데이터를 추출하고 다른 응용 프로그램에 원하는 형태로 제공한다.

RPA(Robotic Process Automation)란 S/W 로봇을 이용하여 반복적으로 일어나는 업무 프로세스를 자동화하는 것을 의미한다. 사람이 컴퓨터 화면에서 수행하는 IT 기반의 정형화된 업무 대부분을 자동화하는 도구로써 '데이터 파싱, 분류, 통계 수정, 기록 그리고 이메일 발송' 등과 같이 업무 행동 복사(Human Work Copy), 소프트웨어로 반복 수행 가능한 대부분의 행위를 가능하게 한다.

AI를 활용한 SCM과 로봇 프로세스 자동화(RPA: Robotic Process Automation)를 결합하여 데이터 수집 및 공유가 정확하게 진행된다면, 의사결정 품질을 제고시키고 공급망 최적화를 실현시킬 수 있다.

RPA에 AI를 추가하면 지능형 인지 프로세스를 자동화할 수 있는 무한한 가능성이 높아져 생산성과 효율성, 고객 만족도를 새로운 차원으로 향상시킬 수 있다.

[그림 5-11]과 같이 AI가 학습에 기반한 시스템이라면, RPA는 규칙에 기반한 시스템이다.

RPA는 실시간 재고 정보를 관리자에게 전달하고 안전 재고수준 이하로 내려가는 제품은 자동으로 재주문하는 등 효율적 재고관리를 수행할 뿐 아니라 자체적 업데이트 기능을 통해 급변하는 소비자 수요예측을 가능하게 한다. RPA가 도입되면 기존 SCM 프로세스에서의 반복적이고 오류가 발생하기 쉬운 각종 데이터의 수집·입력·공유 작업이 자동화된다.

RPA로 확보된 데이터는 AI의 딥러닝(deep learning)을 통해 운송 경로를 수정하고 운송과정에서의 문제점을 사전에 파악하여 공급망 비효율성을 감소시켜준

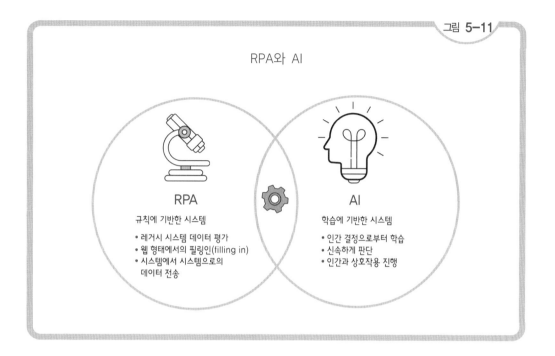

그림 5-11

RPA와 AI

RPA
규칙에 기반한 시스템
• 레거시 시스템 데이터 평가
• 웹 형태에서의 필링인(filling in)
• 시스템에서 시스템으로의
  데이터 전송

AI
학습에 기반한 시스템
• 인간 결정으로부터 학습
• 신속하게 판단
• 인간과 상호작용 진행

다. AI는 현장에서 수집된 방대한 데이터의 분석 및 최적화된 물류 의사결정을 통하여 라스트마일(물류 창고 등에서 최종 소비자에게 제품을 전달하는 단계) 배송과 같은 공급망 부문의 생산성을 제고시켜준다.

AI 활용한 SCM

AI와 기계 학습(ML)은 공급망 및 물류 운영에 혁신적인 가치를 제공할 수 있다. 공급망의 AI는 비용 절감부터 운영 효율성 향상 및 위험 완화, 보다 최적화된 경로를 통한 공급망 예측 강화 및 신속한 납품, 향상된 고객 서비스에 이르기까지 매우 큰 이점을 가져다준다. 즉, AI는 작업장 안전을 돌보고, 예측 유지보수를 지원하고, 공정 비효율성을 방지하며, 더 높은 가치와 고품질제품을 생산하는 지능형 공급망을 구축할 수 있다. AI는 고객 경험과 의사 결정을 자동화할 뿐만 아니라 일상적인 작업을 자동화하고 회사가 보다 전략적이고 영향력 있는 비즈니스 작업에 집중할 수 있게 한다.

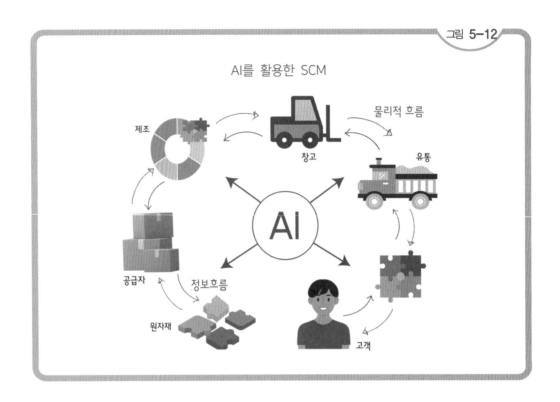

그림 5-12

👨‍👨‍👦 SCM에서의 AI 비즈니스 기회

▪ 생산성 향상

AI는 보다 안전한 작업 환경을 조성하고, 반복적인 작업을 줄이고, 만족스럽지 못한 일자리를 줄이며, 생산성을 높일 수 있다. 기존의 창고 및 제조 관련 프로세스에 기계 학습으로 구동되는 IoT 지원 장치를 도입하면 속도와 정확도가 크게 향상될 수 있다. 또한 AI 기반 자동화는 제조 및 창고 인력 비용을 크게 절감할 수 있다.

▪ AI 기반으로 공급/수요 예측

AI가 관리할 수 있는 방대한 양의 데이터는 수요 예측의 중요한 활동에 유용하다. AI는 판매, 계절 변동 및 비정상적인 수요 패턴에 대한 실시간 데이터를 고려하여 실시간 시장 기반 수요 예측을 제공한다. 따라서 AI 및 예측 분석 알고리즘은 공급/수요를 기반으로 지속적인 최적화를 통해 네트워크 전체의 재조정뿐만 아니라 재고 요구를 정확하게 반영하여 공급망을 더 간소하게 만들수 있다.

■ 재고 수준 최적화

SCM 목표는 최적의 재고 수준을 유지하는 것이다. 공급 업체, 제조업체, 소매업체 및 도매업체는 안전 마진으로 필요한 것보다 더 많은 재고를 보유한다. AI는 향후 수요를 기반으로 매우 정확한 예측을 가능하게 한다. 따라서 AI는 공급과 수요를 고려하는 정확한 계획을 수립하고 재고 비용을 절감할 수 있다. 예를 들어, 신제품의 출시 및 성장과 쇠퇴에 대한 정확한 시기를 예측할 수 있다. 따라서 SCM 관리자는 데이터 기반 작업을 통해 현재 및 단기 수요를 충족하는데 필요한 최적의 재고수준을 유지할 수 있다. AI는 새로운 소비자 습관을 발견하고 계절적 고객수요를 예측하여, 과도하게 공급되는 비용을 최소화시켜준다.

■ 지능형 의사결정

AI는 IoT 센서, 텔레매틱스, 물류 및 운송 시스템에서 생성된 데이터를 사용하여 공급망을 개선하는 데 큰 기여를 한다. 외부 데이터와 함께 과거 데이터를 이용하여 학습된 AI 모델은 패턴이나 추세를 파악한다. 추세가 아무리 작아도 AI는 이를 발견하고 기업이 더 나은 공급망 의사결정을 가능하게 한다. 또한 AI는 시간, 비용 및 수익 측면에서 다양한 시나리오를 만들 수 있으며, 시간이 지남에 따라 지속적으로 학습하며 개선한다.

■ SCM 배송 효율

공급망 관리가 직면한 가장 어려운 문제는 생산을 완료하는 데 필요한 자재가 적시에 도착할 수 있도록 물류를 최적화하는 것이다. 따라서 공급망에서의 정확한 운송 및 적시 납품을 위해서는 AI와 같은 스마트 솔루션을 필요로 한다. AI는 실시간 추적 메커니즘을 제공하여 배송이 언제, 어디서, 어떻게 이루어져야 하는지를 최적화하여 배송의 효율성을 향상시켜 준다. AI는 SCM 프로세스를 더 빠르고 안전하며 스마트하게 만들 수 있다. 이를 통해 배송에 대한 고객만족과 신뢰를 얻을 수 있다.

사례 쿠팡의 SCM 전략

1. 현황

월스트리트저널(WSJ)과 영국 파이낸셜타임스(FT)는 쿠팡의 IPO에 대해 2014년 알리바바그룹 이후 가장 큰 외국 회사의 상징이 될 것이며 쿠팡의 기업가치가 500억 달러를 넘을 수 있다고 한다.

그림 5-13

쿠팡 가입 연차에 따른 구매금액 증가율

Spend by cohort, indexed to year 1

	Year 1	Year 2	Year 3	Year 4	Year 5
2016 Cohort	1.00x	1.37x	1.80x	2.37x	3.59x
2017 Cohort	1.00x	1.80x	2.35x	3.46x	
2018 Cohort	1.00x	1.98x	3.06x		
2019 Cohort	1.00x	2.19x			

쿠팡에서 제품을 한 번이라도 구입한 적 있는 고객 수는 지난해 4분기 기준 1480만 명으로, 2019년 동기 대비(1180만 명) 25.9% 늘었다. 한국인 10명 중 3명 꼴로 쿠팡을 이용한 셈이다. 기존 고객들의 재구 매율이 2020년 기준 90%에 달하고, 구매 금액도 매년 증가하고 있다. 이들은 4분기에만 1인당 평균 256달러(28만 원)를 구매했다. 1년 전과 비교했을 때 59% 증가한 수준이다.

전체 고객의 32%에 이르는 470만 명은 로켓와우 멤버십 가입자로서 미가입자 대비 4배 이상 구매한다. 한마디로 돈을 잘 쓰는 충성고객들이 많다.

쿠팡은 지난 2020년 말 기준으로 전국 30개 도시에 100개 이상의 물류센터를 확보하고 있으며, 국내 인구의 70%가 쿠팡 물류센터에서 7마일(약 11.3km) 이내에 살고 있다고 말했다. 그러나 단순히 많은 물류센터를 확보하고 있다는 이유로 새벽배송과 당일배송이 모두 가능하진 않다.

쿠팡의 SCM전략은 다음과 같다.

[1] 랜덤스토우 방식 물류센터

기술 기반 플랫폼을 통한 오프라인과 온라인의 융복합 시너지는 쿠팡만의 경쟁력이다. 100개 이상의 물류센터는 쿠팡의 데이터 시스템을 기반으로 움직인다.

쿠팡 앱에서 밤 10시가 넘은 시간에 '애플워치'를 주문해도 다음날 오전 중이면 집 앞에 도착해 있다. 고객이 직접 매장을 다녀오는 것보다 더 빠르게 받아볼 수 있는 것이다.

쿠팡은 3개 메가 허브센터와 60여개 풀필먼트센터, 다수의 배송 캠프 연계로 이루어진 Hub&Spoke 방식의 물류 거점 전략을 추진하고 있다. 이에 따라 전국 30여개의 도시에 100여개 이상의 물류 네트워크를 구축하고 있으며, 쿠팡 물류거점에서 10분 거리 배송 가능 인구가 3,400만명에 달한다.

쿠팡 물류센터는 600만 SKU 이상의 상품과 단품 데이터 관리 이슈로 인해 자동화가 아니 랜덤스토우 방식을 적용하고, 다수의 인력이 수작업으로 피킹하는 방식을 채택하고 있다. 랜더스토우 방식은 고정된 로케이션이 아닌 랜덤한 로케이션에 상품을 보관하는 형태로 상품의 특성, 상품 회전율등을 AI가 분석해 최적의 보관 위치를 지시하게 된다. 즉, 물류센터 내 제품보관을 상품군별이 아닌 여러 위치에 분산 배치하는 것으로, 이는 600만종 이상의 로켓배송 상품을 신속하게 피킹 할 수 있는 AI알고리즘 방식이다. 고객의 주문이 발생하는 즉시 AI가 해당 상품의 재고와 고객의 위치를 계산해 풀필먼트센터를 지정하고 최적으로 주문을 처리하게 된다.

[2] 낮은가격, 빠른 배송, 다양한 상품

전문가들은 쿠팡이 그간 아마존의 사업모델을 벤치마킹해 '풀필먼트 서비스 확충'과 물류 센터를 짓고 배달원을 직고용하는 등의 '택배·물류 사업 내재화'를 통해 소비자를 상대로 '낮은 가격, 빠른 배송, 다양한 상품'이라는 3요소를 동시에 만족시킬 수 있었다고 분석한다.

쿠팡의 등장 이전에 물류·유통업계에서는 '낮은 가격, 다양한 상품, 빠른 배송'을 동시에 만족시킬 수 없다고 여겼다. 취급하는 상품 종류가 많아지면 균일한 서비스를 적용해 빠른 배송을 하기 어렵다. 이를 해결하기 위해 물류 인프라에 투자하면 제품 비용이 높아진다.

아마존이 이 문제를 해결한 방법이 풀필먼트 서비스 강화다. 쿠팡은 한국 상황의 특수성을 반영해 '택배·물류 사업 내재화' 라는 전략도 함께 채택했다. 풀필먼트는 제3의 입점 업체 제품을 쿠팡 물류 창고에 보관하며 쿠팡이 제품 선별·포장·배송·교환·환불 등 일체 서비스를 지원하는 서비스다.

직구입과 풀필먼트 등을 통해 쿠팡에선 현재 700만개 이상의 상품이 거래되고 있다. 국내 대형 오프라인 유통 업체가 취급하는 품목의 100배 이상의 규모다. 다양한 제품을 갖춰 규모의 경제를 이루면 '선별-배송' 서비스를 낮은 가격에 제공할 수 있다.

쿠팡이 직접 운영하는 물류 시스템의 효율화를 통해 제품에 따른 차이없이 빠른 배송도 가능하다. 이는 곧 더 많은 소비자를 쿠팡 플랫폼으로 유입시키고, 더 많은 제 3의 입점 업체가 쿠팡 물류창고에 들어와 다양한 상품을 쿠팡에 맡기는 선순환으로 이어진다. 쿠팡 플랫폼에서 물건을 파는 입점 업체가 많아질수록 경쟁에 따라 제품 가격도 낮아진다.

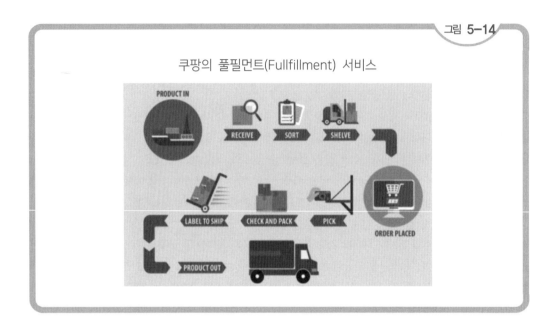

그림 5-14

쿠팡의 풀필먼트(Fullfillment) 서비스

[3] 로켓배송 그리고 로켓제휴

쿠팡은 입점 판매자에게 상품보관부터 로켓배송, CS 응대까지 한 번에 해결할 수 있는 '로켓제휴' 프로그램을 선보였다. 로켓제휴는 쿠팡의 알고리즘이 필요한 재고를 예측해 판매자에게 데이터를 제공하면 판매자가 로켓 물류센터에 상품을 입고시키고 쿠팡이 매입하는 형식으로 운영된다. 이렇게 입고된 제품은 쿠팡이 상품보관부터 로켓배송, CS 응대까지 담당해 쿠팡만의 차별적인 서비스가 제공된다.

쿠팡이 직매입해 운영하는 로켓배송과 다른 점이 있다면 판매자가 보다 유연하게 판매 전략을 세울 수 있다는 점이다. 로켓제휴를 통해 판매할 경우 가격은 물론 할인율 및 프로모션 진행 여부까지 모두 판매자가 직접 정할 수 있다. 특히 로켓제휴 상품은 검색화면에 '로켓제휴'가 명시된 배지가 별도 부과되며 '로켓배송만 모아보기' 필터도 적용돼 상품의 노출 빈도를 높였다.

요약

공급 사슬 관리란 '고객의 고객에서 공급자까지의 전체 프로세스에 걸친 사실의 최적화 및 이를 통한 가상 기업의 구현'을 의미한다. 가치 사슬이란 기업의 각 활동이 진행되면서 제품이나 서비스의 가치를 증가시켜 주는 것으로 기업은 가치 사슬 전체의 최적화를 목적으로 한다.

e-SCM 추진 단계는 자기 진단에 의한 모델링, 중심 분야 전략 설정, 정보기술과 솔루션 선택, 실행의 전략적 과정을 거친다. 고객 만족을 위한 e-SCM 전략에는 대량 개별화 전략, VMI/CRP 전략, 짧은 주기(Short Cycle), 동기(Concurrent) 계획 전략, 제3자 물류(Third Party Logistics) 전략 등이 있다. e-SCM의 구현을 위한 공통 기반 기술로는 정보 기술을 이용한 물류 기법, 공급자 주도 재고 관리, 중앙 집중 관리: 일괄 구매·일괄 배송, 표준 상품 코드(Standard Numbering), 바코드 시스템(Bar Code System)과 관련된 다양한 기술들이 있다.

AI를 활용한 SCM 고도화로 기업은 생산성 향상, AI 기반의 공급/수요예측 정확, 재고수준의 최적화, 지능형 의사결정, 효율적인 배송 등의 이점을 갖는다.

주요용어

채찍효과(Bullwhip Effect)
대량 개별화(Mass Customization)
VMI(Vendor Managed Inventory)
CRP(Continuous Replenishment Plan)
QR(Quick Response)
AR(Automatic Replenishment, Profile Replenishment)
EPOS(Electronic Point of Sale)
RFID(Radio Frequency Identification)
RPA(Robotic Process Automation)

토의

1. e-SCM의 추진 단계는 어떠한 순환 과정을 거치는가?

2. 고객 만족을 위한 e-SCM 전략에는 어떠한 것들이 있는가?

3. 공급자 주도 재고 관리와 관련된 기술들은 어떠한 것들이 있는가?

4. AI를 활용한 SCM에서는 어떤 비즈니스 기회의 요인들이 있는가?

🌐 참고문헌

Martin Christopher, 물류관리와 SCM, 도서출판 청람, 2017

김갑주, 성공한 기업들은 SCM이 다르다, 북랩, 2019

민정웅, 미친 SCM이 성공한다, 영진닷컴, 2014

쇼산나 코헨, 조지프 루셀, SCM 전략과 실행, 서울엠, 2020

양창호, 물류와 SCM의 이해, 박영사, 2019

구교봉, 이종호, 소셜네트워크를 활용한 전자상거래, 탑북스, 2014

최경주, 4차 산업혁명시대의 전자상거래 혁신, 에이드북, 2019

Ben Pugh, SCM studyguide, SCM Press, 2018

Gurkan, A., Supply Chain Management, Grin Verlag, 2018

Tounsi Wiem, Security and Privacy Controls in RFID Systems, Lap Lambert Academic Publishing, 2014

이종민, 임상환, 엄완섭, RFID를 이용한 공급망관리에 관한 연구, 대한산업공학회 2004 추계학술 대회, 2004. 1

한국교통연구원, "AI 디지털 SCM의 고도화", 글로벌 물류기술 동향, 14(638), 2020

🌐 웹사이트

http://www.thru-put.com

http://www.samsungsds.pe.kr

http://www.ap.dell.com/ap/kr/en/lea/services

https://nexocode.com/blog/posts/ai-in-supply-chain-management/

http://www.ap.dell.com/ap/kr/en/lca/services

http://www.iconsumer.or.kr/news/articleView.html?idxno=21363

https://brunch.co.kr/@uxuxlove/134

https://throughput.world/blog/topic/ai-in-supply-chain-and-logistics/#Artificial_Intelligence_
    (AI)_in_Supply_Chain_Logistics

https://m.blog.naver.com/PostView.naver?blogId=koti10&logNo=222323634178&categoryNo=
    0&proxyReferer=https:%2F%2Fwww.google.com%2F

https://searcherp.techtarget.com/feature/7-use-cases-for-RPA-in-supply-chain-and-logistics

https://kodiakhub.medium.com/6-applications-of-artificial-intelligence-for-your-supply-chain
    -b82e1e7400c8

https://www.mckinsey.com/industries/metals-and-mining/our-insights/succeeding-in-the-ai
    -supply-chain-revolution

https://nexocode.com/blog/posts/ai-in-supply-chain-management/

🌐 기사

「머스크-아마존, 스마트 SCM맞수대결 후끈」, 인더스트리뉴스, 2021.11.08

「쿠팡의 미래」, 오피니언 뉴스, 2021.02.23

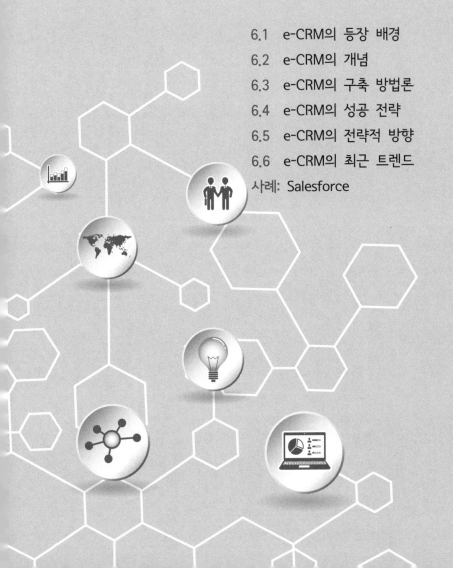

AI-Biz A to Z
제6장

e-CRM

e-Business 환경 하에서 수익성 있는 고객을 선별하고 고객 만족을 통하여 고객 가치를 극대화시키기 위한 e-CRM이 기업의 경쟁을 이끌어내는 전략적인 도구로 대두되고 있다. 본 장에서는 e-CRM의 기본 개념과 e-CRM 관련 전략들 및 최근 트렌드를 살펴보고자 한다.

AI-Biz A to Z

06

e-CRM

e-Business 이야기

"AI가 사람의 지능을 넘어섰을 때, 고객 연구가 해야할 일"

　기생충, 미나리, 그리고 최근의 오징어게임까지. 세계적인 성공을 거둔 이 콘텐츠들의 공통점은 무엇일까? 바로 개인적인 경험에서부터 풀어낸 서사라는 점이다. BTS는 자전적 가사로 세대와 공간을 뛰어 넘는 공감을 받고 있다. 봉준호 감독은 아카데미 감독상 수상 시 "가장 개인적인 것이 가장 창의적이다"라는 소감이 화제가 되었는데, 보편적 공감을 전제로 한 창의성이기에 가능한 수상이었을 것이다. 영화 〈미나리〉에 대해서 유명 영화 잡지는 "개인적인 기억에서 보편적인 체험을 찾아내고 모두가 공감할 수 있는 이야기로 다듬어낸 감독의 역량"이라는 평을 했다. 〈오징어 게임〉의 황동혁 감독 역시 〈오징어 게임〉 서사가 본인의 어릴 적 경험에서 나왔으며, 두 주인공 성기훈과 조상우는 감독 자신의 양면성을 대변한다고 말한 바 있다. 콘텐츠뿐만 아니라 사회의 메가 트렌드로 '개인'이 중요해지고 있다. 국내의 대표적인 트렌드 연구서인 김난도 교수의 '트렌드코리아 2022'에서는 한 사람, 한 사람으로 쪼개지는 개인 중심의 트렌드를 '나노 사회'로 표현하고, 나노 사회의 특징이 다른 트렌드를 이끌 것이라 전망하였다.

　미래학자인 레이 커즈와일은 2045년에 AI가 인간의 지능을 뛰어넘는 특이점(Singularity)이 온다고 전망했다. 인공지능 학자 '닉 보스트롬'은 2075년에는 인공지능이 인간의 지적 능력보다 뛰어난 초지능의 시대가 올 것이라고 예상했다. 인간의 뇌에 칩을 심어 인간의 생각을 그대로 AI에게 이식할 수 있는 시대가 올 것이라는 전망도 있다. 이러한 시대가 되면 고객들은 주체적으로 소비 의사결정을 하기 보다는 AI에게 의사결정을 맡기게 될 것이다. 그렇다면 고객조사의 대상으로 AI를 연구해야 하는 날이 오지 않을까? 그때에는 수십억 AI의 세계관을 분석해야 할 지 모른다. 어떠한 AI를 상상하든, 단단히 준비하려면 지금부터 고객 한 명, 한 명의 우주에 집중해보자. 고객은 생각보다 많은 힌트를 내어줄 것이다.

〈한국경제 2021.11.18〉 발췌요약

237

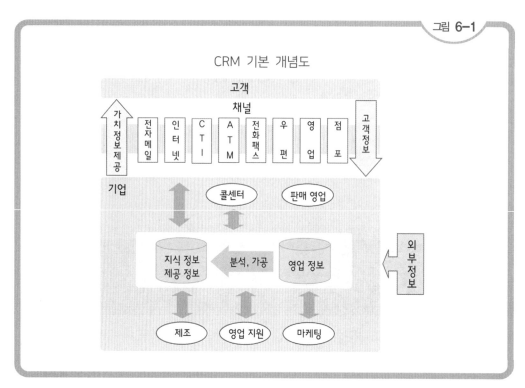

그림 6-1

CRM 기본 개념도

* CTI(Computer Telephone Integration): 컴퓨터와 전화, 통신 기기를 융합시킨 기술로서 대량으로 걸려온 전화를 컴퓨터가 균등하게 나누어 특정 담당자에게 자동 전송한다. 또, 발신 전화 번호나 이용자 아이디를 이용하여 전화 전송 전에 고객의 정보를 교환원이 PC 화면에 표시하거나 다른 담당자에게 PC 화면의 고객 정보와 전화를 동시에 전송하는 기능이 있다.
* 콜센터(Call Center): 콜센터란 고객의 요청을 전화로 접수하여 담당자에게 할당하여 처리하는 장치이다. 통신 판매, 여행업, 금융 기관, 제조업 등 다양한 업계에서 콜센터를 새롭게 설립하거나 강화하고 있다. 고객의 전화를 받는 인바운드 업무와 고객에게 전화를 거는 아웃바운드 업무가 있다.

　　　경영 환경의 변화, 고객 가치의 변화, 인터넷의 등장과 정보 기술의 발전 등으로 기업 간의 경쟁은 점차 가열되고 있다. 특히, 경쟁이 치열해지는 e-Business 환경 하에서 고객관계관리(CRM: Customer Relationship Management)가 기업의 경쟁 우위를 이끌어내는 전략적인 도구로서 대두되고 있다. 고객의 정보를 통합하고, 재조직하는 것이 마케팅의 핵심적인 경쟁력이 됨에 따라 기업은 고객에 대한 모든 접점의 기본 정보를 획득하고 통합하여야 할 뿐만 아니라 고객이 선호하는 채널이나 상품에 대한 선호도 등 추가적인 정보를 포함하는 고객 데이터베이스를 구축해야 할 필요가 있다.

기존에 고객들은 자신이 원하는 상품과 서비스를 제공하는 기업들을 선택하는 데 있어 선택의 폭이 넓지 않았다. 여러 기업들이 제공하는 상품과 서비스를 비교하여 선택할 수 있는 제반 정보도 부족했으며, 제공 업체를 전환하는 데 소요되는 비용과 노력이 만만치 않아 쉽게 전환할 수 없는 어려움을 가지고 있었다.

그러나 이제는 고객 중심의 e−Business 시장으로 바뀌었고, 고객은 마우스 클릭 몇 번으로 쉽게 업체들에 대한 정보를 얻게 되었으며, 경쟁사 간의 제품을 간편하게 비교할 수 있어 가장 저렴한 가격으로 상품과 서비스를 제공하는 업체를 선택할 수 있게 된 것이다.

고객이 인터넷 사이트에 방문하여 얻는 정보와 경험의 만족도에 따라 고객이 그 기업에게 갖는 충성도가 결정될 수 있으며 이는 곧 기업의 매출로 연계될 수 있다. 그만큼 기업 간의 경쟁 장벽은 낮고 제공하는 서비스의 품질은 공개되어 있으며 경쟁은 치열하다. 이러한 치열한 경쟁 속에서 기업이 경쟁 우위를 갖기 위해서는 자사 웹사이트를 방문한 고객들을 얼마나 잘 유지하고 충성도를 높이느냐가 관건이 되는 것이다.

e−Business 프로세스 기반으로 수익성 있는 고객을 선별하고 고객의 만족을 통하여 가치를 극대화시켜 주는 e−CRM은 기술적 관점이 아닌 전략적 관점에서 분석과 구축이 이루어져야 한다.

본 장에서는 e−CRM의 전략적 접근이라는 관점에서 e−CRM의 최근 동향과 기본 개념, 기대 효과, 구축 방법론 등을 살펴본 후, e−CRM 관련 전략들을 살펴본다.

6.1 e-CRM의 등장 배경

e-CRM의 필요성

인터넷의 등장으로 시간과 공간의 제약에서 벗어나게 됨으로써 세계화가 가속화되고 있다. 목표 시장이 국내 시장뿐만 아니라 전 세계의 유수한 기업으로 확대되면서, 경쟁은 더욱 치열해지고 있다. 이러한 세계화와 치열한 경쟁 속에서 고객의 요구는 더욱 다양해지고 복잡해지면서 고객을 이해하고, 유지하고, 신규 고객을 획득하기 위한 활동이 기업의 이익에 중대한 영향을 미치게 되었다.

AMR Research에 의하면 실제로 기업에 수익을 가져다주는 고객은 20%의 고객이며, 나머지 80%의 고객은 잠재 수익력이 20% 이하에 불과하다고 한다. 또한 새로운 고객을 획득하는 비용은 기존 고객을 유지하는 데 드는 비용의 3~5배가 소요된다. 만족한 고객은 일반 고객에 비해 50% 더 기업의 제품을 구

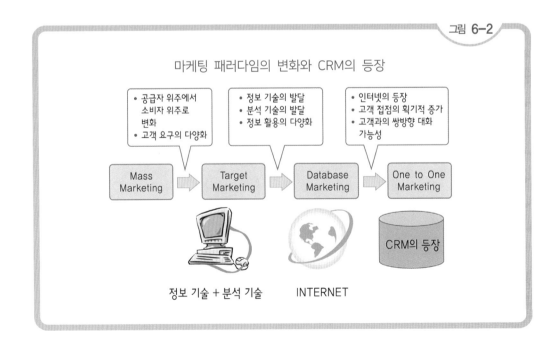

그림 6-2

마케팅 패러다임의 변화와 CRM의 등장

매한다는 사실에서 수익이 되지 않는 고객에게 많은 광고와 마케팅 비용을 투자하는 것이 얼마나 소모적인 것인가를 기업들은 깨닫게 되었다.

고객 중 기업에게 수익을 가져다주는 고객은 전체의 일부에 지나지 않으며, 이러한 고객은 지속적으로 투자해야 할 대상이다. 이들 고객을 유지하는 활동으로, 신규 고객을 획득하기 위해 투자하는 것보다 훨씬 적은 비용으로 높은 효과를 얻을 수 있기 때문이다. 따라서 자사의 고객층을 파악하고 세분화해서 이익을 높이는 방향으로 마케팅 활동을 전개할 필요가 있게 되었으며, 이를 가능하게 하는 고객관계관리(CRM: Customer Relationship Management) 기법이 등장하게 되었다.

최근 정보 기술의 비약한 발전으로 수십만 수백만의 고객 데이터를 빠른 시간 내 처리할 수 있게 됨에 따라, 많은 기업들은 전사적 자원 관리(ERP: Enterprise Resource Planning) 시스템의 구축과 더불어 데이터웨어하우징을 통해 고객 데이터를 전사적 차원에서 운영하고 있다. 또한, 인공지능과 데이터마이닝 기술의 발전으로 고객 데이터를 대상으로 한 고객 구매 패턴이나 행동 분석, 향후 예측 등을 할 수 있게 되었다. 나아가 인터넷의 등장으로 기업은 막강한 마케팅 채널을 확보하게 되었다. 기술적 측면에서 시간과 장소에 관계없이 실시간으로 고객 데이터를 확보할 수 있으며, 위의 정보 기술과 연동되어, 고객에의 실시간 대응과 맞춤형 서비스를 제공할 수 있게 되었다. 또한 이러한 강점과 더불어 기존의 마케팅 채널에 비해 비용이 훨씬 감소되었다.

■ 생애 가치 극대화

e-CRM은 인터넷을 통한 기존 CRM의 한계를 극복하고 고객의 생애 가치(LTV: Life Time Value)를 극대화시키려는 필요성에서 출발한다.

경쟁이 치열해짐에 따라 주로 소비자가 주도하는 시장에서는 시장 점유율을 확대하는 것보다 고객에게 자사의 제품에 대한 로열티를 높여서 계속적인 구매를 유도하여 생애 구매액을 증가시키는 것이 바람직하며, 이러한 생애 구매액을 생애 가치라 한다. 고객 지출 중에서 자사 제품의 생애 가치가 차지하는 비율을 고객 점유율이라 한다. e-CRM에서도 고객의 데이터를 근거로 생애 가치를 추정하여 고객의 등급 분류와 상품 할인 등의 판매에 활용하고 있다.

기존 CRM의 한계와 e-CRM의 필요성을 요약하면 다음과 같다.

- 기존의 CRM은 고객 행동 패턴의 추적은 너무나 방대하고 어려웠다. 그러나 e-CRM은 웹사이트를 통한 효과적인 세밀한 고객 행동 패턴을 추출할 수 있게 한다.
- 기존의 CRM은 대고객 지원 인력의 증가로 인하여 설비나 인건비의 부담이 가중되었지만, e-CRM은 온라인 상의 고객 지원 시스템을 통하여 고객 지원에 대한 비용과 인력을 혁신적으로 감소시켜 준다.
- 기존의 CRM은 대고객 활동을 하는 데 있어서 시간과 장소의 제약을 받았지만, e-CRM은 시간과 장소에 관계없이 온라인을 통하여 고객 서비스가 이루어진다.
- 기존의 CRM은 고객 정보 수집 및 유지가 어려웠지만, e-CRM은 실시간으로 고객 정보 관리를 가능하게 함으로써 고객 정보의 통합 및 분석이 훨씬 더 수월하다.
- 기존의 CRM은 고객과의 상호 작용이 대부분 일방적이었지만, e-CRM은 고객과의 일대일 상호 작용을 가능하게 하는 양방향 커뮤니케이션을 용이하게 한다.

e-CRM의 발전 단계

e-CRM의 발전 단계를 시대적으로 살펴보면, 1970년대의 대중 마케팅, 1980년대의 세분화 마케팅, 1990년대 이후의 타깃 마케팅, 틈새 마케팅, 일대일 마케팅(One to One Marketing)으로 발전해 왔다. 2000년 들어서는 e-CRM으로 진화되었다. 최근 CRM은 CRM과 AI의 기술 접목, CRM과 IoT, 그리고 빅데이터의 활용으로 더욱더 발전하였다.

대중 마케팅(Mass Marketing)

1970년대는 대량 생산 체제와 영업 위주의 마케팅을 전개하는 시기였다. 따라서 국가 간 경쟁이 본격화되지 않은 시기라고 할 수 있다. TV와 같은 광고 매체를 통하여 고객에게 상품을 알림으로써 대량 판매가 가능하였다. 이 시대를 대중 마케팅(Mass Marketing) 시대라고 표현한다.

👥 세분화 마케팅(Segment Marketing)

1980년대는 경쟁 상황이 심화되면서 마케팅 활동의 중요성이 부각되었다. 기업들은 다양화된 고객의 요구에 적합한 제품을 개발하고 제품의 품질을 개선해야 했다. 이 때부터 고객 만족도(Customer Satisfaction)를 높이는 것이 마케팅의 주요한 목표가 되었다. 보다 나은 상품으로 고객의 선택을 받기 위해 기업은 품질을 개선하고 새로운 상품을 개발하는 데 초점을 맞추었고, 고객들에게 단지 제품을 홍보하는 차원이 아니라 보다 나은 이미지를 구축하기 위해 많은 기업들이 대중 매체를 통해 기업 이미지를 개선하는 데 주력하였다. 따라서 기업은 다양화된 고객의 기호와 치열해진 경쟁을 위해 시장을 세분화하고 세분된 시장에 맞는 제품을 공급하기 시작하였다. 이것이 세분화 마케팅(Segment Marketing)이다.

👥 일대일 마케팅(One to One Marketing)

1990년대 기업 내 정보 시스템의 구축과 데이터베이스 기술의 발전 등과 함께 세분화 마케팅(Segment Marketing)은 타깃 마케팅(Target Marketing), 틈새 마케팅(Niche Marketing), 일대일 마케팅(One to One Marketing)으로 점차 세분화되고 고도화된다. 이러한 세분화된 마케팅 방식은 대단히 많은 분량의 데이터를 요구하는 것으로, 기업들은 데이터베이스 기술을 활용해 데이터베이스 마케팅(Database Marketing)을 도입하여 DM, TM 등에 많은 투자를 하였지만, 세분화된 시장에 적합한 마케팅 전략을 전개하는 데는 많은 한계가 있었다. 즉, 특정 고객을 상대로 하는 제품을 전체 고객에게 홍보하는 방식의 한계를 지니고 있었다. 또한 마케팅 활동이 특정 부서 중심으로만 진행되는 문제를 안고 있었다. 그러나 양방향성을 주 특성을 하는 인터넷의 등장으로 이러한 DB 마케팅의 한계를 극복할 수 있는 e-CRM이 대두되었다. 최근 CRM은 빅데이터의 활용으로 방대한 양의 데이터를 분석할 수 있으며 CRM과 AI의 접목, CRM과 IoT의 적용 등을 통해 지속적으로 발전하고 있다.

　　종합해 보면, 마케팅 패러다임 변천은 단순한 상품 판매와 시장 점유율 증대를 목적으로 하는 거래 지향적 마케팅(Transaction-Oriented Marketing)에서 장기적으로 고객과의 관계를 구축하고 더 나아가서는 고객과 기업이 파트너십을 형성하는 단계로까지 나아가게 되는 관계 마케팅(Relationship Marketing)으로 이동하였으며, 정보 기술의 발달, 양방향 미디어인 인터넷 그리고 빅데이터, AI, IoT와 같은 기술들의 등장이 CRM의 발전을 가속화시키고 있다.

6.2 e-CRM의 개념

👥 CRM의 일반적인 정의

　　CRM의 정의는 〈표 6-1〉에서 보듯이 다양하지만, 종합해 보면, 고객 관계를 증진하고 고객 가치를 극대화하기 위해, 입체적 고객 정보 및 기업 정보를 기

표 6-1 CRM의 정의

구분	정의
가트너 그룹	기업의 현지 고객 및 잠재 고객 관련 정보를 정확하게 파악하여 고객관계관리를 효과적으로 지원하기 위한 경영 전략
앤더슨 컨설팅	지속적인 성장을 유지하기 위하여 가치 있는 고객을 파악, 획득 및 유지하는 일련의 활동이며, 여기에는 마케팅, 판매, 고객, 서비스 등을 포함한다.
Ovum	기업이 우수 고객을 지속적으로 유지하는 동시에 신규 고객을 확보하고 고객 관련 비용을 최소화하여 기업의 경쟁력을 향상시킴으로써 기업 가치를 극대화하기 위한 경영 개념
한국소프트웨어 산업협회	기업이 보유하고 있는 고객 데이터를 수집, 동향, 가공, 분석하여 고객 개개인의 특성에 맞게 활동을 계획, 수행, 평가하는 일련의 과정
칼슨(Carlson) 마케팅 그룹	기업의 모든 구성원과 고객에게 조직에 대한 긍정적인 선호도를 형성하여 고객 유지와 경영 성과를 향상시키는 전략

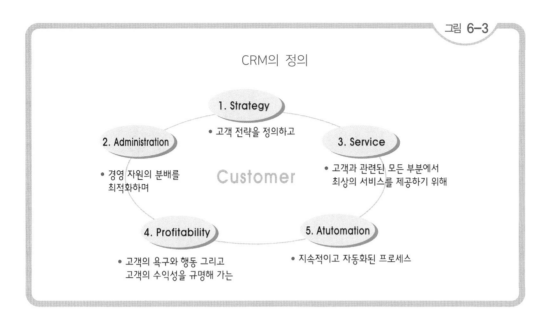

그림 6-3

CRM의 정의

1. Strategy
• 고객 전략을 정의하고

2. Administration
• 경영 자원의 분배를 최적화하며

3. Service
• 고객과 관련된 모든 부분에서 최상의 서비스를 제공하기 위해

Customer

4. Profitability
• 고객의 욕구와 행동 그리고 고객의 수익성을 규명해 가는

5. Atutomation
• 지속적이고 자동화된 프로세스

반으로 고객에게 영향을 미치는 분야의 제반 프로세스를 효과적으로 자동화하고 관련 채널을 통합하여, 고객 요구를 충족하며, 업무 효율성을 높여 기업 경영 성과를 향상시키는 시스템으로 정의할 수 있다.

CRM의 시스템 구조

CRM은 기업이 고객 관리를 통해 고객 만족도를 향상시킴으로써 수익을 창출하고자 하는 전략과 이를 시스템으로 구현하는 전 과정을 포함한다.

CRM은 시스템 관점에서 [그림 6-4]와 같이 크게 세 가지로 구조화된다.

■ 분석(Analytical) CRM

CRM 전략을 수립하는 데 필요한 자료를 데이터웨어하우스(DW: Data Warehouse), 데이터마이닝(Data Mining), OLAP(Online Analytical Processing) 등을 이용하여 고객의 행동을 분석·예측할 수 있도록 지원하는 분석 CRM이다.

■ 운영(Operational) CRM

고객과의 접점에서 영업, 마케팅 및 서비스를 실행하는 운영 CRM이다. ERP가 가지고 있는 기능(거래 처리, 재무, 생산, 재고 및 인사 관리 등) 중에서 고객 접촉

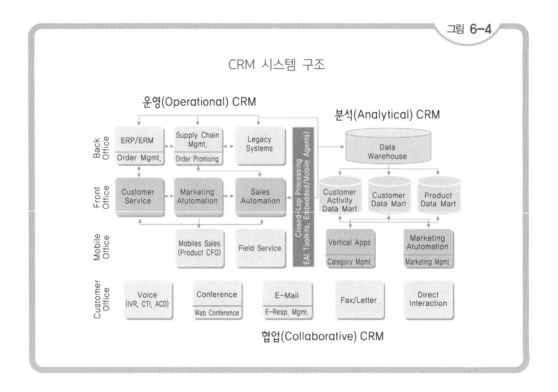

그림 6-4

CRM 시스템 구조

■ 협업(Collaborative) CRM

과 관련된 기능을 강화하여 ERP의 기능 확장 또는 CRM 모듈과 기존 ERP를 통합하는 것으로 주로 영업과 서비스를 위한 시스템이다.

■ 협업(Collaborative) CRM

인터넷, 콜센터, 모바일 등 고객과의 다양한 접점을 지원하는 협업 CRM이다. 인터넷을 기반으로 한 웹사이트의 급성장과 오프라인(Off-line) 기업의 온라인(On-line)화가 가속화되면서 등장한 신개념이 e-CRM이다. 즉, 협업 CRM이란 분석 CRM과 운영 CRM 시스템의 통합으로 인터넷 상에서 CRM을 수행하는 e-CRM을 지칭한다. 예를 들어, 인터넷 사용자의 웹 로그를 분석해 일정 성향을 파악한 후 상품을 추천하거나, 접속 시 개개인마다 차별화된 화면을 제공하는 일대일 개인화 서비스가 있다.

👪 e-CRM의 정의

CRM은 기업이 보유한 다양한 채널을 기반으로 고객과의 일대일 마케팅을 통하여 지속적으로 관계를 유지하는 것이다. CRM에서 추구하는 '고객과의 일대일 관계'를 실행하는 데에는 실질적으로 막대한 비용이 발생하는 일이기 때문에 현실화시키는 데 어려움을 갖고 있었지만, 인터넷이라는 새로운 고객 채널이 일반화되면서 저렴한 비용으로 일대일 마케팅이 가능하게 되었다.

인터넷이 새로운 고객 채널로 등장하게 되면서 나타난, e-Business 환경하에서 고객에 대한 인텔리전스를 기반으로 기업의 마케팅, 영업, 서비스 비즈니스 프로세스의 자동화와 최적화를 통한 고객관계관리가 바로 e-CRM이다. e-CRM에서의 궁극적인 목표는 자사의 웹사이트를 방문한 고객들이 최대로 좋은 경험을 할 수 있게 하여 기업에 주는 가치를 극대화시키는 것이다. e-CRM의 개념에는 기존의 CRM의 개념에 인터넷이라는 새로운 환경이 적용되어 오프라인에서 진행되던 고객 분석과 실행의 루프와는 다른 프로세스가 적용된다. 기존의 오프라인에서의 CRM은 고객 분석을 통한 전략 수립과 수행, 평가 과정의 간격이 보통 3개월에서 6개월이 소요되나 인터넷을 기반으로 한 온라인 비즈니스의 경우 고객에 대한 전략 수립과 수행의 간격이 매우 짧게 신속히 이루어진다.

CRM과 e-CRM의 차이점을 〈표 6-2〉와 같이 비교할 수 있지만, e-CRM은 인터넷의 확산과 더불어 e-Business 기업뿐만 아니라 오프라인 기업들에게까지도 확장되고 있다. 따라서 명확하게 구분한다는 것은 큰 의미가 없다.

e-CRM의 기반은 기존의 CRM과 마찬가지로 고객이 기업에 남긴 흔적을 통합한 데이터베이스(웹 웨어하우스)이다. 이러한 웹 웨어하우스를 바탕으로 한 분석을 통하여 고객 세분화, 구매 확률, 교차 판매 가능성 등을 산출물로 얻을 수 있고, 이러한 분석 정보를 바탕으로 상거래에서의 개별화된 오퍼(Personalized offer), 각 고객 세분별 표적 캠페인 실행, 고객의 요구 사항에 맞는 서비스 제공 등이 가능해진다.

표 6-2 CRM과 e-CRM 비교

구분	CRM	e-CRM
자료 수집	복수의 분산된 채널: 영업 사원 방문, TM, DM, 기간계 시스템의 구매 데이터	Web 기반의 단일 통합 채널: 고객 프로파일, Web log, 이메일 반응, 웹 콜센터, 구매 데이터
자료 분석	전통적인 통계 기법, 데이터마이닝	실시간 고객 성향 분석, 고객 행동 패턴 분석 등의 웹 데이터마이닝 등
자료 활용	마케팅 캠페인 관리, 영업력 강화, CTI, 프로모션	One-to-One Marketing, 실시간 추천 시스템, 개인화된 콘텐츠, Interactive Dialog 등
비용	높은 인건비, 대규모의 전사적 DW 구축과 시스템 구축으로 인해 상대적으로 높은 비용	초기 IT 비용이 CRM에 비해 저렴하고, 지속적인 관리 비용이 낮음
범위	제한된 시간, 지역적 한계 존재	지역, 시간적 제약 탈피

👥 e-CRM의 활동과 기대 효과

앤더슨 컨설팅은 e-CRM의 활동을 고객 서비스 관점에서 다음과 같이 세 가지로 구분하고 있다.

■ e-Marketing

e-Marketing은 인터넷을 활용하여 전통적인 마케팅 기능 및 새로운 마케팅 개념을 구현한 것이다.

- 웹을 활용한 광고, 판매 촉진, PR 및 다이렉트 마케팅(Direct Marketing)
- 시장 세분화를 위한 고객 정보 확보 목적으로 인터넷상에서 시장 조사
- 서비스 개발 과정 및 수명 주기(Life Cycle) 결정에 인터넷을 통한 고객 참여
- 서비스 가격 결정에서 인터넷을 통한 유사 서비스 가격 정보 획득
- 판매 채널 믹스(Marketing Channel Mix)를 결정하고 통합하여 포털(Potal)과 같은 전자적 채널 활용

■ e-Selling

초기 인증(Qualification) 단계부터 상품·서비스 전달에 이르기까지 고객의 전 구매 과정을 인터넷상에서 처리한다.

- 웹을 통한 전 구매 과정을 고객에 의한 셀프 서비스화
- 인터넷상에서 고객의 구매 의사와 지불 능력 파악

- 고객의 구매 의도에 맞는 적정 상품 추천
- 고객에게 솔루션을 제공하기 위해 단위 상품 묶어서 판매(Bundling)
- 위 솔루션에 대해 고객의 지불 능력을 고려하여 개별화 및 할인 상품 추천
- 고객의 구매 정보 및 지원 정보 이력화
- 인터넷상에서 서비스 주문 생성

■ e-Services

고객 서비스 및 지원을 위한 새로운 접속 수단을 제공한다.

- 인터넷을 통하여 고객이 고객 정보를 직접 입력·갱신
- 인터넷으로 고객이 접속한 정보를 DB화
- 고객이 서비스 주문 및 고장 신고 처리 현황을 인터넷 상에서 검색
- 고객의 질의 사항 처리
- 웹상에서 고객에게 필요한 교육 실시
- 웹상에서 고객이 서비스를 설계하고 개통
- 서비스 문제를 고객이 처리할 수 있도록 고장 처리 매뉴얼 제공
- 인터넷을 통한 청구 및 지불

이러한 e-CRM의 기능들은 고객 만족을 지원하는 강력한 전략적 도구로

표 6-3 e-CRM의 기대 효과

구분	기대 효과
온라인 고객 DB 기반 구축	• 데이터마이닝·마케팅 수행을 위해 정리된 고객 DW(Data Warehouse) 구축 • Web Mining을 기반으로 한 보다 정교한 고객 행동 패턴 기록 및 분석
고객 성향에 따른 타깃 마케팅	• 고객층 분류, 현상과 상관관계 추출, 의사 결정 자료 제공 • 타깃 고객층을 선별하여 적은 자원 소요로 효과적인 마케팅 가능 • 일대일 마케팅을 통한 불필요 고객 간섭 최소화
신규 고객 확보 및 기존 고객 충실화	• 콘텐츠 개인화를 통해 단순 방문자에서 회원으로 전이 유도 • 온라인 사이트 고객 지원 강화를 통한 고객 만족도 향상 • 고객 제품 및 서비스 문의·요구 사항 지식 베이스 구축 • 웹콜(Web Call), 전화, e-mail을 통한 교차 판매(Cross-selling) 및 추가 판매(Up-selling)
채널망의 효율적 확장	• 협력사·지점 간 온라인 고객·마케팅 정보 공유 • 잠재 고객 정보의 원활한 전달

대두될 것이며, 많은 성과를 가져올 것으로 기대된다. e-CRM 기대 효과를 〈표 6-3〉과 같이 요약할 수 있다.

6.3 e-CRM의 구축 방법론

e-CRM의 구축 과정

CRM의 고객 중심 개발은 일반적으로 [그림 6-5]와 같이 4단계로 구분할 수 있다.

고객 데이터의 획득은 다양한 채널을 통해서 수집된 고객 데이터를 고객DB에 체계적으로 저장하는 단계이다.

고객 선별의 단계는 자사의 제품과 서비스를 통해 최고의 수익성을 얻을 수 있는 고객을 선별하는 것이다. 또한 우리 기업과 지속적인 관계를 원하는 고객

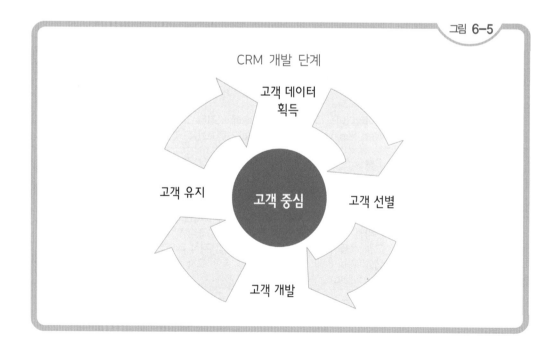

그림 6-5

CRM 개발 단계

고객 데이터 획득

고객 유지

고객 중심

고객 선별

고객 개발

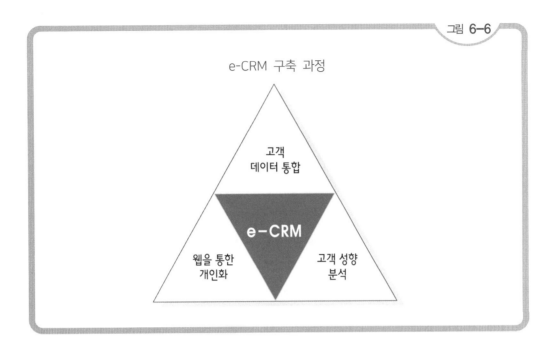

그림 6-6

e-CRM 구축 과정

고객
데이터 통합

e-CRM

웹을 통한
개인화

고객 성향
분석

과 우리 기업에 최대의 평생 가치(LTV: Life Time Value)를 제공할 수 있는 고객을 탐색한다.

고객 개발의 단계는 수익성을 기준으로 선별된 고객들에게 고객이 원하는 제품과 서비스를 원하는 방법으로 원하는 시기에 제공하는 것이다. 따라서 고객의 요구 사항 및 기대 수준에 대한 인지와 자사의 제품 및 서비스와 고객의 경험 등에 관한 정확한 파악이 선행되어야 한다.

고객 유지의 단계는 지속적인 고객 지원을 하는 것으로, 이를 위해 차별화된 서비스를 제공하고, 고객과의 채널을 통한 지속적 확대로 최신의 시장 및 고객 정보를 획득하여야 한다.

이러한 일반적인 개발 단계를 e-CRM의 구축을 위한 기본 과정은 고객 인텔리전스를 위한 고객 데이터 통합, 고객 성향 분석, 웹을 통한 개인화로 구분해 볼 수 있다.

(1) 고객 인텔리전스(Intelligence)를 위한 고객 데이터 통합

e-CRM의 가장 근간이 되는 것은 바로 고객에 대한 인텔리전스이다. 즉 웹

사이트 방문자들의 행태를 분석하여 고객들의 고유 성향을 파악하고 이를 바탕으로 한 개인화된 마케팅, 판촉, 서비스를 제공하는 것이 e-CRM의 기본 개념인 것이다. 이를 위해서 다음과 같은 과정이 요구된다.

- 웹 서버에서 추출되는 고객 로그 데이터를 실시간으로 추출하여 실시간 마케팅을 위한 고객 중심 데이터베이스로 구축하는 과정: 웹사이트 방문자가 사이트를 방문하여 이동하는 모든 정보는 로그 데이터에 쌓이게 된다. 로그 데이터는 방문자가 페이지를 옮겨 다닌 기록뿐만이 아니라 에러 발생에 대한 정보, 구매와 관련된 정보 등이 포함되어 있어 인터넷 고객 분석을 위한 근간 데이터로서의 활용이 필수적이라고 볼 수 있다. 그러나 웹 로그 데이터 그 자체로는 정보로 사용하기가 매우 힘들다. 각 고객별 클릭스트림을 추적할 수 있도록 별도의 프로세스에 의하여 데이터베이스화시켜 주는 작업이 필요하다.
- 고객에 대한 구매 이력 정보, 클릭스트림 정보, 캠페인 정보 등을 통합하여 고객 데이터웨어하우스로 구축하는 과정: 웹 로그 데이터와 마케팅 채널을 통한 정보, 오프라인 고객 데이터 등의 연계를 가능하게 하는 웹 하우스의 구축이 향후 고객 분석의 기반 구조로서 요구된다. 온라인 비즈니스에서도 실시간으로 고객에게 마케팅 메시지를 전달하는 실시간 마케팅이 필요하겠지만 대상 고객군을 선별하여 배치성 타깃 마케팅을 실행할 필요가 있다. 이러한 양자의 마케팅 방법을 실행하기 위해서는 필수적으로 고객에 대한 분석이 선행되어야 하는데 이 고객 분석을 위한 데이터 기반이 웹 하우스가 된다.
- 고객의 클릭스트림을 분석하여 고객 행태의 패턴을 발견하고 고객 행동 가능성을 예측하는 과정
- 고객 분석 정보를 바탕으로 고객에 대한 개인화된 마케팅을 실행하는 과정
- 웹사이트 방문을 촉진할 수 있는 마케팅 캠페인 계획·실행·결과 분석 과정

(2) 고객 성향 분석

고객과의 일대일 관계를 수립하는 데 있어서 가장 핵심적인 일은 고객들이 사이트를 방문하여 항해하는 패턴을 찾아내어 웹사이트에서의 상품 구매에 영향을 주는 요인들을 찾아내거나, 신상품에 대한 구매 반응이 가장 높을 것 같은 고객군을 찾아내는 것이다.

이와 같은 고객 성향 분석을 위하여 활용되는 기술이 데이터마이닝 기술이며, 인터넷상에서도 데이터마이닝은 고객들의 행동 패턴을 찾아낸다거나 향후 행동 예측을 위해 사용된다.

웹 마이닝을 통하여 기업들은 다음과 같은 비즈니스 문제들에 대한 해답을 얻을 수 있다.

- 잠재적으로 가장 수익성 있는 방문 고객을 어떻게 선별할 수 있을까?
- 새로 발표한 온라인 제품과 서비스를 구매할 가능성이 높은 고객은 누구 인가?
- 우리 웹사이트의 방문자 행태 중 가장 중요한 경향은 무엇인가?
- 우리의 가장 충성도 높은 고객 특성은 무엇인가?
- 온라인 재고를 어떻게 최적화할 수 있을까?

웹사이트에서의 고객 행태 분석을 위한 데이터마이닝 기법은 e-CRM 방법론에서 소개하고자 한다.

(3) 웹을 통한 개인화(Personalization)

온라인상에서 고객과의 일대일 관계를 수립하기 위하여 고객들이 웹사이트에서나 또는 이메일, 다른 채널 등을 통하여 전달되는 반응들을 효과적으로 모니터하고 측정, 평가할 필요가 있다. 고객의 행동을 정의할 수 있는 다양한 변수들을 통하여 고객이 웹사이트에서 제공되는 새로운 콘텐츠나 마케팅 오퍼 등에 어떻게 반응할지를 예측하고 평가할 수 있다. 이러한 고객의 행동을 정의할 수 있는 속성들의 예는 아래와 같다.

- 온라인상에서 보낸 시간(웹사이트에 방문하여 떠나기까지 고객이 소비한 시간)
- 구매량
- 주로 관심 있어 하는 콘텐츠
- 구매 빈도
- 선호도를 공유하는 데 있어서의 자발성(willingness)
- 금번 방문과 다음 방문 간의 시차
- 주로 검색했던 물품
- 개인 신상 정보를 갱신하는 데 있어서의 자발성
- 오프라인 행태와의 차이

웹사이트의 마케터는 이러한 데이터를 중심으로 고객에 대한 일대일 마케팅 메시지를 전달할 수 있다.

e-CRM 방법론

e-CRM 방법론의 구체적인 예로서 데이터웨어하우스(Data Warehouse), 데이터마이닝(Data Mining), OLAP(Online Analytical Processing)에 대하여 알아보도록 하자.

데이터웨어하우스(Data Warehouse)

기존의 운영계 시스템과 의사 결정 지원 시스템, 사용자 간에 연계성이 산발적으로 나타나게 되자 의사 결정 지원 시스템들은 기대만큼 효과적으로 활용되지 못했으며, 의사 결정에 충분히 반영되지 못하는 단점을 극복하기 위해 데이터웨어하우스의 개념이 새로 떠오르게 되었다.

데이터웨어하우스란 사용자의 의사 결정을 지원하기 위해 기업이 축적한 많은 데이터를 사용자 관점에서 주제별로 통합하여 별도의 장소에 저장해 놓은 데이터베이스를 말한다.

데이터웨어하우스에서 특정한 부문별, 용도별로 분류된 데이터를 데이터 마트(Data Mart)라고 한다. 예를 들어, 마케팅용, 품질 관리 부서용, 재무 부서용 등의 데이터 마트를 생성할 수 있다.

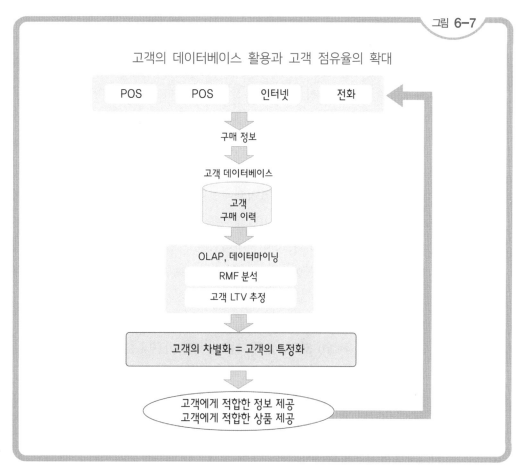

그림 6-7

고객의 데이터베이스 활용과 고객 점유율의 확대

* RMF(Recently, Frequency, Money): 통신 판매 업계에서는 특정 상품을 구매할 가능성이 높은 고객 계층을 찾아내어 그들에게 직접 마케팅을 전개하였는데 이 때, 구매 가능성이 높은 고객 계층을 찾아내는 수단으로 가능한 한 최근(Recently)에 고액(Money)의 유사 상품을 구매한 고객 또는 빈번하게(Frequency) 구매한 고객에게 주목하는 경우가 많았다. 이러한 고객을 찾아내는 방법으로서 RMF를 점수화하여 활용한다.
* LTV(Life Time Value): 생애 가치

🐾 데이터마이닝(Data Mining)

인터넷 환경의 급속한 확산으로 데이터마이닝은 고객관계관리의 핵심 기술로 부각되고 있다. 데이터마이닝이란 대량의 데이터베이스로부터 변수 간에 존재하는 추세, 유사성 및 특정 패턴을 발견하여 고객관계관리에 활용할 수 있도록 해주는 기법이다.

소규모 기업들은 일대일 마케팅을 실현하는 것이 그리 어렵지 않았지만 기업들의 규모가 커지고 시장 환경이 복잡해짐에 따라 고객을 개별적으로 관리하기가 어려워졌다. 그래서 고객 세분화를 통한 DB 마케팅을 시작하게 되었으며 좀더 발전하여 고객에 대한 일대일 관계의 학습을 통한 고객 평생 가치의 창출이 필요하다는 것을 인식하게 되었다.

데이터웨어하우스는 각종 애플리케이션들을 통해 OLTP(On-Line Transaction Processing) 시스템을 통해 모은 데이터를 추출하고 정제하여 사용하기 쉽도록 저장하는 메모리의 역할을 하며, 데이터마이닝은 기업의 인텔리전스 역할을 한다.

데이터마이닝은 기업들이 저장해 둔 메모리로부터 유용한 정보를 추출하여 분석을 통해 패턴을 예측하고, 규칙을 정함으로써 미래를 예측하는 역할을 한다.

데이터마이닝으로 할 수 있는 것들은 다음과 같다.

- 연관성(Association) 분석: 유사 그룹과 시장 바구니 분석(Affinity Grouping or Market Basket Analysis)

시장 바구니 분석을 상상해 내기 위해 슈퍼마켓에 있는 물건으로 가득차 있는 쇼핑 카트를 상상해 보자. 그 안에는 여러 가지 물건들로 채워져 있는데 그것은 우리에게 그것을 구입한 고객이 쇼핑을 하면서 무엇을 구매했는지를 알려 준다. 고객들의 특성이 모두 같지 않기 때문에 각 고객들은 1주일 동안 서로 다른 시간에 서로 다른 품질과 품목의 물품을 구입했으며 이를 통해 많은 정보를 얻을 수 있다. 시장 바구니 분석은 구매 고객이 누구인지, 그들이 왜 그 물건을 구매했는지에 대한 물음에 답을 주기 위해 구매 고객의 구매 품목을 이용한다. 시장 바구니 분석은 우리에게 어떤 물건들이 함께 팔려 나가는지 어떤 것이 촉진될 여지가 있는지를 알려 주므로 상품에 대한 통찰력을 주며, 또한 새로운 매장 설계를 제시해 준다. 그리고 특별한 상품을 어떠한 위치에 두어야 하는지도 결정해 준다. 비록 시장 바구니 분석의 근간이 POS(Point-of-Sale) 처리를 분석하는 데 있지만 소매업의 외적인 부분에서도 적용될 수 있다.

■ 군집화 및 세분화(Clustering & Segmentation)

군집화(Clustering)란 레코드들을 유사한 특성을 지닌 몇 개의 소그룹으로 분할하는 작업을 뜻한다. 작업의 특성이 분류 작업과 흡사하다고 생각할 수 있으나, 분석하고자 하는 데이터에 분류가 포함되어 있지 않다는 점에서 차이가 있으며, 다른 데이터마이닝 작업을 위한 선행 작업으로서의 역할을 수행하는 경우가 많다.

다시 말하면, 군집화란 데이터 항목들의 집합이 주어졌을 때, 이 집합을 비슷한 특성을 가진 항목들로 그룹 지어진 클래스들의 집합으로 나누는 것이다.

■ 분류 및 예측(Classification & Prediction)

분류(Classification)는 데이터마이닝에서 가장 많이 사용되는 작업으로 분류값이 포함된 과거의 데이터로부터 분류별 특성을 찾아내어 분류 모형을 만들고, 이를 토대로 새로운 레코드의 분류값을 예측하는 것을 의미한다. 즉, 미리 정의된 범주를 가진 클래스(Class)들의 집합이 주어졌을 때, 특정한 데이터 항목이 클래스들의 어디에 속하는지를 결정하는 것이다.

예를 들어, 신용 카드 회사의 고객 신용 평가 모형이 있다고 가정하면, 이 회사에서는 지금까지의 거래를 토대로 고객들의 신용을 〈우수, 보통, 불량〉으로 분류하였다. '불량' 평가를 받은 고객층의 특성 중 하나가 '월 평균 수입이 200만 원 이하인 20~30세 가량의 미혼남 고객'이라면, 신규 카드 가입자들의 신용 평가 시 이러한 규칙을 활용함으로써 보다 객관적인 의사 결정을 유도할 수 있다.

추정(Estimation)은 분류(Classification)의 변형이라고 할 수 있으며, 어떤 것의 예측을 '예', '아니오'로 결정하는 것이 아니라 점수로 나타낸다. 분류가 분별 가능한 결과(예: 예, 아니오)를 다룬다면, 추정은 연속적인 결과(예: 키, 수입 등)를 다루며, 추정은 분류 작업을 수행하기 위하여 사용된다.

예를 들어, 가족 전체의 수입, 고객의 생애 가치(LTV: Life Time Value), 가족의 아이 수 등을 추정하는 것이 있다.

예측(Prediction)은 데이터 내에서 단순히 발견되는 패턴을 통해 미래의 어느 시점을 예측하는 것이다. 두 개의 중심적인 유형은 분류(Classification)와 회귀

(Regression)이며, 알려진 해답을 가진 과거 경험의 샘플이 조사되고 이를 통해 미래의 사건에 대해 일반화한다. 예를 들어, 신용 카드의 사기 예측, 고객이 다음 6개월 안에 떠날 것을 예측하는 것이 있다.

🚻 OLAP(OnLine Analytical Processing)

OLAP은 최종 사용자가 다차원 정보에 직접 접근하여 대화식으로 정보를 분석하고 의사 결정에 활용하는 과정이다.

- 최종 사용자: 나는 내가 원하는 자료가 있지만 전산실에 요청해서 결과를 기다리게 되면 3일 이상이나 걸린다. 또 그만큼의 내가 원하는 자료가 나오지 않는다. 따라서 OLAP 환경에서는 내가 직접 쉽게 이해할 수 있고 조작하기 쉬운 형태로 존재한다.
- 다차원 정보: 나는 단순하게 '이번 달 매출액이 얼마인가?'를 알고 싶지 않다. 나는 이 달의 각 매장별 매출액을 전월 및 전년 동월과 비교한 결과가 궁금하다. 여기서 기간, 매장, 제품, 유형이라는 네 가지 각도에서 분석하고 싶다.
- 대화식: 나는 위 질문에서 다시 '강남권에 속한 각 매장별 매출액은 어떤가?'라는 새로운 질문을 던질 수 있다. 이렇게 사용자는 필요한 데이터를 바로 요청할 수 있으며 시스템은 신속한 답을 제공하는 상호 작용을 한다.
- 의사 결정: 사용자는 기업의 전반적인 상황을 이해할 수 있어 의사 결정을 할 수 있다.

초기 데이터웨어하우징의 초점이 의사 결정을 지원할 수 있는 정보 기반의 구축에 있었던 반면, OLAP는 정보의 효과적인 활용 측면에 보다 초점을 맞추었다. 이는 초기 데이터웨어하우징이 전사적 의사 결정 지원 환경의 전 단계인 데이터 통합과 관리, 인프라 구축의 측면을 강조한 반면, OLAP은 데이터 접근과 활용, 애플리케이션 구축 측면을 강조하였다. 이처럼 초기 데이터웨어하우징이 '어떻게 데이터웨어하우스를 구축할 것인가'라는 측면에 초점을 맞추어 왔다. 그러나 점차 데이터웨어하우스를 구축하고 사용하게 되면서, 기업들은 자신들의 재량에 맡겨진 방대한 정보의 가치를 인식하게 되었고, 이에 따라 데이터웨어하우징의 초점은 구축에서 활용으로, 즉 '어떻게 데이터웨어하우스를 활용할 것인가?'라는 측면으로 옮겨지게 되었다. 데이터웨어하우징이 구축 단계에서 활용 단계로 급속하게 발전함에 따라 OLAP은 데이터웨어하우징 환경으로 급격히 통합되었다.

의사 결정 지원 환경은 사용자의 의사 결정을 지원하기 위해 데이터를 수집하고 조작, 모델링, 저장, 표현, 분배하는 일련의 과정을 모두 포함하는 것이고 OLAP은 의사 결정을 지원하기 위한 전체적인 과정의 한 부분으로 생각할 수 있다.

6.4 e-CRM의 성공 전략

CRM이 기업의 전략적 도구로 부상하면서, 수많은 기업들이 많은 비용과 노력을 기울였지만 CRM의 성과가 미흡한 것으로 나타나고 있다. 북미 기업 경영자들을 대상으로 실시한 한 조사 결과에 따르면, 55%의 경영자들은 CRM이 투자 이후에 기대했던 만큼의 성과를 거두지 못했다고 응답하고 있다.

CRM의 성과 향상을 위한 성공 전략을 다음과 같이 다섯 가지로 설명할 수 있다.

■ CRM의 전략적 접근

CRM은 기술적 접근이 아니라 고객 중심의 인식과 전략 차원에서 접근되어야 한다. 기업들은 종종 CRM을 고객과의 관계 개선 전략이 아닌 비용 절감을 위한 기술적인 접근을 우선적으로 추구하고 있다. CRM을 실행하는 목적은 고객 유지 및 로열티 증대, 차별화된 고객 대응을 통한 경쟁 우위 확보 등 고객 지향적인 CRM 활용에 있다. 따라서 기업들은, 기술적 접근이 아닌 고객과의 관계 강화를 위한 전략이 CRM 성과의 성패를 좌우한다는 것을 인식해야 한다. 즉, CRM 실행 이전에 CRM의 전략과 방향이 더 중요하게 고려되어야 하며, 이를 위해서는 경영자의 적극적인 지원이 필요하며, 고객 위주의 인식과 전략이 선행되어야 한다.

■ **고객 관련 핵심 정보 공유**

CRM의 성공을 위해서는 핵심 정보의 공유가 중요함에도 불구하고, CRM 도입 초기부터 정보 공유가 제대로 이루어지지 못하고 있다. 정보 공유의 효율성을 높이기 위해서는 정보 입력자들의 자발적인 입력과 고객 자료 활용을 위한 기술적 지원이 뒤따라야 한다. 또한 이메일, 팩스, 메신저, 인터넷 헬프 데스크, 채팅, 콜센터, 고객 지원 센터, 영업 사원의 고객 대응 등 다양한 채널들을 통해서 수집되는 고객 관련 정보가 한 곳으로 통합되어야 한다.

■ **효과적인 개인화(Personalization) 실행**

개인화는 특정한 고객들의 니즈나 관심을 사전에 파악하고 고객과 각종 콘텐츠 간의 관계를 설계함으로써, 차별화된 고객 대응을 실시하고자 하는 것이다. CRM 실행 시 고객에 대한 대응 효과를 극대화시키기 위해서는 고객별 차별성을 고려한 구분 및 이에 따른 개인화가 이루어져야 할 것이다. 개인화가 효과적으로 이루어지지 않고 있는 가장 큰 이유는 개인화를 위한 일련의 과정이 특정 기술을 통해 자동적으로 이루어질 것이라는 생각을 하고 있기 때문이다. 개인화가 기술적인 과정을 통해 이루어지는 것이 아니라 수많은 콘텐츠 담당자들의 노력을 통해서 활용되고 개인화가 추진되는 것이라는 것을 인식해야 한다.

■ **사전 목표에 입각한 관리**

효과적인 CRM 관리를 위해서는 사후적인 관리와 함께 사전적인 관리도 동시에 이루어져야 할 것이다. 목표에 입각한 사전적인 CRM 관리는 크게 1) 핵심 지표의 파악, 2) 사전적 목표의 설정, 3) 사전에 설정된 목표에 대한 지속적인 관리 및 성과 분석 등으로 구분된다.

■ **PRM(Partner Relationship Management) 강화**

PRM이란 대리점, 중간 유통 업체 등 모든 파트너들과의 관계를 종합적으로 관리하는 것을 의미한다. 기존의 기업들은 CRM 실행에 있어서 PRM을 크게 고려하지 않았다. 그러나 고객들의 차별적인 니즈를 충족시키는 차원에서 PRM은 점차 CRM의 필수 요소로 변해 가고 있고, 기업들도 CRM의 실행 범위 안에 PRM을 포함시키고 있는 추세이다. 고객의 니즈가 계속적으로 변화하고 있고, 제품도 점점 더 전문화되는 상황에서 고객 만족 향상을 위한 파트너들의 역할이 점점 더 커지고 있는 것이다. PRM의 성과를 극대화하기 위해서는 첫째, 기업 정보에 대해서 파트너들과 광범위한 정보 공유를 시행해야 한다. 제품의 특성, 납기, 재고, 신제품 출시 일정 등 일련의 기업 내부 정보를 파트너들이 알 수 있도록 하는 것이 필요하다. 둘째, 고객의 구매 과정, 고객의 요구 사항 등에 대한 체계적인 관리와 공유를 통해서, 고객에서 파트너, 다시 기업에 이르는 과정상의 정보 공유가 보다 원활히 이루어질 수 있도록 해야 한다. 셋째, 파트너들이 고객과 기업 사이에서 매개 역할을 잘 수행할 수 있도록 하는 기술적인 인프라의 지원이 필요하다.

e-Business 이야기
도그메이트 사례

도그메이트는 반려동물을 키우는 사람들이 앱으로 간단하게 전문 '펫시터'를 고용할 수 있는 서비스를 제공하고 있다. 여행이나 출장으로 인한 서비스 이용 고객이 80% 정도를 차지할 정도로 점유율이 높은 도그메이트는 COVID-19으로 직격탄을 맞았다. COVID-19로 인해 서비스 이용 니즈가 감소하다보니, 고객 획득 비용이 이전 보다 2배 이상 높아져 더 이상 Paid 광고를 집행할 수 없었다. 그 때문에 기존 Paid 마케팅을 통한 '고객 확보'에서 기존 고객들을 '락인'하는 방향으로 마케팅 전략을 바꿨다. CRM 마케팅을 통해 가입 일시나 이용 패턴에 따라 그룹을 분류한 뒤, 각 세그먼트에 맞는 마케팅 메시지를 던지면서 이용 주기를 단축시키고 결제금액을 늘리기 위한 노력을 하고 있다. 또한 별도의 마케팅을 하지 않아도 자발적으로 서비스에 들어와 가입까지 진행하는 고객들에 집중한다. 이러한 고객들은 가입 후 3일 안에 집중한다.

'펫시터'라는 용어가 낯설었던 사업 초기에는 반려동물 보호자들이 여행이나 출장을 가려고 할 때 어떻게 하는지를 자세히 살펴보았더니 애견호텔을 많이 이용했다. 결국 보호자들이 원하는 것은 '강아지를 돌봐줄 사람'이었다. 그래서 도그메이트 마케터가 '강아지 돌보미'라는 단어를 대안으로 만들었고 시간이 지나면서 해당 키워드에 대한 관심도나 대중성이 높아졌고 반려 동물 케어 분야에서 국내 1위를 굳건하게 유지하고 있다.

도그메이트 마케터들은 마케터를 위해 다음과 같이 조언을 하였다.

[무엇이든 팔아보는 경험을 해볼 것을 추천하고 싶다. 실제 사장이 되어 물건을 팔아본 경험은 마케터가 가져야 하는 관점이나 안목을 자연스럽게 키워준다. 온라인이든 오프라인이든 상관

없다. 단돈 10만원이라도 자기 돈을 직접 넣어서 무엇이든 팔아보면 평소에 쉽게 해보지 못했던 고민들이 머릿속을 맴돌기 시작한다. 직접 사장이 되어 자신의 물건을 팔기 위해 하는 모든 궁리들이 마케팅의 전 과정이다. 작은 규모로 물건을 파는 일을 할 땐 자연스럽게 숲과 나무를 모두 봐야 한다. 실무자 입장에서는 숲을 보는 연습을 하기 어렵다. 특히 이제 막 입사했거나 경험이 부족할 때는 더더욱 그렇다. 그럴 때 자신이 사장으로서 무언가를 직접 팔아보는 경험은 마케터로서 퀀텀 점프를 하는 시간을 크게 단축시켜준다.]

〈한국경제 CMO insight 2021.11.26.〉 발췌 요약

🧑‍🤝‍🧑 e-CRM 도입 전략

기업은 CRM 시스템 도입 및 구축을 위해 다음과 같은 전략적 사항을 고려해야 한다.

첫째, 언제라도 특정 고객에 관한 모든 정보를 알 수 있어야 한다. 고객에 대한 정보는 가장 중요한 부분이며 고객에 대한 정보가 필요할 때 또는 필요하다고 판단될 경우 미리 고객에 맞는 분석 정보를 제공하기 위해서는 고객과 관련된 모든 정보를 잘 쌓아 놓아야 한다. 고객 데이터웨어하우스에는 e-Business를 통해 발생된 웹 로그 데이터, 고객의 등록 정보, 거래 이력, 이메일, 웹사이트의 콘텐츠 데이터, 캠페인 반응 정보 등과 오프라인 비즈니스를 통해 생성된 고객 데이터를 통합한다.

둘째, 고객별 고객에 대한 정교한 지식을 바탕으로 고객의 특성을 미리 분석, 예측하여 고객의 경제적 규모, 선호도, 용도 등을 고려한 후 고객의 상황에 맞는 가장 적합한 제안을 할 수 있어야 한다.

셋째, 고객별 개인화된 오퍼(Personalized offer)와 콘텐츠 제공을 위한 프로세스를 지원할 수 있어야 한다. 고객이나 잠재 고객을 타깃별로 세분화하여 개별적이며 동적으로 웹 설문 조사 또는 이 메일을 통하여 캠페인을 실행하거나 영업 자동화를 통하여 타깃 고객에 대한 전략 계획과 실행, 평가를 신속하게 하며 영업팀 간 정보를 끊임없이 공유할 수 있는 체제를 구축할 수 있다. 또한 자사의 제품이나 서비스를 구매한 고객들이 문제 또는 불만사항이 발생하였을 경우 웹을 이용하여 신속하게 고객 서비스를 지원받을 수 있도록 각 고객별 셀프 서비

스, 웹상에서의 지원 담당 에이전트와의 라이브 채팅, 고객들이 보내는 이 메일에 대한 분류 및 응답 관리 등의 솔루션이 뒷받침되어야 한다.

넷째, 고객들의 주문을 예측한다든지, 고객들에게 가장 빠른 시일 내에 주문 처리를 하기 위해서는 고객과 협력 업체들이 관련된 단일 기업 이미지 창출을 위해 고객 정보 및 주문, 생산, 유통 등의 공급자 관리에 대한 정보도 연계되어 있어야 한다. 이것은 앞에서 언급한 PRM이 가능한 e-CRM 시스템이어야 한다는 것을 의미한다.

🏭 e-CRM의 새로운 접근 전략

e-CRM은 단순히 기존 CRM의 온라인이라는 고객 접점 채널의 차이로만 해석할 수는 없다. CRM과 e-CRM을 명확히 구분한다는 것은 쉽지 않다. 그러나 목표로 구분해 본다면, CRM은 기업이 보유하고 있는 고객과 상품에 대한 정보를 통합하고 이를 분석하는 것을 목표로 하는 데 반해, e-CRM은 온라인을 이용해 고객 행동 정보를 수집하고 이를 바탕으로 고객 니즈를 판별하는 것을 목표로 한다.

e-CRM과 CRM은 궁극적인 기업의 성과를 향상시키려는 목적을 달성하기 위해 상호 협조하는 것이며, 수집된 정보를 바탕으로 고객을 분석하고 전략을 수립하는 공통적인 과정을 가지고 있다. e-CRM은 고객의 즉각적인 행동 정보를 수집·분석하여 고객별로 차별화된 추천 서비스를 제공하는 것이 대부분이었으며, 이러한 과정에서 웹은 e-CRM의 주요 채널로 인식되었다.

이러한 웹 채널을 주로 이용하는 e-CRM 방법은 몇 가지 채널적 한계를 갖는다.

첫째, 지나치게 방대한 자료를 관리해야 한다는 점이다. 실제로 웹 상에서의 고객 행동은 브라운 운동을 연상시킬 만큼 비정형적이며 불규칙적인 클릭스트림(Click Stream)이다. 따라서 고객 행동 정보를 수집하기 위해서 엄청난 고객의 로그 파일을 저장하게 된다.

둘째, 고객 행동 분석을 통한 고객의 니즈를 발견하기가 어렵다는 점이다. 엄청난 용량의 클릭스트림은 비정형적이며 불규칙적인 행동을 분석하여 유효한 정보를 얻어 내기 위해서는 엄청난 시간과 노력이 투입된다. 더욱이 마이닝 과정을 통해 발견된 니즈는 일정 수준의 통계적 과정을 거치는 동안 시의성이 그만큼 떨어지게 됨으로써 정확성이 떨어지게 된다.

셋째, 분석을 통해 획득한 고객 니즈를 활용하기 어렵다는 것이다. 즉 일반적으로 웹은 고객을 적극적으로 유인하기보다 비정기적이고 비정형적인 고객 방문에 맞춰 차별화된 서비스를 제공해야 하는 매체이다. 따라서 분석을 통해 획득한 전략은 기업의 전략적 관점에서 이뤄지기보다 고객 방문의 클릭(Click)이라는 사건을 중심으로 이뤄진다는 점에서 전략적 활용이 극히 제한적일 수밖에 없게 된다.

이러한 클릭스트림에 기반한 e-CRM의 한계를 극복하고 고객 니즈의 손쉬운 판별과 다양한 전략적 활용을 위해서는 비정형적이고 불규칙적인 고객 행동을 단계별로 정의하여 고객 행동 정보의 양을 줄이고, 이를 목적별로 볼 수 있도록 해야 한다. 이를 가능하게 하는 방법이 커뮤니케이션 히스토리 분석에 기반한 e-CRM 방법이다.

커뮤니케이션 히스토리 기반의 e-CRM은 클릭스트림 기반의 e-CRM과 같이 고객 행동을 무차별적으로 수집하는 것이 아니라 고객 행동을 단계별, 목적별로 정형화한 다이얼로그(dialogue)로 분류하여 수집하고 통합 관리한다. 예를 들어, 쇼핑몰 사이트에서 특정 제품의 구매 과정을 살펴보면, 1단계는 제품의 모델명과 간단한 소개, 2단계는 제품에 대한 상세한 설명, 3단계는 실제 구매를 위한 단계로 가정한다면, 1단계에 접근한 사람과 2단계에 접근한 사람은 특정 제품에 대해 다른 관심도를 가지고 있는 것이며 이러한 정보를 차별적으로 수집, 관리해야 한다. 이러한 목적별 상호 작용 단계를 구분하는 것이 커뮤니케이션 히스토리 분석의 중요한 요소다.

커뮤니케이션 히스토리 기반 e-CRM 구축 전략은 〈표 6-4〉에서 보듯이 기존 클릭스트림 기반 e-CRM보다 더 큰 이점을 가지고 있다.

이점	히스토리 기반 e-CRM 전략	클릭스트림 기반 e-CRM 전략
고객 정보의 파일 크기가 상대적으로 작음	상호 작용 결과를 주제별, 목적별로 취합하고 종합	상호 작용 결과를 기반으로 운영
즉각적인 고객 니즈 분석이 가능함	사전에 특정 주제나 목적을 정의해 둔 상태에서 고객 행동을 수집하므로 추가적인 분석 과정을 거치지 않고도 즉각적인 활용이 가능	비선형적 행동을 복잡한 과정을 통하여 결과로 도출
고객 니즈의 다양한 활용이 가능함	가장 최근 정보를 저장	일정 기간 지나간 정보 저장

표 6-4 히스토리 기반의 e-CRM 전략의 이점

6.5 e-CRM의 전략적 방향

e-Business 환경에서 고객과의 관계를 성공적으로 가져가기 위해서는 기업은 e-CRM을 도입하여 고객들이 원하는 것과 고객이 무엇을 하고 있는가를 알아야 한다.

이제 e-CRM은 기업의 필수적인 고객 만족을 위한 전략 도구이다. 따라서 고객에 대해 전반적으로 이해하려면 고객에 대한 행동을 분석하고 예측할 수 있는 분석적 시각이 요구된다. 이러한 고객에 대한 분석적 시각을 갖기 위해서는 e-CRM의 도입과 구축도 중요하지만, 전략적인 관점에서 e-CRM에 접근해야 한다. 기존의 CRM이 기대만큼 성과를 거두지 못하고 있는 이유는 CRM이 시스템적으로 구축되고 나면, CRM 시스템이 자동적으로 고객의 행동과 니즈가 분석되는 것으로 생각하기 때문이다.

본 장에서는 e-CRM의 개념과 e-CRM의 성공 전략 포인트와 도입 전략, 새로운 접근 전략 등을 살펴봄으로써 e-CRM의 전략적 방향을 다음과 같이 정리해 볼 수 있다.

첫째, e-CRM의 전략과 방향이 e-CRM 실행 이전에 충분히 고려되어야 하며, 최고 경영자의 적극적인 지원과 고객 위주의 인식과 전략 수립이 선행되어야 한다.

둘째, 고객 관련 핵심 정보를 효율적으로 공유하기 위해서 정보 입력자들의 자발적인 입력을 위한 동기 부여가 필요하며, 고객 자료 활용을 위한 기술적 지원도 뒤따라야 한다.

셋째, 효과적인 개인화는 기술적 과정을 통해 자동적으로 이루어지는 것이 아니라 수많은 콘텐츠 담당자들의 노력과 활용을 통해 가능하다는 것을 인식해야 한다.

넷째, 대리점, 중간 유통 업체 등 모든 파트너들과의 관계를 더욱 강화시켜 나가야 한다.

다섯째, e-CRM의 솔루션 선택을 위한 선택 기준이나 요구되는 전략적 사항을 고려해야 한다.

마지막으로, 웹 채널을 주로 이용하는 e-CRM 방법의 한계를 극복할 수 있는 히스토리 기반의 e-CRM 전략을 추구해야 한다. 기존의 클릭스트림 기반의 e-CRM은 비정형적이고 불규칙한 고객의 정보를 수집함으로써 고객의 니즈를 파악하기가 너무 복잡하고 어려웠다. 고객 행동을 단계별, 목적별로 정형화한 다이얼로그로 분류하여 수집하고 고객의 니즈를 즉각적으로 분석할 수 있는 히스토리 기반의 새로운 e-CRM 전략이 요구된다.

6.6 e-CRM의 최근 트렌드

새로운 CRM 플랫폼의 도입으로 2021년에는 CRM 트렌드가 크게 변화할 것으로 예상된다. 클라우드 기반 솔루션이 사내 솔루션보다 더 많은 유연성과 확장성을 제공하기 때문에 기업들은 클라우드 기반 솔루션을 선호해 왔다. 기업들은 CRM 플랫폼을 기반으로 판매활동의 전반적인 과정과 고객과의 상호작용을 쉽게 추적할 수 있을 것이다. 이와 더불어 직원뿐만 아니라 소비자의 모바일 사용이 증가하여 기업의 네트워크나 컴퓨터에 액세스하지 않고도 원격으로 작업할 수 있을 것으로 예상된다.

CRM은 모든 비즈니스에 중추적인 역할을 하며, 고객과의 관계 형성은 기업이 경쟁우위를 확보할 수 있는 길이다. CRM은 조직이 데이터 중심의 결정을 내릴 수 있도록 지원하는 솔루션으로 부상하여 기업의 성장을 견인하고 수익을 극대화할 수 있다. 다음은 e-CRM의 최근 트렌드에 관해 살펴보고자 한다.

■ AI 기반 CRM

CRM은 고객과의 상호작용을 개인화할 수 있고 방대한 양의 데이터를 분석한다. 영업, 마케팅, 및 연락 센터와 같은 다양한 부서 및 채널의 여러 접점에서 정보를 얻어 효과적인 비즈니스 전략을 수립할 수 있는 다양한 CRM 도구를 제공한다. 또한 기업은 AI(Artificial Intelligence, 인공지능) 기반 CRM 플랫폼이 실시간 소비자 행동을 조명하고 구매 동향에 대한 통찰력을 제공하여 잠재적 전환을 추진할 수 있을 것으로 기대할 수 있다.

AI는 CRM이 번거롭고 반복적인 수동 활동을 간소화해 직원 생산성을 높일 수 있도록 지원할 예정이다. AI와 머신러닝은 현재 CRM 플랫폼에서 사용할 수 있는 대화 옵션을 강화한다. AI가 지원하는 CRM 챗봇은 곧 향후 고객 질의를 예상하고 필요할 수 있는 추가 정보를 제공할 예정이다. 그 결과, AI 기반 CRM은 인간의 실수 발생을 제거하여 더 빠르고 더 나은 해결책을 제공할 것이다.

■ CRM에서 IoT의 활용

IoT(Internet of Things, 사물 인터넷)는 거의 모든 산업 분야에서 활용되고 있으며, CRM도 예외는 아니다. CRM과 IoT의 통합을 통해서 수준 높은 맞춤화, 고객 충성도 증가, 고객 유지율 향상, 맞춤형 마케팅 캠페인 제공 등 다양한 이점을 제공한다. IoT는 CRM이 이루어지는 방식에 있어 상당한 변화를 지속할 것이다. 기기의 IoT 피드에 연결을 추가해 첨단 CRM 시스템이 이를 활용하고 있다. 이러한 스마트 기기는 고객의 행동에 대한 귀중한 통찰력을 제공하며, 기업은 이러한 통찰력을 활용하여 향상된 고객지원을 할 수 있고, 개인화된 마케팅 전략을 제공할 수 있다.

■ CRM에서 음성기술 및 대화형 사용자 인터페이스의 활용

음성 기술은 SaaS(Software as a Service: 클라우드 애플리케이션과 기본 IT 인프라 및 플랫폼을 사용자에게 제공하는 클라우드 컴퓨팅 형태) 솔루션의 발전에 근본적인 역할을 한다. 음성 기술에 대한 Adobe 연구에 따르면 사용자의 약 94%가 사용하기 쉽고

시간을 더 절약하고 삶의 질을 향상시킨다고 생각한다. 음성 비서는 영업 직원이 고객 데이터를 더 빠르게 모니터링 할 수 있도록 도와준다. 선도적인 CRM 솔루션 제공업체는 음성 기술을 채택했으며 향후에 더 많은 CRM 솔루션 업체가 음성 기술을 채택할 것으로 예상된다.

- **CRM에서 Data에 대한 의존성 증가**

CRM에서 데이터는 다양한 형태로 제공된다. 데이터의 활용에 있어서도 다양한 소스를 활용하며, 마케터들은 데이터 기반 CRM을 활용할 것이다.

- **VR 및 AR과 CRM**

VR(Virtual Reality: 가상현실) 기술은 이제 더 이상 초기 단계가 아니라 많은 발전을 이뤘다. 사용자는 가상현실을 통해 완전히 몰입할 수 있는 경험을 할 수 있다. AR(Augmented Reality: 증강현실) 기술도 주변의 현실을 증강하고 현실 세계를 보다 상호 작용할 수 있게 한다. 마케터는 이 기술의 잠재력을 인식하고 있으며, 궁극적으로 가상현실 및 증강현실은 CRM 전략의 일부가 될 가능성이 높다. 고객은 가상현실을 사용하여 매장을 탐색하여 마치 그 곳에 있는 것처럼 거실에서 제품을 볼 수 있고, 이를 통해 고객은 원하는 만큼 오래 대기할 수 있고, 긴 대기열의 필요성을 최소화할 수 있다. 이러한 기술들을 통합한 CRM 플랫폼은 향상된 구매 경험으로 인해 고객에게 도달하고 판매 기회를 높일 수 있는 고급 도구를 갖게 된다. 예를 들어, 고객 서비스 담당자는 고객에게 문제를 설명하도록 요청할 필요가 없고, 대신 가상현실을 통해 직접 볼 수 있어 프로세스 속도가 빨라질 수 있다. 증강현실은 CRM 영업 교육에도 도움이 되며 직원들에게 실시간 정보를 제공할 수 있다. 훈련생은 전문가의 원격 지원을 받을 수 있다.

- **모바일 CRM**

스마트폰의 등장은 기업의 관리 형태를 변화시켜왔다. 디지털 세계에서 끊임없이 진화하는 트렌드를 따라잡기 위해 CRM 기술도 진화했다. '재택근무'가 하루의 표준이 되면서 모든 관련 이해 관계자는 CRM 리소스에 액세스를 해야 하며 이를 위해서는 쉽고 상화 교환이 가능한 온라인·오프라인 기능을 갖춘 컴팩트한 CRM 도구가 필요하게 되었다. 최종 사용자의 증가로 인해 모바일 호환 CRM 기능은 시장에서 중요한 요인이 될 것이다.

Salesforce.com, Inc

Salesforce.com은 고객 관계 관리 솔루션을 중심으로 한 클라우드 컴퓨팅 서비스를 제공하는 기업이다. 미국 캘리포니아에 본사를 두고 있으며 최근 슬랙 인수로 기업들의 모든 일을 디지털로 전환하는, 어디에서나 사업을 성공할 수 있도록 지원한다는 비전을 가지고 있으며 그 플랫폼들을 클라우드로 제공하고 있다.

1. 현황

Salesforce.com은 오라클사의 임원이었던 마크 베니오프(Marc Benioff)가 1999년 3월에 회사를 설립하였으며 본격적인 SaaS 방식 클라우드 컴퓨팅 서비스를 제공하는 최초의 기업이다. 'Salesforce.com'은 캘리포니아주 샌프란시스코에 본사를 지어 더블린, 싱가포르, 도쿄 등 여러지역 거점을 마련하고 그 외에 토론토, 뉴욕, 시드니 등에 주요 지사가 있다. Salesforce.com 서비스는 16개의 언어로 이용 가능하고 영업지원(SFA), 고객 관리(CRM) 소프트웨어 SaaS 벤더이며, 서비스는 SaaS 형 애플리케이션인 Salesforce CRM 등의 플랫폼이 있다.

COVID-19 이후 가장 주목 받고 있는 분야로 클라우드에서 소프트웨어 서비스를 제공하는 SaaS(Soft as a service)기업이 꼽힌다. CRM 분야의 1위 기업인 Salesforce.com은 최근 분기 매출이 29% 성장하는 왕성함을 보이고 있다. 그 비결엔 공격적인 기업 인수를 통해 소프트웨어 클라우드를 지속적으로 확대한 멀티 클라우드 전략이다. 고객관계관리(Customer Relationship Management)란 기업이 고객과 관련된 내·외부 자료를 분석하고 통합해 고객 특성에 맞게 마케팅 활동을 계획하고 지원하고 평가하는 과정을 말한다. 즉 CRM은 신규고객을 확보하고 우수 고객을 유지하고 고객가치를 증대하기 위한 도구들이다. 이를 위해선 고객 데이터와 이를 통합 분석할 수 있는 기술이 필요하다. 그것을 Salesforce.com이 가장 잘하고 있고, 특히, Salesforce.com은 기존 오라클과 달리 클라우드 컴퓨팅 기반으로 CRM 소프트웨어를 판매하면서 시장을 선점하였다. 소프트웨어를 서비스로 제공하는 SaaS라는 개념을 최초로 도입한 회사이기도 하다.

한편, Salesforce.com은 COVID-19 이후 54000 여명에 달하는 직원 대부분을 원격 근무 체제로 유지하고 있다. 직원들의 재택 또는 원격근무를 광범위하게 적용하고, 필수적으로 사무실에 배치해야하는 인력에 대해서는 협업 공간을 제공하는 방식을 채택하고 있다. 대부분의 직원들이 원격 근무로 독립적인 근무 공간을 갖는 반면 협업 사무실의 경우 카페식 좌석이나 야외 회의장소 등으로 구성하여 활용하고 있다. 이렇게 Salesforce.com 은 COVID-19 이후 근무 형태를 대대적으로 바꾸는 작업을 하였으며, 대부분의 직원을 파트타임 또는 풀타임으로 원격 근무하도록 하여 미국 내 사무공간을 최대한 줄임으로써 운영비를 최대한 줄인다는 방침을 갖고 있다.

2. 성공 요인

1) 세일즈 클라우드

Salesforce.com는 회사명에서도 알 수 있듯이 영업데이터를 관리하는 세일즈 클라우드 사업이 핵심 성장엔진으로 역할을 했다. Salesforce.com은 공격적으로 기업을 인수하며 '멀티 클라우드' 전략을 쓴 덕분이다. 기존 세일즈 클라우드 고객에게 마케팅, 커머스, 서비스 클라우드를 추가로 팔면서 좀 더 의미 있는 데이터를 산출하며 잠재 고객을 확대하고 있다.

2) 서비스 클라우드

서비스 클라우드는 영업과 맞닿아서 고객지원과 운영관리를 돕는 서비스이다. 예컨대 티켓 문제가 발생하면 해당 고객군의 데이터에 연결해 고객 규모와 고객 가치에 기반해 적합한 우선순위를 매기는 서비스를 제공하는 것을 말한다. 세일즈포스의 디지털고객지원 셀프서비스인 아인스타인봇의 1분기 사용량은 직전 대비 두 배 증가했고, COVID-19 이후에도 이런 고객지원 서비스 부문 수요가 증가할 것으로 예상된다.

3) 마케팅 이커머스

이미 영업과 서비스 클라우드 시장을 선점한 Salesforce.com는 2013년 인수한 이그젝트 타깃을 통해 마케팅 클라우드 부문을 확대하고 있다. 이그젝트타깃이 보유한 마케팅자동화 능력은 세일즈포스의 이메일, SMS, 소셜, 디지털광고 등 모든 제품에 클라우드를 접목시킬 수 있도록 돕고 있다. 이를 통해 고객사의 마케팅 효과성과 캠페인 도달 정도를 추적해 마케팅비 지출 효과를 손쉽게 평가할 수 있게 되었다.

3. 발전방향

퍼블릭 SaaS 시장에서 CRM은 비중이 42%로 가장 큰 시장으로 꼽힌다. 그랜드 뷰 리서치에 의하면 2019년 기준 CRM 시장 가치는 402억 달러에 달하며, 2020년부터 2027년까지 연평균 14% 성장세를 보일 것으로 예상된다. 아시아와 유럽시장 확대 가능성은 기회요인으로 꼽힌다. Salesforce.com의 지역별 매출 비중을 보면 북미 70%, 유럽 21%, 아시아 9%이다. 지역별 전년 대비 증가율을 보면 북미는 28%, 유럽 36%로 유럽쪽 성장세가 더 높다. 소프트웨어 기업답게 빠른 대응력은 강점이다. 팬데믹 상황에서 급하게 출시한 재택근무용 소프트웨어 워크닷컴이 실적 증대에 기여하였고, 제조업체들의 재고관리를 돕고 백신을 배분하는 역할을 하였다. 또한 미디어, 에너지, 공공기관을 위한 새로운 클라우드 서비스도 출시하는 등 향후 발전의 기회가 많은 기업이라고 볼 수 있다.

🌐 요약

e-Business 환경에서의 e-CRM이 기업의 경쟁 우위를 가져다주는 전략적인 도구로서 대두되고 있다. 기존의 CRM이 갖고 있는 한계를 극복하고 고객의 생애 가치를 극대화시키려는 노력은 바로 고객 점유율을 증가시키는 성과를 가져온다. CRM의 시스템은 분석·운영·협업 CRM으로 구분되며, e-CRM의 활동은 e-Marketing, e-Selling, e-Services로 분류된다.

e-CRM의 구축 과정은 고객 중심으로 전개되며, 고객 인텔리전스를 위한 고객 데이터의 통합, 고객 성향 분석, 웹을 통한 개인화라는 기본 과정을 거치게 된다. e-CRM을 가능하게 하는 기술적인 방법론들은 데이터 웨어하우스, 데이터마이닝, OLAP 등이 있으며, 데이터마이닝은 고객의 행동 패턴을 예측 가능하게 한다.

e-CRM의 성공 요인으로는 e-CRM의 전략적 접근, 고객 관련 핵심 정보 공유, 효과적인 개인화, 사전 목표에 입각한 관리, PRM의 강화 등이 있으며, e-CRM의 새로운 접근 전략으로는 히스토리 기반의 e-CRM 구축 전략이 있다.

급변하는 고객 요구에 신속하고 적극적으로 대처하기 위해서 고객의 행동 정보를 수집하고 이를 분석하여 전략적으로 활용하는 것이 기업의 경쟁 우위를 유지시켜 주는 필수적인 요소로서 e-CRM의 전략적 접근과 활용이 요구된다.

🌐 주요용어

e-CRM
생애 가치(Life Time Value)
데이터마이닝(Data Mining)
개인화(Personalization)
PRM(Partner Relationship Management)
클릭스트림(Click Stream)

🌐 토의

1. CRM의 발전 단계에 대해 기술하세요.

2. e-CRM 시스템의 구조는 어떻게 구분되는가?
3. 웹을 통한 개인화란 무엇인가?
4. 데이터마이닝으로 할 수 있는 것들은 무엇인가?
5. e-CRM의 성공 요인들에 대해 기술하세요.
6. 최근 CRM의 트렌드에 대해 기술하세요.

🌏 참고문헌

BC 카드 빅데이터센터, 빅데이터, 사람을 읽다, 성의현, 2020
Kenneth C. Laudon, Carol Guercio Traver, 전자상거래, 시그마프레스, 2015
고바야시 아키히토, IoT 사물인터넷 비즈니스 모델 혁명, BookStar, 2015
구교봉, 이종호, 소셜네트워크를 활용한 전자상거래, 탑북스, 2014
김경태, CRM 성과 향상을 위한 5가지 포인트, LG 주간경제, 676호(2002)
김병학, 홍길종, 백종례, 유비쿼터스 e-비즈니스와 전자상거래, 2021
김용호, 최동운, 권형남, 전자상거래, 형설출판사, 2011
박찬욱, 이상종, 조아라, CRM 고객관계관리, 도서출판 청람, 2019
이범희, 빅데이터시대의 CRM, 탑북스, 2019
전산용어사전 편찬위원회, 컴퓨터 IT 용어대사전, 일진사, 2012
전타식, CRM 고객관계관리, 북넷, 2017
정창덕, 전자상거래 이론과 실무, 한올출판사, 2017
주재훈, 전자상거래, 탑북스, 2017

Goldengerg, B., How AI Is Impacting CRM, Customer Experience, 2020
Goodey, Paul, Salesforce CRM-The Definitive Admin Handbook-Fifth Edition, Packt
    Publishing, 2019

베지원, 백동현, 실시간 IoT 데이터를 활용한 고객 관계 관리 방안에 관한 연구, 한국산업경영시
    스템학회지, 42(2), pp. 69-77, 2019
이기성, 이제익, 저비용항공사의 e-CRM 활동이 브랜드이미지, 고객만족과 브랜드충성도에 미치
    는 영향 연구, 관광경영연구, 19(3), pp. 217-239, 2015
이득규, 기업의 CRM 활동이 구매의도에 미치는 영향, 유통경영학회지, 21(4), 2018
황수영, 여행사 e-CRM 활동, 내부관점, 고객관점 기업성과 간의 영향연구, 관광연구, 32(1), pp.

231-251, 2017

GartnerGroup, Dynamic Shifts in Spending for Enterprise Applications Software: Market Share and Forecast, 2001

Kile, L., AI Is Top of Mind for Everyone in CRM, Customer Relationship Management, 2019, July/August

Leary, B., How Can AI Help Small Businesses with CRM?, Customer Relationship Management, 2019, October

🌐 웹사이트

http://focusonforce.com
http://ko.wikipedia.org/wiki/세일즈닷컴
http://www.gartner.com
http://www.gocrm.net
http://www.idc.com

🌐 기사

「AI가 사람의 지능을 넘어섰을 때, 고객 연구가 해야할 일」, 한국경제, 2021.11.18
「신규 고객, 가입 후 3일에 달렸습니다」, 한국경제 CMO Insight, 2021.10.16
「세일즈포스, 코로나 끝나도 원격근무 유지, 사무 공간 대폭 줄인다」, 로히터 연합뉴스, 2021.2.10
「CRM 업계 1위 세일즈포스 성공비결은」, 한경 글로벌 마켓, 2020.10.16

e-ERP

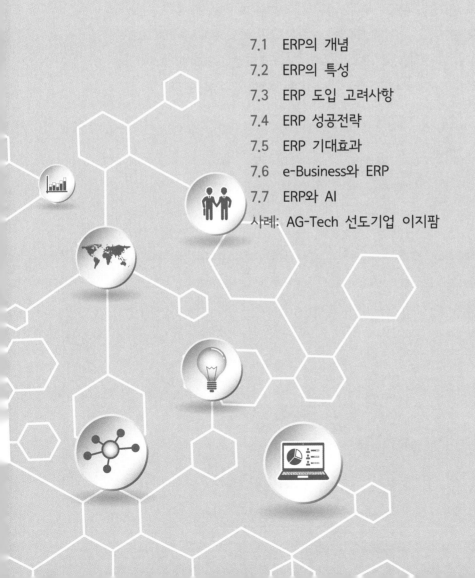

ERP를 도입하여 정보시스템을 구축하는 기업들이 급증하고 있다. 이것은 기업 간의 경쟁이 날로 치열해지고 있는 경영환경과 정보기술 환경의 급속한 변화에 기인한다고 볼 수 있다. 즉 세계화, 개방화 시대를 맞이하여 기업 간의 경쟁이 격화됨에 따라 각 기업은 조직규모의 감량 혹은 슬림화의 필요성을 절실히 느끼고 있으며, 경영혁신의 도입 및 조직 구조의 재구축 등과 같은 과감한 개혁을 시도하고 있다. 본 장에서는 ERP의 정의 및 역사, 그리고 동향에 관해 살펴보고 기업이 ERP를 도입할 때 고려해야 할 사항 및 기대효과, ERP와 AI 등에 대한 내용들을 다루고자 한다.

AI-Biz A to Z

e-ERP

e-Business 이야기

AI부터 블록체인까지 … 최신 ERP 트렌드

ERP는 기업 업무에 필수적이다. 건강한 ERP는 현금 흐름을 개선하고 위험을 줄일 훌륭한 기회를 제공한다. ERP 시스템의 최신 경향을 살펴보면 다음과 같다.

ERP 결제에 AI가 접목되고 있다. 협력업체나 다른 이해관계자에 대한 결제를 수작업으로 처리해야 한다면 상당한 업무 부담일 것이다. 특히 사기에 휘말릴 가능성까지 고려하면 왜 많은 기업이 지급 계정을 ERP로 중앙화하려는지 쉽게 이해할 수 있다. 특히 이런 추세는 ERP 툴과 AI의 통합이 늘면서 더 강화하고 있다.

ERP는 엑셀의 기저를 침식 중이다. 싫든 좋든 엑셀은 여전히 세계적으로 CFO와 재무 부서가 선호하는 툴이다. 그동안 엑셀 같은 툴 때문에 ERP 확산에 발목이 잡혔던 것이 사실이다. 그러나 엑셀 작업을 최소한 일부라도 ERP 시스템으로 이동하는 것의 위력을 깨닫는 기업이 점점 늘어나고 있다. ERP는 엑셀에서 처리한 일상 작업의 더 많은 부분을 잠식해나가고 있다.

AI는 ERP 영역에 파고들고 있다. 머신이 결정을 내리는 자율 주행 차와 달리 ERP 속의 AI는 인간의 결정을 지원하는 것에 더 가깝다. ERP 업체들은 자발적으로 AI 기능을 ERP 제품에 통합하고 있다.

ERP가 블록체인 기술과 조합하고 있다. 블록체인 기술은 최근 기업의 가장 뜨거운 이슈다. 그리고 머지않아 ERP 영역에서 무언가 역할을 하게 될 것이다. 많은 기업에서 블록체인을 ERP에 도입하려는 움직임이 있다. 블록체인 기술과 ERP 접목은 공급망 관리 분야에 유망하다.

〈CIO 2018.7.5.〉 발췌 요약

7.1 ERP의 개념

기업환경의 변화와 정보기술의 급격한 발전에 따라 기업은 경쟁우위를 위한 새로운 정보시스템의 개발이 필요하게 되었다. 또한 세계화와 고객의 다양한 욕구는 기업의 업무를 매우 복잡하게 만들었다. 따라서 기업은 기존의 정보시스템만으로는 다양하고 복잡한 업무를 신속·정확하게 처리할 수 없게 되었다. 특히 인터넷과 같은 정보기술의 등장으로 글로벌화가 가속화되고 경영방식에도 근본적인 변화가 요구되었다.

기업은 새로운 통합 정보시스템을 추구하기 시작했으며, 그것은 기업 내 기능중심의 업무들을 프로세스중심으로 하나의 시스템으로 통합한 ERP(Enterprise Resource Planning) 시스템이었다. 이를 위해 기업 내 경영 프로세스를 고객중심으로 재정립하였다. 즉, 모든 업무를 고객에게 최대의 가치를 제공할 수 있도록 기능적인 단위 업무들을 고객중심의 프로세스로 통합하게 되었다.

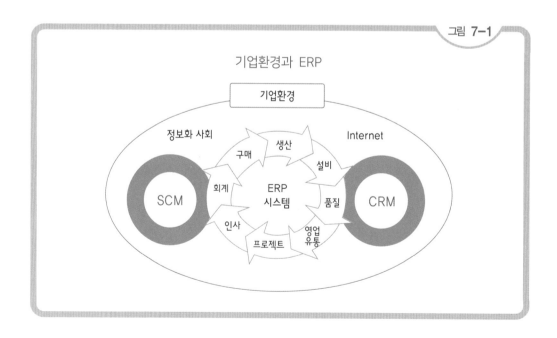

그림 7–1

기업환경과 ERP

표 7-1 기업 환경 변화에 따른 ERP 필요성

기업 환경 변화	ERP 필요성
치열한 경쟁시대의 도래	• 효율적이지 못한 기업은 도태
업무의 복잡화와 정보시스템의 거대화	• 정보량의 증가
정보기술의 발전	• 코스트 저하 • 대용량 데이터의 축적과 처리 가능
글로벌화	• 글로벌 표준, 다국적, 다통화, 다언어 등 • 제도와 상거래 습관, 문화의 경계를 넘어 정보통합의 구조 필요
아웃소싱	• 자사의 경영자원 중 강한 핵심부분에 집중
리엔지니어링	• 복잡한 프로세스를 본래의 목적에 맞게 단순화 • ERP와 표리일체의 관계
기능 통합	• 원재료의 조달에서부터 생산, 상품의 판매 등의 연결을 통한 공급체인 전체의 기능 통합 • 경영자원에 대한 전체 최적 로지스틱스 • 전사기능의 리얼타임 통합
비즈니스의 스피드	• 부품 조달기간의 단축 • 제품의 생산 리드타임의 단축 • 고객 응답시간의 단축 등의 속도 증대 • 새로운 정보기술: Internet, CALS 등

〈표 7-1〉는 ERP의 필요성을 기업 환경 변화와 함께 연결시켜 설명하고 있다.

ERP 정의

ERP(Enterprise Resource Planning)란 e-Business를 실현하는 핵심영역으로서 기업 내부의 핵심 프로세스에 모든 정보를 신속하게 제공하고 저장하는 고도로 통합된 시스템이다. 가트너 그룹은 "ERP란 비즈니스 기능들이 통합되도록 설계되어진 응용프로그램들의 집합이다"라고 정의하고 있다.

일반적으로 ERP는 기업의 모든 경영자원을 전체적인 관점에서 최적화시키기 위하여 구매와 생산관리, 물류, 판매, 회계 등의 기업 활동 전반에 걸친 업무를 통합한 기업정보시스템을 의미한다. 넓은 의미에서 본다면 ERP는 기업 외부와 연결되는 공급 시스템과 고객관계 등을 동시에 고려하여 기업과 고객, 정보기

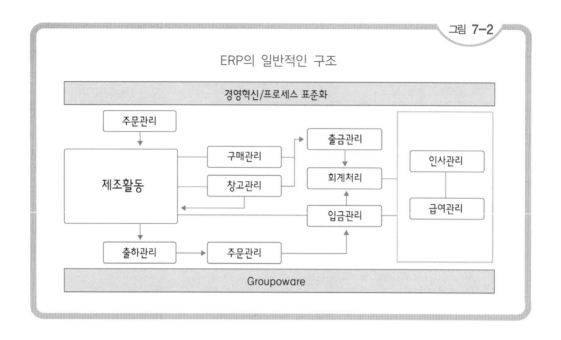

그림 7-2

ERP의 일반적인 구조

경영혁신/프로세스 표준화

주문관리

제조활동

구매관리

창고관리

출금관리

회계처리

입금관리

인사관리

급여관리

출하관리

주문관리

Groupoware

술의 환경변화에 적절하게 대응할 수 있게 해주는 정보시스템으로 볼 수 있다.

ERP라는 용어는 미국의 소프트웨어 기업인 'ERP 벤더'가 자사의 소프트웨어 제품명에 'ERP'를 사용함으로써 최초로 사용되었다. 1991년 ERP 개념을 최초로 제창한 미국의 컨설턴트 회사인 '가트너 그룹(Gartner Group)'은 기존의 생산자원계획인 MRP II(Manufacturing Resource Planning II)시스템을 능가하는 정보기술면에서 우수한 차세대 생산관리시스템을 지칭하는 것으로 ERP라는 용어를 사용하였다. 한편 미국 생산재고관리협회(APICS: American Production and Inventory Control Society)에 의하면 "ERP는 종래의 MRPII시스템과는 다르며 GUI(Graphic User Interface), RDB(Relational Database), 4GL(4the fourth Generation Language), CASE tool, Client-Server Architecture 등의 최신 정보기술을 채용하고 고객의 수주로부터 제조, 출하 그리고 회계처리에 필요한 전사적인 자원을 명확하게 하고 계획하기 위한 회계지향의 정보시스템이다"라고 정의되어 있다.

현재는 ERP에 대한 정의가 명확히 세워지지 않은 채 ERP 패키지의 보급이 앞서가는 상태이다. ERP의 정의는 지금까지 여러 학자, 연구소, ERP 벤더, 컨설팅 전문가 등이 각자 다른 시각에서 정의하고 있으나 절대적인 개념의 정의는

없고 시대가 바뀌고 정보기술 산업의 비약적인 발전과 기업의 업무흐름에 대한
획기적인 변혁이 있다면 수정되어 사용되어야 할 상대적인 개념이라고 이해하여
야 한다.

ERP 용어의 유래

ERP는 MIS(Management Information System)나 SIS(Strategic Information System)처럼
처음부터 정형화된 개념이 아니다. 미국의 한 소프트웨어 개발회사에서 자사가
개발한 업무통합형 기업용 소프트웨어 제품에 ERP라는 용어를 처음 붙여서 사
용하였고 이를 미국의 IT과련 컨설팅 업체인 Gartner Group에서 처음 사용하였
으며, 매스컴 등에서 'ERP Package'라고 부르기 시작하면서 보편화된 용어이다.

ERP에 대한 개념이 체계적으로 정립되기도 전에 ERP 패키지의 급속한 확
산으로 현재는 기업의 업무프로세스를 전체적으로 통합시켜주는 업무용 소프트
웨어를 관습적으로 ERP 혹은 ERP 패키지라 부르고 있는 것이다.

ERP 관련 용어를 크게 ERP, ERP 시스템, ERP 패키지로 구분해 정의해보면
다음과 같다.

ERP

앞서 정의한 바와 같이 기업의 사업운영에 있어서 구매, 생산, 판매, 회계, 인
사 등 고객에게 가치를 제공하는 가치사슬(Value Chain)을 구성하는 비즈니스 프로
세스를 부문이나 조직을 연결하는 횡단적인 것으로 파악하고 이러한 전체의 가치
사슬 속에서 경영자원의 활용을 최적화 하는 계획, 관리를 위한 경영개념이다.

ERP 시스템

ERP 개념을 기업의 경영에 구체적으로 실현하기 위한 정보기반이다. 구체적
으로는 기업의 사업운영 중추가 되는 기간업무를 위한 새로운 정보시스템이다.

🎎 ERP 패키지

ERP 개념을 구체적으로 실현하는 새로운 정보시스템을 신속히 구축할 수 있게 해주는 도구이다.

ERP의 발전 단계

ERP는 1970년대 미국에서 제조업을 대상으로 발달된 자재소요계획(MRP: Material Requirement Planning)과 이보다 확장된 통합정보시스템인 제조자원계획 (MRP II: Manufacturing Resource Planning II)에서 그 기원을 찾을 수 있다. MRP에서 출발하여 판매관리시스템이나 물류관리시스템 등의 기능이 추가되고 나아가 인사관리시스템과 회계 관리 시스템도 통합되어 오늘날 주목받고 있는 ERP로 진화해 왔다. ERP는 혁명적 개념도 또는 진정 새로운 아이디어도 아니지만, 고객회사, 하청회사 등 상하위 공급체계와 설계, 영업, 원가회계 등 기업 내 연관부서 업무를 동시에 고려하지 않고서는 제조에 관한 올바른 의사결정을 내릴 수 없다는 인식을 전제로 한 아주 유용한 개념이다.

🎎 MRP I

1970년대에 탄생된 MRP는 원자재, 가공품, 반조립품 등에 대한 자재수급계획과 생산관리를 통합시킨 체계적인 제조정보 관리기술이다. MRP는 제품명세서 (BOM: Bill of Materials), 표준공정도(Routing Sheet), 주생산계획(MPS: Master Production Schedule), 재고레코드 등의 기준 정보를 근거로 무엇(원자재, 가공품, 반제품)이 언제, 어디서, 얼마만큼이 필요한지를 예측하고, 모든 제조활동과 관리활동을 그에 맞추어 운영함으로써 생산 활동을 최대한 효율적으로 운영하도록 해주는 기법이다.

MRP II

초기의 MRP 시스템은 개념의 미정립, 컴퓨터와 통신 기술의 부족, 데이터 베이스 기술의 미흡 등 미완성의 시스템 기술이었다. 1980년대 들어 이들 기술 문제의 해결과 함께 실시간 데이터 반영, 용량제한고려, 수주·재무·판매관리 등의 기능이 추가되면서 안정된 제조활동을 보장하는 MRP II가 탄생하였다. 특히 스케쥴링 알고리즘, 시뮬레이션 등이 추가되면서 더욱 지능적인 생산관리 도구로 발전되었다. 즉 생산현장의 실제 데이터와 제조자원의 용량제한을 고려하고, 자동화된 공정 데이타의 수집, 수주관리, 재무관리, 판매주문관리 등의 기능이 추가되어 실현 가능한 생산계획을 제시하면서 제조활동을 더 안정된 분위기에서 가장 효율적으로 관리할 수 있는 MRP II(Manufacturing Resource Planning II)가 탄생되게 되었다. MRP II는 '제조자원계획'이라고도 불리 우는데, 스케쥴링 알고리즘과 시뮬레이션 등 생산활종을 분석하는 도구가 추가되면서 더욱 지능적인 생산관리 도구로 발전하게 된 것이다.

ERP

컴퓨터 기술의 발전이 더욱 가속화되면서, 기업들은 전사적자원관리(ERP: Enterprise Resource Planning)라는 개념을 받아들이면서 MRP, MRP II를 넘어서는 요구를 하게 되었다. 즉 고객회사, 하청회사 등 상하위 공급 체계와 설계, 영업, 원가회계 등 회사 내 연관부서의 업무를 동시에 고려하지 않고서는 올바른 의사결정을 내릴 수 없다는 인식을 하게 되었다. 즉, ERP는 생산 및 생산관리 업무는 물론 설계, 재무, 회계, 영업, 인사 등의 순수관리 부문과 경영지원 기능을 포함하고 있다.

확장형 ERP(eERP: Extended ERP)

확장형 ERP란 [그림 7-3]에서 보듯이 기업내부 중심의 MRP 영역에서 공급자 및 고객이라는 외부 프로세스로 시스템을 확장해 나가는 것을 의미한다.

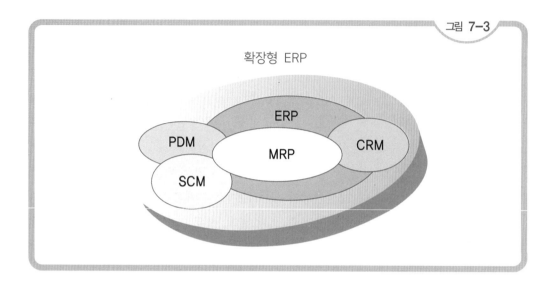

그림 7-3

확장형 ERP

대부분의 ERP 공급업체가 이와 같은 확장형 ERP로 발전을 꾀하고 있다.

확장형 ERP로의 발전에 있어서 중요한 하나의 축이 R&D 프로세스이다. 급변하는 시장환경과 고객의 다양한 욕구로 인해 제품수명주기(Product Life Cycle)는 점점 더 짧아짐에 따라 기존의 제품 개발 방법으로는 신속한 대응이 대응이 어렵게 되었다. 따라서 새로운 연구개발 방법의 일환으로 등장하게 된 것이 PDM(Product Data Management) 시스템이다.

PDM은 크게 전자금고 및 문서관리, 제품 구성관리의 분류 및 코딩 시스템, 작업 흐름과 공정관리, 그리고 제품개발 일정관리로 분류할 수 있는 기능을 제공해 주고 있다. 이러한 PDM의 도입을 통해 기업은 개발에서 상품출시까지의 시간 단축, 설계 생산성 향상, 설계팀 전체의 창의력 증대, 활용의 편의성, 프로젝트의 효과적인 관리, 그리고 ERP로의 원활한 데이터 통합 등의 효과를 얻을 수 있다.

또한 공급자와 고객과의 관계를 최적화시키기 위한 SCM(Supply Chain Management)과 CRM(Customer Relationship Management)으로의 확장은 경영 환경의 변화와 정보기술의 발전과 더불어 더욱 가속화될 것이며, 기업은 ERP의 발전과 확장에 따른 효과적인 도입과 개선을 전략적으로 추구해야 한다.

7.2 ERP의 특성

ERP는 기존의 정보 시스템과 비교해서 개발, 도입 기간이 짧고, 유지·보수 및 비용이 적다. 또한 다국적, 다 통화, 다 언어에 대응할 수 있는 체제가 마련되어 있으며, 800개 이상의 업무 기능이 제공되는 통합 업무 시스템으로 비즈니스 프로세스 모델에 의해 리엔지니어링을 지원하며, 원장형 통합 데이터베이스의 사용으로 잦은 데이터 입력의 번거로움을 없애고, 한번 입력된 데이터는 어느 업무에서도 참조가 가능해진다. 또한 파라미터(Parameter) 설정을 통해 시스템을 구축하므로 단기간에 시스템을 도입할 수 있다.

상기의 다양한 장점이 있는 반면 성공적인 ERP를 구현하고 활용하는 데는 여러 가지 장애요인이 있다. ERP에서는 시스템을 업무에 맞추는 것이 아니라 업무를 시스템에 맞추도록 요구하고 있다. 즉, 만일 ERP에 갖추어진 기능이 현장의 업무를 다 커버하지 못하더라도 이에 맞추기 위해 ERP를 수정하거나 새롭게 추가 개발하지 않고, ERP에 맞추어 업무 방식을 변경시켜야 한다. 이런 방식을 바닐라 방식이라 하는데, 이는 단기간에 저비용에 의한 도입과 시스템의 버전 업에 쉽게 대응할 수 있게 하기 위함이다. 그런데 이러한 특징은 ERP를 리엔지니어링을 추진하고 실행하는 주체로 만들게 된다. 따라서 ERP는 조직과 사람을 변경시키고, 정보의 공유, 축적, 활용에 의한 정보 문화를 성립 시키며, 기업의 변혁을 이끌어 낸다. 그러나 이러한 점이 ERP를 도입하는데 있어서 하나의 장애 요인이 될 수 있다. 즉, 기존의 업무 방식을 바꾸고, 조직을 변화시키기 때문에 조직원의 반발과 저항에 의해 본래 ERP가 지니는 장점을 충분히 활용할 수 없게 되기도 하고, 시스템 도입 자체가 좌절되기도 한다.

■ 기존의 독립적이고 단절된 시스템을 기능적으로 통합

시스템 통합은 단순히 각각의 시스템 군을 통합한다는 의미가 아니다. 통합의 목적을 처음부터 가지고 있지 않은 시스템 군을 통합하는 것은 본질적으로 곤란하다. 시스템 통합은 일관성 있게 조직과 구성요원, 최종사용자 및 구축방법, 운영과 보수 등 모두를 통합한다.

■ 파라미터 방식의 선택 가능

파라미터 방식은 자주 반복적으로 사용하는 기술을 변수화하고 ERP에 내장하여, 사용자로 하여금 프로세스나 알고리즘을 선택적으로 사용할 수 있다. 즉 통화, 다국 언어, 각종 세법, 관습 등 다양한 기능을 포함하고 있는 것이다. 이 부분이 많은 경험과 기술 축적을 요구한다. 다수의 ERP는 다국적·다통화·다언어에 대응하고 있으며 각 나라의 법률과 대표적인 상거래 습관, 생산방식 등이 시스템에 입력되어 있어서, 사용자는 이 가운데서 선택하고 설정할 수 있다. 반면에 파라미터 방식에서 요구하는 기능은 선진국의 많은 경험을 정보 시스템에 내장하여 이를 기업에서 선택적으로 사용하는 방식인데, 문제는 궁극적으로 이러한 기능이 모든 기업이나 산업에 모두가 잘 적용이 되지 않는다는 점이다.

■ 글로벌 대응

글로벌 경쟁시대에 있어서 다국적 기업은 글로벌한 통제기능을 구비하여야만 한다. 예를 들어 미국에서 디자인을 생산은 동남아시아에서, 판매는 일본에서 전개한다면 애플리케이션은 당연히 글로벌한 대응의 필요가 있다.

■ 통합업무시스템

판매, 생산, 재고 관리 등의 시스템들이 상호 연동하여 사용자가 요청하는 작업을 즉시 수행할 수 있도록 해주는 통합 시스템이다.

(1) 전 업무를 회계시스템에 직결: 예를 들면, 판매의 출하 데이터는 외상매출액의 자동 분개 데이터로 회계시스템에 전송되어 주 거래처 원장과 총계정 원장이 리얼타임으로 변경된다. 따라서 물건과 사람에 관한 비용정보의 수집, 그리고 비용의 직접배분이 가능하게 된다.

(2) 업무의 통합과 재편성: 컴퓨터의 업무메뉴를 재편성해서 고객 지향적인 업무 체제를 편성할 수 있게 한다.

(3) 사무변화에 대응: 기업을 둘러싼 환경변화에 신속하게 대응하기 위해 사업내용의 변경, 확대, 그리고 조직의 빈번한 변경에 신속하고 부드럽게 대응할 수 있게 한다. 판매, 생산, 회계, 인사 등의 업무가 통일된 조직 정의로부터 행해지기 때문에 조직변경을 일관되게 할 수 있고 조직의 빈번한 변경에 대응할 수 있다.

■ 표준 프로세스에 의한 BPR추진

리엔지니어링은 비용, 품질, 서비스, 업무속도와 같은 중요하고 현대적인 업무성과 기준을 극적으로 개선하기 위해 비즈니스 프로세스를 근본적으로 재점검하고 그것을 발본적으로 재설계하는 것이다. ERP를 구축하기 전에 기본적으로 BPR을 수행하게 된다. 즉 전략과 고객 만족, 경쟁우위라는 관점에서 BPR이 추진된 후에 ERP가 도입되어야 한다.

■ 개방형 시스템으로 사용자의 직접 데이터 사용이 용이

개방형 시스템은 이질적인 자원을 통합하여 정보공유가 가능한 분산 시스템을 구축할 필요가 있다는 점에서 생겨났다. 즉 다른 기종을 혼합한 시스템이다. 시스템의 구성요소는 멀티 벤더가 제공하여 경제적으로 보다 효과적인 시스템을 구축할 수 있게 되었다. ERP 역시 개방형 시스템으로 공개적으로 표준 인터페이스를 갖추고 있다.

7.3 ERP 도입 고려사항

ERP를 국내 기업 환경에 원활하게 현지화하기에는 기업 문화나 업무프로세스의 차이라는 장애가 있다. 또한 ERP는 기업의 업무프로세스를 정보시스템에 맞추는 비주문형 정보시스템 개발이기 때문에 결국 기존 업무를 효율적으로 재구축하기 위해서는 BPR이 선행되어야 ERP의 도입이 성공적으로 이루어질 수 있다. 따라서 최근 많은 기업들이 기업 내의 업무흐름 재정립이나 프로세스 혁신 등의 노력을 하고 있으며, 국내 소프트웨어 개발업체들 사이에서도 국내 기업에 적합한 ERP 개발에 주력하고 있다.

〈표 7-2〉은 ERP 패키지 선정의 중요 체크포인트를 제시한다. 총 11가지 항목으로 자사의 도입의지, 경영기법, 업무모듈 등의 사항들과 기술 구축 및 운영 능력에 그 초점을 두고 있다.

도입에 있어서 무엇보다도 중요한 사항은 내부적인 수준과 능력을 충분히

표 7-2 ERP 패키지 선정의 중요 체크포인트

중요 체크포인트	고려 사항
1. 자사 업무를 커버할 수 있는 기능은 있는가?	• 단지 기능 리스트의 작성이 아니라 자사의 적용 관점에서 체크
2. 패키지의 개발개념과 자사의 경영기법이 맞는가?	• 회계관리지향, 생산관리 지향으로 구분
3. Customize 작업 방식은?	• Customize 하기 쉬운가? • Customize TOOL이 범용적인가?
4. 업무모듈의 분리와 통합, 차후연계가 가능한가?	• 필요한 모듈별 적용이 가능한가? • 향후 모듈의 통합과 업그레이드는 가능한가?
5. 도입 처리 순서는 정립되어 있는가?	• 도입방법론의 유무 • 공급업체의 지원 인력의 실력 체크
6. 최신 정보기술에 대한 대응은 충분한가?	• 지원하는 H/S, O/S, DBMS는 무엇인가? • 개발 툴, 소프트웨어 구조에 대한 파악
7. 다른 S/W와의 인터페이스가 가능한가?	• OA S/W나 다른 업무 S/W와의 외부 인터페이스가 가능한가? 예) CPU, RAM, HDD 등
8. 필요한 하드웨어 환경은?	• 패키지를 사용하기 위한 H/W 환경조사
9. 지원 가능한 네트워크 환경은?	• LAN, WAN, Internet 등을 지원하는가?
10. 유사업종의 대상 업무에서 실적은 있는가?	• 단지 사례 소개의 설명에 만족하지 말고 반드시 도입 기업을 직접 방문하여 실무자와의 면담을 통하여 시스템의 시범운영을 시도해야 한다.
11. 제공회사는 신뢰할 수 있는가?	• 공급업체의 재무상태, 성장성, 업계의 평한, 신뢰도, 경험을 고려하여 선정한다.

고려한 도입이다. 기본 구축 및 운영 능력이 충분히 갖춰지지 않은 환경에서는 ERP가 제대로 작동되지 않으며, 추진범위 설정 및 프로세스 개선에 관한 사항은 매우 중요하다.

추진범위(scope)

• 업무적 범위: 인사, 급여, 재무, 원가, 물류, 유통, 설계, 생산 등의 업무를 명확히 한 후 각 상위 업무에 대한 하위 업무 기능까지를 구체적으로 분류하여 추진 업무 한계를 명확히 한다.

- 인프라 환경 범위: 어떤 하드웨어, 소프트웨어, 네트워크를 적용하여 ERP를 구축할 것인지를 결정한다. 신규 투자 시 투자 범위의 결정이 중요하다.
- 지리적·업무단위체별 범위: 위치적으로 분산되어 있는 경우 사업본부 단위의 독립 회계를 처리하는 경우에 중요하다. 지역적으로 떨어진 사업장이 얼마인지, 포함범위는 어느 정도인지 혹은 독립적인 회계처리를 요하는 지 등을 고려한다.
- 기간적 범위: 중장기 계획을 수립한다. 구축기간은 프로젝트 비용에 비례하기 때문에 기업의 재정 예산에 맞게 구축기간을 설정한다.

프로세스 개선 및 제품 선정

- As−Is−Process(현재의 프로세스): BPR 단계에서 기업과 관련하여 As−Is−Process를 정확하게 분석하여 자사에 대한 정확한 현상 분석과 경영 전략을 달성하기 위해 필요한 목표를 명확히 정의한다.
- 표준화된 제품의 도입: 국가 간·기업 간 경계가 점점 없어지고 있어 세계적인 네트워크의 형성에 의해 밀접한 연계 상태에서의 e−Business를 피할 수 없음
- 안정성, 효과적인 제품의 도입: 통합성, 유연성, 안정성 등 이미 입증된 제품 도입이 유리

7.4 ERP 성공전략

ERP 도입은 기존의 업무 방식을 근본적으로 재개편하여 새로운 통합시스템을 구축한다는 전사적인 차원에서 출발하여야 한다. ERP 도입의 성공을 위한 전략들을 살펴보면 다음과 같다.

■ 전사적 차원의 혁신의지

ERP 성공을 위해서는 최고경영층으로부터 모든 종업원에 이르는 전사적인 차원의 혁신의지가 매우 중요하다. 전사원의 업무 혁신에 대한 의지가 없다면 ERP가 제공하는 표준업무의 과다한 변경 및 자체개발로는 ERP 성공을 기대하기 어렵다. 그러나 무엇보다도 ERP 도입이 전사적 기능 통합을 위한 개선 활동이 되기 위해서는 하향식(Top-Down) 의사결정이 필요하다. 대부분의 경영 혁신 프로그램들이 그렇듯이 ERP 역시 최고경영자의 강력한 의지와 리더십이 뒷받침되지 않으면 성공하기 어렵다.

■ 기업에 적합한 ERP의 선택

ERP 도입에 앞서 외국 ERP 소프트웨어 패키지들의 특성, 즉 지원가능한 영역, 지속적 업데이트 가능성, 기존 전산 환경에의 적응성, 프로그램 간의 호환성을 잘 파악하여 해당 기업에 적합한 것을 선택해야 한다.

■ 변화관리

ERP를 도입하는 과정에서 발생하는 업무개혁에 대한 변화관리가 중요하다. 경영혁신을 추진하게 되면 현존하는 기업 문화와 충돌이 발생할 수 있다. 새로운 경영기법과 시스템을 수용하고 전념할 수 있도록 혁신적인 의지와 노력을 이끌어 낼 수 있는 변화관리가 필요하다.

■ 컨설턴트의 확보 및 교육

기업의 업무와 ERP패키지에 정통한 컨설턴트의 확보 및 교육이 매우 중요하다. ERP 패키지를 구매한 기업은 누구나 똑같은 내용을 담고 있는 패키지를 공급받게 되는 데 이 표준 패키지를 얼마나 기업의 설정에 맞게 커스터마이즈(Customize) 하는 것은 기업의 자체적인 프로젝트팀과 컨설턴트의 몫이다. 따라서 외부 컨설턴트를 적절히 활용하고 내부 전문 인력을 확보·육성해야 한다. 이를 위해서는 내부 구성원에 대한 충분한 교육이 병행되어야 하고, ERP 관련인력이 많지 않은 현실을 고려하여 지속적이고 적극적인 교육·훈련 프로그램을 운영하는 것이 바람직하다.

■ 고객지향적인 사고

ERP가 확장·발전하여 ERP 자체보다 고객 중심 시스템인 CRM과의 연계가 중요한 이슈가 되고 있고, 합리적인 사고가 표준 프로세스를 도입할 때 ERP 도입의 성공을 가져오기 때문에 고객지향적인 사고 및 합리적인 사고가 중요하다.

7.5 ERP 기대효과

경영정보시스템의 관점에서 보면 ERP가 지향하는 것은 생산, 판매, 회계, 인사 등 기업의 기간업무 최적화를 조직 횡단적, 효율적으로 행하기 위해 기업 모델을 제공하는 것이며 각각의 업종, 업태, 기업규모별로 베스트 프랙티스(Best Practice)를 반영하는 것이다.

ERP 도입에 따라 기대되는 성과는 다양한 측면에서 살펴볼 수 있다.

👥 업무의 효율화

ERP시스템을 도입하게 되면 기업 내의 영업, 생산, 구매, 자재, 회계 등 모든 조직과 업무가 하나의 정보시스템으로 통합되어 실시간으로 모든 정보를 통합 처리 할 수 있게 된다. 기존의 경영정보시스템은 각 단위 업무별로 개발되어 업무를 수행하다 보니 전체적인 최적화가 이루어지지 못하였다. 그러나 ERP시스템은 회사 내 전체업무를 마치 하나의 업무처럼 통합시킬 뿐만 아니라 실시간으로 모든 업무를 거의 동시에 처리할 수 있게 되도록 설계되어 있어 동일한 데이터의 중복이나 재입력, 타 부문에 대한 조회 등의 불필요한 작업을 배제할 수 있다.

👥 BPR 실천

ERP 도입은 BPR 실천과 함께 실시되는 것이 가장 효과적이다. BPR의 규모나 정도의 차가 있겠지만 기존시스템을 근본적으로 재검토하지 않고 ERP를 도입하여 성공한다는 것은 거의 불가능하다.

ERP시스템을 도입하게 되면 ERP 패키지 내에 포함되어 있는 최우수 사례(Best Practice)라는 선진 프로세스를 회사 내에 적용시킬 수 있어 BPR(Business Process Reengineering: 업무흐름재설계)을 자동적으로 수행한 결과를 가져온다. ERP도입 초기에는 기업체들의 경영혁신을 위한 수단으로 컨설팅회사에 의뢰하여 BPR을 수행하고, BPR결과가 도출되면 이를 토대로 SI(System Integration: 시스템통합)업체에 외주를 주거나, BPR결과에 접합한 ERP패키지를 선택하는 식으로 ERP시스템을 도입하였다. 그러나 최근 들어 많은 구축경험과 검증을 통해 ERP시스템들이 최우수 사례라는 선진 프로세스를 자체적으로 갖추게 되면서 별도의 BPR을 수행하지 않고 자사의 실정에 맞는 ERP패키지를 도입하는 추세이다. 그러나 아직까지는 ERP내에 구현된 선진프로세스들이 국내 기업의 업무처리방식이나 상거래관행 등에 맞지 않은 부분이 많아 적용상에 적지 않게 혼란을 빚고 있다.

👥 비용절감

ERP에는 베스트 프랙티스가 도입되어 있기 때문에 이것을 활용함으로써 시스템 도입이나 운용에 필요한 비용을 절감할 수 있다. ERP시스템을 도입하게 되면 복잡 다양해져가는 시대에 충분한 확장성을 보장 받을 수 있어, 중장기적인 관점에서 비용을 절약하는 효과를 가져온다.

👥 관리수준 향상

기간업무 전체에 걸친 정보의 일원화와 실시간화에 의해 수주, 매상정보나 재고상황 등 매일 변화하는 경영상황에 관한 정보와 데이터를 용이하게 파악할 수 있어 관리자의 의사결정에 매우 효과적이다. 특히 개별 담당자가 관련된 업무의 데이터나 정보에 쉽게 접근할 수 있기 때문에 정보를 효과적이고 효율적으로 이용할 수 있다.

ERP 도입으로 기대되는 효과를 정리해 보면 〈표 7−3〉과 같다.

표 7-3 ERP 기대효과	
ERP 도입	기대효과
Client/Server환경하의 최적의 시스템도입	• 신정보기술 습득 활용 • 환경변화에 유연한 시스템 구축
사업장/업무 간의 통합시스템 구축	• 글로벌 생산연동 체제 • 국내외 사업장 물류/회계/연계관리 • 일일결산체제
선진형 BPR도입	• 업무 표준화 • 간접업무의 축소
정보입력 시 필요정보 즉시 제공	• MIS 및 EIS 구축 용이 • 현업/협력업체 및 고객만족도 향상

7.6 e-Business와 ERP

정보통신의 발전에 따라 통합관리 기능을 제공하는 ERP는 갈수록 기능이 확대되고 있으며 이 같은 부가기능이 최근에는 오히려 중요해지고 있다. 업계에서는 이를 '확장된 ERP'라고 부른다.

미국의 정보 통신 시장 조사기관인 G2R의 조사에 따르면 고전적인 의미의 ERP시장 성장률은 20% 정도에 불과하지만 확장 ERP시장의 성장률은 67%가 될 것으로 전망하고 있다.

확장 ERP기능 가운데 최근 새롭게 떠오르는 분야가 공급체인망 관리(SCM)이다. 공급체인망 관리의 기본개념은 기업이 물품을 즉시 생산하기 위한 적시시스템(JIT: Just In Time)이라고 할 수 있다. 값싼 곳을 찾아 국외에서 원자재와 중간재를 조달하는 세계적인 기업들에는 체계적인 자재공급 및 관리업무가 중요하다. 공급망 관리(SCM) 개념은 생산한 물품을 더 빠르고 정확한 시간에 소비자에게 공급하는 물류분야를 포함하는 것이 세계적인 추세다. 즉 '우수한 제품의 생산'이라는 기업 모토는 이제 거의 모든 기업이 반드시 추구해야 하는 필수사항이 됐다. 이것만으로는 기업의 성공을 보장받을 수 없게 됐기 때문에 이 같은 한

계점을 극복하기 위해 나타난 개념이 바로 공급망 관리이다.

공급망 관리는 80년대 주로 의류 유통업 등의 물류산업에서 도입했으며 최근 확장된 공급망 관리로 발전해 전기, 전자업, 제약업, 소비재산업 등으로 확대 적용되고 있다. 업계 관계자는 "공급망 관리는 원료 공급에서부터 소비자에게 이르는 전 과정에서 취급하는 제품 또는 상품의 계획 생산 이동 등의 물적 유통과 정보 통합관리를 위한 것"이라고 설명했다.

ERP를 도입하면 오늘날 활발하게 진행되고 있는 e-Business(자재 구매, 조달) 발전에도 유연하게 대응할 수 있다. 각국에서 자재를 조달하는 공급망 관리 기능과 결재과정 등을 포함한 것이 e-Business라 할 수 있기 때문이다. EPR는 e-Business와 뗄 수 없는 관계이다. ERP의 전자문서교환(EDI)기능을 통해 대기업과 협력업체 간 업무를 통합하고 본사와 국외지사를 통합함으로써 거래를 원활히 하도록 하는 기능을 갖고 있다.

결국 ERP가 확대되어 국가 간 또는 다른 기업 간 거래에 적용되는 것이 시스템 통합의 마지막 단계인 e-Business라 할 수 있다. EPR는 기업 내 통합을 위한 하나의 도구이고 e-Business는 기업 간 통합을 위한 도구인 것이다. ERP는 고객서비스 지원기능 강화차원에서도 그 중요성이 강조되고 있다. ERP에는 고유한 데이터베이스 관리시스템(DBMS)이 있어 고객과의 거래가 실시간으로 데이터베이스에 반영되고 이 내용은 각 업무의 응용소프트웨어에서 공유하게 된다. 이를 통해 고객의 소비성향을 파악해 새로운 사업으로 연결할 수 있고 불만 사항 등을 알 수 있게 된다.

7.7 ERP와 AI

고객의 정보, 재무, 판매, 자재 및 생산 데이터를 수집하며 비즈니스와 관련된 모든 세부 사항을 기록할 수 있는 ERP는 1990년대에 처음 사용된 이래로 오랫동안 기업에서 인적자원관리, 현금 주문, 보고 기록, 예산 책정, 계획 및 예측과 관련된 주요 비즈니스 프로세스를 관리해왔다. 디지털 기술의 핵심 기술인 인공지능과 머신 러닝은 상상할 수 없는 결과를 만들어 내고 있다. 기업은 실시간 분석 데이터를 확보할 수 있으며, 지능적으로 작동하는 자율 솔루션을 개발할 수 있게 되었다. ERP도 AI기술에 큰 영향을 받아 다음과 같은 향상을 가져올 수 있었다.

👪 고객서비스 및 영영자동화

기업의 공통 목표는 고객 만족도를 높이는 것이다. 인공 지능(Artificial Intelligence, 이하 AI)은 이제 고객 경험을 향상시키는 데 활용되고 있다. 챗봇은 24시간 연중 무휴로 고객의 질문에 답변을 할 수 있고, 클릭 몇 번으로 휴가를 예약할 수 있다. AI 덕분에 고객이 서비스를 필요로 하거나 개인 회의가 필요할 때 직원이 최적의 시간을 예약 할 수 있도록 지원하는 데 사용된다. AI 영업 자동화는 인간의 손에서 일상적인 작업을 제거하여 영업 담당자가 고객의 요구에 더 집중할 수 있도록 한다. 예를 들면 HP 프린터의 잉크가 부족하면 새 카트리지를 배달하라는 메시지가 Amazon으로 바로 전송된다.

👪 부서간 커뮤니케이션

ERP는 기업의 각 부서에서 데이터를 수신한다. ERP의 수요와 공급에 있어서 AI의 활용으로 개선될 수 있다. 데이터베이스에는 재고가 있는 자재와 고객으로부터 받은 주문이 포함된다. 기존 또는 예상 주문을 기반으로 주문해야 하는 자재와 수량을 자동으로 예측할 수 있다. 또한 직원들은 실시간으로 동일한 정보에 액세스할 수 있고, 이 데이터는 사람이 아닌 기계의 손에 있지만 오류가 적다.

👪 고급분석

ERP의 고급 분석에는 데이터 및 기계 학습 모델이 모두 포함된다. 이제는 빅 데이터가 고객 구매 패턴분석, 수요 변화 예측, 가격 최적화, 이탈 방지, 차선 책 결정, 마케팅 전략 개선 등에 사용되고 있다. 고급 분석은 과거와 미래를 조사하는 데 사용될 뿐만 아니라 현재에 대한 정보도 취하여 최적의 결정을 구현하기 위해 기업에 최상의 정보를 제공한다.

고급 분석을 사용하면 고객이 온라인 상점에서 특정 제품을 보는 데 소비하는 시간을 확인하고 ERP 또는 CRM(고객 관계 관리) 시스템에서 고객이 좋아하는 것을 기반으로 맞춤형 이메일을 보낼 수 있다. AI와 머신 러닝은 조직이 사람들과의 관계를 관리할 수 있게 하였다. 기계 학습 모델은 직원 감소를 예측하고 예방할 수 있다.

👥 오류 및 사기에 대한 예측

ERP가 작동을 멈추면 기업의 생산이 느려지거나 완전히 중단될 수 있다. 전통적으로 우리는 IT 전문가가 문제를 찾을 때까지 기다려야 했다. 이러한 문제가 발생되면 머신 러닝을 활용하여 문제를 신속하게 식별할 수 있다. 또한 잠재적인 문제를 예측할 수 있으므로 ERP 시스템의 지속적인 가동 시간을 보장받을 수 있다.

머신 러닝은 일정 기간 동안 기업의 운영 데이터를 소비하고 사기일 수 있는 고객 주문을 예측할 수 있다. 컴퓨터가 오류를 감지하는 속도가 훨씬 빠르고 오류 수가 줄어들기 때문에 회사는 많은 돈을 절약할 수 있다.

👥 생산성 향상

ERP에는 조직 내의 모든 프로세스에 대한 세부 정보가 있다. AI는 각 프로세스를 살펴보고 비효율적인 프로세스를 식별할 수 있다. 이는 제조에서 청구 또는 배송에 이르는 프로세스의 일부 또는 전체에 있을 수 있다.

기업은 어떤 공정이 에너지 소비를 증가시키는지, 어떤 단계에서 가장 많은 손상 제품을 생산하는지, 어떤 단계에서 가장 많은 자재 낭비가 발생하는지, 어떤 단계가 고객관점에서 가장 부가가치가 높은지 알 수 있다.

기업이 생산성을 제한하는 영역을 볼 수 있을 때 팀 구성원은 관련된 모든 이해 관계자에게 도움이 될 수 있는 솔루션을 찾을 수 있다.

클라우드 ERP

클라우드 ERP는 인터넷을 통해 전사적 자원 관리를 실행하는 방법이다. 중소기업이 선행 IT 인프라 비용과 유지 관리 비용을 절약할 수 있는 좋은 방법이다.

클라우드 기반 ERP, AI 및 기계 학습 솔루션은 이미지 처리 또는 음성 인식 기능을 사용하여 ERP 솔루션의 채택을 더욱 촉진할 것이며, 사물인터넷(IoT) 기술을 활용하여 추가 데이터를 수집할 수 있다.

case 사례 AG-Tech 선도기업 이지팜

'농촌이 미래다'라고 외치는 이지팜은 양돈 생산 경영, 농산물 이커머스, 산지유통센터 맞춤 'ERP' 등 첨단 스마트팜 시스템 등을 구축하여 농업 분야에서 디지털 전환에 앞장서고 있는 기업이다. 주요 사업은 국내 1위 양돈생산경영관리시스템이자 AI 기술을 적용한 돼지 헬스케어 플랫폼 '피그플랜', 블록체인 기반 농산물 이커머스 '샵블리'(SHOPBLY), 국내 유일 산지유통센터 맞춤형 전사적 자원 관리(ERP) 시스템을 구축하는 '스마트APC' 사업이 있으며 '2020 블록체인 공공선도 시범 사업' 및 '정부 AI 바우처 지원 사업' 등 정부 과제에도 참여하고 있다.

1. 현황

이지팜은 2000년 5월 회사를 설립하였으며 업종은 소프트웨어 개발 및 농축산 경영 컨설팅 업체이며 농업의 디지털 트랜스포메이션을 선도하는 애그테크 기업이다. 이지팜은 양돈 데이터, 스마트팜, 농업 정보 시스템 분야의 개척자이며 농립사업의 활성화를 위해 'Agrix', 농림축산검역본부의 국가가축방역시스템 'KAHIS' 등을 개발하였으며 인공지능, 블록체인 기술을 활용해 농가와 유통, 소비자까지 연결되는 밸류 체인을 완성하였다.

2. 디지털 전환 실행 내용 및 성공 요인

피그플랜은 어미돼지의 분만부터 비육돈의 출하 단계까지 양돈 농가의 생산성 향상을 위해 다양한 성적 관리 서비스를 제공하고 있다. 또한, 인공지능 및 블록체인 기술을 접목한 돼지 헬스 케어 플랫폼을 개발해 모돈 중심으로만 이뤄졌던 개체 관리 서비스를 비육돈으로 확대하고 활동량, 사료 섭취량, 항생제 투여 시기, 질병 이력 등에 대한 데이터를 관리해 돼지 품질을 차별화할 수 있도록 했다. 또한, 농산물 유통의 중심인 산지유통센터(APC) 맞춤형 ERP 시스템을 전국 56개 거점에 구축해 농산물 입고, 선별, 보관, 출하 및 정산 데이터를 정보화하여 국내 최초로 '스마트 APC' 확립에 앞장서고 있다. 농업 경영체는 이 시스템을 통해 실시간으로 수급상황을 모니터링 하는 등 생산 전략을 세울 수 있다.

이지팜은 농축산물 거래의 투명성을 확보하고자 블록체인에 농축산물 생산 전 과정을 기록해 농산물 이력 관리가 가능한 '블로서리(Blocery)'를 개발해 농산물 계약재배 및 예약구매 온라인 이커머스 샵블리를 운영하고 있다. 블록체인 기술이 적용된 이력 추적시스템을 기반으로 프리오더 방식의 계약 재배가 가능해 생산자의 자금 확보 및 재고 관리가 가능하다. 블록체인과 가상현실(VR) 및 증강현실(AR) 기술 연구 및 사업화를 통해 농업의 메타버스를 확장시켜 나가고 있다.

이지팜의 성공요인은 다음과 같다.

(1) 농업 산업과 기술의 접목

4차 산업 혁명 시대에 농업 산업과 기술(인공지능, 빅데이터, 블로체인, 클라우드, T-커머스 등)의 접목을 통해 농업 분야의 생산성을 향상시켰다.

- ▶ 피그플랜(Pigplan): 클라우드, 빅데이터 기반 20년간 축적된 데이터 기반으로 질병관리 및 돼지 분만부터 판매, 경영까지 농가의 생산성 향상을 위한 시스템
- ▶ 스마트 APC: 농산물산지유통센터의 원물의 입고, 선별, 투입, 출하, 재고, 정산 단계별 데이터 및 설비 데이터 간의 연계로 경영 실적 관리하는 통합운영 관리 시스템으로 ERP 솔루션 적용
- ▶ 블록체인: 데이터의 위조를 막는 블록체인 기술을 기반으로 생산자-소비자간 직거래를 위한 예약구매 서비스와 생산·유통의 자금 문제를 해결해주는 탈중앙금융 서비스 제공
- ▶ T-커머스(Traceability Commerce): 농식품의 안정성에 대한 소비자들의 요구가 높아지면서 농산물유통에서 이력추적과 유통 투명성이 중요해지고 있다. 이지팜은 블록체인 기반으로 유통 이력추적과 유통 단계에서의 투명성을 실현함

(2) 표준화

산지 유통 정보화 사업을 추진해 지역별 농산물을 취급하는 산지유통센터, 미곡 종합처리장, 농산물 가공센터 등 56개 거점에 입고부터 전산까지 전 과정의 업무 프로세스 표준화를 지원하는 시스템을 구축하였다.

3. 발전방향

이지팜은 농업의 디지털 전환을 실행하는 국내 대표 애그테크 기업으로 인정받아 미국에서 'APAC 상위 10대 애그테크 솔루션 공급기업'에 선정됐으며 향후 농업 분야 기술 산업을 선도하는 기업으로 더욱 더 발전할 것이다.

🌏 요약

　　인터넷과 같은 정보기술의 등장으로 기업은 고객중심의 모든 프로세스를 통합할 수 있는 새로운 정보시스템을 필요로 하고 있다. 이를 가능하게 하는 ERP는 기업 내·외부의 프로세스를 포함하는 확장형 ERP로 발전하고 있다. 따라서 기업은 ERP의 도입 혹은 확장을 전략적으로 추구함으로써 ERP의 성공을 이끌어야 한다. 이를 위해서는 전사적 차원의 혁신의지와 적합한 ERP의 선택, 업무 개혁에 따른 변화관리, 고객지향적인 사고가 뒤따라야 할 것이다. 결국 ERP의 확대는 궁극적으로 e-Business로의 통합을 의미한다. 글로벌 경쟁시대에 ERP가 가져다주는 다양한 효과는 업무의 효율화, 비용절감뿐만 아니라 미래에 대한 전략적 사고를 가능하게 할 것이다.

🌏 주요용어

　　MRP I(MRP I: Material Requirement Planning I)

　　MRP II(MRP II: Manufacturing Resource Planning II)

　　ERP(ERP: Enterprise Resource Planning)

　　ERP System

　　ERP Package

　　BPR(BPR: Business Processing Reengineering)

　　원장형 통합 데이터베이스

　　파라미터(Parameter)설정

　　커스터마이즈(Customize)

　　커뮤니티(Community)

　　콘텐츠(Contents)

🌏 토의

　　1. ERP의 발전 과정을 나열하면 어떤 순서대로 발전이 되었는가?

　　2. ERP, ERP system, ERP Package의 정의내려 보세요.

　　3. 타 시스템에 비해 ERP의 특성은 무엇인가?

4. ERP를 도입할 때 기업이 고려해야 할 사항들을 나열하면 어떤 것들이 있는가?

5. ERP와 e-Business와의 관계를 설명하세요.

6. AI의 지원으로 ERP의 성능을 높일 수 있는 요소들은 무엇인가?

🌐 참고문헌

김두경, 권순식, 손보민, ERP 시스템 활용과 CRM의 이해, 2002

김영렬, 강태구, 박진서, ERP 구매 관리 시스템, 범한, 2019

김용호, 최동운, 권형남, 전자상거래, 형설출판사, 2011

박병형 편저, 한권으로 끝내는 e-ERP, 태영 출판사, 2001

윤철호, SAP ERP를 중심으로 한 ERP 개론, 생능, 2016

정창덕, 전자상거래 이론과 실무, 한올출판사, 2017

주재훈, 전자상거래, 탑북스, 2017

Blokdyk, AI in Postmodern ERP Finance, 5starcooks, 2018

Murphy and Arkin, Introduction to AI Robotics, MIT Press, 2019

김경애, ERP 이용의도에 따른 만족도 조사 연구, 기술경영, 6(1), pp. 121-142, 2021

송신근, ERP 시스템 도입성과에 저항요인과 변화관리의 영향, 산업경제연구, 33(3), pp. 619-638, 2020

오근태, 김명수, 중소기업에서의 ERP의 성공적인 도입을 위한 요소와 주요 ERP 패키지의 특성에 대한 조사연구, 수원대학교 논문집, 제17호, 1999

이상명, ERP 시스템의 도입요인이 도입결정 및 경영성과에 미치는 영향, 국제회계연구, 53, pp. 38-62, 2014

이정은, ERP 시스템품질이 업무 효율성 및 의사결정 효율성과 활용성에 미치는 영향에 관한 연구, 대한경영학회지, 32(12), pp. 2241-2259, 2019

Bergdahl, J., A study on the present and future application and value of AI in the context of ERP systems, Department of Informatics and media, 2018.

Majstorovic, Stojadinovie, Lalic and Marjanovie, ERP in Industry 4.0 Context, Advances in Production Management Systems, 591, pp.287-294, 2020.

🌐 웹사이트

http://medium.com
https://ezfarm.co.kr/index

🌐   기사

「AI부터 블록체인까지..최신 ERP 트렌드 6가지」, CIO, 2018.7.5
「농업에 AI-블록체인 적용 애그테크 선도기업 '이지팜'」, 동아일보, 2021.11.11
「이지팜, 돼지 헬스케어 플랫폼」, 한국경제, 2021.11.9

제8장

e-Business 및 AI 제도적 요소

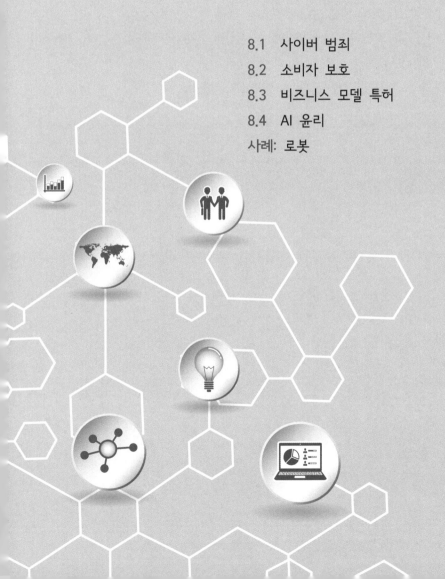

e-Business의 구성 요소를 크게 두 부문으로 구분해 보면 사회 및 제도적 요소와 기술적 요소로 분류될 수 있는데 본 장에서는 주로 사회 및 제도적 요소에 관해 설명하고자 한다. e-Business가 확산됨에 따라 온라인 상거래가 급속히 증가하여 소비자는 다양한 편익을 누리게 되었지만, 한편으로는 불량 상품 인도, 배달 지연, 개인 정보 유출 등 상거래 시 소비자의 피해가 급증하고 있다. 따라서 8장에서는 온라인 상거래에서의 사이버 범죄, 소비자 보호 방안, e-Business의 핵심이라고 할 수 있는 비즈니스 모델 특허, AI 윤리에 관련된 문제들을 다루고자 한다.

AI-Biz A to Z

08

e-Business 및 AI 제도적 요소

e-Business 이야기

메타버스는 새로운 인터넷

메타버스가 산업계 전방위에서 언급되면서 융복합 시대 가장 뜨거운 키워드로 떠오르고 있다. 메타버스란 가공, 추상을 의미하는 메타와 현실세계를 의미하는 유니버스의 합성어로 3차원 가상세계를 의미한다.

한국콘텐츠진흥원(KOCCA)의 '빅데이터로 살펴본 메타버스 세계' 연구서에 따르면 최근 COVID-19 이후 늘어나고 있는 가상공연 및 가상공간을 활용한 채용, 입학 등의 이벤트와 연계되며 사회적 관심도가 급격히 증가하는 양상이다. 메타버스와 연계된 주요 키워드들은 시대적 변화에 따라 인프라, 네트워크, 게임 및 영화 등 가상현실 콘텐츠부터 빅데이터, 사물인터넷 등 4차 산업혁명 제페토, 카카오·블록체인 등으로 변화하고 있다.

메타버스에 대한 사회적 논의의 관점은 기술 중심에서 가상세계 관련 서비스로 변화했으며 이후에는 콘텐츠와 플랫폼을 아우르는 산업 생태계 차원으로 확장되고 있다. 김선영 센서위드유 연구소장은 26일 '제4차 원정 포럼'에서 "메타버스는 디지털 세계와 현실세계의 점진적 융합을 뜻하는 데서부터 현실과 가상현실 사이의 관문 등을 나타내기도 하는 등 매우 다양하게 이야기된다"면서 "그러나 메타버스는 기존의 웹을 대체하는 디지털 플랫폼으로서의 인터넷 다음, 즉 뉴인터넷이 될 것이라는 공감대를 기반으로 하고 있다"고 정의했다.

IT업계 관계자는 "인터넷처럼 결국 메타버스 역시 인터넷 내에서 이뤄지던 다양한 부정적인 문제들을 답습할 수 있어 이를 제한할 수 있는 장치나 법적 제도의 마련이 시급하다는 것이 업계에서 나오고 있는 것"이라고 설명했다.

〈여성소비자신문 2021.11.29〉

8.1 사이버 범죄

사이버 범죄의 정의

컴퓨터의 보급이 증가하고, 온라인 상에서의 상행위가 널리 행해짐에 따라 컴퓨터와 전기 통신 회선을 이용한 사이버 범죄가 기하급수적으로 증가 추세에 있다. 사이버 범죄는 "컴퓨터를 이용하거나 컴퓨터 시스템 자체를 대상으로 하는 범죄"라고 정의 내릴 수 있으나 사회, 경제적 활동에서 컴퓨터와 통신 활용이 지속적으로 늘어나고 있는 시점에서 컴퓨터를 이용하는 모든 범죄를 사이버 범죄라고는 할 수는 없다. 따라서 사이버 범죄는 전문적이고 기술적인 수단 및 지식이 없이는 수사가 곤란한 형태의 컴퓨터 이용 및 컴퓨터 대상 범죄라고 보는 것이 바람직하며 사이버 범죄의 개념과 범위는 사회 변화에 따라 지속적으로 변해 갈 것이다.

사이버 범죄의 유형

사이버 범죄는 전자게시판 상의 사기 광고를 통한 판매 대금 편취, 은행원에 의한 부정 송금, 인터넷 뱅킹 이체 서비스를 악용한 예금 사취 등으로 기업, 공공 기관, 가정 등 사회의 모든 분야에서 문제가 발생되고 있다.

사이버 범죄는 다양하게 분류될 수 있으나, 크게 두 가지로 나누어 볼 수 있다. 즉 컴퓨터를 대상으로 하는 범죄와 컴퓨터를 이용하는 범죄가 있으며, 내용은 다음과 같다.

🎎 컴퓨터를 대상으로 하는 범죄

■ 타인의 컴퓨터를 멋대로 이용하는 등 컴퓨터나 그 제공하는 서비스의 무단 사용

- 단말기 등의 절취 등 컴퓨터 관련 기기의 절취
- 폭파나 바이러스의 투입 등 컴퓨터의 파괴
- 단말기로부터 정보를 끌어내기나 기록 매체의 절취, 복사 등 데이터 프로그램의 부정 입수

컴퓨터를 이용하는 범죄

- 부정한 송금데이터 입력에 의한 예금 횡령이나 위조카드에 의한 예금 절취 등 부당 이득을 얻는 등 부정한 데이터나 프로그램의 입력을 수반하는 것
- 전자게시판 기능의 악용: 바이러스 함유 프로그램, 외설 화면, 명예 훼손, 저작권 침해 정보, 각성제 등 위법 물품의 매매 정보, 사기 정보의 게시 등

상기 분류 방법 외에도 사이버 범죄의 유형은 행위를 통한 악용과, 내용물을 통한 악용으로 분류해 볼 수도 있다.

행위를 통한 악용

- 재산 범죄와 경제 범죄: 주로 타인의 신용 카드 번호를 도용하거나, 실제 발송자를 은폐하거나, 위조된 자료를 이용하는 것
- 저작권 침해 범죄: 인터넷을 통하여 불법 소프트웨어를 불법 공급하거나, 음반 데이터를 불법 유통하는 것
- 해킹: 다른 사용자의 아이디 및 패스워드를 도용하거나, 컴퓨터 시스템의 소프트웨어나 응용 소프트웨어의 버그 등을 이용하여 공격하는 것. 바이러스 프로그램을 유포하거나, 전자우편 폭탄 메일 등으로 시스템에 상해를 입히는 행위

내용물을 통한 악용

- 선전물 유포: 극우주의 선전물의 유포, 위헌적 조직의 선전물 유포

- 선동: 민족 선동, 범죄 행위에 대한 공개적인 선동
- 음란물 공개: 음란 사진 유포, 금지된 음악의 공개 유포

경찰청에서는 사이버범죄를 다음과 같이 정보통신망 침해, 정보통신망 이용, 불법컨텐츠 범죄로 분류하고 있다.

🏢 정보통신망 침해 범죄

- 해킹: 계정도용, 단순침입, 자료유출, 자료훼손 등 허용된 접근권한을 초과하여 정보통신망에 침입하는 행위
- 서비스거부공격(DDoS등): 정보통신망에 대량의 신호, 데이터를 보내거나 부정한 명령을 처리하도록 하여 정보통신망에 장애(사용불능, 성능저하)를 야기한 경우
- 악성프로그램: 정당한 사유 없이 정보통신 시스템, 데이터 또는 프로그램 등을 훼손, 멸실, 변경, 위조하거나 그 운용을 방해할 수 있는 프로그램을 전달 또는 유포하는 경우
- 기타: 신종 수법으로 정보통신망을 침해하는 범죄인 경우

🏢 정보통신망 이용 범죄

- 사이버 사기: 직거래 사기, 쇼핑몰 사기, 게임 사기 등 정보통신망(컴퓨터 시스템)을 통하여, 이용자들에게 물품이나 용역을 제공할 것처럼 기망하여 피해자로부터 금품을 편취(교부행위)한 경우
- 사이버금융범죄: 피싱, 파밍, 스미싱, 메모리해킹, 몸캠피싱 등 피해자의 계좌로부터 자금 이체받거나, 소액결제가 되게 하는 신종 범죄
- 개인·위치정보 침해: 디지털 자료화되어 저장된 타인의 개인정보를 침해, 도용, 누설하는 범죄로, 이용자의 동의를 받지 않거나 속이는 행위 등으로 다른 사람의 개인, 위치정보를 불법적으로 수집, 이용, 제공한 경우도 포함
- 사이버 저작권 침해: 디지털 자료화된 저작물 또는 컴퓨터프로그램 저작물

에 대한 권리를 침해한 경우 스팸메일
- 사이버 스팸 메일: 법률에서 금지하는 재화 또는 서비스에 대한 광고성 정보를 전송하는 경우 및 이와 관련 허용되지 않는 기술적 조치 등을 행한 경우

🏫 불법 컨텐츠 범죄

- 사이버 성폭력: 불법 성영상물, 아동성착취물, 불법촬영물 유포 등 정보통신망(컴퓨터 시스템)을 통하여, 음란한 부호, 문언, 음향, 화상 또는 영상을 배포, 판매, 임대하거나 공공연하게 전시하는 경우
- 사이버 도박: 스포츠 토토, 경마, 경륜, 경정, 기타 인터넷 도박 등 도박 사이트를 개설하거나 도박행위(또는 사행행위)를 한 경우
- 사이버 명예훼손·모욕, 사이버스토킹, 다른 사람의 명예를 훼손, 모욕하는 경우와 공포심이나 불안감을 유발하는 부호, 문언, 음향, 화상 또는 영상을 반복적으로 상대방에게 도달하도록 하는 경우

사이버 범죄의 대처 방안

인터넷 활용이 급증함에 따라 컴퓨터 해킹, 암호 해독, 도청, 컴퓨터 바이러스 등의 수단을 이용하여 국가적, 사회적, 개인적 보호 법익을 침해하는 사례가 날로 급증하고 있다.

개인 정보 보호는 개인 정보의 수집·처리·이용에 의한 프라이버시 침해를 예방, 구제하는 것으로서 이러한 개념은 단순히 타인이 자신의 정보를 소유하는 것을 방지하는 소극적 개념뿐만 아니라 자신에 관한 정보의 취득, 이용 및 공개의 여부와 그 조건을 본인이 결정하고, 정보 주체가 사생활을 포함하여 이미 공개된 개인 정보에 대하여 통제할 수 있게 하는 적극적 개념으로 변모하고 있다. 그러나 한편으로 공공 기관은 법령에 따라 행정 목적의 원활하고 효율적인 수행을 위하여 개인 정보를 적절하고 유용하게 활용하여야 할 권한과 의무가 있고, 또한 기업의 입장에서는 개인 정보를 데이터베이스 마케팅과 고객 관계 관리

(CRM: Customer Relationship Management)를 통하여 적절히 활용함으로써 기업 성과의 혁신적 제고를 이룰 수 있다. 따라서 개인 정보 보호는 정보 주체가 가지는 개인 정보의 인격적, 재산적 가치를 적절히 보호함과 동시에 공공 기관의 업무 수행과 원활한 기업 활동을 담보하여야 할 양면의 임무를 지니게 된다.

이러한 양면의 상반되는 가치를 적절히 조절하기 위하여 정부는 최근 관련 법령을 개정하여 공공 기관의 개인 정보 취급에 정보 주체의 권리를 강화하고, 정보 통신 서비스 제공자 등 개인 정보를 취급하는 사람들에게 개인정보의 수집과 이용 및 제공에 대하여 안정성의 확보 등 엄격한 의무를 부여하며, 위반자에 대한 처벌 규정을 강화하였다. 나아가 서비스 이용자에게 개인 정보에 대한 열람권, 정정권을 보장하고, 한국정보보호센터 산하에 개인 정보 보호를 전담하는 기구를 설치하는 한편, 개인 정보에 관한 분쟁을 조정하기 위하여 개인 정보 분쟁 조정 위원회를 설치하여 정보의 주체와 정보의 수집, 보관자 간의 분쟁을 원만히 해결할 수 있도록 하였다.

그러나 이러한 타율적인 규제와 간섭 이전에 개인 정보를 수집, 이용하는 공공 기관이나 기업이 스스로 개인 정보에 관한 적정하고도 합리적인 이용방안을 마련하는 자율 규제가 앞서야 함은 물론, 개인 정보를 보호하는 적절한 기술을 개발하고, 정보 주체인 개인 스스로도 빠르게 변모하는 정보화 사회에서 자신의 개인 정보에 대한 결정권을 자각하고 행사하는 통제권을 확보하려는 노력이 필요할 것이다.

👥 개인 PC 보안 관리를 위한 대책 8가지

- 바이러스 검색: 백신 제작 업체 사이트를 자주 방문, 백신 프로그램은 항상 최신 버전으로 유지하고 백신 프로그램을 실시간 구동하여 감시 할 수 있도록 설정함
- E-mail을 통한 바이러스 감염 주의: 첨부된 파일의 확장자가 VBS(Visual Basic Script)인 경우 실행하지 않음. 발신인, 첨부 파일 제목, 본문 등을 통해 본인에게 꼭 필요한 내용이 아닐 경우 열지 말고 삭제함
- 디스크 공유가 필요할 경우 반드시 패스워드를 설정

- 공용 PC에는 ID/암호를 저장하지 않음
- 평가판 또는 쉐어웨어 프로그램은 꼭 필요한 것만 설치
- 신뢰할 수 없는 사이트의 쿠키 요청은 거부: 접속 시 번거롭게 아이디와 비밀 번호를 넣지 않도록 특정 정보를 저장하는 '쿠키'로 정보가 쉽게 빠져나갈 수 있음
- 발표된 버그에 대한 패치
- 해킹 방지 소프트웨어 설치

8.2 소비자 보호

온라인 상거래에서 소비자 보호에 관한 법규 제29조항을 보면 "정보는 소비자보호법 등 관계 법령의 규정에 따라 전자거래와 관련되는 소비자의 기본 권익을 보호하기 위하여 필요한 시책을 마련하여야 한다"라고 규정하고 있다. 이 밖에도 소비자 피해의 구제 조항, 피해 보상 기구 설치에 관련된 조항 등 온라인 상거래가 활성화됨에 따라 소비자 보호에 관련된 법조항이 제정되고 있다. 그러나 온라인 상거래는 사업자와 소비자가 서로 비대면 상태에서 온라인을 통해 거래를 하기 때문에, 사기·기만 거래의 가능성, 소비자의 기기 조작 실수, 개인 정보 유출, 청약 철회가 곤란하다는 문제와 국제적인 거래가 이루어질 경우 각국의 상이한 소비자 보호법 체결로 피해 구제가 곤란한 경우 등의 소비자 피해가 빈번히 발생하고 있다.

가장 흔한 피해유형은 대금 지급 후 물품을 받지 못하거나 배송이 지연되는 경우가 많고, 경매 사기인 경우에는 회사 내부자에게 경매 물품을 낙찰 받도록 하는 수법을 비롯해 정보유출, 불량식품 및 광고와 다른 상품 인도, 해킹 사고 등의 문제점이 드러나고 있다. 또한 게임, 교육, 영화, 음악 등의 소프트웨어 다운로드 과정에서 대금만 받고 서비스를 제대로 공급하지 않는 경우도 있다.

소비자 피해 유형

온라인 상거래가 소비 생활에 여러 가지 편익을 주고 있지만, 그와 더불어 소비자 피해가 발생하고 있는 것도 현실이다. 온라인 상거래 사업자와 소비자가 서로 비대면 상태에서 온라인을 통해 거래를 하기 때문에, 사기·기만 거래로 인한 소비자 피해가 발생할 가능성이 높다. 전자상거래 관련 소비자 피해는 기존의 통신 판매에서 발생되는 소비자 피해와 대체로 유사하지만, 다음과 같이 분류해 볼 수 있다. 첫째, 소비자가 대금을 지불했으나 제품을 보내 주지 않는 사기이다. 둘째, 배달 관련 피해로서 당초 웹사이트에서 표시, 광고한 것과 다른 제품을 보내 주거나, 하자가 있는 제품을 보내 주는 사례, 배송 시간이 늦게 되는 경우이다. 셋째, 대금 관련 피해로서 주문하지도 않은 상품 대금을 청구하거나 이중 청구, 대금 환금 거절 등의 경우이다.

소비자 피해 예방 요령

온라인 상거래는 상품을 직접 눈으로 확인하지 않은 상태에서 거래가 이루어지기 때문에 소비자 피해의 우려가 높다. 온라인 거래로부터 피해를 예방하려면 무엇보다 소비자의 주의가 필요하다.

사업자의 신원 확인

신원이 명확하지 않은 사업자와 거래를 하다 피해를 입으면 보상받기가 어렵다. 특히 대금을 미리 지급하고 물품을 나중에 받게 되는 온라인 거래의 특성상 사업자의 부도로 인한 피해 발생 시 보상이 어려우므로 믿을 수 있는 업체와 거래를 한다.

👪 공짜, 과다 경품에 현혹되지 않음

공짜 또는 과다 경품을 제공하거나, 높은 가격 할인율을 표시하는 등의 허위 과장 광고에 주의해야 한다. 공짜 경품 제공의 진짜 목적은 회원 확보를 통해 개인 신상 정보 수집이나 물품 판매를 위한 미끼로 이용하고자 하는 일종의 마케팅 전략이다.

👪 배달된 상품은 즉시 확인함

주문한 제품과 배달된 제품이 다르거나 파손된 제품이 배달되는 경우가 있다. 상품이 배달되면 즉시 그 자리에서 확인하고, 주문한 상품과 다르거나 제품에 하자가 있으면 조치를 취해야 한다. 문제가 있을 때는 신속하게 업체에 연락해 교환 방법과 반송료 등을 확인해야 쉽게 보상받을 수 있다.

👪 충동 구매를 자제함

온라인 상에서 사업자가 제공하는 광고나 말에만 의존해서 구매하면 자신이 원하는 크기, 색상, 품질 등에 차이가 날 수 있으므로 구매 시 신중을 기한다.

👪 피해 구제는 서면으로 신속하게 함

해약을 요청하거나 자신의 요구 사항을 전달하고자 할 때는 분쟁에 대비해 증거로 활용이 가능하도록 반드시 내용 증명 등의 서면으로 한다. 분쟁이 발생할 경우에는 청약 철회 기간인 물품의 구매일로부터 20일 이내에 신속히 구제를 요청한다.

👪 인터넷 거래 시 계약 사항은 출력해 둠

약관은 계약서이다. 내용을 제대로 읽어 보지 않고 동의한다고 클릭할 경우 피해가 발생할 때 보상이 어렵다. 공정거래위원회의 전자거래표준약관을 참조하여 약관 내용을 잘 살펴보도록 한다. 인터넷 상에서 확인된 주문 체결 결과는 반드시 출력·광고 등 모니터 화면의 상품 정보도 출력·저장해 두는 것이 좋다.

👫 배달, 반품, 환불 등 거래 조건을 체크함

구입할 품목을 먼저 정하고 가격·결제 조건·배달 및 반품 조건 등을 따져보고 선택하는 것이 현명하다.

사업자 책무

경쟁이 극심한 온라인 상거래 시장에서 소비자의 선호를 외면하고, 소비자의 불만과 피해에 적극 대응하지 않는 업체는 도산할 수밖에 없다. 선진국에서는 온라인 상거래에 관한 한 정부의 개입이나 규제를 통한 소비자 보호보다는 사업자가 자율적으로 정한 행동 규약에 따라 부당한 영업 행위를 자제하는 이른바 자율 규제(Self-regulation)를 강조하고 있다. 따라서 사업자들은 <표 8-1>과 같은 항목들을 고려해야 할 것이다.

표 8-1 온라인 상거래에서 사업자 책무 사항

항목	내용
광고에 대한 규제	• 표시·광고의 공정화에 관한 법률 등 관련 규정 준수 • 영리 목적의 광고성 정보 제공 금지 • 사업자 자신, 재화, 거래 조건 등에 관한 정보를 제공
정보 제공의 충실	• 소비자가 주문을 취소 변경할 수 있는 조치를 취함 • 주문 수신 여부와 내역 정보를 소비자에게 통지함
계약 성립 확인 시스템 도입	• 오조작·오입력을 방지할 수 있는 시스템과 계약의 불성립 또는 다른 내용의 계약 성립의 경우 그 상황을 소비자에게 알려 줄 수 있는 시스템을 운영함
반품·청약 철회 제도 도입	• 당초 약정과 다른 불량 상품이나 서비스가 인도되는 경우에 파손된 상품에 대하여 반품하거나 교환하는 제도적 장치가 필요함

안전한 대금 지급 체계 구축	• 무권한자의 사칭이나 정보의 도용에 의한 피해 발생에 대한 보안 대책이 필요함
인터넷 쇼핑몰 운영자의 관리 책임	• 쇼핑몰 운영자에게 심사 기준의 개시, 출점자에 대한 모니터 등 일정한 관리 책임의 부과를 검토할 필요가 있음
인터넷 쇼핑몰 운영자의 관리 책임	• 쇼핑몰 운영자에게 심사 기준의 개시, 출점자에 대한 모니터 등 일정한 관리 책임의 부과를 검토할 필요가 있음
사업자의 신원 확인·추적 장치	• 사업자의 주소 혹은 연락처를 명기해야 함
전자인증제도	• 전자서명, 암호화, 전자인증 등의 활용이 필요함
프라이버시의 보호	• 필요한 정보만을 수집하고, 소비자의 동의를 얻음 • 소비자 동의 없이 다른 목적으로 이용해서는 안 됨
국제적 온라인 상거래 대책 강구	• 온라인 상거래 사기 방지 및 피해 구제 관련 국제 협약 체결

e-Business 이야기
개인정보 유출한 개인정보보호위원회

개인정보보호위원회(개인정보위)가 신고자 180여명의 개인정보를 실수로 유출하는 일이 벌어졌다. 개인정보 유출 사건을 조사·제재하는 정부 부처가 시민들의 개인정보를 함부로 취급했다는 지적이 나온다.

개인정보위 산하 개인정보 분쟁조정위원회(분쟁조정위)는 페이스북의 개인정보 유출에 대해 피해구조를 신청한 회원들에게 최근 최종 조정안을 통지하면서 문서 끄트머리에 '조정 신청인 명단'을 첨부했다. 여기에는 신청자 180여명의 △이름 △생년월일 △주소 등의 신상정보가 포함됐다. 개인정보보호법상 이들 정보는 특정인을 식별하는 데 쓰일 수 있는 개인정보에 해당한다. 정보주체의 동의 없이 개인정보를 제3자에게 제공하는 것은 위법이다.

분쟁조정위는 지난 4월 페이스북 회원 162명이 법무법인 지향의 대리로 집단분쟁조정을 신청하면서 중재 절차를 시작했다. 이후 피해자 19명이 법무법인을 끼지 않고 추가로 조정을 신청하면서, 분쟁조정위는 이들 181명에 대한 중재안을 한꺼번에 심의해왔다.

사고는 분쟁조정위가 페이스북과 개별 조정 신청자들에게 보낼 문서를 혼동하면서 발생했다. 페이스북과 법무법인에 보낼 조정안에는 피해 보상 대상인 회원들의 명단이 첨부되는 반면 개별 신청자 19명에게는 이 명단이 발송되면 안된다. 분쟁조정위가 개별 신청자에게도 똑같은 문서를 보내면서 전체 신청자 181명의 신상 정보가 공개된 것이다. 신청인들의 항의를 받고서야 이 사실을 파악한 분쟁조정위는 지난 9일 신청인들에게 '명단이 포함된 이메일을 삭제해달라'고 요청한 상태다. 신청인들에게도 연락을 취해 개인정보가 유출된 사실을 알리고 사과했다.

〈한겨레 2021.11.10〉

8.3 비즈니스 모델 특허

비즈니스 모델 특허의 정의 및 문제점

비즈니스 모델이란 기업 전체의 사업 활동을 모델화한 것을 가리키는 것으로 비즈니스 모델 특허보다 협의의 의미로 사용된다. 비즈니스 모델 특허에 대한 개념은 명확히 구분하여 표현할 수는 없지만, 대체적으로 비즈니스 모델 그 자체는 특허 대상이 아니고, 비즈니스 모델에 정보 시스템(컴퓨터, 통신 기술, 인터넷 기술)이 결합된 형태가 특허의 대상이 된다고 볼 수 있다. 즉 "정보 시스템으로 실현된 비즈니스 방법에 인정된 특허"라고 정의할 수 있으며 비즈니스 모델, 프로세스 모델과 데이터 모델이 결합된 발명을 의미한다.

- 비즈니스 모델: 경제 법칙 및 현물 시장의 거래 방법
  (예: 피라미드 영업방식, 보험 모집인 관리 방법, 사주풀이 방법)
- 프로세스 모델: 시계열적인 데이터 처리 과정으로 업무의 데이터 흐름(작업 공정)
- 데이터 모델: 업무를 다루는 데이터 집합 및 속성 정보

비즈니스 모델에 관한 특허는 과거에는 특허가 허용되지 않은 영역인데, 최근 인터넷 관련 사업이 발전하면서 비즈니스 모델에 관한 특허가 인정되고 있다. 따라서 비즈니스 모델에 특허를 부여한다는 것은 몇 가지 측면에서 문제점이 발생할 수 있다. 첫째, 근본적으로 비즈니스 모델 자체는 자연 법칙을 이용한

기술적 사상의 창작이 아니므로 특허 대상이 아니라는 점이다. 둘째, 비즈니스 모델에 대해 특허를 부여한다면 현재 확산되고 있는 인터넷이나 정보 산업의 발전을 억압할 수 있다. 셋째, 비즈니스 모델 특허의 적용 범위가 포괄적이며 특허 유효 기간이 너무 길다. 따라서 인터넷 비즈니스 모델은 기술의 발전이 급속하므로, 특허권의 존속 기간을 20년에서 3년 내지 5년 정도로 단축할 필요가 있다. 그러나 특허청의 입장은 다른 특허 대상과의 균형을 유지할 필요와 법적인 보호 기간은 장기간이더라도 사실상의 시장에서 생존하는 유효 기간은 특허권의 현실적인 경제 가치에 따라 좌우된다는 점을 감안하면, 국제적인 추세와 기준에 부합하도록 현행의 존속 기간을 유지시키는 것이 바람직하다는 입장이다.

대표적인 비즈니스 모델 특허

표 8-2 대표적인 비즈니스 모델 특허

특허 명칭	출원인	내용
역경매 특허	www.priceline.com	구매자 주도의 상거래 방법으로서 구매자가 가격을 정하고 판매자가 여기에 맞춰 제품을 판매하는 방식
저작권 정보 확인 특허	www.musicow.com	음원 저작권 정보 확인 기능과 음원 거래 시스템 사용하여 음원 경매, 매입 관리 가능한 서비스 제공
스마트 쇼핑 카트 특허	www.corporate.walmart.com	웨어러블 기기로 고객과 장바구니를 추적해 재고를 관리하는 기술, 고객의 스마트폰과 연동하여 제품 위치를 알려주는 서비스
실시간 점검 특허	www.banking.nonghyup.com	고객이 앱을 사용하는 방식 그대로 365일 24시간 RPA봇이 모바일 서비스를 점검하고 이상 현상 발생 즉시 IT 담당 직원에게 자동 통보
사용자 친구 생성 특허	www.roblox.com	친구 생성을 위한 사용자 생성 콘텐츠 시스템 제3자끼리 친구가 될 수 있도록 도와주는 기술 소셜 상호작용 조건을 시스템화
전자금화폐 특허	www.smartgoldcoin.com	고도의 인식률을 담보하는 돌출식별패턴이 형성된 전자금속 주화 기술

비즈니스 모델 특허는 로블록스(www.roblox.com)의 사용자 친구 생성 기능, 농협은행(www.banking.nonghyup.com)의 실시간 점검 특허, 한국전자금화폐(www.

smartgoldcoin.com)의 전자금속주화 기술, 월마트(www.corporate.walmart.com)의 스마트 쇼핑 카트 특허 그리고 프라이스라인(www.priceline.com)의 역경매와 같은 영업 방법 등을 그 예로 들 수 있다. 대표적인 비즈니스 모델 특허의 명칭 및 내용을 〈표 8-2〉에 요약해 보았다.

비즈니스 모델 특허를 받기 위한 실체적 요건

발명으로 성립할 것

법 제2조 제1호에 의해 특허법의 목적을 살펴보면 다음과 같다. 「특허법은 발명을 보호 및 장려하며 그 이용을 도모함으로써 기술의 발전을 촉진하여 산업 발전에 이바지함을 목적으로 한다.」 특허를 받기 위해서는 우선 발명으로 성립되어야 한다. 특허법상 발명으로 인정되기 위해서는 다음의 〈표 8-3〉에서 보는 바와 같이 세 가지 요건이 충족되어야 한다.

표 8-3 발명이 인정되기 위한 세 가지 요건

세 가지 요건	내용
자연 법칙을 이용해야 함	자연 법칙 이용이란 자연계를 지배하는 물리적, 화학적인 원리나 원칙, 즉 만유인력의 법칙, 가속도의 법칙 등을 응용하거나 활용하는 것이다.
기술적 사상의 창작이어야 함	기술적 사상이란 일정한 목적을 달성하기 위한 구체적인 수단으로서 자연 법칙을 이용하여 특정 목적을 달성하고자 하는 기술적인 사상 체계를 말하며, 창작이란 모방에 대응하는 개념으로서 인위적으로 만들어 내거나 생각해 낸 것이라야 한다.
고도의 창작 내용이 요구됨	고도성이란 통상적인 수준에 있는 자가 쉽게 발명할 수 없는 정도의 발명을 의미하며 기술 수준이 높은 것을 말한다.

종전에는 비즈니스 모델이 '자연 법칙의 이용'이라는 조건에 부합하지 않으므로 특허가 인정될 수 없었다. 그러나 미국 항소재판소(CAFC)가 금융 서비스 회사인 Signature Financial Group(SFG)이 보유한 금융 서비스 상품에 관한 비즈니스 모델 특허에 대해 유효하다는 판결을 내린 State Street Bank 사건에 의해 비

즈니스 모델 특허를 인정하는 계기가 마련되었다. 최근에는 컴퓨터를 자연 법칙의 일종으로 취급하여 컴퓨터 등의 정보시스템을 활용하여 비즈니스를 실현한 것을 자연 법칙의 이용으로 간주하여 그 방식과 구조를 보호해야 된다는 생각이 비즈니스 모델 특허를 인정하는 근거가 되고 있다. 이러한 상황에서, 비즈니스 모델 발명이 발명으로서 성립하기 위해서는 단순한 비즈니스 모델만으로는 성립될 수 없고, 비즈니스 모델 및 데이터 모델이 결합되어야 한다. 따라서 비즈니스 모델 발명이 특허를 받기 위해서는 발명의 상세한 설명에 컴퓨터 통신이나 인터넷 기술을 기초 기술로 하여 아이디어와 시계열적인 데이터 처리 과정, 데이터 구조 및 속성이 구체적으로 제시되어야 한다.

👥 신규성이 있을 것(특허법 제29조 1항)

발명이 특허를 받기 위해서는 첫째, 그 발명이 특허 출원 전에 국내에서 공지되었거나 공연히 실시(공용)되지 않아야 하며, 둘째, 국내외에서 반포된 간행물에 기재되어 있지 않아야 한다. 따라서 출원일 이전에 발명의 내용을 인터넷 상이나 학술 잡지 등에 공개하지 않도록 유의해야 한다.

👥 진보성이 있을 것(특허법 제29조 2항)

발명이 특허 출원 전에 공지, 공용, 간행물에 기재된 내용에 의해 발명이 속하는 기술 분야에서 통상의 지식을 가진 자에 의해 용이하게 발명할 수 있는 것은 특허를 받을 수 없다. 따라서 출원하고자 하는 비즈니스 모델 발명이 종래 기술보다 구성의 곤란성이 있거나 단순히 컴퓨터를 사용하여 기대되는 효과 이외의 다른 효과를 도출해내는 것이 진보성을 인정받는 데 유리하다.

비즈니스 모델 특허 출원 절차

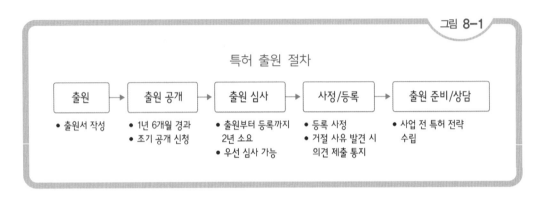

그림 8-1

특허 출원 절차

출원 → 출원 공개 → 출원 심사 → 사정/등록 → 출원 준비/상담

- 출원서 작성
- 1년 6개월 경과
- 조기 공개 신청
- 출원부터 등록까지 2년 소요
- 우선 심사 가능
- 등록 사정
- 거절 사유 발견 시 의견 제출 통지
- 사업 전 특허 전략 수립

👥 출원

출원을 하기 위해서는 출원서를 작성하고, 출원서에는 명세서와 필요한 도면 및 요약서를 작성하여 첨부하여야 한다. 출원서에는 출원인·발명자·대리인에 관한 사항과, 제출 일자, 발명의 명칭, 우선권 주장에 관한 사항을 기재하고, 첨부되는 명세서에는 발명의 명칭, 도면의 간단한 설명, 발명의 상세한 설명, 특허 청구 범위를 기재하여야 한다. 발명의 상세한 설명에는 해당 분야에서 보통의 지식을 가진 자가 쉽게 실시할 수 있도록 발명의 목적·구성·효과를 기재해야 한다. 추후 등록된 후 권리의 범위를 정하는 데 기준이 되는 특허 청구 범위는 발명의 상세한 설명에 기재된 것에 한해, 명확하고 간결하게, 그리고 발명의 구성에서 꼭 필요한 사항만으로 기재되어야 한다.

👥 출원 공개

출원 후 일정 기간이 지나면 출원이 공개되고, 일반 공중은 공개된 출원 내용을 확인할 수 있게 된다. 공개를 하는 것은 발명을 공개시킴으로써 다른 사람들이 공개된 발명을 보고 더 깊이 있는 기술을 개발하게 됨으로써 기술의 발전을 촉진시키고자 하는 데 있다.

발명한 것이 공개되면 다른 사람들이 모방할 가능성이 커질 수 있다. 그러나 특허권은 권리가 설정 등록되어야 발생하므로, 공개 후 설정 등록 전까지는 권리 행사를 할 수가 없다. 이런 모순을 해결하기 위해 공개 후 타인이 발명을 업으로 실시하는 경우에는 실시 기간에 대하여 보상금을 청구할 수 있는 권리가 생기고, 보상금 청구는 특허권 설정 등록 후에 행사할 수 있도록 하고 있다.

조기 공개를 신청할 것인가는 발명자가 발명을 언제 사업화할 것인가와 연관된다. 출원 후 즉시 사업화하는 경우라면, 출원이 공개되지 않더라도 사업화에 의해 자연히 발명이 공개되므로, 조기 공개를 신청하여 공개 후에 생기는 보상금 청구권의 이익을 누리는 것이 유리하다. 하지만 발명 사업 시기에 여유가 있다면 조기 공개를 신청하는 실익은 거의 없으며, 특수한 경우에는 불리하게 작용하는 경우도 있다.

출원 심사

출원 후에는 심사 청구의 순서로 심사에 착수하게 된다. 현재로는 출원 후 대략 2년 정도 후에 일차적인 심사 결과를 알 수 있다. 따라서 별다른 거절 이유 없이 등록되는 경우에는 출원부터 등록까지 2년 정도의 기간이 소요된다. 미국, 일본과 같은 선진국의 경우에도 심사에 걸리는 시간은 비슷하다.

하지만 발명의 내용이나 주변 상황에 따라서 권리화가 시급하게 요구되는 경우도 있다. 이런 경우에는 우선 심사를 받을 수 있도록 하고 있다. 우선 심사가 적용되면 약 2개월 정도면 등록 가능 여부를 알 수 있고, 1차 판단에서 등록이 가능하다고 판단된 경우에는 출원일로부터 1년 3개월이 경과하면 특허권 설정 등록이 가능하다. 그런데 우선 심사 신청이 항상 유리한 것만은 아니므로 상담 시에 발명의 내용과 주변 상황을 고려하여 특허 전략을 세울 필요가 있다.

사정·등록

심사 결과 거절 이유가 발견되지 않으면 등록 사정되고, 특허권 설정 등록을 함으로써 특허권이 발생한다. 심사 결과 거절 이유가 발견되면 심사관으로부터 의견 제출 통지를 받고, 의견서를 제출할 수 있으며, 이 때 출원을 보정하는 보정서도 제출할 수 있다. 보정된 결과에도 거절 이유가 존재하면 심사관은 거절 사정을 하게 된다. 거절 사정에 대해 이의를 제기하기 위해서는 거절 사정 불복 심판을 제기하면 된다.

♟ 출원 준비·상담

무엇보다 중요한 것은 사업화하기 전에 상담을 해야 한다는 것이다. 일단 사업화를 시작하면 발명이 공개되고, 발명이 공개되면 새로운 것이 아니라는 이유로 등록받을 수 없게 된다. 뿐만 아니라 출원 절차를 서두르게 되어 특허 전략을 제대로 세우지 못한 채 출원하게 되는 경우도 발생할 수 있기 때문이다. 둘째로는 발명의 개념 정리를 명확하게 하여야 한다. 특히 비즈니스 모델의 경우는 단순한 아이디어만으로는 부족하고, 아이디어를 실현시킬 수 있는 처리 절차, 그리고 처리 절차에 사용되는 데이터를 명확히 할 필요가 있다. 다만, 인터넷 등에서 비즈니스 모델을 실제로 구현해야 하는 것은 아니다. 상담할 때 도장을 지참하면 출원에 필요한 서류를 즉시 만들 수 있어 번거로운 사무실 왕래를 줄일 수 있다.

비즈니스 모델 특허와 관련된 분쟁

최근 쟁점이 되고 있는 비즈니스 모델 특허를 둘러싼 분쟁이 심화되고 있다. 특히 이미 등록된 비즈니스 모델 관련 특허는 대부분의 인터넷 업체들이 사용하고 있는 일반적인 영업 방식이어서 e-Business 사업에 위협을 줄 수 있을 것으로 우려된다. 따라서 많은 인터넷 기업들은 이미 비즈니스 모델에 관해 특허 등록 기업에 거액의 기술 사용료를 지불하여야 할 것이다. 또한 현재 국가 간 장벽이 무너져 있기 때문에 특허 경쟁은 국내외 구분 없는 특허 전쟁이 예상되고 있다.

특허청에 따르면 2017년 이후 비즈니스 모델 특허 출원은 증가하는 추세이다. 2019년 국내 10,348건, 국외 539건으로 총 10,887건으로 집계되었다. 2019년 세부 기술 분야별 출원은 독점사업본부 47%, 거래 24%, 경영관리14%, 지불체계 8%, 금융 보험 7%로 구성되어 있다.

대표적인 비즈니스 모델 특허의 분쟁 사례는 우버(www.priceline.com) 대 구글 계열사인 웨이모(www.microsoft.com) 사건, 애플(www. amazon.com) 대 스마트플래시(www.bn.com) 사건을 들 수 있다.

2017년 5월에 웨이모사는 우버사가 웨이모의 핵심 기술을 도용했다는 이유로 소송을 제기하였다.

한편 2013년 5월에 스마트플래시사는 애플사의 iTunes 소프트웨어가 스마트 플래시사의 디지털 저작권 관리, 데이터 저장, 결제 시스템에 대한 액세스 관리에 관련된 7개의 특허를 침해하였다고 주장하였다. 상기의 예처럼 비즈니스 모델 특허에 대한 분쟁이 이미 국내외를 막론하고 많이 발생하였고 앞으로는 다국적 특허 분쟁이 심각해질 것으로 예상된다.

최근 선진국에서는 자신들이 비교 우위를 지닌 지식 사업을 보호하기 위해 인터넷 기술 분야 보호 범위를 점차 확대하고 있는 추세이므로, 우리 나라도 이런 변화 추세를 수용해 특허법과 심사 기준을 개정해야 할 것이다.

8.4 AI 윤리

인공지능 윤리(AI Ethics)의 개념 및 원칙

인공지능 활용이 증가하면서 개인 프라이버시 침해, 편향성 문제, 판단 오류, 알고리즘 조작과 같은 문제들이 발생하고 있다. 인공지능 기술발전 으로 인하여 발생되는 다양한 문제들로 인하여 인공지능 윤리(Artificial Intelligence Ethics)가 급속하게 이슈화 되고 있다. 인공지능 제품이나 서비스를 활용으로 사용자가 편의성과 효율성을 얻게 되지만 한편으로는 위험, 부작용, 개인프라이버시 침해 등의 역효과가 발생할 수 있다. 이러한 역효과를 사전에 예방하기 위해서는 인공지능 윤리가이드라인을 바탕으로 AI 윤리원칙을 체계화할 필요성이 있다.

인공지능 윤리(AI Ethics)는 "인공지능 관련 이해관계자들이 준수해야 할 보편적 사회 규범 및 관련 기술"로 정의한다. 나쁜 의도를 가진 개발자 또는 관련 제품 및 서비스 판매자, 이용자가 인공지능을 악용하는 행위는 인공지능 윤리의 가치를 위반하는 것이다.

인공지능 윤리 침해 사례 중 인공지능을 비윤리적으로 활용하는 대표적인 예시는 대량의 인명 피해가 예상되는 자율살상 무기 개발이다. 2025년 기준으로 인공지능을 탑재한 군사용 로봇과 드론 시장 규모는 민간 시장 규모를 압도할 것으로 예상된다. 2019년 1월 예멘의 한 공군기지에서 개최된 정부군 행사에 후티(Houthi) 반군의 드론이 폭파해 정부군 6명이 사망하고 관료 12명이 부상하는 사고가 발생했다. 또한 의도적으로 가짜 이미지나 영상, 뉴스, 음성을 생성해 배포하는 행위도 만연하다. 딥페이크(deepfake)라고 불리는 이러한 편집물들은 개인의 평판을 훼손시키고 사회적 구성원 간의 신뢰를 저하 시킨다.

👪 인공지능 윤리원칙

국내에서는 과학기술정보통신부에서 AI 기술의 급속한 발전과 일상화에 따른 사회적 부작용에 대한 우려를 해소하고, AI 기술발전이 궁극적으로 인간중심의 지능정보사회구현에 기여할 수 있도록 하기위해 한국정보화진흥원(NIA)과 함께 AI 윤리원칙을 마련하였다. 「지능정보사회 윤리 가이드라인」에는 지능정보기술의 복합적 특성을 고려하여 공공성, 책무성, 통제성, 투명성 등 4대 원칙과 이에 따른 개발자, 공급자, 이용자의 세부지침을 제시하고 있다.

표 8-4 인공지능 윤리원칙

윤리 원칙	내용
투명성 (Transparency)	기술개발, 서비스설계, 제품기획 등 의사결정 과정에서 이용자 소비자 시민 등의 의견을 반영하며, 이용단계에서 예상되는 위험과 관련한 정보를 공개 공유하고, 개인정보 처리의 전 과정은 적절하게 이루어져야 한다는 원칙
책무성 (Accountability)	인공지능정보 기술 및 서비스에 의한 사고 등의 책임분배를 명확히 하고, 안전과 관련한 정보공유, 이용자 권익보호 등 사회적 의무를 충실히 수행해야 한다는 원칙
공정성 (Fairness)	인공지능이 데이터를 처리하는 과정에서 부터 인공지능 기능을 이용하는 단계에 이르기까지 특정 개인이나 집단에 차별, 편향되지 않도록 공정하게 보장 되어야 하는 원칙
통제성 (Controllability)	인공지능기술 및 서비스에 대한 인간의 제어 가능성 및 오작동에 대한 대비책을 미리 마련하고, 이용자의 이용선택권은 최대한 보장하며, 인공지능 모니터링에 의하여 사전에 위험을 방지 할 수 있는 원칙

👪 '인간성을 위한 인공지능(AI for Humanity)'을 위한 3대 기본원칙

① 인간 존엄성 원칙

• 인간은 신체와 이성이 있는 생명체로 인공지능을 포함하여 인간을 위해 개발된 기계제품과는 교환 불가능한 가치가 있다.

• 인공지능은 인간의 생명은 물론 정신적 및 신체적 건강에 해가 되지 않는 범위에서 개발 및 활용되어야 한다.

• 인공지능 개발 및 활용은 안전성과 견고성을 갖추어 인간에게 해가 되지 않도록 해야 한다.

② 사회의 공공선 원칙

• 공동체로서 사회는 가능한 한 많은 사람의 안녕과 행복이라는 가치를 추구한다.

• 인공지능은 지능정보사회에서 소외되기 쉬운 사회적 약자와 취약 계층의 접근성을 보장하도록 개발 및 활용되어야 한다.

• 공익 증진을 위한 인공지능 개발 및 활용은 사회적, 국가적, 나아가 글로벌 관점에서 인류의 보편적 복지를 향상시킬 수 있어야 한다.

③ 기술의 합목적성 원칙

• 인공지능 기술은 인류의 삶에 필요한 도구라는 목적과 의도에 부합되게

개발 및 활용되어야 하며 그 과정도 윤리적이어야 한다.

- 인류의 삶과 번영을 위한 인공지능 개발 및 활용을 장려하여 진흥해야 한다.

👪 AI 생명 주기에 걸쳐 충족되어야 하는 10가지 핵심 요건

① 인권보장

- 인공지능의 개발과 활용은 모든 인간에게 동등하게 부여된 권리를 존중하고, 다양한 민주적 가치와 국제 인권법 등에 명시된 권리를 보장하여야 한다.
- 인공지능의 개발과 활용은 인간의 권리와 자유를 침해해서는 안 된다.

② 프라이버시 보호

- 인공지능을 개발하고 활용하는 전 과정에서 개인의 프라이버시를 보호해야 한다.
- 인공지능 전 생애주기에 걸쳐 개인 정보의 오용을 최소화하도록 노력해야 한다.

③ 다양성 존중

- 인공지능 개발 및 활용 전 단계에서 사용자의 다양성과 대표성을 반영해야 하며, 성별·연령·장애·지역·인종·종교·국가 등 개인 특성에 따른 편향과 차별을 최소화하고, 상용화된 인공지능은 모든 사람에게 공정하게 적용되어야 한다.
- 사회적 약자 및 취약 계층의 인공지능 기술 및 서비스에 대한 접근성을 보장하고, 인공지능이 주는 혜택은 특정 집단이 아닌 모든 사람에게 골고루 분배되도록 노력해야 한다.

④ 침해금지

- 인공지능을 인간에게 직간접적인 해를 입히는 목적으로 활용해서는 안 된다.
- 인공지능이 야기할 수 있는 위험과 부정적 결과에 대응 방안을 마련하도록 노력해야 한다.

⑤ 공공성

- 인공지능은 개인적 행복 추구 뿐만 아니라 사회적 공공성 증진과 인류의

공동 이익을 위해 활용해야 한다.

• 인공지능은 긍정적 사회변화를 이끄는 방향으로 활용되어야 한다.

• 인공지능의 순기능을 극대화하고 역기능을 최소화하기 위한 교육을 다방면으로 시행하여야 한다.

⑥ **연대성**

• 다양한 집단 간의 관계 연대성을 유지하고, 미래세대를 충분히 배려하여 인공지능을 활용해야 한다.

• 인공지능 전 주기에 걸쳐 다양한 주체들의 공정한 참여 기회를 보장하여야 한다.

• 윤리적 인공지능의 개발 및 활용에 국제사회가 협력하도록 노력해야 한다.

⑦ **데이터 관리**

• 개인정보 등 각각의 데이터를 그 목적에 부합하도록 활용하고, 목적 외 용도로 활용하지 않아야 한다.

• 데이터 수집과 활용의 전 과정에서 데이터 편향성이 최소화되도록 데이터 품질과 위험을 관리해야 한다.

⑧ **책임성**

• 인공지능 개발 및 활용과정에서 책임주체를 설정함으로써 발생할 수 있는 피해를 최소화하도록 노력해야 한다.

• 인공지능 설계 및 개발자, 서비스 제공자, 사용자 간의 책임소재를 명확히 해야 한다.

⑨ **안전성**

• 인공지능 개발 및 활용 전 과정에 걸쳐 잠재적 위험을 방지하고 안전을 보장할 수 있도록 노력해야 한다.

• 인공지능 활용 과정에서 명백한 오류 또는 침해가 발생할 때 사용자가 그 작동을 제어할 수 있는 기능을 갖추도록 노력해야 한다.

⑩ **투명성**

• 사회적 신뢰 형성을 위해 타 원칙과의 상충관계를 고려하여 인공지능 활용 상황에 적합한 수준의 투명성과 설명 가능성을 높이려는 노력을 기울여야 한다.

• 인공지능기반 제품이나 서비스를 제공할 때 인공지능의 활용 내용과 활용

과정에서 발생할 수 있는 위험 등의 유의사항을 사전에 고지해야 한다.

e-Business 이야기
배운 대로 말한 '이루다'는 죄가 없다, 문제는 AI 윤리실종

인공지능(AI) 챗봇 '이루다'가 많은 이슈와 숙제를 남기며 3주 만에 서비스를 중단했다. 짧은 시간이었지만 우리 사회와 AI산업에 던진 메시지는 결코 적지 않다. 이번 사례를 계기로 인간과 AI기술과의 근원적 관계를 돌아보고 다가올 4차산업, AI 시대를 대비해야 한다.

이루다는 20세 여대생으로 설정된 AI챗봇이다. 우리가 SNS 메신저를 통해 대화하는데, 상대방이 가상의 AI라고 생각하면 되겠다. 문제의 발단은 일부 사용자들이 이루다를 성적 도구화하고 성희롱하면서 붉어졌다. 그리고 곧이어 두 번째 문제가 터졌다. 대화 과정에서 이루다가 동성애, 장애인, 임산부, 흑인 등에 대해 혐오와 차별 발언을 쏟아낸 것이다. 마지막 가장 큰 문제가 발생했다. 개인정보 유출 논란이 대두된 것이다.

AI는 학습을 위해 실제 사용자들의 대화 데이터가 필요하다. 거기엔 편향되고 편견이 들어간 사용자들의 데이터도 포함될 수밖에 없다. 근원적 문제는 그런 사고를 갖고 그런 대화를 한 인간과 사회의 구조이고, 그렇다면 AI 편향성 문제는 결국 사람의 도덕성과 시민의식이 높아지고 사회 구조도 건강해질 때 해결된다.

이루다에서는 개인의 SNS 메신저상의 사생활 대화들을 AI 학습을 위한 데이터로 사용했다. 문제는 이러한 개인정보 수집 시, 사용자들에게 명확한 고지를 하지 않은 데 있다. 또 대화 내용에는 대화 상대방이 있는데, 그 상대방에게 동의를 받지 않은 문제도 있다. 해당 기업의 일부 직원들이 이렇게 수집된 개인의 사적 대화 내용을 공유하고, '깃허브'라는 개발자 사이트에 유출시킨 것도 논란이다.

AI의 빅데이터는 합법적 데이터만을 수집해야 하고, 반드시 합법적 절차에 따라야 한다. 이것은 개인의 프라이버시권에 관련된 문제다. 유럽연합(EU)의 개인정보보호법(GDPR)에는 이점이 명시되어 있다.

〈한국일보 2021.1.20〉

case 사례 인간과 대화한다, 소통혁신: 로봇

2019년 CES에서 주목받은 로봇, 포르페우스(Forpheus)는 인공지능 탁구 코치 로봇이다. 단순히 탁구만 치는 것이 아니라 상대에게 자세나 잘못된 습관에 대한 정보도 알려준다. 신체를 단련해줄 뿐 아니라 동기를 부여해주는 역할도 한다.

기존의 딱딱한 기계에 대화기능을 부여하면 이는 전혀 새로운 가치를 내는 혁신이 된다. 인공지능이 인간에게 쉽게 다가오는 이유도 대화가 가능하기 때문이다. 물론 사람 사이에서 일반적으로 이루어지는 대화와는 그 종류가 다르다. 인공지능 머신은 설정된 틀 안에서 소위 생각 없이 기계적인 대화를 할 뿐이다. 그러나 지능형 대화기능은 고객과의 소통이 필요한 비즈니스의 다양한 영역에서 활용된 것이다. 고객응대 및 일반 대화를 통해 새로운 혁신을 이룰 수 있다. 인공지능 롯봇을 도입한 호텔들은 다음과 같다.

1. 응대

텍스트 분석, 이미지 분석 및 음성 인식을 기반으로 인간과의 의사소통을 가능하게 하는 자연어 처리 기술이 고도화되면서 응대 로봇 서비스로 전환했다. 이미 많은 서비스 업체가 인공지능 챗봇을 도입해 고객응대를 자동화하고 있다. 기존의 챗봇 서비스는 일반적으로 상품 안내, 지점 안내처럼 단순한 안내 서비스만 제공했지만, 요즘에는 고객의 말을 알아듣고 실제 사람이 안내해주는 것과 흡사한 서비스로 진화했다.

▶ 실리콘밸리 알로프트 쿠퍼티노 호텔(Aloft Cupertino Hotel)

실리콘밸리 알로프트 쿠퍼티노 호텔은 2014년 로봇제조업체인 사비오크의 로봇을 미국에서 최초로 선보였다. 보틀러(Botlr)라는 이름의 로봇이다. 이 로봇은 1미터 정도 키에 40킬로그램 정도 무게가 나간다. 시속 2-3킬로미터의 속도로 움직이고, 여러 센서를 사용해 호텔 전체에 필요한 객실 서비스를 수행한다. 세면용품, 생수, 전자레인지 팝콘 및 아이들을 위한 색칠 공부 용품을 배달한다. 룸서비스가 완료되면 이 로봇은 회전을 하면서 고객에게 감사 인사를 전한다. 물론 모든 로봇 서비스는 무료다.

▶ 로스앤젤레스 쉐라톤 산 가비리엘 호텔(Sheraton San Gabriel Hotel)

2018년 LA에 개장한 쉐라통 산 가브리엘 호텔에는 아이톤(Aethon)이 개발한 여덟 대의 로봇이 있다. 한 로봇은 손님을 목적지로 에스코트하고, 나머지 일곱 대의 로봇은 엘리베이터를 사용해서 수하물 배송, 룸서비스, 식사 서빙 등을 수행한다.

2. 대화

사람과 대화를 하고 감성적 교류를 할 수 있는 소셜 로봇이 점점 인기를 끌고 있다. 기존의 로봇이 주로 물리적인 도움을 줬다면 소셜 로봇은 인공지능 기술을 통해 인간의 감정을 이해하고 상호작용을 할 수 있다. 소셜로봇은 인구고령화, 1인가구 증가, 가족해체 등 여러 사회문제에 대한 좋은 대안이 될 수 있다. 로봇은 자연스러운 대화를 통해 사람이 원하는 내용을 파악하고 그에 맞춰 작동한다. 단지 명령을 수행하는 기계가 아니라, 대화 상대로서 사람의 감정상태를 파악하고 로봇 자신의 감정 상태도 사람에게 전달하는 식으로 정서적인 상호작용을 한다.

최초의 소셜로봇은 MIT 신시아 브리질(Cynthia Breazeal) 교수가 개발한 지보(Jibo)다. 뉴스나 날씨 등 물어보는 질문에 답하는 것은 기본이고 얼굴에 아이콘으로 감정까지 표현한다. 일본 소프트뱅크 페퍼도 대표적인 소셜로봇이다. 카메라, 3D, 센서, 마이크로 사람의 표정과 몸짓, 목소리를 인식하는 감정인식 엔진을 가지고 있다. 인공지능으로 사람의 감정을 이해하고 읽어내 적절한 질문과 대답을 하는 것이다.

🌐 요약

  본 장에서는 e-Business의 구성 요소 중 사회 및 제도적 요소에 관련된 내용들을 다루었다. 인터넷의 대중화와 AI의 보급은 우리에게 정보 습득의 편리성과 상행위의 신속성 등의 편리성을 가져다주었지만, 사이버 범죄를 통한 소비자 피해와 AI 윤리를 침해하는 역기능을 가지고 있다. e-Business의 제도적 요소 중의 하나는 비즈니스 모델 특허이다. 비즈니스 모델 특허는 대체적으로 비즈니스 모델 그 자체는 특허 대상이 아니고, 비즈니스 모델에 정보 시스템이 결합된 형태를 특허의 대상으로 본다. 비즈니스 모델 특허 출원 절차는 출원, 출원 공개, 출원 심사, 사정·등록, 출원 준비·상담의 5단계로 진행된다.

  사이버 범죄의 유형과 수법은 날로 다양해지고 있기 때문에 정부는 온라인 환경에서의 개인정보 보호 등 소비자 보호를 강화하는 종합 시책을 내놓고 있다. 소비자 피해를 줄이기 위해서는 온라인 상거래 시 소비자 당사자의 주의가 필요하며 아울러 사업자들은 AI 윤리원칙을 준수해야 한다.

🌐 주요용어

비즈니스 모델(Business Model)
사이버 범죄
특허
AI 윤리
딥페이크(deepfake)

🌐 토의

1. 사이버 범죄의 유형 중 컴퓨터를 이용하는 범죄는 어떤 것들이 있는가?
2. 온라인 거래로 피해를 입는 소비자들의 수가 해마다 증가하고 있는데 본인이 생각하는 소비자 피해 예방 방법은 무엇인가?
3. 비즈니스 모델 특허 출원 절차를 기술하시오.
4. AI 윤리원칙 4가지에 대해 기술하시오.

🌍 참고문헌

Kenneth C. Laudon, Carol Guercio Traver, 전자상거래, 시그마프레스, 2015

김민정, 유진호, "인공지능 윤리 이슈, 그리고 전문가 인식 제고", 전자공학회지 46(10), 2019.10

김상준, 누구나 따라 할 수 있는 돈이 되는 발명 특허, 바이북스, 2021

김영문, 전자상거래 및 인터넷쇼핑몰 창업하기, 집현재, 2021

김용호, 최동운, 권형남, 전자상거래, 형설출판사, 2011

백두옥, 4차혁명 시대의 기업가정신과 벤처 창업론, 21세기사, 2018

소준수, 안성진, "인공지능 윤리원칙 분류 모델에 관한 고찰" 한국컴퓨터교육학회 학술발표대회 논문집 25(2(A)), 2021.8

신무연, 특허로 말하라, 이담북스, 2020

유순근, 벤처창업과 경영, 박영사, 2021

전산용어사전 편찬위원회, 컴퓨터 IT 용어대사전, 일진사, 2012

정두희, 3년후 AI 초격차 시대가 온다, 청람출판, 2019

정창덕, 전자상거래 이론과 실무, 한올출판사, 2017

조세형, 대한민국 전자상거래 등에서의 소비자보호에 관한 법률, 부크크, 2019

주재훈, 전자상거래, 탑북스, 2017

최성규, 특허 사용 설명서, 라온북, 2017

최종열, 정해주, 벤처창업과 기업가 정신, 탑북스, 2016

한정화, 벤처창업과 경영전략, 홍문사, 2018

홍문관 편집부, 전자상거래 관계 법규, 홍문환, 2013

4차산업혁명위원회, "사람이 중심이 되는 인공지능(AI)", 과학기술정보통신부, 2020

이제영, 김단비, 양희태, "인공지능 기술 전망과 혁신정책 방향(2차년도) – 안전하고 윤리적인 인공지능 R&D 및 활용을 위한 제도 개선 방안을 중심으로–", 정책연구, 2019.12

🌍 웹사이트

http://www.youme.com/korean/ym_news/yn_o26/02.asp

http://www.youme.com/korean/BM

http://www.gopatent.co.kr/인터넷비즈니스.htm

http://my.dreamwiz.com/pakkyung/bm.html
http://www.econsumer.or.kr, 한국소비자보호원
http://www.ectrust.net, 전자소비자보호지원 센터
http://ccis.hihome.com/index1.htm, 제주지방경찰청
http://cybercrime.re.kr, 사이버 범죄 연구회

🌐 기사

「메타버스는 새로운 인터넷」, 여성소비자신문, 2021.11.29
「개인정보 유출한 개인정보보호위원회」, 한겨레, 2021.11.10
「배운 대로 말한 '이루다'는 죄가 없다, AI윤리 실종」, 한국일보, 2021.1.20

제9장

e-Business 및 AI 기술적 요소

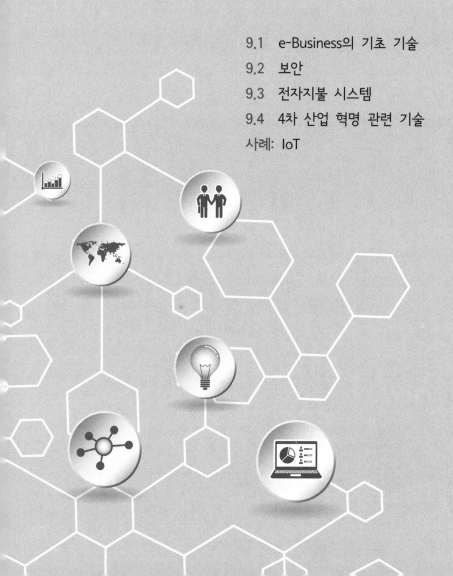

소비자 보호나 법적인 문제 등 사회 및 제도 전반에 관련된 요소들이 충족되더라도 궁극적으로 성공적인 e-Business를 수행하기 위해서는 e-Business 기초 기술을 정확히 파악하고, 보안 및 지불 문제의 해결 방법을 찾아내는 것이 중요하다. 따라서 본 장에서는 기술 측면에서 고려해야 할 e-Business의 구성요소 및 4차 산업혁명 관련 기술들에 관해서 살펴보고자 한다.

AI-Biz A to Z

09

e-Business 및 AI 기술적 요소

e-Business 이야기

반려동물 양육인구 1,500만시대, 스마트 펫용품 시장 활기

최근 반려동물 용품 시장에도 4차 산업혁명이 본격화되고 있다. 사물인터넷(이하 IoT) 기술을 더해 스마트해진 반려동물 용품이 다수 출시되고 있기 때문이다. IoT 기술을 품은 반려동물 용품은 네트워크를 통해 서로 연동하면서 다양한 자동화 기능을 통해 지능적으로 반려동물을 돌본다.

제품 종류도 다양하다. '스마트 펫 급식기'의 경우, 주인이 집을 비운 상태에서도 스마트폰 원격 제어를 통해 밖에서 편하게 밥을 줄 수 있고 일정한 양을 시간에 맞춰 자동으로 급식하는 것도 가능하다. 일정량을 규칙적으로 급식함에 따라 영양부족이나 비만의 우려도 덜 수 있다.

'스마트 펫 급수기' 역시 유사한 효과를 기대할 수 있다. 스마트폰 앱을 통해 원하는 시간에 물을 주거나 예약 설정으로 자동으로 물을 공급하는 것이 가능하며, 물이 떨어지면 이 역시 스마트폰 알림 메시지를 통해 확인할 수 있다. 살균 기능을 기본 탑재해 반려동물의 건강까지 챙길 수 있다.

추위에 약한 반려동물을 위한 '스마트 펫 하우스' 역시 최근 하나 둘 등장하고 있다. 이는 반려동물이 들어가 놀거나 잘 수 있는 거처의 일종이다. 자동 온도 조절 기능 및 원격 제어 기능 등을 탑재했으며, 제품에 따라 습기 제거 기능 및 통풍 기능을 갖춘 것도 있다. 이는 특히 너무 어리거나 나이가 많아 특별한 관리가 필요한 강아지나 고양이에게 유용하다. 이러한 전용 제품 외에 다른 제품과의 조합을 통해 반려동물 관리에 도움을 주는 IoT 제품도 있다. 실내의 온도 및 습도를 감지하는 '스마트 온습도 센서', 인터넷 연결이 가능한 CCTV인 'IP 카메라', 그리고 다양한 가전 제품을 원격 제어할 수 있는 '무선 만능 리모컨' 등이 그 사례다.

IP 카메라를 통해 밖에서도 스마트폰 화면을 반려동물의 움직임을 실시간으로 볼 수 있고 음성 전달 기능을 통해 반려동물에게 말을 거는 것이 가능하다. 스마트 온습도 센서를 통해 실내 온도나 습도가 너무 높거나 낮은 것을 확인하면 무선 만능 리모컨을 통해 온풍기나 에어컨 등을 원격 제어해 쾌적한 환경을 조성할 수도 있다.

그리고 특정 조건에 맞춰 자동으로 IoT 제품이 구동하는 '시나리오'를 짜는 것도 가능하다. IP 카메라에 반려동물의 움직임이나 울음 소리가 포착되면 자동으로 밥이나 물을 주는 시나리오, 실내 온도가 일정 수준 이하로 내려가면 저절로 온풍기를 구동하는 시나리오 등, 이용자의 취향과 반려동물의 특성에 따른 다양한 시나리오를 스마트폰 앱을 통해 지정하는 것이 가능하다.

〈동아일보 2021. 12. 22〉

9.1 e-Business의 기초 기술

인터넷 이전 기술

🏛 EFT

1970년대에 은행 간 전자자금이체(Electronic Fund Transfer)가 등장하여 송금 정보를 전자적으로 제공하였다. 이는 전자지불 가능성을 제시하였고, 전자자금이체의 수단인 신용 카드 개발에 박차를 가하게 되었다.

전자자금이체는 비교적 성숙된 별도의 분야로서 ATM(Auto Teller Machine), 주유소, 슈퍼마켓 등에서 점증적으로 신용 카드, 직불 카드 등을 받으면서 이제 서서히 대중 시장에 접목되고 있다.

온라인 청구 및 지불을 위한 전자자금이체의 증가는 수표나, 우표, 봉투, 그리고 종이로 된 청구서 등이 쓰이지 않는 페이퍼리스(Paperless) 세상을 위한 초석이 되고 있다. 전자자금의 장점은 관리 비용을 줄이고 효율은 높이며, 부기를 단순화하고, 그리고 보안을 극대화할 수 있다는 데 있다.

🏛 EDI

1970년 말에 운송업을 중심으로 처음으로 기업 간 전자 문서 교환이 시작되었다. 전자 문서 교환 시스템인 EDI(Electronic Data Interchange)는 기업 거래에서 통용되는 주문이나 대금 청구서와 같은 거래 문서를 종이로 된 서식 대신에, 컴퓨터로 처리 가능한 표준 포맷으로 전기 통신 회선을 이용하여 교환함으로써 이를 실현할 수 있는 핵심적인 환경을 제공하였다고 할 수 있다.

포괄적인 EDI의 정의는 "두 기업 간의 거래 자료 내용이 표준화되었고 기계가 처리할 수 있는 자료의 전자적 교환이다." 여기에서 전자적이라는 의미는 한 컴퓨터에서 다른 컴퓨터로 자료가 교환되는 것을 말하며 이들 자료는 정형화된 양식을 갖고 있으므로 자료를 수신하는 기업의 컴퓨터에 직접 통합되므로 보통 비정형화(Unstructured)된 양식을 지닌 전자 메일이나 팩스와는 다른 의미를 갖는다.

EDI의 출현 배경을 살펴보면 1980년대 들어서는 대기업들이 기업 내부의 데이터 통신망을 구축하여 거래처의 주문을 신속하게 처리할 수 있었다. 그러나 기업 외부와의 전화나 우편에 의한 재래식 정보 교환 방법은 여전히 처리 절차가 늦고 많은 비용을 수반하였다. 따라서 관련 기업과의 서류 작업과 전화에 의한 업무 처리를 지양하고, 컴퓨터와 통신망을 이용한 전자적인 서류 교환을 추진하기 시작하였다.

EDI 시스템의 구성 요소는 EDI 표준, EDI 사용자 시스템, EDI 제3자 네트워크(Third Party), 당사자 간의 거래 약정(IA: Interchange Agreement)으로 이루어져 있다.

■ EDI 표준

EDI 표준은 기업 간에 교환되는 전자 문서의 내용 및 구조, 통신 방법 등에 관한 지침으로 용도에 따라 전자문서 표준, 메시지 표준, 통신 표준으로 분류된다.

■ EDI 사용자 시스템

EDI 사용자 시스템은 응용 소프트웨어, 변환 소프트웨어, 통신 소프트웨어로 구성되어 있다. 응용 소프트웨어는 사용자가 문서를 입력, 편집 및 출력하는 기능을 담당하며, 변환 소프트웨어는 EDI 메시지들을 고유 서식 형태로부터 전송에 사용되는 표준 포맷으로, 또는 그 역으로 상호 변환한다. 통신 소프트웨어는 표준 메시지의 전자신호를 전송해 주는 역할을 한다.

■ EDI 제3자 네트워크

EDI는 컴퓨터 시스템 간의 교환이므로 거래 대상의 수가 증가하면 회선 사용료가 증가하고 송수신 시간의 통제 또는 문서 보안의 문제가 발생된다. 따라서 이러한 문제를 해결하기 위해서 EDI 사용 기업들은 제3자 네트워크를 활용하여 메시지를 교환하게 된다. 이 때 EDI 사용자들은 거래 상대자 또는 EDI 제3자 네트워크와 통신하기 위해 제정된 통신 프로토콜을 사용한다.

■ 거래 당사자 간의 약정

거래 당사자 간의 약정은 EDI로 상거래를 하고자 하는 거래 당사자들이 상거래를 시작하기 전에 체결하는 계약으로서 EDI로 처리할 전자문서 및 표준, 시스템 운영, 분쟁 해결 절차 등의 약정이다.

EDI 표준은 전자문서 표준, 메시지 표준, 통신 표준으로 구분할 수 있다. 전자문서 표준은 전자적으로 교환되는 문서 및 정보, 정보의 형태 등에 대한 지침이며, 통신 표준은 전자문서의 통신 규약으로서 정보의 전송 방식에 대한 사용

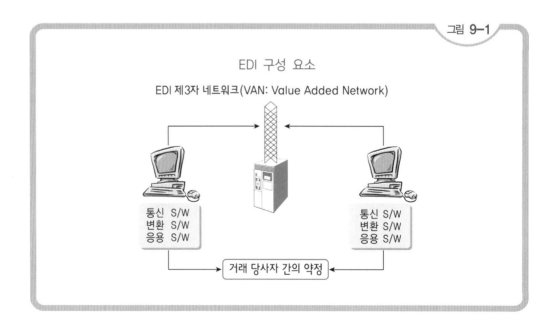

그림 9-1

EDI 구성 요소

EDI 제3자 네트워크(VAN: Value Added Network)

통신 S/W
변환 S/W
응용 S/W

통신 S/W
변환 S/W
응용 S/W

거래 당사자 간의 약정

자 간의 합의를 의미한다. 미국 표준 협회(ANSI: American National Standards Institute)는 EDI의 국가 표준을 마련하고 이것을 ANSI X.12로 제정하였으며, 유럽에서는 GTDI(Guidelines for Trade Data Interchange)라는 표준을 마련하였다. 마침내 1986년에는 전 세계적으로 공유할 수 있는 국제표준안 EDIFACT(EDI For Administration, Commerce and Transport)이 제정되었는데, 이는 국제표준기구에서 공인 받아 각국에서 사용되고 있다.

인터넷 기술

WWW

WWW(World Wide Web)은 전 세계에 퍼져 있는 인터넷 내의 정보들을 서로 거미망처럼 연결해 주고 있으며, 기존의 멀티미디어 정보, FTP, 고퍼(Gopher), 뉴스(Usenet) 서버들과도 연결되어 있다. CERN(European Laboratory for Particle Physics: 유럽 핵물리 연구소)에서 시작한 World Wide Web 프로젝트는 분산 Hyper Media 시스템으로 컴퓨터 네트워크에 연결된 사용자들이 인터넷 정보와 많은 회사, 연구소, 대학 등에서 제공하는 서비스를 이용할 수 있다.

HTML(Hyper Text Markup Language)을 이용해서 웹 페이지를 만들고, 기존의 워드프로세서를 이용하여 문서들을 만드는 대신 태그(Tag)에 의존하여 웹 페이지를 구성한다. WWW 서버에 연결된 어떤 정보를 액세스할 수 있도록 웹 문서들을 만들 수 있다. 사용자는 클라이언트 소프트웨어를 실행하여 홈페이지에 연결하고 다른 웹 문서들을 검색하면서, 홈페이지와 연결된 다른 페이지들의 링크를 검색할 수 있는 전 세계 네트워크 망이라고 할 수 있다.

WWW에서는 HTTP(Hypertext Transfer Protocol)에 의해 브라우저와 서버 간의 대화가 이루어지며, 웹 브라우저들은 이 프로토콜에 부합되는 메시지들을 웹 서버에 보내고 웹 서버들은 요구받은 정보를 보낸다. WWW는 사용이 쉽고 그래픽 인터페이스가 가능하기 때문에 상거래에 적합한 매체이다. 웹을 통해 소비자는 상품에 관한 정보를 얻을 수 있으며 상품 및 가격 비교를 통해 구매 의사 결정을 내릴 수 있다.

WWW는 하이퍼텍스트의 근본 개념에서 출발하였으며 텍스트와 그래픽을 동시에 표현할 수 있는 연계 체계이다. 그리고 브라우저를 통해 쉽게 정보를 탐색할 수 있다. WWW 서비스를 제공받기 위해 1993년 초에 모자이크(Mosaic)라는 검색 프로그램(Browser)이 처음 소개되었고, 그 후 넷스케이프(Netscape), 익스프롤러(Explorer) 등의 WWW 검색기가 등장하였으며, 현재 이러한 WWW 검색기의 소개로 인터넷 사용자의 증가 속도는 기하급수적으로 늘어나고 있다.

👪 TCP/IP

1990년대 중반부터 인터넷의 확산을 촉진한 요인 중 하나는 TCP/IP (Transmission Control Protocol/Internet Protocol) 표준 프로토콜이다. TCP/IP는 인터넷 표준 통신 규약으로 이 프로토콜은 인터넷 상의 네트워크 간 자료를 전송할 때 가장 중요한 프로토콜이기도 하다. 개방형 시스템 상호 접속(OSI: Open System Interconnection) 참조 모델의 7개 계층 중 하위 계층인 물리 계층(Physical Layer)과 데이터 링크 계층(Data Link Layer)에 각각 해당된다. TCP/IP를 포함하여 다수의

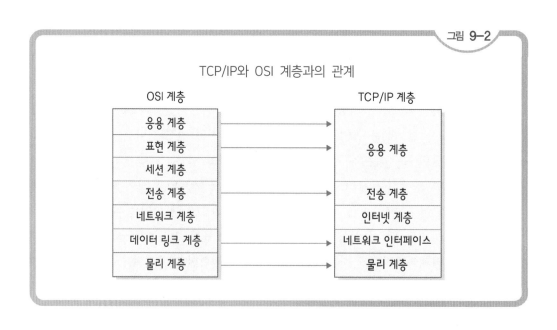

그림 9-2

TCP/IP와 OSI 계층과의 관계

프로토콜들은 컴퓨터 및 네트워크 간의 인터넷 교통의 흐름 방식, 통신 시스템 간의 정보 흐름 방식, 인터넷의 네트워크들의 네트워크 기능 방식 등을 정의한다. 누구든지 인터넷 프로토콜들을 실행하는 다른 소프트웨어 및 네트워크들과 상호 운용할 수 있다.

[그림 9−2]는 TCP/IP와 OSI 계층과의 관계를 나타내고 있다. TCP/IP를 인테넷 통신 프로토콜로 사용할 수 있었던 이유는 TCP/IP를 통해 네트워크에 연결된 세계 호스트 컴퓨터들이 시공간을 초월해서 서로 정보를 공유할 수 있는 개방성 때문이다.

데이터 압축 기술

인터넷 기술의 발전과 더불어 중요한 핵심 요소로 제기되는 기술이 멀티미디어 기술이다. 멀티미디어의 핵심 기술은 영상, 음향, 그림, 일반 데이터 등의 정보를 압축하는 것이다. 압축하지 않고 멀티미디어 관련 파일들을 전송한다면 전송 속도와 용량 초과로 문제가 발생할 수 있다. 이러한 문제점을 해결하기 위해 압축 기술이 개발되고 있다.

압축의 기본 원리는 자주 발생하는 문자를 적은 수의 비트로 코딩함으로써 불필요한 비트 수의 중복성을 줄이는 것이다. 압축 방법의 종류는 무손실 압축(Lossless Compression)과 손실 압축(Lossy Compression)으로 분류할 수 있다.

- **압축 시스템**
  - JPEG(Joint Photographic Expert Group)는 그림을 코드화하는 방법으로 세계 표준 위원회(IOS: International Organization for Standardization)에서 최초로 개발하였다. 손실 압축(lossy compression) 방법을 사용하며, 불필요한 세밀한 부분을 생략하기가 쉽다.
  - MPEG(Motion Picture Expert Group)는 동영상에서 프레임 간의 중복성을 제거한다. 중복성을 제거하는 측면에서 MPEG는 JPEG와 부분적으로 같은 방법이 사용되지만 하나의 주어진 그림을 기준으로 계속해서 이어지는 그림의 연속적인 상이성을 컴퓨터로 처리하게 된다.

e-Business 이야기

항공기 점검, 적군 정찰-드론광

드론(무인기)의 활용 영역이 점점 넓어지고 있다. 최근 들어 수 ㎞를 비행할 수 있을 정도로 드론 성능이 크게 개선된 데다 AI(인공지능)와 VR(가상현실), AR(증강현실) 등 4차 산업혁명 기술과 결합하며 단순 레저 수단을 넘어 산업·소방·군사 등 다양한 분야에서 활약하고 있는 것이다.

대한항공은 여러 대의 드론이 군집 비행을 하며 항공기 동체를 검사할 수 있는 기술을 공개했다. 가로세로 1m, 5.5㎏의 드론 4대가 정해진 경로를 따라 보잉737 여객기 외부를 날아다니며 파손·부식·변형 여부를 점검하는 방식이다. 안전사고 위험 때문에 점검이 어려웠던 항공기 상부도 쉽게 확인할 수 있고, 고성능 카메라를 활용해 정비사가 육안으로 찾기 어려운 1㎜ 수준의 미세 손상까지 식별할 수 있다. 내년부터 정식 도입할 경우 비행기 1대당 10시간이 걸리던 점검 시간이 4시간 정도로 줄어들 전망이다.

드론은 각종 사고 현장에서도 실종자 수색에 활용되고 있다. 경남 고성소방서는 지난 5일 통영 광도면의 한 야산에서 소방 드론을 이용해 길을 잃은 저혈당 환자를 구조했다. 실종자가 깊은 산속에 있어 육안으로 찾기 어려웠는데 실종자 스마트폰의 GPS 신호로 대략적인 위치를 확인한 후 근방을 드론에 탑재된 열화상 카메라로 촬영해 찾아낼 수 있었다.

군사용 드론 개발도 활발하다. 국내 위성항법 전문 업체인 두시텍은 최근 주변 환경을 촬영해 스마트 글라스에 영상을 전송해주는 AI 드론 'KnX2'를 개발했다. 가로세로 30㎝, 무게 2㎏ 인 이 드론은 적군의 탱크나 병사의 실시간 위치를 분석해 드론과 무선으로 연결된 스마트 글라스 화면에 띄워준다. 또한 드론과 조종기 모두 암호화돼 적에게 탈취당해도 영상 내용이 유출되지 않는다.

〈조선일보 2021.12.22〉

HTML

하이퍼텍스트(HyperText)는 순차적인 작성과 조회만이 가능한 종래의 문서와는 달리 임의 위치로 자유로운 이동이 가능한 문서를 지칭하는 말로, 인터넷 사용자들은 WWW에서 하이퍼텍스트 문서를 자유롭게 검색할 수 있다. HTML(Hyper Text Markup Language)은 하이퍼텍스트 문서의 구조를 정의하는 데 사용되는 언어이다. HTML은 공식적으로는 W3C(World Wide Web Consortium)에 의해 정

의되었지만, 웹 브라우저를 개발하는 넷스케이프나 마이크로소프트 등 두 회사
에 의해 실체화되었다.

다음의 내용은 HTML 문서의 기본 구조를 보여주고 있다. 기본적으로
HTML은 태그로 문서를 작성하는데 태그는 아래의 〈HTML〉과 같이 시작 태그
와 〈/HTML〉 종료 태그로 구성되어 있다. 각각의 태그들은 대소문자의 구분 없
이 사용되며 다양한 태그들이 HTML 문서 작성에 사용된다.

```
〈HTML〉
  〈HEAD〉
      〈TITLE〉 Nymph Company ADDRESS 〈/TITLE〉
  〈/HEAD〉
    〈BODY〉
        〈ADDRESS〉
        610-111〈BR〉
        115 Angel-Dong CheonSa-Gu Seoul KOREA〈BR〉
        〈/ADDRESS〉
      〈/BODY〉
〈/HTML〉
```

■ 특성

SGML(Standard Generalized Markup Language; ISO 8879:1986)에 기반을 둔 공개된
포맷으로 SGML의 애플리케이션 중에서 가장 폭넓게 사용되고 있다. 또한 HTML
은 문서 구조(DTD: Document Type Definition)를 갖고 작성하기가 쉬워서 널리 사용
되어 왔지만 최근에는 HTML의 정확한 검색 능력 부족이나 표현력의 제약점을
보완한 차세대 인터넷 언어인 XML(eXtensible Markup Language)의 사용이 증가 추
세에 있다.

 XML

XML(eXtensible Markup Language)은 E－Commerce나 EDI 솔루션을 위한 새로

운 툴로서, 지난 1996년 World Wide Web Consortium(W3C)의 후원으로 형성된 XML Working group에 의해 개발되었으며, 웹 상에서 구조화된 문서를 전송 가능하도록 설계된 표준화된 텍스트 형식이다.

이는 인터넷에서 기존에 사용하던 HTML(Hyper Text Markup Language)의 한계를 극복하고 SGML의 복잡함을 해결하기 위한 방안으로 생겨났다.

XML이 주목받고 있는 이유는 XML이 문서의 스타일뿐만 아니라 내용을 정의할 수 있고, 데이터의 표현 방법이 뛰어나기 때문이다. XML 문서는 요소(Element)라는 단위로 성립되며, 이 요소를 시작 태그(Tag)와 종료 태그를 사용하여 표시한다. 이처럼 문서의 요소에 태그를 붙여서 태그의 계층 구조, 또는 트리 구조로 문서를 관리한다는 것이 XML의 기본적인 개념이다.

■ 기술적인 특성

인터넷상의 정보 전달을 위한 메커니즘이 내재되어 있고, 강력한 링크 및 포인트를 제공하며 메타 데이터 관리가 용이하다.

Agent

에이전트(Agent)란 이용자 대신에 업무 처리를 해주는 장치로 인공지능 분야에서 하나의 영역으로 연구되고 있으며, 인터넷의 발전과 함께 인터넷에서 활동하는 소프트웨어 에이전트에 관한 연구가 활발히 진행되고 있다.

■ 에이전트의 특징

• 활동성: 이용자가 제시한 요구에 따라 웹의 컴퓨터 내에서 정보를 모아 돌아온다.

• 능동성: 능동적인 에이전트는 모델을 내부에 가지고 있어서 다른 에이전트와 협조하기 위해 계획하거나 교섭한다. 수동적인 에이전트는 지금 위치해 있는 환경에서 자극을 받으면 그것에 따라 반응하는 행동을 한다.

■ 에이전트의 유형

• 자율형 에이전트: 단순히 환경이나 상황에 따라 반응하는 것 외에도 스스로 행동을 하기 때문에 일반적으로 에이전트라고 하면 자율형이다.

• 협력형 에이전트: 다른 에이전트 또는 인간과 소통할 수 있다.

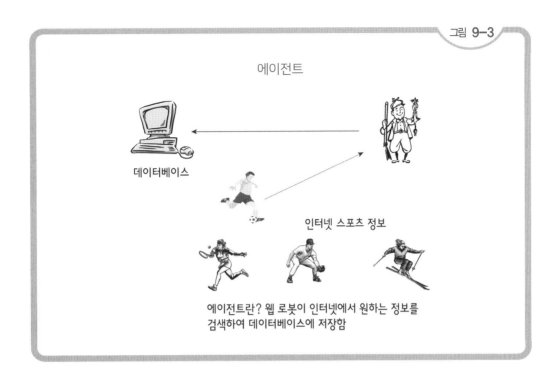

그림 9-3

에이전트

데이터베이스

인터넷 스포츠 정보

에이전트란? 웹 로봇이 인터넷에서 원하는 정보를
검색하여 데이터베이스에 저장함

- 학습형 에이전트: 가장 현명한 에이전트로 스스로 행동하여 학습한다. 또
한 외부 환경과 교류하면서 학습하는 것도 있다.

인터넷 서비스

인터넷을 통해 얻을 수 있는 서비스는 무궁무진하다. 그 중 각 연구 기관
간의 전자메일이나 자료 교환, 세계 유수 도서관의 도서 검색, 국내외 정보를 바
로 볼 수 있는 신문 구독, 그리고 Usenet News라 불리는 수천 개의 게시판을
통한 전자 토론 등이 대표적인 서비스이다. 그러나 가장 기본적인 인터넷의 활
용은 전자우편인 E-mail 서비스와 컴퓨터 상호 간 파일 전송이 가능한 FTP, 원
격 시스템 로그인을 위한 Telnet, 사용자 상호 간 정보 교환을 위한 Usenet
News 등으로 [그림 9-4]는 다양한 인터넷 서비스를 보여주고 있다.

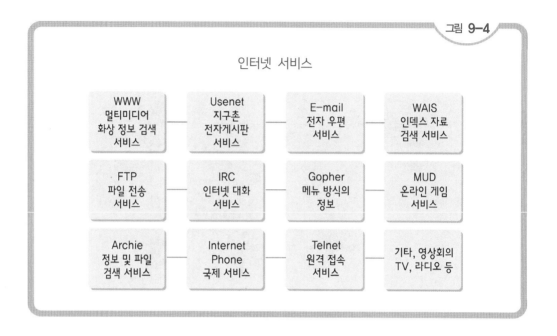

그림 9-4

인터넷 서비스

WWW 멀티미디어 화상 정보 검색 서비스	Usenet 지구촌 전자게시판 서비스	E-mail 전자 우편 서비스	WAIS 인덱스 자료 검색 서비스
FTP 파일 전송 서비스	IRC 인터넷 대화 서비스	Gopher 메뉴 방식의 정보	MUD 온라인 게임 서비스
Archie 정보 및 파일 검색 서비스	Internet Phone 국제 서비스	Telnet 원격 접속 서비스	기타, 영상회의 TV, 라디오 등

상호 작용 웹사이트 기술

Java

■ 정의

Java는 1995년에 선마이크로시스템즈사가 개발한 인터넷 프로그래밍 언어이다. Java는 처음에는 C언어를 모델로 개발을 시작하여 Sun의 자회사인 Javasoft로 독립하였다. 네트워크 환경 구현에 C 언어의 단점을 보완하여 인터넷의 기능과 조화를 이루기 때문에 발표한 후 급속히 보급되고 있는 추세이다.

■ 종류

Java의 종류는 자바 스트립트(Java Script), 자바 애플릿(Java Applet), 자바 애플리케이션(Java Application)으로 분류될 수 있으며 각각은 공통점과 차이점을 보인다. 〈표 9-1〉에서는 Java 종류의 공통점과 차이점을 알 수 있다.

■ 특징

Java는 객체지향 언어로 Java로 기술된 프로그램이라면 어떤 플랫폼(운영 체

표 9-1 Java 종류의 공통점과 차이점

종류				특성	
Java	Java Script	Script Language	compile(x)	웹 브라우저 탐재, 해석, 실행	웹 브라우저 기능 향상, 통제
	Java Applet	Appletviewer로 전용 테스팅	compile(o) 같은 class 사용		멀티미디어적이고 동적인 홈페이지 제작
	Java Application	Java 해석기로 실행		독립 실행 프로그램	독립적인 플랫폼 독립적인 프로그램 개발

제, 하드웨어)에서도 구동하는 것이 그 특징이다.

Java는 특별히 인터넷의 분산 환경에서 사용되도록 설계된 프로그래밍 언어이다. Java는 C++ 언어처럼 보이지만, C++보다는 사용하기에 간단하고 프로그래밍의 완전한 객체지향성을 강화하였다. Java는 한 대의 컴퓨터나, 네트워크 상의 분산 클라이언트·서버 환경에서도 실행되는 응용프로그램을 만드는 데 모두 사용될 수 있다. 이것은 또한 웹 페이지의 일부로서 쓰이는 작은 응용 프로그램 모듈이나 애플릿 등을 만드는 데에도 사용될 수 있다. 애플릿들은 사용자들이 웹 페이지를 통해 상호 작용을 할 수 있도록 해준다. Java의 주요 특성들을 요약하면 다음과 같다.

- 사용자가 만드는 프로그램들은 네트워크 상에서 쉽게 이식이 가능하다. 사용자가 개발한 프로그램은 Java 가상 머신이 설치된 서버나 클라이언트 등 네트워크의 어디에서든지 실행될 수 있도록, Java 바이트 코드로 컴파일된다.

- Java 코드는 견고하다. Java는 견고한 소프트웨어를 작성하도록 제작되어 다른 언어의 버그를 자동으로 해결하는 예외 상황 처리에 대한 보강이 잘 되어 있다.

- Java는 객체지향형 프로그래밍이다. 이는 다른 특성들 가운데, 비슷한 객체들은 같은 클래스의 일부가 되고 공통 코드를 상속하는 등의 장점을 취할 수 있다는 것을 의미한다. 따라서 이식성이 우수하다.

- Java는 단순성을 갖고 있다. Java 프로그램은 배우기가 쉽고, C언어와는

달리 Pointer가 없다.

- Java는 보안성이 강하다. 자신의 사용 메모리 이외의 메모리에 접근하지 못한다. 그리고 Java 해석기는 신뢰성이 확보되지 않은 코드를 탐재할 때 항상 바이트 코드를 검사한다.

🏛 ASP

ASP(Active Server Page)는 마이크로 소프트 인터넷 인포메이션 서버의 주요 개발 도구로 널리 사용되어 왔다. NT(New Technology)와 함께 설치되며 배우기 쉽기 때문에 많이 사용되고 있다.

■ 장점

- 보안성: ASP는 기존의 HTML이나 CGI로 작성된 웹 페이지처럼, 방문하는 사람들에게 소스 코드를 공개하지 않게 되므로 보안에 있어 매우 뛰어나다.
- 신속한 처리 속도: 기존의 CGI는 클라이언트측 스크립팅 언어로, 사용자의 접속이 많아지면 속도가 현저히 저하되지만 ASP는 서버에서 실행되어 결과만 클라이언트로 출력하기 때문에 속도가 빠르다.

■ 단점

- 플랫폼의 제한성: ASP는 마이크로 소프트사에 의해 제작된 것이기 때문에 Windows 계열의 운영 체제와 MS사에서 발표한 웹 서버인 PWS(Personal Web Server)와 IIS(Internet Information Sever) 등에서만 운용이 가능하다.

🏛 CGI

■ 정의

CGI(Common Gate Interface)는 외부프로그램과 웹 서버 간의 연결 역할을 한다. 즉 CGI는 서버와 외부 스크립트 또는 프로그램과 상호작용할 때 외부 응용들과의 인터페이스를 위한 표준이다. 이 표준에 맞추어 만들어진 것이 CGI 스크립트 또는 CGI 프로그램이며 CGI 프로그램은 C·C++, Fortran, PERL, TCL,

AppleScript 등 여러 언어로 생성될 수 있다.

- **CGI 프로그램의 종류**

CGI 프로그램의 종류는 방문객 카운터나 방명록뿐만 아니라 웹 게시판, 웹 대화방, 검색 엔진, 다양한 배너 보여주기, 업로드가 가능한 자료실, 폼을 이용하여 메일을 띄우는 폼메일(Form Mail) 등 다양하다.

- **CGI의 동작 원리**

일반적인 경우 서버가 클라이언트로부터 특정 문서, 예를 들어 HTML 문서가 하이퍼링크를 통해서 요청받을 때 서버는 파일 시스템으로부터 요청된 문서를 읽어서 클라이언트로 전송하게 된다. CGI의 경우 클라이언트나 서버 이외에 CGI 프로그램이 있어서, 클라이언트가 요청한 URL(Uniform Resource Locator)이 CGI 프로그램일 경우, 서버는 CGI 프로그램을 호출해서 요청된 정보를 넘겨주며, CGI 프로그램은 전달된 데이터를 근거로 프로그램을 실행시켜 출력 결과를 서버로 보내 주면 서버는 다시 클라이언트로 결과를 전송하게 된다. [그림 9-5]는 CGI의 동작 원리를 제시하기 위해 클라이언트, 서버, CGI와의 관계를 보여주고 있다.

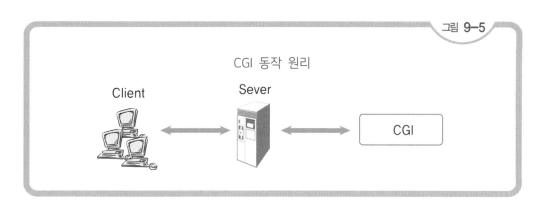

그림 **9-5**

CGI 동작 원리

Client   Sever   CGI

차세대 기술

👪 Wireless technologies

Wireless LAN(Wireless Local Area Network)은 무선 랜에 높은 대역폭의 주파수를 새로이 할당함으로써 비교적 저렴한 가격에 학교 교실의 배선이 가능하게 되었다. 비슷한 주파수의 할당 작업이 유럽에서도 이루어지고 있으며, 아직 근거리 통신망이 구축되지 않은 병원이나 기업에서도 무선 랜 시스템을 설치하게 될 것으로 기대된다. 이러한 유무선 통합 초고속 인터넷 서비스가 안정화되면 관련 기술은 현재 해외 진출이 본격화되고 있는 초고속 인터넷 기술과 함께 패키지 기술로서 강력한 시너지 효과를 발휘할 것으로 기대된다.

[그림 9-6]은 향후 무선 랜 서비스의 발전 방향을 보여주고 있다.

무선 랜을 이용하면, 이동 전화 사용자도 무선 접속을 통해 근거리 통신망에 접속할 수 있다. IEEE(Institute of Electrical and Electronics Engineering) 위원회는 무선 랜 AP(Access Points) 표준화 내용을 발표하였는데 내용은 다음과 같다. IEEE

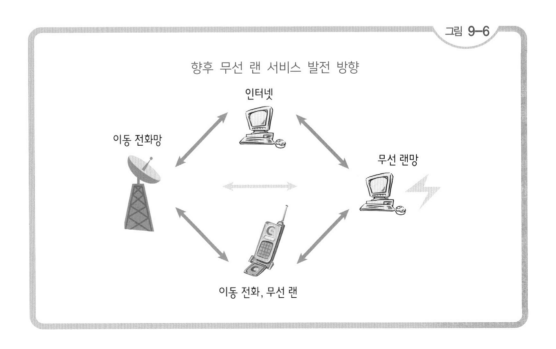

그림 9-6

향후 무선 랜 서비스 발전 방향

인터넷

이동 전화망

무선 랜망

이동 전화, 무선 랜

802,1x명의 사용자 인증을 활용하는 방법, RFC 규격의 래디우스 인증, 프록시 라우터를 이용하는 방법 등이다. 이러한 것은 기술 간의 상호 운용성을 증진시킬 것으로 기대된다. 새로운 표준에는 무선 랜의 암호화 방법인 Wired Equivalent Privacy 알고리즘도 포함된다. Symbionics Networks의 기술을 사용하면, 무선 랜 어댑터를 노트북이나 랩톱 컴퓨터용 PCMCIA 카드에 맞추어 만들 수 있다.

WAP

WAP(Wireless Application Protocol)은 무선 응용 통신 규약으로서 셀룰러폰이나 무선 호출기 등과 같은 무선 장치들이 전자우편, 웹, 뉴스 그룹 및 IRC 등의 인터넷 액세스에 사용될 수 있는 방법을 표준화하기 위한 통신 프로토콜들의 규격이다. 따라서 낮은 대역폭과 불안정한 전송에 최적화된 인터넷 표준을 활용함으로써 무선 전송의 제약 조건들을 극복하게 되었다.

WAP 콘텐츠를 생성하기 위해서는 HTML(Hyper Text Markup Language) 대신에 WML(Wireless Markup Language)와 WMLS(Wireless Markup Language Script)가 사용된다. WAP 사용자들은 인터넷에 링크된 WAP 게이트웨이에 접속하여 인터넷을 사용할 수 있다. WAP이 실행되는 과정은 [그림 9-7]과 같다.

과거에도 인터넷 접속은 가능했지만, 제작 회사마다 모두 다른 기술을 사용하였다. 앞으로는, WAP을 쓰는 장치들과 서비스 시스템들끼리 호환성과 상호 운용성을 갖게 될 것이다.

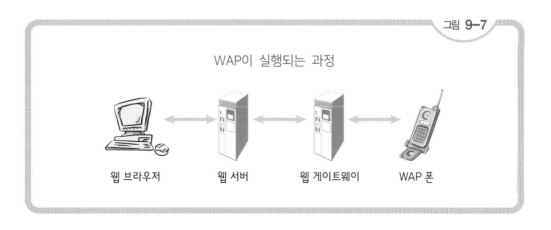

그림 **9-7**

WAP이 실행되는 과정

웹 브라우저 웹 서버 웹 게이트웨이 WAP 폰

👥 i-Mode

WAP이 유럽과 북아메리카에서 사용되는 무선 인터넷의 표준이라면 i-Mode는 일본의 무선 인터넷 표준이라고 할 수 있다. i-Mode는 무선 기술 선두 주자로 꼽히고 있는 NTT DoCoMo가 제공하는 패킷 기반의 이동 전화 서비스이다. 무선 업계 내의 대부분의 주요 업체들과는 달리, i-Mode는 의도적으로 WAP의 사용을 피하고, WAP(Wireless Application Protocol)의 WML(Wireless Markup Language) 대신에 HTML의 간략화된 버전이라 할 수 있는 CWML(Compact Wireless Markup Language)을 사용한다.

i-Mode는 웹 브라우저를 사용할 수 있는 세계 최초의 스마트 폰이었다. [그림 9-8]처럼 사용자는 i-Mode의 이동 컴퓨팅 서비스의 사용으로 폰뱅킹, 항공권 예약, 주식 거래, 각종 정보 제공, 소매업자와의 연계 등의 업무를 처리할 수 있게 되었으며, 전자우편의 송수신이나 인터넷 접속 등의 기능도 이용할 수 있다.

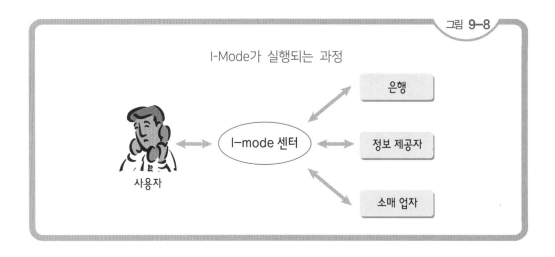

그림 9-8

I-Mode가 실행되는 과정

👥 GSM

GSM(GSM: Global System for Mobile communication)은 유럽 및 기타 지역에서 광범위하게 사용되는 디지털 이동 전화 표준 시스템이다. GSM은 시분할 다중 접속(TDMA)의 변종으로서, 이것은 TDMA, CDMA와 함께 가장 널리 사용되는 3개의 디지털 무선 전화 기술 중 하나이다. GSM은 데이터를 디지털화하고 압축한 다음, 그것을 두 개의 다른 사용자 데이터와 함께 한 채널을 통해 보내는데, 각각의 데이터는 나름대로의 고유한 시간대에 보내진다. GSM은 900MHz와 1800MHz 주파수 대역에서 모두 동작할 수 있다.

GSM은 유럽에서는 무선 전화에 있어 사실상의 표준(de facto standard)이다. GSM은 전 세계적으로 1억 2,000만 명 이상의 사용자를 가지고 있으며 120개국에서 사용되고 있다. 많은 GSM 네트워크 운영자들이 외국의 운영자들과 로밍(Roaming) 규약을 맺고 있기 때문에, 외국을 여행할 때에도 사용자들은 자신의 휴대폰을 계속 사용할 수 있다.

미국에서는 스프린트의 자회사인 APC가 광대역 PCS의 기술로 GSM을 사용하고 있다. 이 서비스는 결국 에릭슨, 모토로라 그리고 노키아 등에 의해 만들어지고 있는 손바닥 크기의 핸드셋을 위해 400개 이상의 기지국을 가지게 될 것이며, 핸드셋에는 전화와, 문자 호출기 그리고 자동 응답 기능 등이 포함된다.

GSM은 HSCSD(High-Speed Circuit-Switched Data), GPRS, EDGE(Enhanced Data GSM Environment), UMTS 등과 함께 무선이동 통신 발전의 일부분이다.

9.2 보안

일반적 e-Business 보안 문제

인터넷은 수많은 사설 컴퓨터망으로 연결되어 있는 공중망(Public network)이기 때문에 항상 보안 위험에 노출되어 있다. 각 기업이 이런 위협에 대해 방어하기 위해서는 엄격한 보안 방책을 갖고 있어야 한다. 물리적인 세계에서, 범죄는 지문, 발자국, 목격자, 보안 카메라의 비디오 등의 증거물을 남기는 것처럼 온라인에서 사이버 범죄도 물리적, 전자적 증거를 남기게 되는데, 만약 우수한 보안 시스템이 없다면 사이버 범죄의 근원을 추적하기가 어려울 것이다.

e-Business는 네트워크와 웹사이트의 공격, 자산의 손실 위험에 늘 대비를 하여야 한다. e-Business의 네트워크와 웹사이트를 보호해야 하는 또 다른 이유는 고객과의 신뢰 관계를 유지해야 하기 때문이다. 많은 인터넷 사용자들은 그들이 제품과 서비스를 구매하였을 때 온라인 상에 제시하는 개인 정보의 보안에 많은 위험이 있다고 인식하고 있다. 비록 위험에 대한 인식이 실제 위험보다 더 클지라도 고객에 있어서는 상당히 중요한 요인이 될 수 있다.

e-Business는 네트워크와 웹사이트에 대해 완벽하게 보안할 수 있을 거라는 기대를 할 수는 없다. 그러나 e-Business에 대한 중요 이슈는 자산, 수익성, 고객의 개인 정보, 기업의 명성을 보호하기에 충분한 보안을 해야한다.

e-Business는 보안 정책과 절차들을 개발해야 하며, 안전성 문제를 다룰 수 있는 실제 행동 지침이 마련되어야 한다. e-Business에 있어서 보안 문제는 주로 사람이 야기한다. 종업원이 e-Business 보안 정책을 제대로 이해하지 못하거나, 종업원이 보안 정책을 실행하기에 너무 어려운 경우에 보안 문제가 발생된다. 따라서 보안에 대한 필요성과 보안 과정에서 종업원들의 역할에 관해 종업원들을 교육하는 것이 상당히 중요하다.

네트워크와 웹사이트 보안 위험

e-Business의 보안에 관한 계획을 수립하기에 앞서 네트워크 및 웹 서버 보안 위험에 관련된 용어들을 살펴보면 해커(Hacker)는 권한이 없는 사람이 개인 컴퓨터나 컴퓨터 네트워크에 접근하는 것을 의미하는 전문어이다. 도덕적인 해커들은 단순히 컴퓨터의 약점을 발견하기 위해 그들의 기술을 사용하며, 악의를 가진 해커들은 크래커(Crackers)라 불리는데 이들은 신용 카드 번호, 서비스 방해와 같은 가치 있는 정보를 도용하기 위해 시스템에 접근한다. 따라서 e-Business는 컴퓨터 네트워크에 접근하는 권한이 없는 자의 침입, 파괴적인 바이러스 침투 등으로부터 보호해야 한다.

e-Business 위협 요소

시스템 공격

일반적인 컴퓨터 시스템 특히 네트워크에 연결된 컴퓨터는 외부의 특정인이 이 시스템을 침입하여 부당하게 컴퓨터 시스템을 사용하거나, 정보를 유출하거나, 정보를 파괴할 위협이 있다. 일반적으로 이런 위협을 방지하기 위해 방화벽 같은 시스템을 사용하기도 한다. 그러나 e-Business는 불특정 다수인의 접근을 허용하는 응용 시스템으로서 방화벽을 사용하는 데 있어서 제약을 받을 수도 있다. 특히 시스템을 불법적으로 사용하는 통계를 보면 외부에서의 침입보다는 내부 사용자의 불법적 사용이 더 많기 때문에 적절한 시스템의 운영 지침과 내부 사용자에 대한 보안 대책이 중요한 요소가 된다.

데이터 공격

e-Business에 있어서 데이터의 공격은 두 가지로 구분해 볼 수 있다. 하나는 시스템 내에 저장된 데이터, 또 하나는 네트워크 상에 흘러 다니는 데이터에 대한 공격이 있을 수 있다. 시스템에 저장된 데이터의 경우는 앞의 시스템 공격에서 언급되었고, 특히 데이터를 시스템에 저장할 때도 암호화를 해서 저장하는 것이 필요하다. 네트워크 상에 흘러 다니는 데이터에 대한 공격을 막기 위해 기밀성, 자료의 무결성 등에 대한 보증이 필요하게 된다.

Business 공격

앞에서 언급한 두 가지 공격은 모두 일반적인 컴퓨터 시스템의 보안 침해와 동일하다. 그러나 e-Business에 있어서는 상거래라는 특징 때문에 발생하는 제3의 공격이 있을 수 있다. 이것을 통칭해 비즈니스 공격이라 부른다. 상거래에만 일어날 수 있는 사기가 e-Business에도 일어날 가능성이 있다. 이런 요소들을 전자적으로 막기 위한 보안 고려 사항들이 추가적으로 필요하게 된다. 암호학 혹은 시스템으로만 모든 것을 다 막을 수는 없기 때문에 제도적인 장치, 법적인 보장, 보험 등의 전자적 시스템 외적인 보완도 이루어져야 한다.

지불 방식 위협 요소

전자상거래는 전자 메일과 웹으로 이용하여 거래될 수 있다. 웹의 SSL(Secured Socket Layer)은 송신자 부인 봉쇄를 지원할 수 있지만 메시지 전송 증명은 지원하지 못한다. 전자메일을 이용할 경우에는 송신자 부인 봉쇄와 메시지 전송 증명을 지원함으로써 이와 같은 문제점을 막을 수 있다.

e-Business가 활성화되기 위해서는 전자지불 시스템의 안전성과 신뢰성이 바탕이 되어야 한다. 일반적으로 현행 전자지불 시스템의 문제점은 다음과 같다.

- Form-CGI(Clear Text)를 통해 신용 카드 번호를 전달할 경우 신용 카드 번호가 네트워크 상에 노출되기 쉽기 때문에 보안 문제가 심각하다.
- Form-CGI(Netscape SSL) 방식은 넷스케이프 서버와 클라이언트 사이의 SSL 암호화 기법을 통해 신용 카드 번호를 전송하는 방식이다. 이 방식은 상거래 회사 고객의 신용 카드 번호를 제공하므로 상거래 회사의 관계자를 신뢰하지 못할 경우 안전하게 사용할 수 없게 된다.
- 사용자가 상거래 회사의 서버에 자신의 정보를 미리 제공하고 상거래를 하는 가입자 기반의 홈페이지의 경우에도 상거래 회사에 대한 신뢰성, 정보 누출 등의 문제점이 있다.

e-Business 보안

네트워크와 웹사이트 보안

해커가 네트워크에 접근하려고 시도하는 시점을 인식하기 위해서는 네트워크 수행을 감시해야 한다. 네트워크를 설치하고, 로긴(Logging)하고, 감시하는 활동을 벤치마크(Benchmarks)라고 하며 이를 통해 e-Business 보안 문제에 주의할 수 있다. 네트워크와 서버들을 관리하고 감시하는 숙련된 시스템 관리자들은 정기적으로 소프트웨어 벤더의 웹사이트들, 보안 관련 웹사이트들을 감시해야 한다. 그 밖에 e-Business의 네트워크와 웹사이트를 보호하기 위해 패스워드, 방어벽, 침입 감지 시스템, 바이러스 체크 시스템과 같은 툴이 사용된다.

거래 보안과 데이터 보호

신용 카드 거래에 있어서 거래 보안과 고객 보호는 중요하다. 거래 데이터와 고객 데이터를 보호하기 위한 툴들은 다음과 같다.

- 거래 시 암호키 및 해독키 사용
- SSL(Secure Socket Layer)의 사용(SSL은 고객의 컴퓨터와 브라우저 간에 데이터 암호화를 제공하며, 신용 카드 정보와 같은 데이터를 안전하게 전송한다.)
- 신용 카드 번호와 같은 고객의 중요한 정보를 이동
- 장치(Devices)들을 제거하기 전에 디스크 드라이브나 파일을 포함한 모든 저장 장치로부터 파일과 데이터를 삭제

e-Business의 보안 해결책은 종업원들이 보안을 중요시하는 문화 유지 및 보안 시스템의 주기적 테스트에서 비롯된다.

보안 감사와 침투(penetration) 테스트

보안 감사는 e-Business와 보안 문제의 전반적인 평가를 수행한다. 주로 시스템의 취약성을 체크하며, 취약성을 고칠 수 있는 권고안을 제시한다. DefendNet Solution Inc., Security Systems, Pinkerton Systems과 같은 보안 컨설턴트는 보안 감사 서비스를 제공한다.

e-Business는 주기적으로 광범위한 네트워크 침투가 시행되어야 한다. 침투 테스팅은 컴퓨터 보안을 테스트하기 위해 실제 해킹 툴(Tool)을 사용한다. 주기적인 통찰 테스팅은 e-Business 컴퓨터 시스템의 보안이 어떻게 가장 최신

해킹 툴과 기술에 맞설 수 있는지 보여준다. 침투 테스팅은 침입 방어 수단의 효과성을 측정할 수 있으며, 주로 보안 감사에 이용된다.

e-Business 보안 제공자

시스템 보안 감시를 위해 기업 내부의 스텝을 고용하고, 교육하고, 유지하는 e-Business 기업들은 높은 비용을 지출해야 한다. 따라서 대부분의 e-Business 기업들은 시스템의 보안 관리를 위해 아웃소싱을 한다. 보안 관리를 위해 아웃소싱하는 e-Business 기업들은 보안 관리 회사들과 보안 침해에 대한 책임 범위를 명확히 할 필요가 있다.

e-Business 위험 관리 문제들

e-Business 기업들은 e-Business 위험을 기술적 문제가 아니라 경영 문제로 관리해야 한다. e-Business 위험에서 발생되는 직접적인 총수입 손실, 미래 총수입의 손실은 다음과 같다.

- 서비스 공격의 부정 또는 웹사이트의 파손에 의한 경영 중단
- 종업원의 부적절한 e-mail과 인터넷의 사용으로 발생되는 소송 비용
- 웹사이트를 통해 판매되는 제품과 서비스에 관한 소송 비용
- 웹 관련 저작권, 트레이드마크, 특허권 침해
- 자연 재해

e-Business 기업들은 다음과 같은 효과적인 위험 관리 프로그램을 실행해야 한다.

- 네트워크와 웹사이트 보안과 침입자 방어 프로그램
- 안티-바이러스 방어
- 방화벽

- 보안 정책 및 절차
- 종업원 교육

 9.3 전자지불 시스템

　e-Business의 개념이 등장하기 전에 소비자들이 상품과 서비스 대금을 결제하는 방법은 현금, 수표, 신용 카드의 이용이었다. 인터넷 기반 상거래 방법들은 주로 신용 카드 정보, 전자 조회 그리고 디지털 통화 등의 전송 보안 유지에 초점을 맞추고 있으며 기존 거래 결제 방식에서 활용되었던 현금, 수표, 신용 카드 이외에 소액 결제를 위한 디지털 통화, 장표 결제 수단 중의 하나인 수표를 인터넷 상에서 구현한 전자수표 시스템, 가상 은행을 이용한 전자 자금 이체 방법이 있다.

신용 카드 결제 방식

　e-Business를 실용적으로 하기 위한 핵심은 전자결제 시스템이다. 그래서 전자 결제 시스템은 신용 카드로부터 시작하여 E-Cash와 같은 네트워크형 전자화폐로 발전하고 있다. 그리고 전자결제 시스템의 핵심 기술은 보안 기술이다. 즉, 전자화폐의 발행, 결제 등의 단계에서 개인의 프라이버시와 이중 사용 문제를 해결하기 위해서 공개키 암호화, 디지털 서명 그리고 내용 은닉 서명(Blind Signature) 등의 암호 기술이 사용되고 있다.

　인터넷에서는 기존 방식인 현금, 수표, 신용 카드, 무통장 입금 중에서 신용 카드 결제 방식이 가장 보편적으로 이용되고 있다. 신용 카드로 결제할 때는 신용 카드 번호와 만기일 등을 제시해야 하며 이런 정보는 전자 메일과 같은 표준 인터넷 애플리케이션들을 통해 제시할 수 있다. 기존 방식에서 사용하였던 물리적 화폐 교환은 화폐를 디지털화한 디지털 코인으로 대체할 수 있다. 또한 종이 수표 대신 전자수표를 사용하는데 이는 철저한 보안 유지와 디지털 서명을 필요로 한다.

신용 카드 결제 시 대금 지불 정보가 네크워크를 통해 전송되기 때문에 보안이 필요하다. 인터넷상에서 대표적으로 활용되고 있는 지불 데이터 보안 방식은 SSL(Secure Sockets Layer) 방식과 SET(Secure Electronic Transaction) 방식이 있다. 이 두 방식은 크레디트 번호 같은 개인 정보를 지키기 위한 데이터의 암호화 수단 및 거래 상대의 인증 수단으로 자주 이용된다. SSL(Secured Socket Layer)과 SET의 가장 큰 차이점은 SSL이 이용 고객과 전자 상점 사이만 암호화되는 반면 SET은 이용 고객과 전자 상점 및 금융 기관 모두가 암호화 통신을 한다는 점이다. 이 때문에 SSL을 이용할 경우에 고객은 신용 정보 같은 프라이버시가 전자 상점에 노출될 우려가 있다. 반면 SET에서는 고객의 카드 정보가 금융 기관의 공개키로 암호화되기 때문에 전자 상점에 이러한 카트 정보를 악용당할 우려가 있다. 신용 카드 결제 처리 방법으로 지불 대행 서비스, 독자 지불 서버, SET 지불 방식

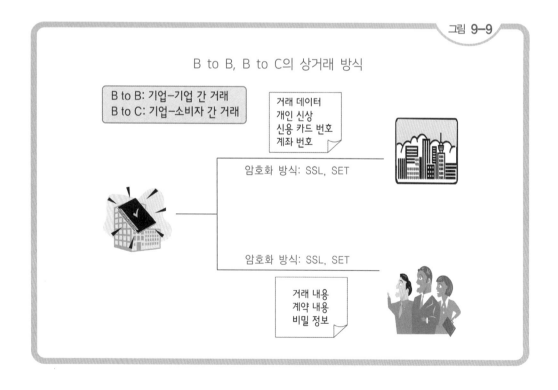

그림 9-9

B to B, B to C의 상거래 방식

B to B: 기업-기업 간 거래
B to C: 기업-소비자 간 거래

거래 데이터
개인 신상
신용 카드 번호
계좌 번호

암호화 방식: SSL, SET

암호화 방식: SSL, SET

거래 내용
계약 내용
비밀 정보

으로 나누어 살펴볼 수 있으며 자세한 내용은 다음과 같다.

지불 대행 서비스

지불 대행 서비스는 전자지불 대행 서비스를 이용하여 신용 카드 결제 처리를 할 수 있는 것이다. 국내에서도 데이콤, LG인터넷, 메타랜드, 이니텍 등의 회사들이 전자지불 대행 서비스를 제공해 주고 있다. 지불 대행 서비스의 장점은 쇼핑몰이 별도의 지불 시스템 및 보안 시스템을 개발할 필요가 없어 쇼핑몰 구축비용이 절감되는 효과를 얻을 수 있으며, 상대적으로 높은 신뢰도를 가진 회사들이 서비스를 제공해 주므로 SOHO(Small Office Home Office)형 상점, 신용 카드사와 직접 계약하기 힘든 규모의 상점도 신용 카드 결제 방식을 활용할 수 있다. 그러나 독자 지불 서버 혹은 SET 방식에 비해 상대적으로 높은 신용 카드 결제 수수료를 지불해야 하는 단점도 있다.

독자 지불 서버

독자 지불 서버 방법은 지불 대행 서비스를 이용하지 않고 독자적인 지불서버를 쇼핑몰 시스템에 탑재하여 신용 카드 지불을 처리하는 방법이다. 독자적인 지불 서버를 이용하기 위해서는 신용 카드사와 개별적인 Non-Slip 계약과 금융 VAN사와의 계약이 선행되어야 한다. 독자적인 지불 서버를 구축하고 있으므로 Mall & Malls 서비스와 같은 쇼핑몰 호스팅 서비스 운영이 가능하며 매출액이 높은 대형 상점의 경우 카드 수수료가 매우 저렴하다. 단점으로는 고객 카드 정보를 직접 관리해야 하므로 고객 입장에서는 카드 정보 공개에 따른 위험이 있고, 금융 VAN사와 정해진 프로토콜에 의한 지불 서버 개발이 필요하기 때문에 개발비가 부담이 될 수 있다.

SET 방식

암호화가 가장 잘 되어 있어 안전한 전자 결제 방법으로는 SET 프로토콜을 이용할 수 있다. SET 프로토콜은 VASA 카드사와 Master 카드사가 신용 카드를 기반으로 한 인터넷상의 전자지불을 안전하게 수행할 수 있도록 마련한 표준안이다.

SET에서는 신용 카드 참여자를 카드 소유자, 발행자, 상인, 가맹점 모집 업체, 지불 게이트, 브랜드, 제3자 등으로 정의하고 있다. 발행자는 브랜드와 계약을 맺고 카드 소유자에게 신용 카드를 발급하는 은행이다. 가맹점 모집 업체는 상인이 가맹점으로 가입한 기관이고 상인의 계좌를 갖는다. 우리나라에서는 은행과 신용 카드 회사가 발행자와 가맹점 모집 업체의 역할을 하고 있다.

공인된 산업 표준의 지불 프로토콜 사용으로 고객의 높은 신뢰도를 얻고 있으나 고가의 SET Merchant 모듈을 탑재해야 하며 서로 다른 벤더 상호 간의 호환성 결여 문제, 처리 절차의 복잡성 등의 이유로 SET을 이용한 신용 카드 지불을 지원하는 인터넷 쇼핑몰은 아직 많지 않다.

전자화폐 결제 방식

웹에서 상거래가 시작되면서 전자화폐는 소액 결제 수단의 중요한 통화 수단으로 등장하였다. 전자화폐는 전자현금을 기반으로 한 지불 시스템으로 온라인 네트워크상에서의 주요한 지불 매개체로서 실제 종이 화폐를 대체하고자 하는 시도이다.

전자화폐는 발행 형태와 유통 형태에 따라 두 가지로 구분할 수 있다. 발행 형태별로 IC칩 안에 현금과 같은 가치를 저장시켜 놓은 IC 카드형과 네트워크상에서 디지털 형태로 현금을 이동시키는 네트워크형으로 구분할 수 있다. 그리고 유통 형태별로는 카드 소지자 간에 화폐 가치를 이전할 수 있느냐 없느냐에 따라 개방형 화폐와 폐쇄형 화폐로 구분할 수 있다. 폐쇄형은 발행한 화폐 가치가 발행 주체 – 이용자 – 판매자 – 발행 주체의 형태로 반드시 돌아오는 것이지만 개방형은 발행 주체 – 이용자까지는 같지만 그 뒤는 실제 현금과 같이 어디서나 통용된다.

대표적인 전자화폐 유형은 크게 VISA Cash, Danmont, Mondex, E–Cash

로 분류할 수가 있는데 각각의 특성을 비교하면 〈표 9-2〉와 같다.

표 9-2 전자화폐 유형

전자화폐	VISA Cash	Danmont	Mondex	E-Cash
거래 형태	선불형	선불형	현금형	현금형
통용 범위	폐쇄형 루프	폐쇄형 루프	개방형 루프	개방형 루프
사용 형태	IC card	IC card	IC card	Software
가치의 재충전	가능	불가능, 가능	가능	가능
이용자의 프라이버시	없음	없음	있음	있음

👥 발행 형태별 전자화폐

발행 형태별 전자화폐인 IC 카드형은 IC칩을 내장한 신용 카드 형태의 카드에 현금에 상당하는 전자 정보를 저장한 다음 필요할 때 사용하는 것으로 전자지갑형이 있다. 전자지갑형은 기존의 신용 카드, 직불 카드의 기능뿐만 아니라, 신분증으로 사용될 수 있는 다목적 용도로 인해 스마트 카드라고도 한다. 현재 IC 카드형 전자화폐는 전용 기기 또는 몬덱스용 전화기를 이용하여 카드 간 가치 이전이 가능한 몬덱스, 그리고 ATM, 전화기 등을 통해 가치 재충전이 가능한 비자 캐시, 마스터 캐시 등이 있다.

네트워크형 전자화폐는 화폐의 가치를 인터넷 등과 같은 네트워크를 통해 각종 결제에 사용되는 것으로 원격지 송금에는 편리하지만 직접 소지하고 상점에서 물건을 구매하는 것은 불가능하다. 대표적인 것으로 전자현금 형태의 E-Cash와 신용 카드 형태의 사이버 캐시와 퍼스트 버추얼 등이 있다.

👥 유통 형태별 전자화폐

개방형 전자화폐는 카드 발행 기관에 통보 없이 카드 소지자 간에 자유롭게 화폐 가치를 인정할 수 있는 것으로 화폐 사용에 있어 익명성이 보장된다고 할 수 있다. 그러나 현재 사용되고 있는 전자화폐 중에서 개인 간 자금 이체가 가능한 것은 극히 일부분으로 대표적인 것이 몬덱스이다.

폐쇄형 전자화폐는 카드 소지자 간에 화폐 가치 이전이 불가능한 것으로 기존의 전화 카드, 교통 카드 등을 통합해 그 사용 범위를 확대시킨 것이라 할 수 있다. 이것은 기술 개발이 용이하고 현금과의 유사성이 적기 때문에 법적 제약도 별로 없다. 따라서 각국에서 시험 중인 전자화폐의 대부분이 폐쇄형 형태를 띠고 있다.

표 9-3 전자화폐와 신용 카드 결제 시스템의 주요 차이

전자화폐	전자식 대금 결제 시스템
익명성 보장	고객의 신분 노출
액면 금액을 실질적으로 교환하는 효과	제3의 신용 제공자나 금융 기관과의 연계를 통해 승인을 얻어야 함
소액 결제 가능	소액 결제 불가능
소비자층 넓음	고객의 범위 제한적(신용 카드 소지자에 한함)

9.4 4차 산업 혁명 관련 기술

e-Business의 개념이 등장하기 전에 소비자들이 상품과 서비스 대금을 결제하는 방법은 현금, 수표, 신용 카드의 이용이었다. 인터넷 기반 상거래 방법들은 주로 신용 카드 정보, 전자 조회 그리고 디지털 통화 등의 전송 보안 유지에 초점을 맞추고 있으며 기존 거래 결제 방식에서 활용되었던 현금, 수표, 신용 카드 이외에 소액 결제를 위한 디지털 통화, 장표 결제 수단 중의 하나인 수표를 인터넷상에서 구현한 전자수표 시스템, 가상 은행을 이용한 전자 자금 이체 방법이 있다.

블록체인(Block Chain)

👥 블록체인의 정의

블록체인(Block Chain)은 체인으로 구성된 블록을 의미하며 데이터베이스의 한 유형이다. 일반적인 데이터베이스와 블록체인의 주요 차이점 중 하나는 데이터가 구조화되는 방식이다.

모든 정보 거래 내역 및 이용은 블록 단위로 저장되고 각각의 블록은 체인으로 서로 연결이 되어 있다. 최초 블록부터 현재 블록까지 한 번 생성된 블록은 변경되거나 삭제되지 않는다. 또한 블록체인은 '분산원장(Distributed Ledger)'라고 부른다. 또한 개인과 개인이 직접 연결되는 P2P(Peer to Peer) 네트워크 형식의 '분산 원장'구조로 데이터를 공유하는 기술이다.

👥 블록체인의 활용사례

MVL 파운데이션은 2014년 싱가포르에 설립한 블록체인 기반 라이드 쉐어링 스타트업이다. 2018년 7월 정식으로 서비스를 출시하면서 싱가포르 앱 다운로드 1위를 달성하였다. MVL은 블록체인 기반 라이드 쉐어링 서비스를 출시하기 전, 라이드 쉐어링 서비스인 '타다(TADA)'로 싱가포르에서 성공을 거두면서 입지를 다졌다. 또한 TADA Taxi까지 출시하면서 인지도와 브랜드 신뢰도를 쌓은 상태로, 플랫폼 기업의 초기 목표인 고객 확보에 유리한 핵심자원을 확보하였다고 볼 수 있다. 또한 기존의 TADA 앱과 신규 출시 예정인 MVL 앱이 연동될 예정으로, 시너지를 기대할 수 있다. 또한 MVL은 각국의 기존 모빌리티 서비스 기업 또는 비 모빌리티 서비스 기업과의 적극적인 협업을 진행하고 있다.

코레일과 함께 승합차 공유 서비스를 제공하였으며, 최근에는 베트남 보험사인 PTI Insurance, 롯데렌탈, AXA Insurance, 결제 블록체인 기업인 OmiseGO와 MOU를 체결하는 등 MVL이코노미 기반의 모빌리티 생태계의 구축 및 확장을 위한 발판을 공고히 하고 있다. 향후 TADA 렌트, TADA 보험 분야 등 모빌리티 전생애주기에 해당하는 전 사업으로 비즈니스를 확대할 예정이다.

■ **MVL 파운데이션 수익 메커니즘**

MVL 생태계에서 네트워크 참여자는 외부 서비스 운영 기업, 서비스 이용자인 소비자 및 생산자가 될 수 있다. 이때 각 참여주체별 수익 메커니즘을 살펴보면 다음과 같다.

첫째, 소비자는 서비스를 이용하면서 데이터를 생산하므로 생산자에 해당한다. 따라서 MVL은 해당 데이터 공유에 따른 이익을 참여자 전원에게 공유한다. 이로써 소비자는 데이터 및 가치 생산자로써 MVL에 기여하고 보상을 받는다.

둘째, 외부 서비스 운영 기업의 경우 MVL의 자체 블록체인 네트워크 즉, MVL 프로토콜을 자사 서비스에 적용함으로써 고객에게 맞춤형 인센티브를 제공함으로써 유입고객을 확대하고, 데이터를 제공받음으로써 이를 토대로 새로운 비즈니스 모델을 설계함으로써 수익을 창출할 수 있다. 또한 암호화폐 결제 수수료를 MVL과 일부 공유하면서 부수익을 창출할 수 있다.

셋째, MVL은 세 가지 방법을 통해 수익을 창출한다. MVL의 프로토콜을 적용하여 앱 내 광고 비즈니스를 운영할 수 있다. 발생하는 광고 매출 중 일부는 해당 서비스 기업이, 일부는 MVL에게 돌아간다. 다른 하나는 암호화폐 거래 수수료이다. MVL은 자체 암호화폐인 MVL 코인을 기반으로 프로토콜을 운영하고 있다. 외부 기업의 서비스 내에서 발생하는 MVL 코인 결제에 대한 수수료를 일부 취득함으로써 수익을 창출하게 된다.

MVL 파운데이션은 자체 암호화폐인 MVL 코인 기반의 네트워크인 MVL 프로토콜을 통해 암호화폐 거래 내용 등의 중요 데이터를 투명하게 공유함으로써 데이터의 독점을 방지하고, 해킹 등의 문제로부터 보호한다. 또한 MVL 프로토콜을 다양한 모빌리티 서비스에 적용함으로써 향후 모빌리티 전주기에 해당하는 모든 서비스들이 서로 연계되어 가치를 창출할 수 있다.

MVL 등급은 총 여섯 등급으로 나뉘며, 등급에 따라 포인트에서 암호화폐로의 교환 비율과 교환 가능 시기, 수수료, 서비스 관련 보상 등에서 차등을 두고 있다. MVL 등급을 결정짓는 것은 마일리지 포인트(MMP)와 행동 포인트(MBP)가 된다. MMP란 운전자와 승객이 주행 데이터를 제공함에 따라 받는 포인트이며, MBP는 참여자의 친사회적 행동을 유도하기 위해 부여되는 포인트이다. MBP는 친사회적 행동과 반사회적 행동으로 분류되는데 백서를 통해 각 행동에 대한 규정과 가중치를 정확히 규정하고 있다. 이때 승객의 리뷰 항목별 가중치가 운전자의 MBP에 영향을 주게 되는데 MBP, MMP, MVL 등급 포인트를 포함한 거래기록과 개인 기록, 운전자의 주행 특성 등이 블록체인 상에 저장되어 신뢰와 투명성을 확보할 수 있다.

암호 화폐의 설계도 중요하지만, 블록체인 기반 비즈니스 모델에서는 암호화폐가 단순 매도로 이어지지 않도록 생태계 내에서 유지하기 위해 노력해야한다. 따라서 MVL은 교환시기에 따른 마일리지의 암호화폐로의 교환 비율을 조정하고 암호화폐로 모빌리티 서비스 또는 비모빌리티 상품을 구매할 수 있도록 하며 외부 서비스 운영 기업으로부터 프로토콜 이용료를 암호화폐로 지급받는다. 이때 외부 서비스 운영 기업에게 MVL 코인을 일정량 이상 유지하면 광고 노출 순위를 높여주는 등을 통해 외부 매도의 가능성을 낮추고 코인의 가치를 유지하여 MVL 생태계를 유지하고 있다. 현재는 네트워크의 초기 단계이므로 MVL 코인의 보유자 수가 많지 않고 코인의 활용 가능의 폭이 좁기 때문에 코인 외에도 현금, 카드 등을 함께 사용하여 결제할 수 있도록 함으로써 사용자 친화성을 높이고 있다.

사물인터넷(IoT: Internet of Things)

사물인터넷의 정의

사물인터넷이란 세상의 모든 물건에 통신 기능이 장착되어 정보를 교환하는 상호 소통이 가능한 인프라를 뜻한다. 사물인터넷이라는 용어를 처음 사용한 사람은 P&G의 연구원이었던 케빈 애쉬톤(Kevin Ashton)이다. 그는 1999년 "RFID와 기타 센서를 일상의 사물에 탑재하면 사물인터넷이 구축될 것"이라고 말했다. 사람이 개입하지 않아도 사물들끼리 알아서 정보를 교환할 수 있게 된다는 뜻이다. 유럽연합의 공동연구 프로젝트인 카사그라스(CASAGRAS)에서는 사물인터넷을 "데이터 캡쳐 및 통신 기능의 가용성을 활용해 물리적 객체 및 가상 객체를 연결하는 글로벌 네트워크 인프라로 기존의 인터넷을 포함 한다"라고 정의하고 있다.

인터넷은 커뮤니케이션을 목적으로 여러 대상들을 연결하는 수단이다. 현재까지 인터넷은 '사람과 사람 간'의 커뮤니케이션 용도로만 주로 활용되었다. 사물인터넷은 '사람과 사물 간', '사물과 사물 간'까지 커뮤니케이션을 확장한 것이다.

👫 IoT 관련 주요기술

IoT의 3대 주요 기술은 센싱 기술, 유무선 통신 및 네트워크 기술, 그리고 ICT 서비스 인터페이스 기술이라고 볼 수 있다.

- 센싱 기술: 온도, 습도, 열, 가스, 초음파 센서 등에서 원격 감지, 레이더, 위치, 모션, 영상 센서 등 유형 사물과 주위 환경으로부터 정보를 얻을 수 있는 물리적 센서를 포함한다.
- 유무선 통신 네트워크 인프라 기술: 인간과 사물, 서비스를 연결시킬 수 있는 모든 유·무선 네트워크를 말한다.
- IoT 서비스 인터페이스 기술: 응용서비스와 연동하는 역할로 정보 센싱, 가공·추출·처리, 저장, 판단, 상황 인식, 인지, 인증, 데이터 마이닝 기술, 웹서비스 기술, 소셜 네트워크 등 서비스 제공을 위해 인터페이스 역할을 수행한다.

👫 사물인터넷의 활용사례

- 아마존 대쉬(Dash): 아마존은 식료품 사이트인 아마존 프레시와 연동해 소비자가 필요한 상품을 집에서도 쉽게 주문할 수 있는 '대쉬'라는 스마트 기기를 개발했다. 고객들은 대쉬에 원하는 제품의 이름을 말하거나 제품 바코드를 수캔하는 방법으로 자신이 원하는 구매목록을 작성할 수 있다. 고객들은 아마존 프레시 계정에 자동으로 등록되며 주문 승인 후 24시간 내에 배송된다. 아마존 대쉬에서는 사물인터넷 기술과 쇼핑을 결합한 사례로 볼 수 있다.

■ 나이키의 퓨얼 밴드(FuelBand): 나이키는 모바일 단말과 연동하여 사용자의 운동내역을 체계적으로 기록하고 관리할 수 있는 '나이키 플러스 퓨얼 밴드'를 개발하였다. 퓨얼 밴드는 사용자에게 수면 상태 정보나 음식 섭취 정보, 그리고 걸음 횟수 등의 정보를 제공해준다. 나이키의 퓨얼 밴드는 사물 인터넷 기술과 헬스케어를 결합한 사례이다.

■ 스페인 바로셀로나의 스마트 시티: 스페인 바로셀로나 시는 도시 중심지에 '스마트 시티' 솔루션에 대해 시범 운행을 실시하였다. 그 중 대표적인 서비스가 '스마트주차시스템'이다. 바르셀로나 도로의 아스팔트에는 지름 약 15Cm의 동그란 센서가 심어져있다. 이를 통해 차량 유무를 감지한 뒤 주차 여부를 판단한다. 센서는 주변에 설치돼 있는 Wi-Fi 가로등과 무선으로 연결돼 있어 주차장에 차량이 주차하는 즉시 '주차 중'이라는 정보를 보내게 된다. 주차 관련 스마트폰 앱인 '파커'를 비어 있는 주차 공간을 실시간으로 파악할 수 있기 때문에 운전자는 시간과 연료를 아끼고, 시는 교통 체증을 줄이는 효과를 얻고 있다.

■ 의류 브랜드 스파오(SPAO): 이랜드 의류 브랜드 스파오와 공동으로 미러 디스플레이와 카메라, LTE망 기반의 사물 인터넷 기술이 융합된 '유플러스 보드'는 사물 인터넷을 기반으로 터치조작이 가능한 멀티 미디어 기기다. 보드에 탑재된 카메라는 고객이 옷을 입은 360도 모습을 촬영해 보여주며, 촬영한 사진을 자신의 스마트폰을 보내거나 출력할 수도 있다. 매장을 찾은 고객들은 U+ 보드를 이용해 옷을 입어보고 피팅감을 확인하거나, 옷을 입고 촬영한 사진을 SNS로 즉석에서 공유할 수도 있다.

■ 스마트 시티: 사물 인터넷 기반 스마트 시티는 여러 분야에서 활용될 수 있다. 스마트 가로등, 스마트 교통정보, 스마트 파킹, 스마트 쓰레기통 등이 있다. 스마트 가로등 서비스는 에너지 절감뿐 아니라 소음, 진동 센서를 통해 사고를 감지하고 CCTV를 통해 모니터링이 가능해 사고를 사전에 예방할 수 있다. 스마트 교통 정보는 혼잡구간 안내 및 우회도로 유도해 안전하고 쾌적한 도로환경을 조성하는 서비스다. 극심한 교통 체증 등 도시 내 교통 문제를 개선하는 방법 중 하나는 CCTV를 단순 확인용 영상에 그치지 않고 영상을 분석, 판단, 결정할 수 있는 시스템으로 구축하는 것이다. 스

마트 파킹은 주차장과 운전자가 모바일로 소통할 수 있는 서비스로 주차공간을 신속하게 찾을 수 있는 실시간 주차 서비스를 제공하고 있다. 스마트 쓰레기통은 IoT 디바이스로 쓰레기 수거 관련 정보를 수집하고, 해당 데이터를 플랫폼 서비스를 통해 제공함으로써 관리자가 쓰레기 수거를 모니터링하고 이후 축적된 데이터를 바탕으로 정책적 의사결정의 지원하는 서비스이다.

딥러닝(Deep Learning)

딥러닝의 정의

딥러닝은 데이터를 처리하고 의사 결정에 사용할 패턴을 생성 할 때 인간 두뇌의 작동을 모방하는 인공 지능 기능이다. 즉 딥 러닝은 물체 감지, 음성 인식, 언어 번역 및 의사 결정에 사용하기 위해 데이터를 처리하는 데 있어 인간 두뇌의 작동을 모방 한 인공지능 기술이다.

딥러닝은 심층 신경 학습 또는 심층 신경망이라고도 하며 구조화된 데이터, 이미지, 텍스트 또는 사운드를 식별, 분류 및 분석할 수 있다.

딥러닝 구현 기술

■ 컴퓨터 비전(Computer Vision)

컴퓨터 비전의 유형은 이미지 분류 및 분할, 물체 감지 및 추적가 있다.

① 이미지 분류 및 분할

딥러닝 모델은 이미지를 다른 이미지와 구별하고 미리 정의된 레이블이 지정된 범주를 사용하여 이미지를 분류한다. CNN(Convolutional Neural Networks)은 딥러닝 네트워크이며 대부분 이 영역에서 사용된다. 이미지 분류 및 세분화 알고리즘은 일상 활동에서 미래 기술에 이르기까지 다양한 영역에서 사용된다.

• 의료 영상 분석

- 자율주행차
- 지문, 홍채 및 얼굴 인식

② **물체 감지 및 추적**

이미지에는 다양한 객체가 포함되며 이러한 객체의 위치 파악 및 분류를 위해 객체 감지 알고리즘이 적용된다. 객체 감지 모델은 객체 주위에 경계 상자를 만들고 경계 상자 내의 객체를 결정한다. 물체를 감지한 후 물체 추적을 구현할 수 있으며, 객체가 경계 상자에서 이동할 때 객체 추적 모델은 이 객체를 다음 이미지로 추적하고 경계 상자를 업데이트한다.

- 이미지에서 얼굴 인식
- 사진이나 이미지에서 특정 개인을 식별

■ **자연어 처리(NLP)**

자연어 처리 알고리즘은 텍스트 또는 구두 형식의 자연어 데이터를 해석하고 분석한다. 그것은 음성의 차이를 기반으로 인간의 언어, 말을 생성하거나 말하는 사람을 식별할 수 있다.

NLP 딥러닝 애플리케이션에는 음성 인식, 텍스트 분류, 감정 분석, 텍스트 단순화 및 요약, 쓰기 스타일 인식, 기계 번역, 텍스트 음성 변환 작업이 포함된다.

- 가상 음성/스마트 비서
- 이메일 필터
- 자동 수정 및 자동 완성 텍스트 검사
- 챗봇과 소통
- 실시간으로 언어 번역

■ **자동화된 예측**

딥러닝 모델은 다른 기계 학습 방식에 비해 더 우수하고 가치 있는 예측을 제공한다. 특히, 대량의 고품질 훈련 데이터를 사용할 수 있는 경우에 더욱 유용하다. 심층 인공 신경망(deep artificial neural networks)을 기반으로 하는 예측 모델은 방대한 양의 데이터로 작업하고 비선형 관계를 실현하며 복잡한 패턴을 파악할 수 있게 한다.

🏦 딥러닝 활용사례(자율주행)

자율주행은 딥러닝 기술을 활용하는 산업 중의 대표적인 분야이다. 자율 주행 기술관련 기업으로는 구글, 테슬라, 우버, 바이두 등이 있다. 이들 기업은 딥러닝을 통한 자기 학습을 통해 자율 주행 기술을 구현하고 있다. 자율 주행 자동차는 인지, 판단, 제어 등 세 가지 기능을 필요로 한다.

- 인지 기능: 카메라, 레이터, 라이다 등 차체 내 센서 정보를 처리해 주변 환경 정보를 알아차리는 것
- 판단 기능: 인지된 정보를 이용하여 주행 중 발생할 일을 미리 예측하여 가장 안전하고 빠른 차량 궤적을 만들어 내는 것
- 제어 기능: 생성된 차량 궤적을 부드럽고 정확하게 따라갈 수 있도록 운전대, 브레이크, 액셀레이터 등을 적절하게 조작하는 것

자동차는 도로를 주행하며 다양한 센서를 동원하여 빅데이터를 형성하며, 데이터는 클라우드로 공유된 후 자율 주행 자동차의 딥러닝 알고리즘 학습에 활용된다. 빅데이터를 통한 딥러닝 학습은 한층 발전된 자율 주행을 가능케 할 것이며, 자율 주행으로 생성된 빅데이터는 다시 공유, 학습될 것이다. 이러한 데이터와 학습이 지속적으로 반복되면서 더 안전하고 편리한 자율 주행을 발전시켜 나간다.

빅데이터(Big Data)

🏦 빅데이터의 정의

빅데이터(BigData)는 기존 데이터베이스 관리도구의 능력을 넘어서는 대량(수십 테라바이트)의 정형 또는 비정형의 데이터 집합조차 포함한 대용량의 데이터로부터 가치를 추출하고 결과를 분석하는 기술이다. 즉, 빅데이터란 기존의 데이터베이스로는 처리하기 어려울 정도로 방대한 양의 데이터를 의미한다.

👥 빅데이터 기술

빅데이터 기술은 빅데이터 수집, 저장, 공유, 처리, 분석 및 시각화로 구분
된다.
- 수집: 데이터 원천으로부터 데이터를 검색하여 수동 또는 자동으로 수집
- 저장: 데이터 크기에 상관없이 저렴한 비용으로 빠르고 쉽게 저장
- 공유: 시스템 간의 데이터 공유, 협업 필터링 등
- 처리: 대용량 데이터의 저장, 수입, 관리, 유통, 분석 과정 처리
- 분석: 데이터를 효율적이고 정확하게 분석하여 비즈니스 등의 영역에 적용
- 시각화: 다양한 차트와 관계 등을 시각화하여 데이터 탐색 및 결과 해석
  등에 활용

👥 빅데이터의의 활용사례

ZARA는 프로모션을 거의 하지 않는 일관된 가격 정책과 높은 브랜드 로열
티로 잘 알려진 대표적인 SPA(Specialty store retailer of Private label Apparel) 브랜드
이다.

ZARA의 성공 비결엔 여러 이유가 있다. 그중 하나는 빅데이터를 활용한 전
략이다. 증강현실과 AI 기술을 이용해 온라인과 오프라인이 하나처럼 움직이도
록 만들며 전 세계 구석구석에서 취합되는 소비자 행동, 패션 트렌드, 소셜네트
워크상의 정보들을 통해 사람들이 어디로 모이는지, 무엇에 관심이 증가하는지,
무엇을 사는지 등 빅데이터와 고객이 남긴 모든 데이터를 취합해 예측한다. 어
느 소재를 쓸 것인지, 어느 색상으로 할 것인지, 어느 사이즈가 좋은지, 언제 매
장에 내놓아야 하는지, 어느 매장에서 팔리고 안 팔릴지, 몇 장을 만들어야 하는
지, 심지어 어느 매장은 폐점하고 어느 자리에 새롭게 매장을 만들어야 하는지
등등 사람이 아닌 기술로 예측해서 하나하나 실험을 통해 결정해 나가고 있다.
그 정확도가 이제는 90%를 넘어섰다.

ZARA는 항공 운송 및 자재 생산 등을 통해 의류의 디자인 선정 이후 원자
재 구매, 생산, 출고, 진열에 이르기까지 공급망 리드타임을 3주 전후로 획기적

으로 줄이고, 전 세계 수천 개에 달하는 매장의 POS 기기, 온라인 판매, 설문조사, PDA 기기, 의류에 부착된 RFID 등으로부터 수집한 일별 데이터를 분석해 시장의 변화에 즉각적으로 대응하는 QR(Quick Response) 시스템을 갖추었다. 불확실한 고객 수요에 대응해 공급망 네트워크 및 상품 개발 프로세스를 통합하고 빅데이터 분석을 활용했다.

ZARA 전략의 핵심은 생산 시점을 최대한 지연해 불규칙한 수요에 유연하게 대응하는 지연 전략(Postponement Strategy)이다. 지연 전략의 강점은 수요 예측의 정확성과 시간 격차와의 역 상관관계로 설명할 수 있다. 기본적으로 수요 예측은 수요 발생 시점과 멀어질수록 정확도가 떨어지게 된다. 수요 예측을 수개월 전에 미리 진행하게 될 경우 미래에 발생하게 될 실제 매출과의 변동성이 커지게 되므로 매출 기회 혹은 과다 재고의 리스크가 발생할 수 있어 ZARA는 글로벌 네트워크를 통해 확보한 빅데이터 분석을 통해 시즌 전 재고량을 최소화하는 지연 전략을 사용한다.

공유경제(Sharing Economy)

공유경제의 정의

공간을 재정의하는 공유경제는 '공유경제'는 '하나를 여럿이 나눠 쓰는 것'이라고 정의할 수 있다. 공유 경제라는 용어는 매우 넓게 해석될 수 있다.

1984년, 하버드대학교의 마틴 와이츠먼 교수가 '공유 경제: 스태그플레이션을 정복하다'라는 논문을 펴냄으로써, 공유경제의 개념이 처음으로 등장했다. 2008년 하버드대학교의 로렌스 레시그 교수가 공유경제가 무엇인지 가장 구체적으로 설명하였다. 레시그 교수는 '상업 경제(Commercial Economy)'를 대척점에 세워두고 문화에 대한 접근이 가격에 의해 규정되지 않고 사회적 관계의 복잡한 조합에 의해 규정되는 경제 양식을 의미한다고 공유경제를 정의하였으며 공유경제의 참여 동인을 '나 혹은 너'의 유익이라고 강조하였다.

공유경제가 시장 원리 보다 사회적 신뢰 같은 사회적 자본에 더 많이 의존하여 공통의 가치를 창출하는 네크워크 형태를 갖는다고 주장한다. 지금까지 공유경제 산업은 급격한 성장과 동시에 여러 문제에 직면하게 되었다. 예를 들면 우버(Uber)는 택시 산업과의 마찰이 있었으며 운전자의 자격 및 운전 능력 검증을 위한 테스트 유무 문제 등으로 기존 산업과의 마찰이 있었다. 또한 에어비앤비(Airbnb)는 호텔 산업과의 마찰 및 세금, 렌탈 요금, 숙소 미등록 등에 대한 명확한 법률 및 기준의 부족 등은 기존 산업과의 마찰을 일으키는 요인이 되었다. 이와 같이 공유경제가 기존의 산업과의 마찰과 문제에 대한 우려에도 불구하고 공유경제 관련 산업은 안정적인 경쟁력을 갖추고 있다.

공유경제의 특징

공유경제의 특징은 다섯 가지 요인으로 요약할 수 있다.
- 시장기반성: 제품의 교환 및 새로운 서비스의 등장이 가능한 시장을 창조한다.
- 고효율적 자본 이용: 자산과 기술에서부터 시간과 돈에 이르기까지 모든 자원이 가능한한 낭비 없이 완벽하게 사용될 수 있는 기회를 제공한다.
- 대중기반 네트워크: 위계가 있는 기업이나 국가가 아니라 분권화된 개인 집단이 자본과 노동력을 공급하며, 이 교환활동 역시 중앙집권적 제3자가 아니라 분산된 개인 집단이나 대중 장터에서 이루어진다.
- 사생활과 직업의 경계 모호화: 인력 제공 활동이 상업화하고 타인을 차에 태워주거나 방을 빌려주는 등 '사적인 일'로 치부되던 P2P 활동이 증가한다.
- 고용 형태의 변화: 전일제 일자리 상당수가 계약직 일자리로 대체된다.

공유경제의 활용사례

■ 우버(Uber)의 공유 차량

우버는 2010년 7월부터 '우버캡(Uber Cab)'이라는 이름으로 영업을 시작하였다. 2010년 10월, 우버캡은 '적절한 면허 없이 택시와 유사한 영업을 하고 있다'는 이유로 샌프란시스코 교통 당국과 캘리포니아 주 공공유틸리티 위원회로부터 영업 정지명령을 받았으며, 이후 자사의 브랜드명과 로고에서 '캡(Cab)'을 삭제한 후, '우버(Uber)'로 영업을 계속하였다. 우버는 캘리포니아 주 공공유틸리티 위원회와 지속적인 타협을 시도한 결과 2013년에 공공 안전을 위하여 기사들의 신원조사와 사고가 났을 경우에 대비한 보험을 전제로 합의에 도달하였고, 영업력 허가 받았다.

■ **위쿡의 공유 주방**

공유공간은 건물의 이용자가 함께 쓰는 시설과 공간을 뜻하며 사용 방법에 따라 비용을 지불하여 일정 기간 사적 공간으로 활용하기도 한다. 공유 공간 내에 공적 공간은 개방적이고 출입 단계를 거친 모든 사회문화적 배경의 사람들이 이용할 수 있다. 본래 식품위생법은 주방의 공유를 허락하지 않았다. 다수의 사업자가 한 주방을 공유하면서 창업하는 것은 불가능했다. 그러나 위쿡이 민간 공유주방 사업자 최초로 규제 샌드박스의 특례 시험 사업자로 선정되면서 푸드메이커들의 사업자 등록이 가능해졌고, 위쿡에서 만들어진 제품의 B2B 판매까지도 가능해졌다. 이렇게 2015년 설립된 국내 최초 키친 인큐베이터인 '위쿡'은 공유주방의 출발점으로 볼 수 있다. 공유주방의 형태는 다양하다. 여러 브랜드를 한 주방에서 운영하는 개념의 '가상 식당형'을 비롯해 한 공간에서 요리해 나눠 먹는 '소셜 다이닝형', 아침 점심 저녁을 각기 다르게 운영하는 '타임 쉐어링형', 일정 기간을 정하고 입주 셰프들을 선발하고 교육하는 '인큐베이팅형' 등이 있다. 이중 무엇보다 관심을 끌고 있는 개념은 배달음식플랫폼을 기치로 내세운 '배달형' 공유주방이다. 3~4년 전만 해도 외식업 성공률이 높지 않다는 점 때문에 배달형 공유주방 역시 창업이 활발하지 않았다. 하지만 배달앱 시장 규모가 급속하게 성장하면서 현재 서울을 중심으로 엄청난 속도로 활성화되고 있으며, 인천, 부천 등으로도 확산 중이다.

■ **Airbnb의 공유 숙박**

Airbnb는 2008년 8월에 캘리포니아주 샌프란시스코에서 로드아일랜드 디자인스쿨 학생인 브라이언 체스키(Brian Bhesky)와 조 게비아(Joe Gebbeia)가 비싼 집세를 보전하기 위해 간단한 웹사이트(airbedandbreakfast.com)를 개설하여 집을 빌려주었고, 이후 한때 룸메이트로 지냈던 네이선 블레차르치크(Nathan HBlechanrcyk)가 합류하여 에어베드&블렉퍼스트란 회사를 설립하였다. 전 세계 34,000개 이상의 도시에서 150만개 이상의 객실, 1,400 이상의 성을 보유하고 있으며 한국에는 2013년 1월에 진출하여 한국지사를 설립하였다. Airbnb의 가치는 세계적인 호텔체인인 하얏트, 인터컨티넨달, 스타우드 호텔 그룹 등을 능가한 수준이며, 현재 힐튼과 메리어트의 뒤를 바짝 쫓고 있다.

　　Airbnb는 공유경제 플랫폼인 Airbnb가 호스트라 불리우는 대여자, 게스트라 불리우는 이용자를 연결하여 숙박공유가 이루어진다. 객실 제공을 원하는 대여자인 호스트는 가격을 결정한 후, Airbnb 홈페이지에 장소를 등록한다. 게스트라 불리우는 이용자는 등록된 객실 목록 중 선택, 예약 후 결제를 진행한다. 중개자인 Airbnb는 거래 완료시, 객실 제공자로부터 대금의 3%, 객실 이용자로부터 6%~12% 수수료를 확보한다. Airbnb는 게스트가 호스트에게 예약을 신청함으로써 예약이 이루어지고, 숙박 후 호스트와 게스트는 서로에 대한 후기를 작성한다.

IoT, 도시를 바꾸다

　센서들이 네트워크로 연결된 사물인터넷, 이 새로운 변화의 물결이 우리가 사는 도시를 바꾸기 시작하였다. 예로부터 강한 힘을 가진 도시들이 살아남았다. 살아남은 도시는 인구가 많아지고 시장이 형성되었으며, 사람과 시장을 보호하기 위해 강한 군대가 필요해졌다. 그런데 도시가 커지고 강대해질수록 새로운 문제가 생겼다. 로마는 수도 문제에 시달렸고 파리는 쓰레기 처리에 골머리를 앓았다. 결국 도시의 공간도 제한된 자원이었기 때문이다. 18세기 영국에서 시작된 산업혁명은 인류에게 자연의 제약을 넘어서까지 자원을 늘려주었다.

　산업 혁명으로부터 200년 후, 그리고 지금으로부터 약 45년 전, 인류는 자원에 대한 새로운 해법을 찾았다. 그것이 바로 인터넷이다. 지구에 존재하는 모든 사물이 이제 주소 걱정 없이 서로 연결을 시도할 수 있게 되었다. 연결은 공간의 유한성과 시간의 제약을 극복했다. 도시 안의 모든 것들이 서로 연결되고 있다. 냉장고와 세탁기, 신호등과 가로등, 빌딩과 아파트, 이 모든 것들이 서로 연결되면서 우리는 이제까지 상상할 수 없었던 새로운 세상과 마주하고 있다.

1. 스마트 시티의 교통

　도로 위에서 자전거를 타고 가던 사람이 갑자기 넘어진다. 사고가 나자 쓰고 있던 헬멧이 지체 없이 자동으로 사고 상황을 병원에 알려준다. 병원은 헬멧이 보내 온 환자의 인적 사항과 현재 사고자의 몸 상태를 파악한다. 이 정보를 지체 없이 앰블런스에 전달한다. 앰블런스는 사고 현장에 도착하기 전에 어떤 처치를 해야 할지를 정확히 파악하고 준비한다. 차가 막힐 걱정은 없다. 앰뷸런스가 출발과 함께 경찰에 신호를 보내고, 경찰은 실시간으로 신호등과 교량의 통행 등을 조절해 최적의 도로 조건을 제공해주기 때문이다. 연결이 가져다 준 스마트한 삶, 사물인터넷이 만들어가는 스마트 시티의 시대가 오고 있다.

2. 스마트 시티의 사례

(1) 아일랜드 더블린

　아일랜드의 수도 더블린에는 글로벌 IT 기업 상위 10개 중 9개의 해트쿼터가 모두 모여 있다. 유럽에서 이 도시를 전 세계 IT의 심장이라고 부른다.

　더블린은 도시가 성장하면 피할 수 없다고만 생각해온, 해묵은 교통 체증 문제를 풀기 위해 도시 곳곳에 사물인터넷을 적용하기 시작했다. 더블린시의 교통 상황을 빠짐없이 파악할 수 있는 교통 센서들, 시간대별로 막히는 지역과 모든 교통 상황이 한눈에 들어온다. 도심의 주차장마다 센서를 설치해 시의 교통시스템과 연결했다.

　정보 분석 결과 교통정체를 유발하는 원인의 30%는 도로 위에서 주차할 곳을 찾고 있는 차들 때문이라는 사실을 파악한 후 즉시 도심의 주차장마다 센서를 설치해 시의 교통시스템과 연결했다.

　사람들은 집에서 차로 출발하기 전에 목적지 근처의 주차장이 얼마나 비었는지를 확인할 수 있다. 차량으로 이동하는 중에도 주차 공간을 미리 알아볼 수 있다. 그 결과 주차장을 찾기 위해 도로 위를 헤매는 차량이 현저하게 줄었다.

　더블린시는 교통 정체로 인해 발생하는 공해에 가장 큰 관심을 갖고 해법을 찾으려 했고, 원인을 다각도로 분석하고 그로 인해 발생하는 수백, 수천 가지의 예상치 못한 문제점들을 찾아내고 그 핵심적인 연결고리를 파악해서 해법을 찾아 갔다.

(2) 스페인 바르셀로나

　관광도시로 유명한 스페인 바르셀로나는 교통정체를 피할 수 없었다. 시스코(Cisco)가 바르셀로나 자치구와 협력해 쓰레기통에 센서를 설치하였다. 1차로가 많은 좁은 도로, 그 도로에 쓰레기 수거 차량이 정차하면 그 뒤에 있는 모든 차들이 쓰레기 수거가 끝날 때까지 기다려야 했다.

　쓰레기통에 센서를 단다는 의미는 쓰레기 수거 차량에 현재 쓰레기의 양이 얼마인지를 매 시간 알려주고, 더 이상 불필요한 정차를 하지 않게 되었다.

　바르셀로나는 이 일로 교통정체 해소, 그 이상을 얻었다. 교통정체로 해마다 수조원에 달하는 기회비용이 발생한다. 거리 위에 정차한 차들의 환경오염, 운전자가 낭비해야만 하는 시간, 교통이 막혀 지연되는 각종 비즈니스, 바르셀로나가 생각하는 궁극적인 목표는 이런 모든 문제들의 해결책을 마련하는 것이다. 쓰레기통에 센서를 다는 일이 스마트 시티를 향한 출발점이 된 이유다.

🌐 요약

본 장에서는 e-Business의 기술 구성 요소에 관련된 내용을 인터넷 기술을 중심으로 인터넷 이전 기술, 인터넷 기술, 차세대 기술로 구분해 보았다. 인터넷 이전 기술은 전자자금이체(EFT: Electronic Fund Transfer), 전자자료 교환(EDI: Electronic Data Interchange)이 해당되며, 인터넷 기술로는 월드와이드웹(WWW:World Wide Web), 인터넷 표준 프로토콜(TCP/IP: Transmission Control Protocol/Internet Protocol), 데이터 압축 기술, HTML(Hyper Text Markup Language), XML (eXtensible Markup Language), 에이전트(Agent), Java, ASP(Active Server Page), CGI(Common Gate Interface) 등과, 아울러 인터넷의 기술을 통해 얻을 수 있는 다양한 서비스들을 살펴 보았다. 그리고 차세대 기술로는 향후 무선 기술(Wireless Technologies)의 발전 방향과 WAP(WAP: Wireless Application Protocol), i-Mode 등 최신 기술 및 일반적인 e- Business 보안 문제 지불 문제와 그 해결 방안을 제시해 보았다. 아울러 4차 산업혁명 관련 기술의 개념 설명 및 적용 사례에 대해 알아보았다.

🌐 주요용어

AGENT
CGI
EDI
GSM
i-Mode
Java
SET
SSL
TCP/IP
WAP
Block Chain
Big Data
Deep Learning
Sharing Economy

🌐 토의

1. e-Business 기반이 되는 기술 요소들은 무엇인가?
2. e-Business 결제 방식 중 전자화폐 결제 방식의 유형과 장단점은?
3. 에이전트(agent)란 무엇인가?
4. 빅데이터가 실생활에서 어떻게 활용되는지 설명해보세요.
5. 공유경제를 사례를 들어 설명해보세요.

🌐 참고문헌

Kenneth C. Laudon, Carol Guercio Traver, 전자상거래, 시그마프레스, 2015

강명구, 4차 산업 혁명 이야기, 키출판사, 2018

구교봉, 이종호, 소셜네트워크를 활용한 전자상거래, 탑북스, 2014

김성준, 빅데이터, 인재를 말하다, 인더비즈, 2014.

김용태, 손정의가 선택한 4차 산업혁명의 미래, 연암사, 2018

김용호, 최동운, 권형남, 전자상거래, 형설출판사, 2011

김진형, AI 최강의 수업, 매일경제신문사, 2020

닛케이 BP사, 세계시장을 주도할 크로스 테크놀로지 100, 나무생각, 2018

레이 갤러거, 에어비앤비 스토리, 다산북스, 2017

로빈체이스, 미래 비즈니스 모델의 탄생 공유경제의 시대, 신밧드 프레스 2016

롤랜드버거, 4차 산업혁명, 이미 와있는 미래, 다산, 2017.

박광열, 이인형, 박정환, 포여원, 블록체인 세계의 이해와 응용, 한올, 2019

박항준, 공유경제의 완성 크립토 경제의 미래, StarRich Books, 2018

아룬 순다라라잔, 4차 산업혁명 시대의 공유 경제, 교보문고, 2018

연대성, 디지털 트렌드 2020, 책들의 정원, 2019

이상수 편저, 제4차 산업혁명 시대의 주요기술, 바른북스, 2019

정창덕, 전자상거래 이론과 실무, 한올출판사, 2017

조성준, 세상을 읽는 새로운 언어 빅데이터, 21세기북스, 2019

주재훈, 전자상거래, 탑북스, 2017

최진기, 한권으로 정리하는 4차 산업혁명, 이지퍼블리싱, 2018

커넥팅랩, 사물인터넷, 미래의 창, 2014

한국경제 TV 산업팀, 4차 산업혁명 세상을 바꾸는 14가지 미래기술, 2016

김진현, 공유경제의 확산 및 제도화: Uber의 사례를 중심으로, 한국사회학회 사회학대회 논문집, pp. 283-284, 2019

박수현, 블록체인기반 공유경제 비즈니스 모델의 사례 연구, 건국대학교 석사학위논문, 2020

송순영, 에어비앤비(Airbnb)사례를 통해 본 공유경제 관련 법 제정 현황 분석, 소비자정책동향, 64, pp. 19-36, 2015

이경민, 배채윤, 정남호, 4차 산업혁명 시대의 공유경제 생태계 정책 제안(우버를 중심으로), 지식경영연구, 19(1), 2018

이면성, 사물인터넷(IoT)기반 스마트시티 실증서비스 주요 현황 및 사례, 한국통신학회지(정보와 통신), 34(9), pp. 3-8, 2017

임철수, IoT 서비스 활용사례 분석 및 산업 활성화 이슈, 한국 차세대 컴퓨팅학회 논문지, 11(6), pp. 41-50, 2015

전현영, 김정현, 공유 형태가 나타나는 공유주방 사례분석, 대한건축학과 학술발표대회 논문집, 40(1), pp. 55-58, 2020

🌐 웹사이트

http://www.csee.umbc.edu/agents

http://www.kisa.or.kr

http://www.signal.or.kr

http://www.terms.co.kr

https://blog.lgcns.com/2096

https://imkmc.tistory.com/4

https://joyrichard.tistory.com/72

https://research.aimultiple.com/deep-learning-applications/

https://www.axis.com/blog/secure-insights-kr/2018/05/28/what-smart-city/

🌏 **기사**

「공유주방 위쿡, 푸드 산업 생태계를 바꾸다」, 시사저널, 1679호, 2021.12

「공유주방이란 무엇인가?」, 시그널, 2020.4.7

「말만 하면 주문 … 아마존 '대시' 공개」, 블로터닷넷, 2014

「반려동물 양육인구 1,500만 시대, 스마트 펫 용품 시장도 활기」, 동아일보, 2021.12.22

「주차 위성서비스, 와이파이 가로등 … '스마트 도시' 바르셀로나」, 조선비즈, 2013.11.1

「항공기 점검, 적군 정찰 … 군사용으로 영역 넓히는 드론」, 조선일보, 2021.12.22

e-Business 창업

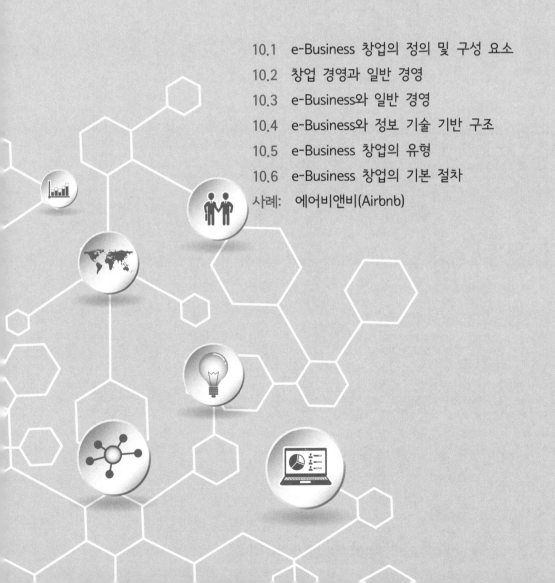

학습목표

e-Business 사업을 창업하고자 한다면 창업에 필요한 기본 절차들을
이해하는 것은 상당히 중요하다. 본 장에서는 먼저 창업의 정의 및 구성
요소, 창업의 유형을 살펴본 후 창업 절차에 필요한 각 단계별 세부 내용
에 관해 알아보고자 한다.

AI-Biz A to Z

10

e-Business 창업

e-Business 이야기

채팅앱 아자르 이야기

서울대 창업 동아리 회장 출신의 벤처 사업가가 일군 스타트업이 미국 기업에 약 2조에 팔린다. 이 회사는 2007년 인터넷 검색 업체인 레비서치를 창업해 미국까지 진출했다. 하지만 2008년 글로벌 금융위기로 회사가 무너지면서 8억원의 빚을 졌다. 김밥 집부터 옷가게, 스튜디오까지 10번이나 창업에 도전했지만, 하나도 성공하지 못했다. 그리도 도전을 멈추지 않았다.

영상 기반 채팅 앱(app, 스마트기기용 응용 프로그램) '아자르'를 서비스하는 하이퍼커넥트는 미국 데이팅 앱 '틴더'를 운영하는 매치그룹에 자사 지분 100%를 17억2500만달러(약 1조9000억원)에 매각하기로 합의했다고 밝혔다. 결국 이번 매각으로 배달의 민족(배민)에 이어 국내 스타트업 매각 규모 역대 2위의 결실을 맺게 되었다.

아자르는 국내에 많이 알려진 서비스는 아니다. 오히려 글로벌 시장에서 더 유명한 앱이다. 비디오 커뮤니케이션(WebRTC)과 인공지능(AI) 기술을 기반으로 전 세계 이용자를 일대일로 연결하는 서비스이다. 현재 230개국에서 19개 언어로 서비스되며, 글로벌 이용자가 99%에 달한다.

아자르가 단순히 '반짝 유행'에 그치지 않은 건 우수한 기술력 덕분이다. 하이퍼커넥트는 해외 모바일 환경이 우리나라만큼 우수하지 않다는 데 착안해 끊김 없이 영상통화를 할 수 있는 서비스를 내놓는 데 집중했다. 하이퍼커넥트는 세계 최초로 웹 RTC(Real-Time Communication) 기술을 모바일에 적용한 하이퍼 RTC 기술을 개발했다. 또 자체 개발한 AI(Artificial Intelligence) 기술을 통해 모바일 기기의 소용량 메모리, 느린 처리 속도를 극복했으며, 실시간 음성 번역 기능을 지원해 언어 장벽을 없앴다.

위와 같이 기술력을 앞세워 현지 안착에 성공한 것이 아자르의 주요 성공 요인이 될 수 있다.

〈ECONOMY CHOSUN 2021.2.22.〉

10.1 e-Business 창업의 정의 및 구성 요소

일반적인 창업의 정의는 경영 역량을 가진 사업자가 헌신적으로 사업을 하려는 동기를 갖고 수익 잠재성이 있는 사업 영역에서 사업 추진 지지 세력들의 도움을 받아 경영 활동을 하는 것을 의미한다. 중소기업창업지원법에 의하면 창업이라 함은 새로운 사업자(법인 또는 개인 사업자)로서 기존 사업과 연관이 없이 원시적·실질적으로 사업을 개시하는 것을 의미한다. 이에 반해 e-Business 창업이란 인터넷을 활용하여 수익을 창출하고자 하는 사업의 시작을 의미한다. 인터넷이라는 매체를 이용하여 24시간 내내 영업을 할 수 있고, 세계의 고객들을 대상으로 사업을 하기 때문에 시·공간의 장벽이 무너지고 있고 무한한 가능성이 있다. 또한 건물 임대료, 물류 창고 등 창업의 부대비용 없이도 e-Business 창업에 관심을 갖고 있는 사람이면 누구나 다양한 아이템을 갖고 소자본으로 창업을 시도할 수 있다.

기업 경영의 제반 구성 요소들을 체계적으로 갖추어 나갈 때 창업가는 창업 기업을 세울 수 있다. 제반 구성 요소들 중에서 가장 핵심적인 요소들은 다음과 같다.

👪 아이디어

사업을 시작할 때 가장 중요한 요소는 잠재적 시장과 제품이나 서비스에 대한 아이디어이다. 사업이 성공적으로 운영되기 위해서는 차별화된 아이디어가 빠른 시간 내에 구체화되어야 한다.

👪 기술적 노하우

기업의 제품이나 서비스를 창출하기 위해서는 전문적인 기술이나 지식이 있어야 한다. e-Business 창업을 위해서는 내부적으로 e-Business를 구현할 수 있는 기술적 능력이 필요하다. 만약 내부 자체에서 e-Business를 구현할 능력이 없다면 아웃소싱을 해야 한다.

인맥

사업의 구상 단계에서부터 성장 단계에 이르기까지 창업자는 주변인과 인적인 관계를 갖게 된다. 사업을 순조롭게 추진하기 위해서는 이러한 특정인들과의 친분 관계를 적극적으로 활용해야 한다. 즉 비공식적인 인맥(가족, 친지)이나 공식적인 인맥(변호사, 공무원, 회계사)을 통하여 조언을 구하고, 창업에 필요한 아이디어를 얻을 수 있다. 특히 e-Business 창업인 경우에는 독특한 아이디어를 가상공간에 옮겨놓을 수 있는 기술력을 가진 인적 자원이 상당히 중요한 역할을 한다.

물리적인 자원

사업을 준비하고 운영하기 위해서는 기초 자본금, 사업 운영 자금, 설비 자산 등의 물리적 자원이 필수적이다. 일반적인 창업과 달리 e-Business를 창업할 때 필요한 물리적인 자원은 건물, 설비 자산과 같은 물적 자산보다는 정보 기술 기반 구조(하드웨어, 소프트웨어, 통신장비 등) 관련 물리적인 자원이 필요하다.

아무리 우수한 아이디어로 사업을 시작하였다 하더라도 고객의 주문이 없이는 어떠한 사업도 성공할 수 없다. 즉 고객과 시장으로부터 지속적인 호응을 얻는 것은 기업의 생존에 필수적인 요소이다.

10.2 창업 경영과 일반 경영

일반 경영자들에 비해 창업가는 제품과 서비스를 고객과 시장의 요구에 맞추는 능력 및 새로운 기업을 성공적으로 창업하고 성장시키는 데 필요한 자원을 찾아 활용하는 능력과 현재 갖고 있는 자원에 상관없이 사업 기회를 적극적으로 찾고자 하는 의지가 상당히 높다. 〈표 10-1〉에서는 전략적 관점, 기회에의 대처, 자원의 투입 과정, 자원 통제의 개념, 경영 관리 구조 및 보상 정책 등 여섯 가지 측면에서 기존 기업의 관리적 경영과 창업 경영에 대한 비교 내용을 제시하였다.

표 10-1 창업 경영과 일반 경영의 비교

주요 사업 차원	관리적 경영	창업 경영
전략적 관점	주어진 자원의 한계 내에서만 사업 기회를 찾음	주어진 자원의 한계를 넘어서더라도 사업 기회를 인지하고 추진함
기회에의 대처	설정된 사업 기회에 대해 매우 장기적으로 대처함	단기적인 관점을 갖고 기회를 적극적으로 활용함
자원의 투입	일단계 의사 결정으로 자원을 집중적으로 투입	주요 의사 결정 단계에 따라 다단계로 자원을 투입함
자원의 통제	기업이 직접적으로 소유하고 있는 자원의 한계 내에서만 경영 활동을 고수함	자원의 소유보다는 자원 활용에 그 초점을 맞춤
경영 관리 구조	공식적으로 수직적인 위계 구조 하에서 주어진 권한을 행사하고 책무를 수행함	기업이 직접적으로 통제하지 못하는 자원을 원활히 조달하고 조정함
보상 정책	팀보다는 개인 중심의 인센티브	팀 중심의 경영을 지원

10.3 e-Business와 일반 경영

　　e-Business는 부서 간에 협동적인 조정을 필요로 하며, 정보 기술이 매우 중요한 역할을 한다. 따라서 시스템과 기술 간의 통합이 필요하다. 〈표 10-2〉는 각각의 속성에 대해 일반 경영과 e-Business와의 차이점을 보여주고 있다.

표 10-2 일반 경영과 e-Business와의 차이점

속성	일반 경영	e-Business
경영 관점	거래는 사업을 지원함	거래는 사업의 미래에 결정적으로 중요함
경영 통제	부서 간에 분산됨	중앙 집중적으로 조정됨
기술과 시스템	분산됨	통합됨
정보 기술의 역할	지원적임	통합의 역할이 큼
아웃소싱	사용 가능성 낮음	사용 가능성 높음
위험 가능성	낮음	높음

10.4 e-Business와 정보 기술 기반 구조

현재의 경영 활동들과 컴퓨터·통신 기술은 밀접한 관련성이 있다. 인터넷, 전화, 컴퓨터 네트워크, 전자메일, 음성 메일, 팩스 등은 경영 활동을 지원해 주는 정보 기술 기반 구조이다. 또한 시스템을 운영하는 하드웨어, 네트워크, 그 밖의 소프트웨어 역시 정보 기술 기반 구조의 한 영역이기 때문에 창업가는 이런 부분에 대해서도 소홀히 해서는 안 된다. 즉 부적합한 정보 기술 기반 구조는 e−Business에 부정적인 영향을 미치기 때문에 정보 기술에 대한 바른 인식은 e−Business의 성공에 밑거름이 될 수 있다.

e−Business는 새로운 기술과 시스템이 필요하며 이런 기술과 시스템들은 기업에서 현재 사용하고 있는 시스템과 공유가 되어야 한다. 또는 현재의 시스템을 e−Business를 지원할 수 있는 시스템으로 수정해야 하지만 대부분 현재의 시스템이 e−Business에 필요한 통합 수준과 신속성에 부합하지 못하기 때문에 힘든 작업이 될 수 있다.

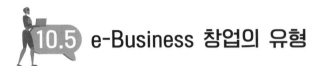

10.5 e-Business 창업의 유형

e-Business는 e-Business의 실행 주체, 대상 경영 기능, 제공 서비스 특성에 따라 여러 가지 유형으로 구분될 수 있다. 각각의 구분 기준에 따라 e-Business 구현 유형을 분류해 보면 〈표 10-3〉과 같다.

표 10-3 e-Business 구현 유형

구분 기준	구현 모형
e-Business 실행 주체	전통적 제조 업체의 e-Business 전환
	전통적 서비스 기업의 e-Business 전환
	신규 창업 기업의 e-Business 사업
	정부 및 공공 기관의 e-Business 사업
대상 경영 기능	전사적 자원 관리(ERP: Enterprise Resource Management)
	고객 관계 관리(CRM: Customer Relationship Management)
	공급망 관리(SCM: Supply Chain Management)
	전략적 기업 관리(SEM: Strategic Enterprise Management)
	제조물 문서 관리(PDM: Product Document Management)
	인터넷 마케팅(IM: Internet Marketing)
제공 서비스 특성	전자상거래(Electronic Commerce)
	커뮤니티(Community)
	콘텐츠(Contents)
	인터넷 서비스 제공(ISP: Internet Service Provider)
	인터넷 소프트웨어(Internet Software)
	인터넷 금융(Internet Financing)
	인터넷 교육(Internet Education)
	인터넷 방송(Internet Broadcasting)

　　e-Business 실행 주체에 따라 전통적 제조업체의 e-Business 전환, 전통적 서비스 기업의 e-Business 전환, 신규 창업 기업의 e-Business 사업, 정보 및 정부 기관의 e-Business 사업 등 네 가지 구형 모형으로 분류할 수 있다. 대상 경영 기능 기준에 따라서는 전사적 자원 관리, 고객 관계 관리, 공급망 관리, 전략적 기업 관리, 제조물 문서 관리, 인터넷 마케팅으로 분류되는데, 이 중에서 고객 서비스 및 마케팅 관리를 수행하는 e-CRM이나 물류 및 유통 관리를 하는 e-SCM은 최근 주목받고 있는 e-Business 사업 영역이다.

　　제공 서비스 특성에 따라 8가지 분류 유형의 특성을 자세히 살펴보면 다음과 같다.

전자상거래

　　물품을 팔거나 구매·판매자를 연결하는 기업으로 오프라인의 소매 유통이나 경매와 유사한 형태이다. 상거래 기업들은 마켓플레이스, 쇼핑몰, 경매 등의 사업 운용을 통해 많은 수익을 올리고 있다.

커뮤니티

　　커뮤니티는 온라인에서 네티즌들 간의 대화 공간을 제공해 주는 사업으로 국내의 대표적인 커뮤니티는 다음의 다음카페나 네이버 카페, 마이크로 소프트사에서 제공해 주는 MSN 커뮤니티 등이 있다.

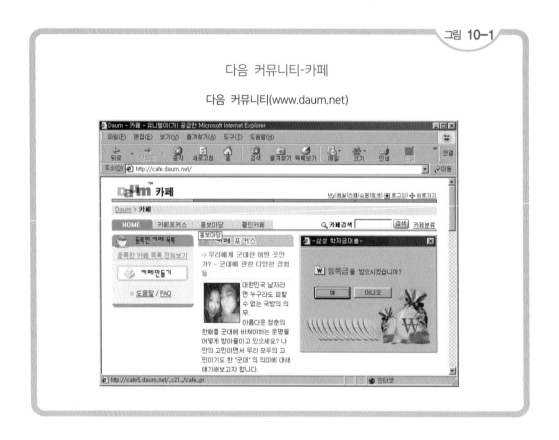

그림 10-1

다음 커뮤니티-카페

다음 커뮤니티(www.daum.net)

콘텐츠

콘텐츠 사업은 온라인 통신망을 통해 제공되는 디지털 정보를 통칭하는 말로 인터넷이나 PC 통신 등을 통해 제공되는 각종 프로그램이나 정보 내용물, CD-ROM 등에 담긴 영화나 음악, 게임 소프트웨어 등이 이에 속한다.

인터넷 서비스 제공(ISP)

인터넷 서버 제공자인 ISP 사업자는 호스팅, 기기 임대, 매매 절차, 정보 저장, 컨설팅, 디자인 등의 사업 유형을 말하며 e-Business 사업 활동에 필요한 폭넓고 다양한 서비스를 제공한다. 국내의 대표적인 ISP 업체는 아이네, 넥스텔 등이 있다.

그림 10-2

넥스텔 홈페이지(www.nextel.co.kr)

👥 인터넷 소프트웨어

기업 내·기업 간 통신과 상거래를 쉽게 하는 소프트웨어를 판매하는 기업들이 여기에 속하며 사업 모델은 소프트웨어 라이센스 이용료, 소프트웨어 유지 비용, 소프트웨어 호스팅·운영 서비스, e-Business 컨설팅 등으로 구성되어 있다.

👥 인터넷 금융

인터넷 금융은 인터넷을 활용하여 금융 거래·투자 정보 고객 정보 관리 등 과거의 금융 거래 방식과는 달리 금융 기관에 가지 않아도 집에서 쉽게 금융 거래를 할 수 있다. 인터넷 금융을 통해 사용자는 보다 편리하게 금융 서비스를 이용할 수 있고 금융 기관에서는 자금을 효율적으로 관리할 수 있게 되었다.

최근에 우리은행은 거래 고객이 인터넷 뱅킹에 접속하지 않고도 알림창을 통해 잔액, 입금 내역, 결제 승인 요청, 환율, 금리 등 주요 금융 정보를 수시로

그림 10-3

우리은행 홈페이지(www.wooribank.com)

제공받을 수 있는 서비스를 시작하였다.

인터넷 교육

인터넷 교육은 초·중·고교나 대학 교육 과정 및 언어 등 다양한 교육 콘텐츠를 사이버 공간에서 제공한다. 특히 최근에 교육 시장 개방이 활발히 진행됨에 따라 누구나 전 세계의 교육 콘텐츠 서비스를 제공받을 수 있다.

사이버 교육의 선구자라고 할 수 있는 온스터디는 다양한 유·무료 교육 서비스를 제공하고 있다.

인터넷 방송

인터넷 방송은 온라인을 통해 영화, 음악, 오락, 교육 등 다양한 동영상 콘

그림 10-4

온스터디 홈페이지(www.onstudy.com)

텐츠 프로그램을 제공해 주는 서비스이다. 이미 기존 오프라인의 KBS, MBC, SBS 방송사들이 인터넷 방송 서비스를 제공 중이며, 그 밖의 크고 작은 수많은 인터넷 방송사들이 있다.

10.6 e-Business 창업의 기본 절차

e-Business를 창업하려고 준비하고 있는 사업자라면 e-Business 창업에 필요한 기본 단계에서 해야 할 일들을 미리 검토해야 할 것이다. e-Business 창업을 하기 위해서는 창업 예비 절차, 회사 설립 절차, e-Business 구축 절차에 관련된 활동들이 있다. 창업 예비 절차는 아이디어 개발, 아이템 선정, 시장

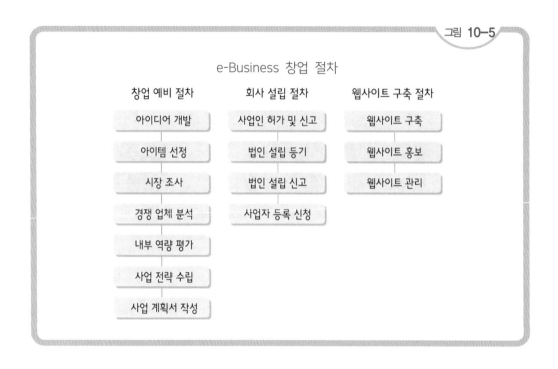

그림 10-5

e-Business 창업 절차

창업 예비 절차	회사 설립 절차	웹사이트 구축 절차
아이디어 개발	사업인 허가 및 신고	웹사이트 구축
아이템 선정	법인 설립 등기	웹사이트 홍보
시장 조사	법인 설립 신고	웹사이트 관리
경쟁 업체 분석	사업자 등록 신청	
내부 역량 평가		
사업 전략 수립		
사업 계획서 작성		

조사, 경쟁 업체 분석, 내부 역량 평가, 사업 전략 수립 단계가 포함된다. 회사 설립 절차 사업인 허가 및 신고, 법인 설립 등기, 법인 설립 신고, 사업자 등록 신청의 과정을 밟게 된다. e-Business 구축은 웹사이트 구축, 웹사이트 홍보, 웹사이트 전개 과정으로 이루어진다. [그림 10-5]에는 e-Business 창업의 각 절차에 대해 세부 단계가 제시되어 있다.

창업 예비 절차

👥 제1단계 아이디어 개발

창업은 좋은 아이디어에서 출발하며, 좋은 아이디어는 수익 창출 및 사업 성공의 근본적 토대가 될 수 있다. 창업가가 새로운 아이디어를 얻기 위해서는 기업 간 경쟁 상태나 기술 변화 등 변화의 추이와 창의적인 사고력이 필요하다.

- **■ 사업 기회 탐색**
  - 창업가는 사업에 대한 생각(Concept)에서 몇 가지 아이디어를 도출한다.
  - 도출된 아이디어의 평가: 사업 기회는 체계적인 분석과 비구조화된 창조성을 결합함으로써 인식될 수 있다.

👥 제2단계 아이템 선정

■ 아이템 정의

e-Business 창업을 시작하려 할 때 아이템을 선정하는 일은 매우 중요하며 선택된 아이템에 대해 몇 개의 단어로 명확하게 정의 내릴 수 있어야 한다. 아이템에 대한 정의가 명확하지 못하여 여러 가지 부연 설명이 필요한 비지니스는 소비자들에게 쉽게 어필할 수 없다. 따라서 e-Business 창업가는 간단한 몇 글자로 아이템을 정의할 수 있어야 한다.

■ 아이템 선택

아이템을 선택할 때 창업가가 잘 알고 있고, 정보의 흐름을 알 수 있는 아이템을 선택하는 것이 중요하다.

👥 제3단계 시장 조사

■ 목표 고객 선정

e-Business의 목표 시장을 고려하여 목표 대상 고객이 누구인지에 대해 명확한 설정을 해야 한다. 목표 고객에 대한 명확한 설정이 없다면 그 사이트는 목적지 없이 항해하는 배와 같게 된다. 즉 목표 고객에 대한 명확한 정의가 곧 진출하고자 하는 시장이 된다.

■ 목표 시장 선정

시장의 성장 가능성에 주목하여 시장을 선정해야 하며, 고객에 대해 잘 알지 못하는 시장은 아무리 가능성이 커도 무시해야 한다. 시장 조사를 통해 잘할 수 있는 것과 잘할 수 없는 것을 절대적, 상대적 기준에서 냉정하게 평가해야 한다.

■ 수익 원천 정의 및 매출액 추정

e-Business 사업에서 수익을 발생시키는 방법은 매우 다양하다. 즉, 광고, 판매, 거래 수수료, 회비, 정보 제공료 등이다. 동종 아이템으로 현재 e-Business를 수행하고 있는 기업을 대상으로 어떠한 수익 원천이 있는가를 조사한 후 명확하게 수익 원천을 정의해야 한다. 해당 아이템에 대해 e-Business 사업의 시장 규모, 시장 점유율을 추정하고 해당 사업의 경쟁력을 평가하여 매출 규모를 추정할 수 있어야 한다.

🏃 제4단계 경쟁 업체 분석

■ 경쟁 업체의 강약점 분석

경쟁 업체 분석의 핵심은 고객의 관점에서 경쟁 업체의 약점을 찾아내야 한다. 왜냐하면 경쟁 업체와 동일한 컨셉으로 e-Business를 하면 절대로 승리할 수 없기 때문이다.

■ 경쟁 업체의 웹사이트 분석

경쟁 업체의 콘텐츠, 커뮤니티, 상거래 등 다양한 측면에서 웹사이트를 분석해야 한다. 그리고 경쟁 업체 사이트뿐만 아니라 다른 분야의 웹사이트에 대한 분석도 중요하다.

🏃 제5단계 내부 역량 평가

■ 초기 투자비용, 운용비용 지원 능력

e-Business 사업을 하는 데에는 의외로 많은 자금이 들어간다. 간단하게 홈페이지 정도를 구축하는 것은 별로 비용이 안 들겠지만 본격적인 상업 사이트를 만들려면 많은 비용이 든다. 따라서 다양한 분석을 통해 필요한 자금 규모를 예측하고 초기 투자비용과 운영비용으로 나누어 예산을 설정한 후 비용 지원 능력을 가늠해야 할 것이다.

■ 강약점 분석

• 아이템에 대한 콘텐츠의 질과 양적인 면에서 경쟁 업체에 비해 진입 장벽

구축의 가능성

- 선택한 아이템에서 다른 기업·사람과 차별화되는 서비스를 제공할 수 있는 기술력
- 마케팅에서의 4P(Price, Product, Place, Promotion)의 우위성
- 유능한 인적 자원 보유성
- 비즈니스 모델의 우수성

🚶 제6단계 사업 전략 수립

■ 고객 충성도

고객을 이해하고 제품과 서비스를 제공할 때 개인별로 차별화된 서비스를 제공하며 고객이 원하는 것을 찾아 신속히 대응하는 것이 필요하다.

■ 제품과 서비스

모든 제품과 서비스를 구매와 사용에 도움이 되는 정보로 무장된 제품과 서비스로 재생산해야 한다.

■ 가격

역동적인 가격 체계를 구축하고, 경쟁자의 가격을 항상 파악하고 있어야 하며 거래 규모와 기간에 따라 차별을 두어야 한다.

■ 고객과의 상호 작용

솔직하고 실질적으로 도움을 주는 방식으로 고객과 상호 작용함으로써, 브랜드를 새롭게 구축해야 한다.

■ 제휴

다른 사이트와 협력을 통한 가상의 유통 경로를 적극적으로 구축해야 한다.

🚶 제7단계 사업 계획서 작성

e-Business의 사업 계획은, 수익을 창출해 낼 수 있는 사업 아이디어를 실행 가능한 구체적인 계획으로 발전시킨 것을 말한다. 사업 계획서를 작성할 때 가장 고민이 되는 사항은 사업 계획서의 분량과 내용이다. 사업 계획서의 분량

은 작성 목적이 무엇인지, 누가 필요로 하는 것인가에 따라 달라질 수 있기 때문에 통일된 분량과 내용이 없다.

통상적으로 Business Plan에 포함되어야 할 요소들은 〈표 10-4〉와 같다.

표 10-4 사업 계획서 내용

<사업 계획서>

1. 요약
   전체 e-Business 계획에 대한 요약
2. 기업의 현황 및 산업 분석
   • 기업의 과거, 현재, 미래
   • 산업 분석(산업 특성, 경쟁자, 전략)
3. 제품 또는 서비스
   • 제품 또는 서비스에 대한 핵심적 설명
   • 규제와 법적 규제
4. 시장 조사
   • 전반적인 시장 상황 파악(고객, 시장 규모, 경쟁 정도 등)
   • 시장 조사
5. 마케팅
   • 판매 지원, 웹사이트 광고 및 홍보
6. 조직 및 인력 계획
   • 핵심 경영진
   • 소유 구조
   • 동업자, 종업원, 주주, 기타 투자자의 신상 명세서
7. 재무 계획
8. 부록
   • 각종 문서, 시장 조사 자료, 계약 서류 등

회사 설립 절차

회사 설립 절차는 크게 세 가지 절차로 이루어진다. 제1단계는 관할 세무서에서 사업자 등록을 하고, 제2단계는 관할 법원장이나 등기소장에게 법인 등기를 신청한다. 제3단계는 관할 세무서에서 법인 설립 신고 혹은 사업자 등록을 한다.

법인으로 창업할 경우 세금 부담이 적고, 기업 경영의 합리화를 증진시킬 수 있다. 또한 자본 조달도 개인 기업보다 원활하며, 노사 관계가 원만하고 주식

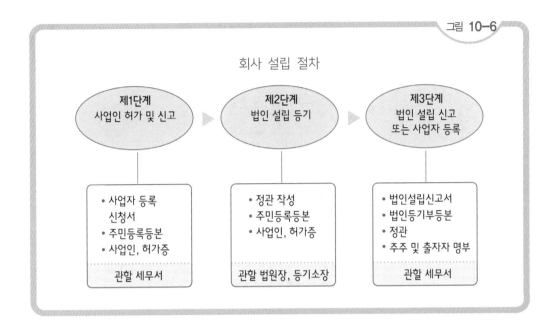

회사의 유한 책임이 되며 주식의 명의 변경으로 재산 이전이 쉽다. 반면에 세무상 벌칙이 강하고, 세법상 규정이 개인 창업에 비해 엄격하다는 단점이 있다.

웹사이트 구축 절차

제1단계 웹사이트 구축

e-Business 사업을 위한 창업 예비 절차와 회사 설립 절차 준비가 완료되면 구축 절차를 밟아야 한다. 웹사이트 구축 방법은 두 가지로 볼 수 있는데 첫 번째 방법은 자체적으로 서버를 설치한 후에 웹사이트 구축 프로그램을 이용하여 모든 구축 과정을 창업자가 전담하는 방법이고, 두 번째 방법은 외부의 호스팅 업체를 이용하는 방법으로서 서버와 네트워크를 갖춘 전문 업체로부터 일정한 공간을 빌리는 웹 호스팅 방법이 있다.

웹사이트 구축은 단순히 웹 페이지를 만들어 올리는 것이 아니다. 즉 사용하기 쉬운 웹사이트의 구조와 네비게이션 체계를 갖추고, 뛰어난 디자인이면서

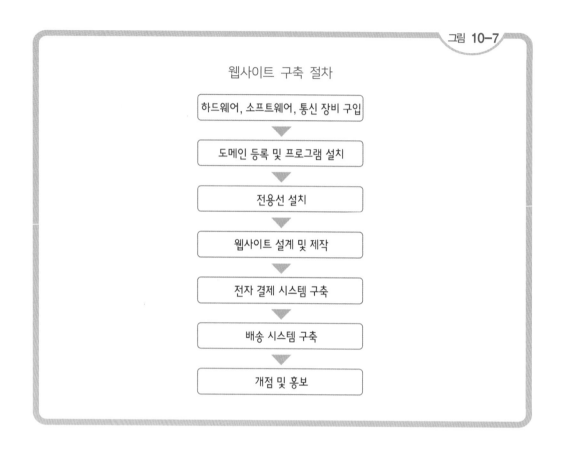

그림 10-7

웹사이트 구축 절차

하드웨어, 소프트웨어, 통신 장비 구입

도메인 등록 및 프로그램 설치

전용선 설치

웹사이트 설계 및 제작

전자 결제 시스템 구축

배송 시스템 구축

개점 및 홍보

도 다운로드 시간이 빨라야 한다. 웹사이트의 구축은 충분한 콘텐츠의 준비와 체계적인 개발, 세심한 테스트가 요구된다.

웹사이트 구축을 위해서는 [그림 10-7]과 같은 과정을 밟아야 한다.

■ **고객의 니즈 파악**

웹사이트 구축을 하기 전에 고객들의 요구 파악은 필수적이며 정보 기술자에게 웹사이트 구축을 일임하지 말아야 한다. 왜냐하면 웹사이트는 단지 정보 시스템이 아니라 하나의 기업이나 전략적 사업 단위이기 때문이다. 따라서 마케팅 전문가 및 판매 전문가의 참여가 절대적으로 필요한 것이다. 또한 디자이너, 편집 전문가가 공동으로 참여하는 가운데 최고 경영자의 적극적인 지원이 절대적으로 필요하다.

■ 콘텐츠

가능하면 많은 정보를 웹사이트 내에서 제공해야 하며, 시간이 흐르면서 정확한 의미가 변하는 말은 사용하지 말아야 한다.

■ 항해 설계

고객이 한눈에 파악할 수 있도록 웹사이트의 구조와 메뉴 체계를 만들어야 하며 고객의 검증을 거친 시나리오에 따라 항해 구조를 설계해야 한다. 그래픽, 애니메이션, 멀티미디어를 지나치게 사용하는 것은 피해야 하며, 브라우저에서 기본적으로 제공되는 것 이외의 기술은 될 수 있으면 사용하지 말아야 한다.

제2단계 웹사이트 홍보

창업가는 서치 엔진 등록, 링크 교환, 배너, 스폰서십, E-mail, 온라인커뮤니티, 경품, 쿨사이트 안내 사이트, 시상 사이트 등 다양한 방법으로 웹사이트를 홍보할 수 있다.

■ 고객

사이트에 관심을 갖고 지속적으로 방문할 것으로 보이는 고객의 특성을 명확히 정의한 후 이들을 대상으로 집중적인 홍보를 실시한다. 또한 방문한 경험이 있는 사람 중 장시간 방문하지 않은 사람들에게 사이트가 변화했음을 알려 재방문을 유도해야 한다.

■ 홍보 방법
- 웹사이트를 대표할 수 있는 키워드와 핵심적 키워드를 홍보의 출발점으로 삼아야 한다.
- 사이트로 링크를 제공하는 사이트를 관리해야 한다.
- 보완적이 되거나 고객이 유사한 사이트를 골라 홍보에 활용하며 오프라인 매체를 적극적으로 활용한다.
- 배너 광고를 할 때에는 배너를 게재할 사이트의 트래픽뿐 아니라 방문자의 특성, 웹사이트 디자인, 배너 광고의 배치 등을 면밀히 검토한 후 실시한다.
- 홍보 활동이 이루어진 후 트래픽이 얼마나 변화했는지를 반드시 체크해 본다.

- 홍보를 하기 전에 우선 웹사이트의 재방문을 유도할 수 있는 정보나 서비스를 반드시 갖춘다.

👪 제3단계 웹사이트의 관리

웹사이트의 관리는 인프라 관리, 콘텐츠 관리, 트래픽·매출 관리라는 세 가지 차원에서 이루어진다.

■ **인프라 관리**

인프라 관리는 웹사이트의 서비스가 중단되지 않고 항상 정상적인 속도를 유지할 수 있도록 통신 라인과 서버를 유지하는 것이다.

- 웹사이트에서 제공하는 링크는 절대로 끊어지지 않도록 해야 한다.
- 고객의 평균적 다운로드 시간이 30초를 넘기지 않도록 유지하며, 새로운 정보는 최대한 빨리 반영해야 한다.

■ **콘텐츠 관리**

콘텐츠 관리는 항상 새로운 정보 및 서비스가 웹사이트를 통하여 제공되도록 하고, 과거 데이터를 갱신하며, 링크가 제대로 작동하도록 관리하는 것이다.

- 콘텐츠의 업그레이드를 위해 시스템다운 시간은 하루 20분을 넘기지 말아야 한다.

■ **트래픽 매출·관리**

트래픽 매출·관리는 웹사이트의 트래픽, 방문자, 매출이 어떻게 변화하고 있는지를 체크하면서 마케팅, 웹사이트 구축, 웹사이트 홍보 활동에 반영하는 것이다.

- 웹사이트 트래픽에 관한 데이터를 축적하고 분석을 게을리 하지 말아야 한다.
- 고객들이 웹사이트를 방문해서 구매하는 과정을 분석해 본다.

 에어비앤비(Airbnb)

1. 현황

에어비앤비(Airbnb)는 2008년 8월 시작된 세계 최대의 숙박 공유 서비스이다. 창립자는 네이선 블레차지크, 브라이언 체스키, 조 게비아 세 명의 청년 창업가이다. 자신의 방이나 집, 별장 등 사람이 지낼 수 있는 모든 공간을 임대할 수 있다. 초당 수십 건 씩 예약이 이뤄지고 있는 공유경제 서비스의 대명사로 자리 잡았다. 국내에서는 2013년 1월 정식 서비스를 오픈하였다.

호스트는 가격 및 기타 세부 정보를 제공하며 가격은 에어비앤비의 추천사항을 참고해 호스트가 결정한다. 호스트들은 평범한 가정집분만 아니라 나무 위에 지은 오두막, 선상 가옥, 이글루, 원뿔형 텐트 등 별난 공간들을 업로드 하였으며 특히 밀레이얼 세대(Millennial Generation)는 모험적이고 가격도 합리적인 새로운 여행 방식을 선호하였다.

게스트는 숙박 유형, 날짜, 위치, 가격 등의 필터를 이용해 검색할 수 있다. 예약하기 전에 사용자는 개인정보 및 결제정보를 제공해야 한다.

안전성 확보는 이용객과 집주인 사이 누구인지를 몰라 불안해했던 공유숙박 서비스의 문제점 해결을 위해 'social connection'을 하여 서로의 페이스북(Facebook)의 활동을 사전에 확인할 수 있도록 하여 안전성을 확보했다.

에어비앤비를 통해 사람들은 호텔 숙박비보다 훨씬 더 저렴한 가격으로 기존의 관광 산업이 미치지 못한 곳에 위치한 '누군가의 집'에 머물 수 있었고, 그곳에서 생각이 비슷한 사람들과 '연결'될 수 있었다. 숙소 리스트와 게스트 수의 증가는 점점 불기 시작하였고 기업가치도 상상할 수 없을 만큼 가파른 속도로 증가하였다.

2. Airbnb의 성공요인

☞ **경제성 측면**

• 불황으로 어려움을 겪는 사람들에게 자신의 집으로 돈을 벌거나 좀 더 저렴하게 여행하는 방법을 제시하였다. 최근 몇 년간 소득이 늘지 않고 도시의 주거비가 급등하면서 에어비앤비를 통해 자신의 집으로 돈을 벌 수 있는 기회에 관심이 쏠린 이유가 있다. 관광객들에게도 호텔보다 더 저렴한 비용으로 다양한 숙소를 구할 수 있다는 장점이 있다.

☞ **혁신성 측면**

에어비앤비의 회사나 웹사이트 곳곳에는 '어디에서나 우리 집처럼(Belong Anywhere)'라는 문구가 쓰여 있는데, 이는 회사가 끊임없이 추구하는 핵심 미션이다. 에어비앤비라는 플랫폼이 '어디에서나 우리 집에 있는 것 같은 혁신적 여행'을 가능하게 한다는 의미다.

☞ **관계성 측면**

'타인의 집에서 묵는다'라는 새로운 비즈니스 기회는 풍부한 인간관계를 맺고 싶다는 관광객들의 니즈를 충족시킬 수 있다. 에어비앤비를 통해 게스트와 호스트는 매우 친밀하게 교류한다. 호스트는 비록 그곳에 거주하지 않더라도 게스트가 색다르고 안락한 경험을 할 수 있도록 준비를 마친 이후에 집을 내어준다.

3. 발전방향

• 에어비앤비와 같은 기업은 세상에 없었다. 이 회사는 9년 만에 '0'에서 '300억 달러'의 가치를 지닌 기업으로 성장했다. 에어비앤비는 이미 세상에 존재하던 사업 아이디어를 채택해 널리 대중화시켰는데, 이베이가 처음으로 벼룩시장을 온라인화한 이래로 찾아볼 수 없었던 현상이었다. 경영과 관련한 경험이 전혀 없는 세 명의 가난한 청년들이 우연히 사업 아이디어 하나를 찾아낸 끝에 에어비앤비가 탄생하였다. 세 창업자들은 '끈질긴 바퀴벌레 정신을 가진 놈이 살아남는다'는 업계의 교훈을 몸소 보여주었다. 향후에도 에어비앤비는 타의 추종을 불허하는 혁신적인 숙박 비즈니스를 지속할 것이다.

• 에어비앤비가 제공하는 연결의 기회, 모험 정신, 기발한 제품, 저렴한 가격은 아무나 줄 수 있는 쉬운 것들이 아니었다. 누구나 바로 친구가 될수 있다는 믿음 속에서 성장한 밀레니얼 세대와 그들 사이에서 확산된 소셜 미디어 덕분에 에어비앤비는 빠른 시간 안에 소비자들과 친밀감을 형성했다. 밀레니얼 세대가 아닌 다른 사람들에게도 에어비앤비가 인기를 끈 특별한 이유는 복잡한 세상에서 인간관계가 점점 쇠퇴하고 있고, 우리 사회에서 점점 커지고 있는 소외현상은 사람들을 고립적인 '상자' 속으로 밀어 넣었고, 점점 더 스마트폰 속으로 가라앉게 만들었다. 따라서 사람들은 타인과 연결되고 싶다는 니즈가 점점 더 강해졌고, 새롭고 기발하며 가격도 적절한 에어비앤비의 여행 경험에 마음을 열 것이다.

요약

가상공간을 이용한 e-Business는 다양한 사업 영역에서 소규모의 자본으로도 창업을 할 수 있다는 장점이 있다. 실제로 독특한 아이디어로 많은 수익을 얻을 수 있기 때문에 누구나 e-Business의 매력에 빠져들게 된다. 그러나 e-Business를 창업하는 기업 중 대다수의 기업들이 실패하고 만다. 실패의 원인은 다양한 측면에서 살펴볼 수 있지만 e-Business를 창업할 때 시장에 대한 충분한 조사 및 분석의 부재, 올바른 e-Business 구축 방법 등에 대해 소홀한 결과로 볼 수 있다.

e-Business를 창업하기 위해 필요한 절차는 크게 창업 예비 절차, 회사 설립 절차, e-Business 구축 절차로 진행된다. 창업 예비 절차에서는 최적의 아이템 선정과 충분한 시장 조사 및 경쟁 업체의 분석을 통해 사업의 성공 가능성을 가늠해 보는 것이 매우 중요하다. 회사 설립 절차는 기존 일반적인 경영 창업 절차와 유사하며, e-Business 구축 절차는 웹 페이지 구축에 필요한 7단계로 구성되어 있다.

주요용어

인터넷 금융(Internet financing)
인터넷 서버 업체(ISP: Internet Service Provider)
창업
커뮤니티(Community)
콘텐츠(Contents)

토의

1. e-Business 창업의 구성 요소는 무엇이며, 일반 경영의 구성 요소와는 어떤 차이점이 있는가?
2. e-Business 창업 유형 중 제공 서비스 특성별로 분류된 e-Business 형태들은 어떤 특성을 갖고 있는가?
3. 웹사이트 구축 절차 중 웹사이트 홍보 방법과, 효율적인 사이트 관리 방법은 어떠한 것이 있는가?

🌐 참고문헌

Kenneth C. Laudon, Carol Guercio Traver, 전자상거래, 시그마프레스, 2015
구교봉, 이종호, 소셜 네트워크를 활용한 전자상거래, 탑북스, 2014
다니엘 아이젠버그, 하버드 창업가 바이블, 다산북스, 2014
레이갤러거, 에어비앤비스토리, 다산북스, 2017
오승준, 김태광, e-비즈니스와 전자상거래, 청목출판사, 2019
이경희, 이경희 소장의 2020 창업 트렌드, 한스미디어, 2017
이형석, 빅데이터가 들려주는 성공 창업의 비밀, 북오션, 2017
정창덕, 전자상거래 이론과 실무, 한올출판사, 2017
주재훈, 전자상거래, 탑북스, 2017
최경주, 4차 산업혁명시대의 전자상거래 혁신, 에이드북, 2019
최은정, 최영근, 이승용, 윤영진, 이의철, 유태종, 4차 산업과 스타트업 트렌드, 마인트탭, 2017

권혜진, 전재균, 텍스트 마이닝 기법을 통한 숙박공유서비스 에어비앤비(Airbnb)에 대한 탐색적
    연구, Culinary Scinence & Hospitality Research, 26(8), pp. 143-153, 2020
엄세포, 에어비앤비(Airbnb)의 서비스 속성이 서비스 만족 및 관계지향성에 미치는 영향에 관한
    연구, 관광레저연구, 32(4), pp. 139-154, 2020
전타식, 예비청년창업자의 감성지능이 창의성, 창업 효능감, 창업 성공가능성에 미치는 영향, e-
    비즈니스 연구, 20(6), pp. 19-33, 2019
정병호, 주형근, e비즈니스 육성을 위한 1인 창조기업의 창업경쟁력 연구, e-비즈니스연구,
    22(3), pp. 75-91, 2021

Hilliard, R., Start-up Sprint: Providing a Small Group Learning Experience in a Large Group
    Setting, Journal of Management Education , 45(3), pp. 387-403, 2021
Kim, S., Role-Playing game for training a design process of Start-up company compensation
    plan, International Journal of Game-Based Learning, 9(2), pp. 40-54, 2019
Uchechi Bel-Ann, O., Entrepreneurial Leadership in Start-up Businesses, Bulgarian
    Comparative Education Society, 2020

🌏 웹사이트

http://github.com/gogoj5896/2_teamproject_air_bnb_ligression

http://ko.wikipedia.org

http://www.intel.com/eBusiness/Business/plan2

🌏 기사

「창업 10번 실패한 서울대 창업 동아리 회장, 현지화와 기술력 앞세워 글로벌 시장 사로잡다」, ECONOMY CHOSUN, 2021.2.22

저자 약력

노　영

■ 약력

　현재 나사렛대학교 항공호텔관광경영학과 교수
　한국외국어대학교 경영학 박사(MIS 전공)
　경희대학교 관광학 박사

이경근

■ 약력

　현재 경기과학기술대학교 스마트경영학과 교수
　전 백석대학교 경상학부 e-비즈니스학과 교수
　전 (주)청구 전산개발팀
　전 SK 케미칼 경영관리팀
　「알기쉬운 경영통계학」 형설, 2011. (공저)
　「e-biz + U」, 이프레스, 2008. (공저)

AI-Biz A to Z

초판발행	2022년 3월 4일
지은이	노영·이경근
펴낸이	안종만·안상준
편 집	김윤정
기획/마케팅	오치웅
표지디자인	이영경
제 작	고철민·조영환

펴낸곳   (주)**박영사**
서울특별시 금천구 가산디지털2로 53, 210호(가산동, 한라시그마밸리)
등록 1959. 3. 11. 제300-1959-1호(倫)

전 화	02)733-6771
f a x	02)736-4818
e-mail	pys@pybook.co.kr
homepage	www.pybook.co.kr
ISBN	979-11-303-1504-1 93320

정 가   29,000원